Ernst Stürmer PARADIES RISHIKESH

ERNST STÜRMER

Paradies Rishikesh

Die Hochburg der Gurus - einst und jetzt

VERLAG DAS BERGLAND-BUCH SALZBURG

Bildnachweis:
Alle 31 Farbbilder (inklusive Umschlagfoto) sowie 22 der 26 Schwarzweißbilder stammen vom Autor. Die restlichen vier Schwarzweißfotos verdanken wir folgenden Quellen: Purnananda Yogashram, Lakshman Jhoola (Seite 123 unten links); Yog Niketan, Muni-ki-Reti (Seite 124 oben); Cinema Art Studio, Dehra Dun (Seite 299); Sadanand Photographer, Bombay (Seite 300)

ISBN 3-7023-0118-6

Printed in Austria

Inhalt

„Auf, Indien, und erobere die Welt mit deiner Spiritualität“
(Swami Vivekananda)

Ein Kriminalfall als Vorwort

Sind die Gurus Heilsbringer? Können sie in einer total rationalisierten Superzivilisation einen Ausweg aus der uns drohenden Seelenschrumpfung weisen? Oder sind die indischen Weisheitslehrer samt und sonders Scharlatane und ihre Anhänger im Westen alle Spinner mit schwer gestörtem Seelenleben?

Nirgends können wir darauf besser eine gültige Antwort finden als in Rishikesh.

Rishikesh ist in Indien seit alters die Stadt der Heiligen und Weisen, das Paradies der Vollmenschen. Rishikesh ist die Hochburg der Gurus schlechthin.

Während ich mich auf meine Reise nach Rishikesh vorbereitete, machte ein Guru aus Rishikesh Schlagzeilen in unserer Presse: „‚Gott' aus Indien befahl Mord" (Kurier, Österreich), „Kinder des göttlichen Lichts landen im Knast" (Süddeutsche Zeitung, München) und „Weltliches Urteil über einen ‚göttlichen Menschen'" (Neue Zürcher Zeitung, Schweiz).

Nicht zum ersten Mal mußte sich bei uns ein Gericht mit den Machenschaften eines indischen Gurus befassen, aber der Kriminalfall des Swami Omkarananda war besonders schwerwiegend. Das Schweizerische Bundesstrafgericht in Lausanne verurteilte am 22. Mai 1979 nach einmonatiger Prozeßdauer den unheiligen „Heiligen" aus Rishikesh zu 14 Jahren Kerker – wegen Mordversuchs und Anstiftung zu Mord. Aufgrund der Anrechnung der fast dreijährigen Untersuchungshaft wird also Swami Omkarananda bis 1990 hinter eidgenössischen Gefängnismauern eingesperrt bleiben.

Der religionswissenschaftliche Experte im Gerichtsprozeß in Lausanne stellte in seinem Gutachten der denkerischen und schriftstellerischen Leistung Omkaranandas das beste Zeugnis aus. Der Swami ist mit der abendländischen Philosophie und christlichen Theologie ebenso vertraut wie mit der indischen Geistesgeschichte.

Wie konnte im Lauf der Jahre aus dem lauteren Seelsorger der Boß einer spiritistischen Terrorbande werden? Offensichtlich war Swami Omkarananda vom Ideal eines indischen Heiligen, dessen Heimat nirgends und überall ist, noch unendlich weit entfernt. Denn der Swami verkraftete die Entwurzelung und Verpflanzung seelisch nicht, als er der Geborgenheit seiner Mönchsgemeinschaft in Rishikesh entrissen und plötzlich auf sich allein gestellt war, meinen Psychologen. Dazu kam, daß sich der förmlich Angebetete in seiner Konkurrenzlosigkeit in ein unmäßiges Selbstbewußtsein, ja in einen Größenwahn hineinsteigerte. Vor Gericht bezeichnete er sich, nach seinem Beruf befragt, als „Lehrer der Menschheit".

Die Staatsanwaltschaft bezeichnete den Guru aus Rishikesh, der „die Milch der frommen Denkart in gärend Drachengift verwandelte" und mit Maschinenpistolen, Kobragift, Arsen, Strychnin und Bomben einen unheiligen Krieg gegen seine Widersacher führte, als „hemmungs- und skrupellosen Scharlatan".

Der Prozeß leuchtete die Wesensabgründe der (mitangeklagten) Anhänger aus. Die vom Gericht beigezogenen Psychiater, die die seelische Struktur der engsten Gefolgschaft des Swami erhellten, stellten fest, daß zum Beispiel seine fanatische Schülerin Verena P., der die Liebe und Geborgenheit des Elternhauses gefehlt hatte, an einer narzistischen Persönlichkeitsstörung litt. Der Swami ersetzte ihr Vater und Mutter, sie erlebte ihn, laut psychiatrischem Gutachten, als göttliches Wesen, als starken Gottvater.

Ein anderer Schüler, Josef M., hatte schon in der Vorschulzeit an krankhafter Vergiftungsangst gelitten, die in eine wahre Berührungs-, Vergiftungs- und Verseuchungsphobie ausartete. Die restlose Auslieferung an Swami Omkarananda befreite ihn von den qualvollen Ängsten. Jede Bedrohung der Sekte empfand er daher persönlich als Gefahr des Rückfalls in die frühere Phobie. Wie sich zeigte, hegte er die Befürchtung nicht zu Unrecht. Denn in der Gefängnishaft wusch er sich in seiner Zelle tagtäglich an die hundertmal die Hände.

Katharine B. wies keine individuelle krankhafte Störung auf, war aber dem Guru auf Gedeih und Verderb hörig, so daß sie kaum fähig war, zwischen Recht und Unrecht zu unterscheiden. Eine Trennung vom Guru würde sie als seelischen Tod empfunden haben.

Die bedingungslose, kritiklose Unterwerfung der Jünger, die untereinander wetteiferten, dem Swami, der die Rolle des Vaters, der Mutter und des angebeteten Gottes spielte, gehorsam zu dienen, züchtete einen Größenwahn des Meisters.

Was im Kriminalfall Omkarananda, auf den wir im Rahmen des 19. Kapitels noch ausführlicher zu sprechen kommen werden, gerichtlich aufgedeckt wurde, stellt uns vor die grundsätzliche Frage: Ist das alles, was hinter der im Westen heutzutage florierenden Gurubewegung steckt? Sind die Gurus Schmarotzer, Schurken, ja Verbrecher im Heiligenlook, die menschliche Ruinen und Wracks anziehen wie das Licht die Motten? Ist das die Regel oder die Ausnahme?

Was wirklich hinter der Gurubewegung steckt, erkunden wir in Rishikesh.

Unlängst sah sich sogar eine Gruppe katholischer Theologen und Priester aus dem Vatikan mit dem Segen des Papstes in Rishikesh um. Die christlichen Geistlichen wollten herausfinden, was die indischen Gurus und ihre Botschaft so anziehend für die Jugendlichen des Westens macht.

Rishikesh, von dem berühmten Tiefenpsychologen Medard Boss „Sammelbecken indischer Weisheitssucher“ genannt, genießt den Ruf einer heimlichen Hauptstadt im Reiche der indischen Spiritualität. Als ich deshalb mit der gerichtlichen Verurteilung eines kriminellen „Heilandes“ aus Rishikesh konfrontiert wurde, war ich versucht, in Umkehrung der alten jüdischen Redensart über Nazareth, skeptisch auszurufen: „Kann denn aus Rishikesh etwas Schlechtes kommen?“

Seit Menschengedenken pilgern die Inder nach Rishikesh, berühmt als „Stadt der Heiligen“, und seit den dreißiger Jahren und mehr noch seit den sechziger Jahren unseres Jahrhunderts ist Rishikesh zudem beliebter Wallfahrtsort westlicher Sinnsucher, die in ihrer Identitätsnot hier Gotteserfahrung, Selbstverwirklichung und Seelenfrieden, Körperertüchtigung, Gesundheit durch altindische Medizin und Ernährungslehre, Erfüllung der Sexualität durch indische Liebeskunst sowie sogenannte übernatürliche Kräfte wie Levitation, Hellsehen, Unsichtbarwerden usw. zu gewinnen hoffen.

Mauer des Schweigens

In Rishikesh schlägt das Herz des ewigen Indien. Der bengalische Dichter Sanyal schwärmt: „Unsere Poeten und Denker, Literaten und Philosophen, Millionen von Gläubigen, Sadhus, Sannyasis, Eremiten und Asketen – den Ganges aufwärts zogen sie nach dem heiligen Hardwar und von dort nach Rishikesh, dem Spielgrund des heiteren Gottes. Wer einmal diesen paradiesischen Ort in den luftigen Himalajabergen kennengelernt, wer einmal den Ton, der die Einheit der Seele mit dem Unendlichen enthüllt, gehört hat, der wird sein ganzes Leben lang die Sehnsucht nicht verlieren, in diese Heimat des Glücks und der Seligkeit zurückzukehren."

Vom Heimweh nach Rishikesh kann ich ein Lied singen. Ich schwor bei meinem ersten flüchtigen Besuch, eines Tages nach Rishikesh zurückzukehren, für länger, nicht als schnellfüßiger Schnupperjournalist, sondern wie Hunderte und Tausende anderer westlicher Menschen als „Sucher".

Unterwegs nach Rishikesh drängen sich meiner Erinnerung besonders die Höhlenmenschen auf, die mich bei meinem ersten Aufenthalt am meisten fasziniert hatten.

Tat Wala Baba beispielsweise, ein wie aus einer alten Sage entsprungener bronzener Riese mit bodenlangem Haar, lebte, seit er vor vierzig Jahren als Jüngling mit der Welt gebrochen hatte, um aus dem Schlaf der Unwissenheit zu erwachen, im Berg, sommers wie winters nackt bis auf ein Schamtuch. Der Hüne konnte sich in seiner zwerghaften Felshöhle, die nur über in Stein gehauene Stufen zugänglich war, nicht einmal aufrichten. Ich entsinne mich noch lebhaft, wie ich mit brennenden Augen in seiner vom offenen Feuer rauchigen und rußigen Grotte saß und ihm Fragen stellte. Von nah und fern drängten sich die Besucher, um dem zu seinen Lebzeiten schon legendären heiligen Einsiedler die Füße zu küssen und ihr Herz auszuschütten. Ihn werde ich aber nicht mehr wiedersehen: Er wurde, wie ich von einem heimkehrenden Rishikeshbesucher erfahren habe, inzwischen ermordet. Ein Mord in der heiligen Stadt! Warum, wie und von wem Tat Wala Baba umgebracht wurde, wußte der Indienheimkehrer nicht. Ich möchte es wissen.

Gleichfalls nicht begegnen werde ich diesmal der Hindunonne Rosi Schmitt, die jetzt Uma Shankarananda heißt. Damals hauste die mit einem Raubtierfell bekleidete und mit Asche bepuderte deutsche Lady mutterseelenallein seit sieben Jahren in einer altehrwürdigen Tropfsteinhöhle, in die sie sich zurückgezogen hatte, um ungeteilt die Tiefen ihrer Seele auszuloten und auf dem Seelengrund das Göttliche zu berühren, gleich jenen Yogis, die vor ihr in derselben Grotte gelebt hatten. Ihre unterirdische Klause beherbergte angeblich schon in der Vorvergangenheit Propheten, Rishis. Bei meinem Besuch seinerzeit erlebte ich, wie sich fünfzig rauhbeinige Soldaten lammfromm vor der deutschen Mystikerin in den Staub warfen, um ihres Segens teilhaftig zu werden. In ihrem feuchten Schlupfwinkel hütete Uma Shankarananda ein ewiges Feuer. Ihr Name besagt, daß sie sich dem Erzasketen Shiva und seiner Gemahlin Parvati, der Tochter des Himalaja und der Schwester des Ganges, geweiht hat. Wenn sie sich nicht im Diamantsitz der Kontemplation und dem Gebet widmete, befaßte sie sich schöpferisch mit Musik und Bildhauerei. Das war für sie aber kein Zeitvertreib, sondern Meditation mit anderen Mitteln. Die Bildhauerwerke, die sie schuf, Plastiken von Göttern und Tieren, schmückten ihre Eremitenhöhle, und die magischen Melodien, die sie ihrer Veena, einem Saiteninstrument, entlockte, den Klängen des Unendlichen im Menschenherzen abgelauscht, verzauberten Uma Shankarananda und ihre Umwelt.

Ihr Höhlendasein war aber nicht nur ein inneres, sondern gleichzeitig ein äußeres Abenteuer. Die Höhle der jungen einsamen Dschungeldame Rosi lag im Revier eines Leoparden, der nicht nur Rehe, Gemsen, Antilopen und Gazellen jagte. Er riß das erste Schaf der deutschen Yogini und zerbiß den Hals ihres Hundes. Der Hund ist aber mit dem Leben davongekommen und trägt seither zur Abwehr ein Halsband aus eisernen Stacheln. Am Eingang ihrer Höhle hatte Uma Shankarananda zum Schutz gegen Raubtiere ein Eisengitter anbringen lassen.

Vor ihrer dem Elefantengott Ganesh geweihten Höhle war weit und breit kein ebener Fleck zu finden, der steile Berghang ward nie von einem Sonnenstrahl berührt. Flink wie eine Gemse kletterte Rosi auf nackten Sohlen über die jähen Abhänge, wenn sie ihr Schaf weidete oder Blätter für Tee gegen ihr Zipperlein sammelte.

Zur Zeit trägt Rosi Schmitt, alias Uma Shankarananda, die eine auf der Akademie ausgebildete Künstlerin ist und 1959 ursprünglich zum Studium der Kunst und Kultur nach Indien gekommen war, kein Raubtierfell, sondern einen Sari. Denn sie hat vorübergehend ihre Höhle in Rishikesh verlassen, um an der Universität in Madras (Südindien) klassische indische Musik zu studieren, Musik, die seit eh und je dazu dient, die Seele mit dem Unendlichen zu vereinen.

Nicht nur die Höhle von Fräulein Schmitt steht gegenwärtig leer. Es gibt in Rishikesh ständig ein paar verlassene und mehr oder weniger bezugsfertige Höhlen diesseits und jenseits des Ganges. Da ich selber aber noch nicht das Zeug zu einem Höhleneremiten habe, gilt meine erste Sorge der Quartiersuche.

Ein armer Wohlstandsbürger ist kein freier Vogel des Himmels und kein Hungerkünstler, der von Luft und Wasser lebt und dem die Erde Bett und der Himmel Decke ist. Er fragt sich, was er essen und wo er schlafen wird oder wie er seine Farbfilme gegen die penetrante Feuchtigkeit der dampfigen Regenzeit schützen kann, die alles mit Schimmel und Rost überzieht.

Der bequeme und billige Touristbungalow von Rishikesh hat mir abschlägig beschieden: „Wir sind nicht in der Lage, Ihnen Unterkunft für drei Monate zu gewähren." In einem Ashram will ich vorerst aber nicht wohnen, um ungebundene Hände zu haben.

Glücklicherweise teilt mir mein indischer Freund Shyamal aus der Nachbarstadt Hardwar bei meiner Ankunft mit, daß in Rishikesh am Lakshman Jhoola, der berühmten Hängebrücke, die neben einem Fährboot die einzige Verbindung der beiden Ufer des Ganges ist, in letzter Zeit ein modernes Hotel mit Restaurant eröffnet worden sein soll, das auf Reklametafeln klimatisierte Zimmer (die Rettung für meine Farbfilme!) und überhaupt einen Maharadschakomfort und eine Dreisternegastfreundschaft anpreist.

Der Name Lakshman Jhoola – das Hotel nennt sich in offensichtlich englisch-amerikanischer Schreibweise „Luxman Jhula" – hat für jeden, der einmal in Rishikesh war, einen magischen Klang. Der Lakshman Jhoola, rund fünf Kilometer außerhalb der Stadt gelegen, ist nicht, wie es durch die Brille eines Geographen gesehen scheinen mag, das Ende von Rishikesh, er ist vielmehr der Mittelpunkt: das Herz. Er ist das Zentrum des sakralen Rishikesh, das vom profanen Rishikesh klar getrennt ist.

Am Lakshman Jhoola ist Rishikesh am schönsten, die Natur bietet eine unerschöpfliche Fülle von wundersamen Gewächsen, Riesenbäumen, berauschend duftenden Blumen und Blüten sowie farbenschön leuchtenden Beeren und Früchten auf. Ein paradiesisches Panorama entfaltet sich am Lakshman Jhoola, der den jungen Ganges überspannt, der hier noch nicht der träge Strom der Ebene ist, sondern ein munterer und reißender Bergfluß, eingebettet in das Schweigen der Himalajawälder, von denen der indische Dichterfürst Rabindranath Tagore einmal sagte, daß sie das „Heiligtum", der „lebendige Dom" der Weisen Indiens sind. Das Dschungelgrün ist in der Regenzeit mit glitzernden Silberfäden von Wasseradern und Rinnsalen durchwirkt, die dem Ganges zuströmen. Buntschillernd kreuchen Käfer und fleuchen Schmetterlinge durch die Paradiesespracht.

Mahatma Gandhi schrieb einmal über Lakshman Jhoola: „Ich war entzückt von der Naturszenerie und beuge mein Haupt in Ehrfurcht vor unseren Ahnen ob ihres Sinnes für Naturschönheit und ihres Strebens, die herrlichen Offenbarungen der Natur in ein religiöses Gewand zu kleiden."

Der Lakshman Jhoola, Jhoola heißt Hängebrücke, wird in der indischen Mythologie mit Lakshman, dem Bruder des Gotthelden Rama (der siebenten Herabkunft Vishnus), in Verbindung gebracht: Lakshman selbst soll vor einigen tausend Jahren an jener Stelle eine Brücke aus Lianen geflochten haben, um den Pilgern die Wallfahrt in die heilige Region zu erleichtern. Die sagenhaft alte Seilbrücke wurde durch die große Oktoberflut des Jahres 1924 weggeschwemmt und 1930 nach dreijähriger Bauzeit durch die jetzige Hängebrücke aus Eisen und Stahl ersetzt, die mit einer Länge von 140 Metern den Ganges quert. Sie darf nur von Fußgängern, lasttragenden Muli und Ponys sowie Polizeijeeps benutzt werden.

Für die Geographen heißt der heiligste Fluß Indiens ab Deoprayag (70 Kilometer oberhalb von Rishikesh) Ganges, für die Frömmsten der Frommen Indiens jedoch erst vom Lakshman Jhoola an. Erst unter der heiligen Hängebrücke wird der Bhagirathifluß, darauf bestehen die Tiefgläubigen, zum Ganges.

Am Lakshman Jhoola, dem Nabel des heiligen Rishikesh, will ich wohnen.

Vom Regen erbarmungslos ausgepeitscht, erreiche ich, keinen trockenen Faden mehr am Leib, bei Einbruch der Dunkelheit das bergende Hotel „Luxman Jhula“. In einer Höhle säße ich jetzt patschnaß im Stockfinstern, in meinem „luxuriösen modernen Zimmer“ (so der Hotelprospekt) kann ich aber – welche Wonne für einen Zivilisationsgeschädigten – mit einem Knopfdruck den Befehl geben: „Es werde Licht!“ Hm, den Lichtschalter kann ich natürlich betätigen, aber im „Luxman-Jhula“-Hotel läßt sich die Nacht nicht im Handumdrehen von einem künstlichen Tag besiegen, der Strom ist ausgefallen. Ich besänftige meinen aufsteigenden Unmut mit dem Gedanken an die Höhlenmenschen, die wahrhaftig ärmer dran sind, tappe und krame im Finstern herum, lege die triefende Kleidung und Wäsche ab und mich ins Bett.

Die aufgehende Sonne löscht zwar den Wunsch nach elektrischem Licht aus, aber der Stromausfall läßt zudem den „Fan“ stillstehen, jenen in Tropenregionen bewährten Lüftungspropeller an der Zimmerdecke, der einem Tag und Nacht Wind zufächeln soll, in der beklemmenden Schwüle der Regenzeit für unsereins kein Luxus. Die Verheißung der Hotelwerbung, Zimmer mit Klimaanlage verfügbar zu haben, ist eine glatte Lüge. Es gibt keine Air-Condition im ganzen Hotel, nur die besagten Fans, die Wind machen, wenn die Elektrizität einmal nicht abgeschaltet ist. Jetzt bleibt sie nach wie vor abgeschaltet, ich mache noch gute Miene zum bösen Spiel und begebe mich zur Morgentoilette in mein Bad mit WC, Dusche und Waschbecken. Toilettenpapier gibt es keines, aber, bitte, es gibt den Hotelprospekt. Es ist offensichtlich daran gedacht, zur Reinigung nach der Notdurftverrichtung gemäß guter alter indischer Tradition die linke Hand zu benutzen. Unausweichlich ist das Malheur aber, wenn man die Spülung betätigt, denn es gibt kein Wasser. Die Inder unter den Hotelgästen gehen mehr oder weniger gelassen mit Zahnbürste und Seife zum Ganges, der in den Regenmonaten Wasser in Überfülle bietet.

Nach ein paar Tagen ziehe ich Bilanz: Das Leintuch meines Bettes ist dem Anschein nach von sämtlichen Vorbewohnern des Zimmers seit der Gründung des Hotels benutzt worden, ohne je gewaschen worden zu sein. Ich muß ständig auf der

Lauer liegen, um den Augenblick nicht zu verpassen, wenn zufällig Wasser durch die Leitung fließt, um vorsorglich einen Kübel zu füllen, so daß ich in Zeiten der Not(durft) nicht auf dem Trockenen sitze. Auf den elektrischen Strom ist kein Verlaß, er fällt einmal in diesem, einmal in jenem Trakt des Hotels aus und manchmal überhaupt (dann hat nicht immer das Hotel schuld, denn es gibt von Zeit zu Zeit Stromsparmaßnahmen der Elektrizitätswerke). Ich muß mich mit einem eigenen Licht, einer Kerze, ausrüsten. Für den Fan habe ich indessen keinen Ersatz. (Wäre ich ein Heiliger, fände ich in Rishikesh sofort ein Dutzend Verehrerinnen und Verehrer, die mir mit Fächern Kühlung zuwehten). Mein erstes Zimmer kann man nicht abschließen, ich verlange ein anderes, das man aber nicht mehr öffnen kann, wenn man es abschließt; besser gesagt, man kann es nicht mehr von innen, sondern muß es von außen öffnen.

Wohlgemerkt, ich habe mich nicht in ein Hotel im „indian style" einquartiert, sondern in eines, das sich anpreist als „einziges mit westlichem Komfort und Lebensstandard".

Der Blick aus dem Hotelfenster auf die drollig und dreist herumtobenden Affen, auf den Ganges, der in jugendlichem Übermut schäumt, auf die sanft schwankende Hängebrücke, über die allzeit buntes Pilgervolk zieht, auf die lauten Tempel und die leisen Ashrams, auf den üppigen Pflanzenpelz der Berge und die saftig grünen Felder macht es mir schwer, den Koffer zu packen, um in der Stadt Rishikesh selber eine Unterkunft zu suchen.

Mein Abschied vom Hotel Luxman Jhula ist natürlich kein Abschied vom Lakshman Jhoola, dem Gangesübergang. Es wird in den nächsten Wochen und Monaten kaum ein Tag vergehen, an dem ich mich nicht zum Lakshman Jhoola begebe, wo eine andere Welt beginnt, das Eldorado der Magier, Mönche, Mystiker, Gurus, Einsiedler, Swamis, Seher, Yogis, Beter, Büßer, Heiligen und Weisen, hinter deren Geheimnis ich ja zu kommen suche.

Zum Zeitpunkt, als ich das Hotel verlasse, weiß ich noch nicht, wessen gut zahlender Gast ich für einige Tage gewesen bin. Ich weiß nur, daß der Hotelbesitzer ein Mann sein muß, der sich ausgezeichnet auf das Kassieren versteht, aber wenig bis nichts zu bieten gewillt ist.

Seit grauer Vorzeit haben die Meister vom Himalaja nichts

anderes im Sinn, als den Goldschatz auf dem Grund ihrer Natur, das ewige, unsterbliche göttliche Leben in der Menschenbrust, zu entdecken und zu heben.

Das ist der Grund, warum nicht wenige Westler jahraus, jahrein kürzer oder länger in Rishikesh weilen. Sich abmühend, das Lebensgeheimnis zu ergründen und ihre Seele zu erhellen, sitzen sie zu Füßen der Gurus und hängen an ihren Lippen.

Dies ist die heilige Erde der Rishis. „Indien", schrieb der bengalische Literaturnobelpreisträger Rabindranath Tagore, „hatte seine großen Männer, die hervorragten durch Tugend, Weisheit und Mut; es hatte seine Staatsmänner, Könige und Kaiser; aber welche unter allen waren es, zu denen es aufsah und in denen es das Ideal des Menschen erblickte? Es waren die Rishis."

Die Rishis waren die „Seher" der Vorzeit, die Propheten, die die ewige Wahrheit geschaut haben. Sie sind die Urlehrer Indiens, deren Stammbaum auf Gott zurückgeht.

Bei ihren Nachfolgern und Erben möchte ich – gleich den vielen jugendlichen Westlern – in die Schule gehen.

Ich weiß: Kein Geheimnis wird sich mir entschleiern, wenn ich nicht Uhr und Terminkalender vergesse. Ich lasse die Unrast hinter mir, diese Geißel der Überzivilisation, und die Befürchtung, Zeit zu verlieren, sowie die Angst, etwas zu versäumen.

Rishikesh gilt als Zitadelle der Gurus, also wird es wohl ein leichtes sein, vermute ich, in dem Überangebot an geistlichen Führern den einen oder anderen wahren Meister zu finden, der an nichts mehr versklavt ist, der an nichts mehr hängt, nicht einmal an seiner Loslösung, der die Zeit entmachtet hat, der sich in Gott bewegt, jenseits der sterblichen Welt, die wie Herbstlaub vergeht.

Beim ersten Blick aus dem Hotelfenster von Luxman Jhula war mir ein rotes Bauwerk, ein dreizehnstöckiger Turmtempel mit der Aufschrift „Yoga Training Centre", ins Auge gesprungen, ein Bauwerk, in das man gleichsam hineinfällt, wenn man die Brücke überquert. Auf meiner Suche nach Vollmenschen, nach Heiligen und Weisen, lenke ich meine Schritte in besagtes Zentrum. Bin ich bereits auf der Spur eines der großen Gurus von Rishikesh? Offensichtlich ja. In einem Saal sind -zig Fotos eines Yogis ausgestellt, der keine schlechte Figur bei den Asanas (Körperstellungen) macht. Plakate informieren mich, daß er zwei Ashrams in Amerika, in der Siebten Avenue und in der Fünfundfünfzigsten Straße von New York, leitet. In einer Vitrine werden drei Schallplatten von ihm und zwei Bücher aus seiner Feder ausgestellt, letztere betiteln sich „Yoga and Yogic Powers" sowie „Yoga and long life". Als er die Bücher und Platten herausgebracht und die Ashrams in den USA gegründet hat, hieß er allerdings noch Yogi Gupta. Jetzt nennt er sich Kailashanand. Er scheint große Verehrung zu genießen, denn über den aberhunderten Götterstatuen des Tempels thront in Überlebensgröße wie ein lehrender Buddha mit Heiligenschein in himmlischer Entrücktheit Swami Kailashanand bzw. sein plastisches Abbild. Darunter kann man seinen vollen Namen mit sämtlichen Titeln erfahren: Shri Paramahansa Babaji Yogiraj Shri 108 Swami Kailashanand Saraswati Ji Maharaj.

Yogi Gupta alias Swami Kailashanand ist Spezialist für Hatha-Yoga, ayurvedische Medizin, er nennt seine mit Astrologie verknüpfte Heilkunde „divine medication" (göttliche medizinische Behandlung), Psychotherapie, lauter Gebiete, für die ich mich sehr interessiere, und er hält sich in der Regel jeweils drei Monate in den Vereinigten Staaten von Amerika und neun Monate in Rishikesh auf. Derzeit befindet er sich in Rishikesh, er läßt aber nicht leicht jemanden an sich herankommen, was bei höheren Yogis öfters der Fall ist. Echte Meister pflegen keine Weisheitsperlen vor die Säue, sprich Sensationslüsternen und Neugierigen, zu werfen. Nicht einmal die Wissensdurstigen, die nur den Verstand befriedigen wollen, finden Gnade bei ihnen. Nur ehrlich suchende und ernsthaft strebende Menschen mit einem Heißhunger nach Gott haben die Chance, unterwiesen zu werden. Es soll vorkommen, daß ein Guru, wenn ein Unwürdiger ihn fragt, welchen Weg er einschlagen soll, zur Antwort gibt: „Den, den du gekommen bist." Ist Kailashanand einer jener erdfernen und demütigen Schweiger, die mit belehrenden Worten geizen und die sich wohltuend abheben von den sehr weltlichen und anmaßenden Schwätzern und Prahlern, die spirituelle Plattheiten für Dollar und Deutsche Mark feilbieten?

Keinen Reim kann ich mir allerdings darauf machen, daß die Leute, die Swami Kailashanand abschirmen, durchwegs unsympathische Menschen sind, deren Blicke ich hinterhältig und mißtrauisch finde. Einen aus der Garde kenne ich sogar schon persönlich, es ist niemand anderer als der Manager des Hotels Luxman Jhula, ein fülliger, aufgeblähter Menschenverächtertyp, den ich mir gut als Sklavenhalter vorstellen könnte.

Ich nehme vorerst davon Abstand, mich um ein Gespräch mit Swami Kailashanand zu bemühen. Zuerst will ich in Lakshman Jhoola und in Rishikesh herumhören, wie die Leute über ihn denken. Ich stoße dabei auf eine Mauer des Schweigens. Die befragten Leute lächeln wissend, scheuen sich aber offenkundig, mit der Sprache herauszurücken. Da und dort flüstert man mir diskrete Andeutungen ins Ohr, die das Reporterblut in meinen Adern aufwallen lassen und mich zu detektivischen Nachforschungen anstacheln, um einen Zipfel des Schleiers zu heben, der das Geheimnis des Swami Kailashanand verbirgt.

Bei meinem Puzzle kommt folgendes Bild zum Vorschein: Herr Gupta war früher Rechtsanwalt. Als Mittdreißiger wurde er Schüler eines Heiligen aus Rishikesh, nämlich Swami Sivanandas, der ihm bei seiner Mönchsweihe den Namen Kailashanand (= Dessen Seligkeit Kailas ist) gab und ihn 1954 als Apostel zur Verbreitung indischer Weisheit nach Amerika sandte. Doch Kailashanand machte seinem Meister Sivananda keine Freude, er sprang ab, nachdem er sich für einen neuen Herrn entschieden hatte: den Mammon. Mir wird von Eingeweihten berichtet, daß sich Kailashanand beispielsweise in Rishikesh als barmherziger Samariter fotografieren ließ, wie er Bananen an Aussätzige verteilte, und anhand der werbewirksamen Elendsbilder, die er den Amerikanern unter die Nase hielt, sammelte er Geld für die armen kranken Inder, die dringend ein Spital benötigten, wo sie unentgeltlich behandelt werden könnten. Nicht wenige reiche amerikanische Wohltäter griffen voll Mitleid in ihre Brieftaschen, um den Menschenfreund Kailashanand bei seinem Kreuzzug gegen das Siechtum in Indien zu unterstützen. Er baute mit den amerikanischen Spendengeldern in der Tat ein Krankenhausgebäude am Lakshman Jhoola – ein ehemaliger Rechtsanwalt kennt schließlich die Gesetze –, aber das Spital stand stets leer, es sah nie ein medizinisches Gerät oder einen Patienten. Eines Tages aber verwandelte sich das vermeintliche Hospital in ein Luxushotel mit Restaurant. Ein ehemaliger Rechtsanwalt kennt eben nicht nur die Gesetze, sondern auch die Gesetzeslücken. Das Hotel Luxman Jhula, meine ungastliche Residenz in den ersten Tagen, gehört also – welche Überraschung! – dem Swami Kailashanand. Derzeit baut der potente Guru in der Nachbarstadt Hardwar ein neues Hotel, das Kailas-Hotel.

Kailashanand schröpft jedoch nicht nur reiche Amerikaner, er zieht überdies in schamloser Weise gutgläubigen armen Indern, die ein Leben lang für die große Wallfahrt nach Rishikesh und die anderen Gnadenorte im Himalaja gespart haben, die letzten Rupien und Paisas aus der Tasche, er beutet die naive Religiosität der Massen aus. So baut er im Stil von Disneyland vielstöckige Tempel mit aberhundert Götterstatuen, jede mit einem Opferschlitz für Münzen und Scheine versehen. Den dreizehnstöckigen Tempel am Ausgang der Hängebrücke habe ich schon betreten, angelockt durch die Aufschrift „Yoga Training Centre“, aber ich habe ihn noch nicht unter die Lupe genommen. Am Eingang sind die Geldwechsler postiert, sie wechseln den tausend Pilgern, die tagtäglich in den Tempel strömen, der einem Taubenschlag gleicht, Scheine in Münzen. Die Münzen wandern in die Opferstöcke und werden am nächsten Morgen den neuen Pilgern gegen Scheine eingetauscht. So häufen sich die Banknoten in großen Stapeln, und die Verwandten von Kailashanand haben alle Hände voll zu tun, um sie zu zählen und die Kassabücher à jour zu halten. Als Ausländer bin ich offensichtlich ein unerwünschter Fremdkörper in dem Tempel, jeder meiner Schritte wird argwöhnisch überwacht von den Leuten des Kailashanandklüngels, die mich noch dazu dauernd bedrängen, doch eine Schenkung („donation“) für den Kailashanand Mission Trust zugunsten der Armen zu machen. Alles ist in unverschämter Direktheit aufs Kassieren ausgerichtet. Keine der mindestens 200 Götterstatuen ist mit Blumen geschmückt, bei keiner brennt ein Räucherstäbchen, damit ja die Opferstöcke nicht übersehen werden. Keine Priester sind in diesem Tempel beschäftigt, nur Händler. Das ist kein Tempel, das ist ein Warenhaus. In jedem Stockwerk sind Verkaufsstände für Souvenirs, Devotionalien (Rosenkränze, die von Swamiji persönlich gesegnet sind, haben natürlich Preise, wie sie Wertgegenständen angemessen sind), ayurvedische Medizinen zur Stimulierung der Sexualität und der Lebenskraft und Bücher und Broschüren über Yoga und Religion.

„Das ist eine Räuberorganisation", sagt mir einer, der seit Jahren das Treiben des Familienclans Kailashanands im Tempel beobachtet. Einen zweiten, fünf Kilometer weit sichtbaren Riesentempel mit elf Stockwerken hat Kailashanand auf den Manikoothügeln in Rishikesh gebaut, aber noch nicht eröffnet. Seine Tempel würden besser zur Wolkenkratzersilhouette New Yorks als in die Waldkulisse Rishikeshs passen. Im Bau ist ein Tempel-Ashram gleichen Stils in dem berühmten Höhenkurort Mussoorie.

Bei meinen Ermittlungen treffe ich Menschen, die im Zusammenhang mit den Machenschaften Kailashanands ungeschminkt von Gangstertum und Mafia sprechen. Natürlich gibt es Widerstand gegen den Boß im Büßergewand. Einmal wurden zwei Leichen in seinem Tempel gefunden, aber die Hintergründe der Gruselgeschichte sind bis heute im dunkeln geblieben. Eine Protestdemonstration der Taxifahrer gegen die unheimlichen Vorfälle hat die Polizei, wie mir zu verstehen gegeben wird, niedergeschlagen.

Kailashanand wohnt hinter seinem zweiten Tempel auf den Manikoothügeln. Dorthin begebe ich mich, um eine Audienz zu erbitten. Doch der Swami verschanzt sich unzugänglich hinter hohen Mauern, die an ein Gefängnis erinnern: sie sind oben mit fünf Stacheldrahtreihen bewehrt. Ein Tor ist zugemauert, das andere fest verriegelt. Zuweilen hält sich Kailashanand aber in seinem Tempel am Lakshman Jhoola auf. Eines Sonntagvormittags komme ich gerade zurecht, als er dort anwesend ist. Ich schicke meinen Freund Shyamal vor, der mich hin und wieder in besonders heiklen Missionen begleitet und dessen Deutsch- und Hindikenntnisse alle sprachlichen Verständigungshindernisse im Umgang mit den Yogis beseitigen. Ich schicke ihn vor, um zu vermeiden, daß ich eventuell dem Manager des Luxman Jhula Hotels in die Hände falle, der mir zürnt, weil ich seine Luxusherberge verlassen habe. Der Hotelmanager würde auf alle Fälle vereiteln, daß mich der Swami zu einem Gespräch empfängt. Der Tempelmanager, der viel Ähnlichkeit mit dem Hotelmanager aufweist – beide könnten leibliche Brüder sein und Söhne des Bruders des Swami –, besteht darauf, daß wir ein schriftliches Gesuch an Kailashanand richten, in dem wir zu begründen haben, warum ich den Swami zu sprechen wünsche. Wir spielen mit offenen Karten und verhehlen nicht, daß ich ein Buch über Rishikesh zu schreiben beabsichtige und aus diesem Grund alle bedeutenden Ashrams und Gurus kennenlernen möchte. Das Gesuch wird nach einer halben Stunde Bedenkzeit abgelehnt mit dem Argument, es sei eine Frage der Scham, daß es der Swami entschieden ablehne, Propaganda für sich zu machen und seine Leistungen in das Rampenlicht der Öffentlichkeit zu stellen. Ich schließe daraus, daß Kailashanand unbedingt vermeiden will, daß seine zwielichtigen Manipulationen auf das Tapet gebracht werden, und versichere deshalb dem Manager, ich wolle mit dem Swami nur über dessen fünfundzwanzigjährige Erfahrungen mit amerikanischen Yogainteressierten sprechen. Der Manager begibt sich neuerlich als Postbote zu Kailashanand und kehrt mit einer anderen abschlägigen Antwort zurück: „Swamiji fühlt sich unpäßlich." Ich lasse nicht locker und bitte um einen Termin zu einem späteren Zeitpunkt. Diesmal läßt mir der Swami ausrichten: Er sehe in mir einen Menschen, der ein Buch schreibe, um zu Geld zu kommen. Er habe für meinen Geschäftsgeist keinerlei Verständnis, widme sich einzig und allein spirituellen Zielen und werde nicht die Profitgier eines Schriftstellers unterstützen, der das breite Interesse für Spiritualität in materialistischem Eigennutz zu Geld machen wolle. Über rein spirituelle Fragen könnte man mit ihm aber Tag und Nacht sprechen.

Mit diesen Einwänden will er vermutlich nochmals und neuerlich eine klare und deutliche ausdrückliche Bestätigung herausfordern, daß seine Geschäftspraktiken im Interview gänzlich ausgeklammert werden.

„Ich bin bereit, mit Swamiji einzig und allein über spirituelle Themen zu sprechen", versichere ich dem Manager.

Nun läßt Kailashanand die Katze aus dem Sack: Ja, er gebe mir die Chance, mich mit ihm über spirituelle Fragen zu unterhalten, wenn – ja wenn ich ihm vertraglich zusichere, daß er fünf Prozent des Verkaufserlöses meines Buches bekomme. Selbstverständlich, beeilt sich der Manager völlig überflüssigerweise hinzuzufügen – denn wer hätte je anderes gedacht –, selbstverständlich verwende der Swami das Geld nicht für sich persönlich, sondern für die armen Schlucker.

Ein Geschäft werde das Buch für mich wohl kaum werden, kontere ich, die Flugreisen und die langen Aufenthalte in Indien kämen mir teuer zu stehen, wenn ich in Hotels wohne wie das von Kailashanand und in Restaurants esse wie das von Kailashanand.

Jetzt fällt der Groschen. Der Manager verschwindet sichtlich beunruhigt aus seinem Büro und kehrt gefaßt nach einer Weile mit der Polizei zurück, um zu demonstrieren, daß die sogenannten Gesetzeshüter sein verlängerter Arm seien. Das ist die unmißverständliche Aufforderung, meine Ermittlungen in Sachen Kailashanand einzustellen. Plötzlich erblicke ich durch das Fenster in fünf Meter Entfernung Swami Kailashanand, den reichsten Guru in Rishikesh, mit nervösen Zuckungen aus seinem Tempel eilen wie auf einer Flucht (auf der Flucht vor sich selbst?). Er bückt sich, wie ein Gehetzter besorgt um sich blickend, schlüpft in seine Sandalen oder Schuhe, das beachte ich nicht so genau, denn mein Blick konzentriert sich voll und ganz auf das bange Gesicht, und macht sich wie ein steckbrieflich Gesuchter buchstäblich aus dem Staub.

Ich lasse meine Finger, die ich mir bald verbrannt hätte, von der Affäre Kailashanand weg. Es fällt mir keineswegs schwer, das Kapitel Kailashanand abzuschließen, denn mein Interesse an Rishikesh gilt ja dem Überweltlichen, nicht dem Unterweltlichen.

Die geistigen Kraftwerke

Swami Tapovanji, heiliger Wanderer im Himalaja, nannte Rishikesh insgesamt „die größte Universität für Spiritualität in ganz Indien". Die hohen Schulen der indischen Geistigkeit sind die shrams. Rishikesh ist eine Stadt der Ashrams.

In und um Rishikesh gab es schon in der Urzeit, im Altertum und im Mittelalter Ashrams wie den von Kanwa, den der Dichter Kalidas im 4. Jahrhundert nach Christus verewigt hat. In seinem Drama „Shakuntala" schildert Indiens größter Dichter liebevoll den Zauber des Ashramlebens am Fuße des Himalaja im Hinterland von Rishikesh. Der gütige Weise Kanwa hatte Shakuntala, die Tochter einer Himmelsfee und eines Rishis, an Kindes Statt angenommen.

Im Bannkreis seines Ashrams durfte nicht einmal der allgewaltige König eine Gazelle erlegen, die er mit Pfeil und Bogen verfolgt hatte. Einer der Ashramiten stellte sich dem König Dushyanta aus dem berühmten Geschlecht der Puru kühn in den Weg: „O König, töte die Gazelle nicht; sie befindet sich im Hain Vater Kanwas. Sie vertraut seinem Schutz. Zieh den schon angelegten Pfeil zurück! Zu der Bedrängten Schutz, nicht zur Vernichtung harmloser Wesen diene dir die Waffe." Und Dushyanta gehorchte. Er setzte den Bogen ab.

Der König legte demütig Schmuck und Waffe ab, als er den Ashram betrat, um sein Herz in der Asketensiedlung, deren Guru Kanwa war, zu läutern.

Vom Ashram Kanwas entwarf der Dichter ein idyllisches Bild: Die Einsiedlermönche und Büßermädchen sammelten Brennholz, empfingen Fremde gastlich mit Fußwasser sowie Blumen und Früchten, zerrieben mit Steinen die Ingudifrucht, um ein heilkräftiges Öl zu gewinnen, mit dem sich die Ashramiten ihr Kopfhaar einrieben, gossen Pflanzen und hängten ihre gewaschenen Kutten aus Bast zum Trocknen an die Bäume. Die mit Baumbast bekleideten, in Laubhütten wohnenden und unter dem Zeltdach von Lianen meditierenden Waldbrüder und -schwestern lebten in Eintracht mit der Natur, Bäume und Tiere betrachteten sie als ihre Verwandten. Im heiligen Hain des Ashrams wurden die wildesten Bestien zahm und die schreckhaftesten Tiere zutraulich, dank der Wirkungen der

Bußwerke der frommen Einsiedler, so daß der Herrscher erstaunt war, daß die Rehe sich nicht stören ließen und beim Anblick der königlichen Pferdewagen nicht einmal stutzten. Bienen schlürften den Saft der duftreichen Jasminblüte, Pfaue tanzten, Sonnenaufgang und Sonnenuntergang wurden als Gottes Glorie erlebt.

„Schon diese Luft zu atmen tut mir wohl", sprach der König, der hier die Lust am Jagdvergnügen verlor. Ungestört ließ er die Büffel im Wasser tauchen, die Gazellenherde friedlich im Baumschatten wiederkäuen und die Eberrudel ihre Lieblingsknollen vertilgen. Er war nicht bereit, die Bogensehne zu spannen, umso weniger, als er wußte, daß nichts mehr zu fürchten war als der Zorn der Asketen, den er nicht durch die Störung ihrer Andacht provozieren wollte. Selbst Götter zitterten vor der Macht großer Asketen, so daß es einem König nicht zur Schande gereichte, wenn er die blitzartige Waffe der Asketen, ihren Fluch, fürchtete.

Ashrams entstehen und vergehen. Doch hellhörige, in der Meditation erfahrene Menschen aus Ost und West versichern, daß sie heutzutage in Rishikesh noch den Nachklang des in den Ashrams und Einsiedeleien gepflegten Schweigens und Betens von Jahrtausenden vernehmen. Die Luft sei von geistigen Schwingungen erfüllt, die von den Rishis und Heiligen der vergangenen Jahrhunderte ausgegangen seien. Die Yogis glauben fest daran, daß sich die an einem Ort oder in einem Raum gedachten Gedanken sammeln und summieren und eine spürbare Atmosphäre bilden. Das gilt auch für Kirchen, Kinos, Sportplätze, Wirtshäuser und Theatersäle. So ist Rishikesh eingehüllt in das Fluidum des Ewigen. Allein die Anwesenheit in Rishikesh sei also heilsam, freilich nur für den, dessen Empfang auf die Wellenlänge des Unendlichen eingestellt sei. Er könne die Klänge des Unvergänglichen aufnehmen.

Etymologisch bedeutet Ashram – das Sanskritwort leitet sich von der Wurzel „shram" ab – Stätte bzw. Periode geballter Anstrengungen. Jene, die die Anstrengungen auf sich nehmen, die Asketen, wurden Shramanas genannt.

Schon in den Offenbarungsschriften der um 1000 vor Christus abgefaßten „Brahmanas", die die Veden erläutern, finden wir die Gepflogenheit der Arier angedeutet, daß Männer mit ihrer Ehefrau im vorgerückten Alter die Beziehungen zu ihrer

Familie und zu ihren Geschäften lösten. Sie vertrauten Familie und Geschäfte ihren Söhnen an, dann zogen sie sich in die Einsamkeit der Wälder zurück, um sich, aller Weltsorgen ledig, ungestört Gott zu weihen und nach Heiligkeit zu streben. Derartige Einsiedeleien, in denen sich die Verzichtenden nur von Kräutern und Früchten ernährten, wurden zum Urbild der Ashrams. Ashrams waren also anfangs Waldsiedlungen, in denen Entsagung geübt wurde, sie umfaßten entweder nur die Klause eines einzelnen Asketen oder die Hütten einer Gruppe von Asketen. Ashrams im eigentlichen Sinne gibt es seit den Zeiten der Upanishaden, ab 500 vor Christus.

Später, wohl um die Zeitenwende, stellte der Hinduismus das Ideal der vier Lebensstufen auf, die Ashramas genannt wurden. Jede der vier Stufen der vollkommenen Lebensordnung der Brahmanen war gekennzeichnet durch das Bemühen um Heiligkeit, deshalb wurde jede als Ashrama bezeichnet.

Die erste Stufe war der Lebensabschnitt des keuschen Schülers („Brahmachari"), der dienstbereit im Hause seines Gurus lebte und gelehrig die heiligen Schriften studierte. Die zweite Stufe war die Phase des Hausvaters („Grihastha"), der Besitz erwarb, Nachkommen zeugte und Haus und Hof betreute. Die dritte Stufe war die des Großvaters, der, wenn die Kinder versorgt waren, als Waldbewohner („Vanaprastha") mit oder ohne Gattin in den Dschungel übersiedelte, die Loslösung von der Welt suchend. Die vierte und letzte Stufe war die des heimatlosen und unbehausten Wandermönchs („Sannyasin"), der außerhalb der Gesellschaft lebte als stummer Zeuge, daß Gottes Reich nicht von dieser Welt sei.

Wiewohl der Ausdruck „Ashrama" also auch für jede der vier Phasen des idealen Lebensweges gebraucht wurde, war doch im indischen Sprachgebrauch ein „Ashrama" (Ashram) stets in erster Linie eine abgeschiedene ruhige Stätte, wo Heilige und Weise büßten, allein oder gemeinsam mit anderen Gottsuchern. Der Schwerpunkt eines Ashrams war also, der Wortherkunft nach, Askese, die als Frucht inneren Frieden zeitigte. Damit erlangte ein Ashram in der indischen Tradition die Bedeutung eines Ortes der Seligkeit, eines Himmels auf Erden.

Das Wort Ashram tönt daher in den Ohren der Inder wie Musik aus dem Himmel, die sie magisch anlockt. Es weckt Vorstellungen von einer Insel des Friedens im Getriebe der Welt.

Kein Wunder also, daß gerade zu Beginn der modernen Zeit, vor und nach der Jahrhundertwende, in Indien die Ashrams, Rastplätze auf der Wüstenwanderung des Lebens, aus dem Boden schossen. Eine wahre Ashrambewegung erblühte. Das machte sich in unserer Zeit auch die katholische Kirche zunutze, die daranging, da und dort ihren Missionsstationen und Seminarien in Indien – selten zu Recht – das Etikett „Ashram" aufzukleben. Die vor hundert Jahren zu neuem Leben erweckte Idee der Ashrams, der Neuzeit angepaßt, hat auch und gerade in Rishikesh eine neue Epoche eingeleitet.

*

Der älteste der bestehenden Ashrams in Rishikesh feierte zur Zeit meines Besuches seinen hundertsten Geburtstag. Der KAILAS ASHRAM, 1880 gegründet von Swami Dhan Raj Giri, dessen Guru Adity Puri war, liegt an der Straße zum Lakshman Jhoola jenseits des Chandrabhagaflusses, der in den Ganges mündet. Benannt ist der Kailas Ashram nach dem heiligsten der heiligen Berge im Himalaja, Kailas, dem Wohnsitz Shivas. Der Kailas Ashram wurde nämlich als Heim für Shiva errichtet. Dem Stifter des Ashrams war eines Nachts im Traum Gott Shiva erschienen, der ihm auftrug: „Gründe hier für mich ein Zuhause!" Kleinlaut erwiderte der Swami: „Herr, du verlangst Unmögliches von mir, ich bin ein Bettler ohne jeden Groschen, wovon soll ich dir eine Wohnung bauen?" Lord Shiva klärte das Mißverständnis auf: „Du kannst täglich hier den Vedanta lesen und lehren. Das genügt. Wo der Vedantaunterricht gepflegt wird, dort ist mein Haus."

Dhan Raj Giri tat, wie ihm geheißen. Das war der Ursprung des Kailas Ashrams, der in den hundert Jahren seines Bestehens seiner Sendung nicht untreu geworden ist. Der altehrwürdige Kailas Ashram ist die Kommunität der Gelehrten, der Philosophen, der Metaphysiker, die nach alter Tradition den Vedanta, die Essenz der Hinduweisheit, als Jnanis (Yogis des Wissens) studieren, leben und vermitteln. Die Yogis des Wissens sind Innenforscher, denen ihr Tiefblick die erlösende Erkenntnis enthüllt, daß Gott (Brahman) und die Seele (Atman) eins sind. Das ist der Kern der Lehre des Vedanta: das ewig Göttliche, das Brahman, ist in dir und in allem.

Wie ist das zu verstehen? Ein Pandit (Gelehrter) des Kailas Ashrams zitiert zu meiner Orientierung die Upanishaden, auf denen der Vedanta fußt: „Du (Brahman) bist Frau. Du bist Mann. Du bist die dunkelblaue Biene und der grüne Papagei mit den roten Augen. Du hast den Blitz zum Kinde. Du bist die Jahreszeiten, und du bist die Meere. Du bist alles durchdringend gegenwärtig."

„Alle Vielheit der Welt, wie sie unsere Sinne wahrnehmen", informiert mich der Pandit, „ist also nur ein Trugbild, hervorgezaubert von der Unwissenheit. Der Wissende verbindet die Vielheit zur Einheit. Alles ist eins."

Nach einer Pause, die mir Zeit geben soll, seine Worte in die Tiefe meines Herzens fallen zu lassen, setzt er die Erklärung fort: „In allem, was ist, Gott zu erkennen – das ist der Heilsweg des Wissens, den wir im Kailas Ashram lehren und leben."

Ich erinnere mich, gelesen zu haben, daß einmal ein amerikanischer Journalist den großen Heiligen von Rishikesh, Swami Sivananda (der übrigens hier im Kailas Ashram zum Mönch geweiht worden war, bevor er einen eigenen Ashram gründete), gefragt hatte: „Swami, Hand aufs Herz, haben Sie Gott schon gesehen?" Der Meister hatte ihm entgegnet: „Ich sehe nichts anderes als Gott."

Der Pandit des Kailas Ashrams bekennt: „Wem die Alleinheit nicht mehr verhüllt ist, der weiß: ‚Tat twam asi' = ‚Du bist Das' (Chandogya Upanishad). Du selber bist das Absolute. Du selber bist Gott, der Allgeist, der sich in der Vielheit der Einzelseelen entfaltet hat. Die Seelen sind die Funken des Feuers, das Gott ist."

„Sie sind Gott, und ich bin Gott?" frage ich zweifelnd den Lehrer der Alleinheitsphilosophie des Vedanta.

„Wenn jemand träumt, er wäre ein Elefant", versucht der Pandit meine Zweifel zu zerstreuen, „so hört er doch nicht auf, ein Mensch zu sein. Er vergißt im Traum gleichsam sein Menschsein, aber er verliert es nicht. So ergeht es der Seele, die noch der Illusion erliegt. Sie träumt, sie wäre ein Mensch, in Wahrheit aber ist sie Gott. Die aus dem Lebenstraum erwachte Seele weiß: ‚Ich bin das Brahman.'" (Brihadaranyaka Upanishad.)

Wissend, daß sie wesensgleich ist mit dem All-Einen, verfällt die Seele nicht mehr dem hypnotischen Zauber der Welt, deren

Lug und Trug sie durchschaut. Die Wünsche erlöschen. In der Tat begegne ich unter den dreißig bis fünfunddreißig Mönchen des Kailasklosters auffallend vielen wachen, ungetrübten, befreiten Gesichtern, die kraß abstechen von den stumpfen, düsteren, unerlösten Blicken vieler Mönche, deren Weg man in Rishikesh kreuzt.

Um so mehr amüsiert mich, wie sehr an diesem hehren Ort der Weltabgelöstheit, der nur der Gotteswissenschaft und dem Unterricht in der heiligen Sprache Sanskrit geweiht ist, die Mönche in kindlicher Freude mit ihren Herzen an ihrer Kuhdunggasanlage hängen. Seit drei Jahren kochen nämlich die Mönche mit Gas, das sie selber aus Kuhmist erzeugen. Die Verwertung des Dungs der vielen Kühe, die es im Ashram gibt, ist der Stolz der Mönche. Ich muß die Errungenschaft ausgiebig besichtigen und bewundern und verfolge den Weg des Gases von der Herstellung bis zu den blauen Herdflammen in der Küche. Auch „durchgöttlichte" Menschen scheinen also in einem Winkel ihres Herzens an die Erde gebunden zu sein. Das ist für einen Europäer eher tröstlich.

Der Manager des Kailas Ashrams, Swami Paripurnananda Giri, der mich freundlich empfängt und mir geduldig Rede und Antwort steht, so daß er sogar sein Mittagsmahl versäumt, ist durchaus ein moderner Mensch, hinter einem Schreibtisch sitzend und in akuter Gefahr, in einer Papierflut zu ertrinken. Ob das im Sinne Shivas liegt, der hier ein Zuhause wünschte, weiß ich nicht. Der Schreibtisch ist chaotisch übersät mit Quittungen, Skripten, Büchern, Heiligenbildern, Heftklammern, Stecknadeln, Stempeln, Briefen, Telefonverzeichnissen und abgeschliffenen Flußsteinen zum Beschweren, damit der Fan, der Windpropeller, nicht alle Zetteln verweht. Paripurnananda lebt also in der Zeit und doch nicht. Denn die zwei Uhren in seinem Büro sind stehengeblieben, und sein Kalender zeigt den 27. Dezember an, obwohl wir den 2. September schreiben. Unser Gespräch dauert Stunden, mehrmals unterbrochen durch Besucher, die mit der rechten Hand seine Füße und dann ihre Stirn berühren und ihm weiße Blumen aufs Haupt legen. Zwischendrin erkundigt sich der Swami bei mir, wann Österreich und Ungarn getrennt worden sind. Er verkauft mir um fünf Rupien einen farbigen Prachtposter mit allen Häuptern des Ashrams seit der Gründung, stellt mir umständlich eine Quittung aus, auf der fein säuberlich mein Familienname und meine Vornamen, mein Titel und meine volle Heimatadresse samt Stockwerk und Türnummer verzeichnet werden.

Auf dem glänzenden Poster erstrahlen, gruppiert um Shankara, den größten Philosophen des Vedanta, in dessen Fußstapfen der Stifter des Ashrams wandelte, die bunten, goldgerahmten Bilder der Gurus der Vergangenheit, daneben aber ebenso die Farbfotos der zwei Gurus der Gegenwart: Swami Vidyanand Giri ist der derzeitige „Abt“ des Klosters, und Swami Harihar Tirth ist der Acharya (Rektor). Das sind die beiden lebenden Heiligen des Ashrams. Vidyanand Giri, das jetzige Haupt des Ashrams, ist erst fünfzig Jahre alt und stammt aus Bihar. Er studierte an der berühmten Sanskrit-Universität von Benares, die für den Hinduismus soviel bedeutet wie die „Gregoriana“ in Rom für den Katholizismus, und war anschließend zehn Jahre lang Prinzipal (Hauptlehrer) am Sanskrit-College in Delhi. Erst nach langer Praxis als Professor ließ er sich in der indischen Hauptstadt zum Mönch weihen, 1969 trat er in Rishikesh in den Kailas Ashram ein, dessen Präsident er sofort wurde.

Der gelehrteste und frömmste Mönch des Kailas Ashrams ist Swami Harihar Tirth, er ist eine Art Kirchenlehrer. Er gehört seit 1930 dem Kloster an. Ihn möchte ich zu der Handvoll Heiligen zählen, die eine Reise nach Rishikesh rechtfertigen. Er ist beschlagen in allen Systemen der Hinduphilosophie und der höchsten philosophischen Spekulationen fähig, gleichzeitig besitzt er die Einfalt eines Kindes. Er erinnert mich auf Anhieb an die Worte Christi: „Wenn ihr nicht werdet wie die Kinder, werdet ihr das Himmelreich nicht gewinnen.“ Er ist sorglos und weiß sich geborgen. Durch seine Augen blickt man in eine helle und heitere Welt, nicht in ein unheimliches Dunkel wie zuweilen bei anderen höheren Yogis. Harihar Tirth ist beglückt mit unerschütterlicher Ruhe, er begehrt nicht und verabscheut nicht, er ist über alles hinaus. Er macht den Eindruck eines Unverwundbaren und gleicht wohl bereits dem Hirsch, von dem Buddha sagte, daß er sich im Wald auf einen Haufen von Fallstricken niederlegen könnte, aber nicht von ihnen gefangen würde. Die untrübbare Sonnigkeit Harihar Tirths werde ich nicht mehr vergessen, sie strahlt aus einer anderen Welt herüber.

Um 4 Uhr früh scheppert im Kailas Ashram eine blecherne Glocke als Weckruf. Von 5 bis 5.15 Uhr versammeln sich die Ashramiten zur Morgenpuja (Opferliturgie). Von 6.30 bis 8.30 Uhr und von 14 bis 16 Uhr ist Unterricht in Vedanta und Sanskrit. Von 19 bis 19.30 Uhr ist Abendpuja (Lichterschwenken vor der Gottheit). Anschließend wird bis 20.30 Uhr in den heiligen Schriften gelesen. Um 22 Uhr legen sich die Mönche schlafen. Das ist der Rahmen des Tagesablaufs im Kailas Ashram.

„Was, glauben Sie, suchen die vielen westlichen Jugendlichen in Rishikesh?“ frage ich den Klostermanager Swami Paripurnananda Giri. Wie aus der Pistole geschossen kommt die Antwort: „Die Jugendlichen sind angewidert vom Materialismus in ihrer Heimat und finden hier den gesuchten Spiritualismus, der sie bereichert.“

„Die Bereicherten sind wohl eher die Gurus“, fasse ich mit einem Schuß Ironie ein heißes Eisen an. „Nicht wenige Europäer hörte ich klagen, daß sie in Rishikesh Spiritualismus suchten, aber Materialismus fanden.“

„Wie?“

„Kennen Sie in Rishikesh keine namhaften Gurus, die ihr Wissen teuer verkaufen?“ frage ich und beginne aufzuzählen: „800 Rupien – Sie wissen, dafür muß in Indien ein Bankbeamter einen Monat und ein Lehrer zwei Monate arbeiten – verlangt der Maharishi Mahesh Yogi Ashram für einen viertägigen Meditationskurs. 500 Rupien, das verdient ein indischer Hilfsarbeiter in drei Monaten, fordert Balyogi Premvarni für einen einmonatigen Meditationsunterricht. Zusätzlich müssen die Kursteilnehmer für ihn roboten . . .“

Der Vorwurf, daß zahlreiche Swamis in Rishikesh materialistisch eingestellt seien, paßt absolut nicht in das Weltbild der Mönche des Kailasklosters. Sie wissen sich nicht anders zu helfen, als dem bösen materialistischen Westen die Schuld an der Kommerzialisierung der Meditation in Rishikesh anzulasten.

Die Mönche des Kailas Ashrams dürfen ahnungslos sein, denn sie selber sind frei von jedem Verdacht, an Geld interessiert zu sein – bei ihnen kann jeder Pilger drei Tage kostenlos essen und wohnen –, und außerdem haben sie so gut wie keinen Kontakt zu den westlichen Suchern, die Rishikesh überfluten, denn wer von den Jugendlichen aus Europa oder Amerika versteht schon Sanskrit, die Unterrichtssprache in dem orthodoxen Hindukloster! Wenn einmal ein Besucher aus dem Westen in den Kailas Ashram kommt, dann ist er Indologe oder Forscher.

Gleichwohl kommt dem Kailas Ashram eine Schlüsselrolle in der Verbreitung des Hinduismus im Westen zu, denn hier im Kailas Ashram in Rishikesh erwarb der bedeutendste Apostel und Missionar des Hinduismus im Westen sein geistiges Rüstzeug: Swami Vivekananda, der Lieblingsjünger Ramakrishnas. Der damals noch unbekannte Vivekananda machte schon in Rishikesh Eindruck. Es wird erzählt, daß einmal ein Himalajapilger vor dieser mannhaften Majestät mit dem Löwenherz stehengeblieben wäre und ausgerufen hätte: „Shiva!"

Kein anderer Ort zog Vivekananda so an wie Rishikesh. Die zehn Monate, die er im zu Ende gehenden 19. Jahrhundert im Kailas Ashram verbrachte, waren Tage des Friedens und des Glücks. Er fühlte sich in Rishikesh in seinem Element, der heilige Ort war erfüllt vom Geist der Entäußerung und bot ihm eine spirituelle Atmosphäre für intensives Gebet.

Ein Wegbegleiter Vivekanandas, Abhedananda, schrieb über das Rishikesh jener Tage: „Der ganze Platz ist mönchisch, die Luft ist rein und heilig. Tausende Yogis und Sannyasis verschiedener Sekten versammeln sich jedes Jahr, aus höheren Himalajaregionen kommend, in Rishikesh, um daselbst den Winter zu verbringen, die heiligen Schriften lesend und Yoga und Meditation praktizierend."

Ein anderer bedeutender Schüler des Kailas Ashrams war Swami Sivananda, der hier 1924 von Swami Vishnudevananda, dem damaligen Leiter des Kailas Ashrams, die Mönchsweihe empfing. Swami Sivananda, der „Heilige vom Himalaja", war es, der Rishikesh und seinen 1934 gestarteten eigenen Ashram weltberühmt gemacht hat. Er verdient ein eigenes Kapitel.

Der Kailas Ashram war es also im Grunde, der der Hindumission im Westen auf indirekte Weise die Bahn gebrochen hat.

*

Ein Ashram ist mehr und ist weniger als ein Kloster im landläufigen Sinn.

In der Regel wird ein Ashram nicht gegründet, er wächst um

einen heiligmäßigen Menschen als Mittelpunkt. Der Guru ist ein reifer Mensch, der von Gott berührt worden ist. Er kennt aufgrund seiner Erleuchtung die Innenseite der Welt und die Quelle des Seins. Er hat sich von Gott ergreifen und aufsaugen lassen, so daß er gleichsam in irdischer Hülle das Göttliche verkörpert. Das ist der eigentliche Grund, warum die Menschen seine Nähe suchen, sei es als Bewohner oder als Besucher des Ashrams.

Die Bewohner eines traditionellen Ashrams bilden drei Kreise: der innerste Kreis sind die Sannyasis (Mönche), der mittlere Kreis die Brahmacharis (Novizen, Studenten) und der äußere Kreis die Sadhakas (Bewerber). Es sind nicht mehr nur wie vorzeiten die lebensmüden Greise, die in einen Ashram eintreten, sondern Männer und Frauen aller Altersstufen.

Doch ein Ashram ist keine geschlossene, sondern eine offene Gemeinschaft. Willkommen ist jeder Besucher aus nah und fern, ob jung oder alt, ob weiblich oder männlich, ob arm oder reich, ob ledig oder verheiratet, ob farbig oder weiß, ob ungebildet oder gelehrt. Auch darin unterscheidet sich ein Ashram von einem christlichen Kloster, das an der Klausur festhält. Mir sind sehr wohl die Bemühungen mancher katholischer Klöster, sich zu öffnen, bekannt, doch verglichen mit den Ashrams sind sie die reinsten Elfenbeintürme.

Den krassen Unterschied zwischen Ashram und Kloster erlebte ich sogar einmal bei einem Ferienaufenthalt in Südfrankreich, als ich das Mutterhaus der Kartäuser, die berühmte Grande Chartreuse, besuchen wollte, um etwas von der himmlischen Seligkeit zu erfahren, in der die Mönche selber schon leben. Ich stieß auf eine Gemeinschaft, die sich einigelt und anscheinend keine größere Sorge hat, als nicht gestört zu werden in ihrem Frieden mit Gott. Mich bedrückte die gescheiterte Hoffnung um so mehr, als ich geradewegs von einem Benediktinermönch kam – es handelt sich um den weltbekannten christlichen Yogapionier Pater Jean Dechanet, der als Einsiedler in einem französischen Alpental lebt. Für Touristen ist er eine Dreisternsehenswürdigkeit wie der schiefe Turm von Pisa. Doch er weist niemanden ab, nicht einmal die neugierigen indiskreten Besucher, die ihn belästigen und in ihm nichts anderes sehen als das seltene Exemplar eines im Aussterben begriffenen „geistlichen Dinosauriers“, sprich Eremiten. Obwohl er

Lakshman, der Bruder des Gotthelden Rama, soll als Büßer in Rishikesh gelebt und die erste Hängebrücke (Jhoola) für die Pilger errichtet haben. Ihm ist in der Nähe der Brücke ein Tempel geweiht.

An den Gestaden des Ganges unterhalb der Hängebrücke (Lakshman Jhoola) entfaltet sich das Paradies der Heiligen und der Heuchler.

Das Fährboot ist neben der Hängebrücke die einzige Verbindung der beiden Gangesufer in Rishikesh.

Mohonanda Giri, ein greiser Shivamönch, büßt und betet in einer Einsiedlerklause des Swarg Ashrams.

Balyogi (= geborener Yogi) Swami Premvarni, der Star des linken Gangesufers: jeder Zoll ein König.

Seit 1920 in Rishikesh: Swami Jnananda, der Weise vom Swiss Cottage, spielt gerne mit Puppy Soma.

Ein Mönchsschüler sucht in der Meditation auf dem heiligen Fluß sein Selbst zu ergründen.

Im Kultraum der Yogant-Akademie: Balyogi Swami Premvarni, flankiert von einem europäischen Schüler und einem indischen Diener.

keine Werbetrommel rührt, kommen Sommer für Sommer hundert und mehr sorgenbeladene und seelisch wunde Sucher aus allen vier Winden, aus Amerika, Australien, Afrika und vor allem Europa, zu ihm, Nahrung für ihr Herz suchend. Der Yogi in der Nachfolge Christi empfängt alle mit offenen Armen in seiner Einsiedelei, die ein Ashram ist, obwohl er sie nicht so nennt, um bei seinen kirchlichen Oberen keinen Anstoß zu erregen. Doch die Grande Chartreuse verschließt ihre neunhundertjährige Gotteserfahrung in ehrwürdigen Mauern und in den Tresoren der Mönchsherzen. Ihr Wertvollstes behalten die Kartäuser für sich, sie offerieren ihren Besuchern abseits vom Kloster nur die zweifellos gut schmeckenden grünen und gelben Chartreuseliköre. Dabei ist einer der Hauptvorwürfe, die das Christentum gegen die indische Frömmigkeit erhebt, daß sie nur auf die eigene Erlösung bedacht sei. Mich wundert es nicht, daß so viele Jugendliche sich dem Yoga und Indien zuwenden. Hinduklöster sind keine Schneckenhäuser.

Die Ashrams öffnen ihre Tore im Sinne Gandhis, der gesagt hat: „Ich wünsche mein Haus nicht ummauert und meine Fenster nicht verrammelt. Mein ist nicht eine Religion des Gefangenenhauses. Ich habe Raum für das letzte der Geschöpfe Gottes."

Im Ashram ist das Zusammensein mit Nachbarn und Gästen ebenso wichtig wie Meditation und Gebet. Im unerwarteten Gast kommt Gott zu Besuch. Die Besucher, Arbeiter, Geschäftsleute, Taxifahrer, Studenten, Minister, Professoren, bleiben, wenn sie Zeit haben, mehrere Tage und holen sich Rat für den Alltag wie für ihr inneres Leben.

Bei aller Unterwerfung, die der Guru von seinen Schülern fordert, herrscht in einem Ashram eine individualisierte Lebensform, die der Improvisation, der Flexibilität, dem Schöpferischen und Spontanen breitesten Raum gibt. Der Guru richtet sich in allen Anweisungen nach den Bedürfnissen und Möglichkeiten des einzelnen. Jeder Ashramit geht seinen eigenen Weg. Niemand wird auf Vordermann gebracht. Im Ashram bleibt eine Rose eine Rose, eine Nelke eine Nelke und ein Veilchen ein Veilchen. Sie werden nicht, wie es bei Novizen und Novizinnen so mancher katholischer Klöster zu geschehen pflegt, in rigorosem Uniformismus alle in Lilien nach dem Vorbild des Ordensstifters verwandelt. Ashramiten sind in ihrer

Ursprünglichkeit ungebrochen, was man von katholischen Ordensleuten selten sagen kann. Ich habe ein konkretes Beispiel einer katholischen indischen Ordenskongregation vor Augen. Wenn die indischen Mädchen in den Orden eintreten, voll natürlichen Lebens, gehen sie beispielsweise beim religiösen Tanz noch ganz aus sich heraus. Im Noviziat verkümmern sie zu farblosen, welken Pflänzchen. Sie werden des natürlichen Lebens beraubt, um für das übernatürliche Leben Platz zu schaffen. Das ist eigentlich eine Sünde wider den Glaubenssatz, daß die Gnade an die Natur anknüpft. Ganz anders ist das etwa bei den Novizen des Sivananda Ashrams: Brahmachari Ramswaroop und all die andern sind blutvolle Naturmenschen, strotzend und schäumend von ungebrochener Jugendkraft, Urwüchsigkeit und Originalität, dabei von einem heiligen Eifer des Dienens beseelt, der nicht übertroffen wird von den blassen „Kolleginnen" im katholischen Lager. Der im Ashram gepflegte Individualismus gipfelt darin, daß letztlich nicht der Guru, nicht ein überliefertes Gebot, nicht eine heilige Schrift Richtschnur ist, sondern das, was aus dem eigenen Innern emporsteigt. Über allem steht die eigene Erfahrung.

Der Lebensstil im Ashram ist herb, nüchtern, naturgemäß, schlicht und einfach. Der Ashramit befreit sich von allem Überflüssigen und konzentriert sich auf das einzig Notwendige, wenngleich natürlich nicht jeder so weit geht wie Gandhi, der meinte, es wäre Diebstahl, mehr als das Minimum zu besitzen. Dem Ashramiten sollten eine Hütte aus Lehm und Stroh zum Wohnen, eine Bastmatte zum Schlafen und ein Umhang und Sandalen als Kleidung genügen.

An das mehr oder weniger gelebte Armutsgelübde der christlichen Ordensleute den Maßstab der strikten Armut der Ashramiten anzulegen ist natürlich unsinnig, weil der jeweilige Lebensstandard des Landes im Armutsverständnis eine Rolle spielt, aber es sollte doch zu denken geben, was die katholische Ordensfrau Vandana, die ausgerechnet in Rishikesh, der Zitadelle des Hinduismus, einen christlichen Ashram gegründet hat, über diesen wunden Punkt berichtet. Eines ihrer befremdlichsten Erlebnisse war, als sie mit einer zweiten Ashramitin in einem katholischen Schwesternkloster übernachten wollte, um am nächsten Morgen den Zug zu erreichen: sie wurde abgewiesen, weil das Ordenshaus „keinen Platz" hatte, keinen Platz im

Sinne des westlichen Lebensstandards. Ihre Begleiterin, mit westlichen Sitten nicht so vertraut, wunderte sich maßlos, daß ihnen gesagt wurde, es wäre kein Platz vorhanden, wenn doch so viel Platz war auf dem Teppich in dem großen Saal, in dem sie standen. Das ist in puncto Einfachheit und Armut der ins Auge springende Unterschied zwischen einem Kloster im Westen und einem Ashram in Rishikesh.

Natürlich haben es die christlichen Klöster, um zu einem offeneren, freieren und einfacheren Lebensstil zu gelangen, nicht nötig, sich an indischen Ashrams zu orientieren; sie können auch etwa bei Franz von Assisi in die Schule gehen, der übrigens von den Hindus als perfekter Yogi angesehen wird.

Die Kardinaltugenden der Ashramiten sind neben Einfachheit Schonung alles Lebendigen, daher ist die Kost rein vegetarisch, Wahrhaftigkeit, Enthaltsamkeit und Freigebigkeit.

Der Tagesablauf beginnt in der Morgendämmerung und endet in der Abenddämmerung mit Gebeten. Pujas (Opferkult), Bhajans und Kirtans (Hymnen, Musik, Tanz), Arati (Lichtzeremonie), Namajapa (Wiederholung des Namens Gottes), Seva (Dienst am Mitmenschen), Darshan (Segen des Gurus) und Satsang (zwanglose abendliche Gesprächsrunde mit dem Guru) wechseln einander ab.

Das Leitmotiv jedes Ashrams ist das Gebet aus der Brihadaranyaka Upanishad:

„Vom Unwirklichen führ uns zum Wirklichen!
Vom Dunkel zum Licht!
Vom Tod in die Unsterblichkeit!"

Die maßgebenden Ashrams von Rishikesh sind geistige Kraftwerke, deren spirituelle Energie nicht nur Indien speist, sondern in die ganze Welt strömt, durch Bücher und Schriften, durch Vortragsreisen der Gurus und durch Zweigniederlassungen in sämtlichen Kontinenten (der Sivananda Ashram allein besitzt an die zweihundert Filialen in Indien und nahezu hundert im Ausland). Nicht zuletzt ziehen die zahlreichen Schüler aus Europa, Amerika und Australien Nutzen daraus, die sich selber für Wochen, für Monate, für Jahre oder für immer einem Ashram in Rishikesh anschließen, um menschlich zu wachsen und ganz zu werden.

Himmlische Häuser?

„Der Sand, auf dem die Heiligen wandeln“ (Muni-ki-Reti) heißt der Stadtteil jenseits des Chandrabhagaflusses, eines Dschungelstromes, der in der Dürreperiode ausgetrocknet und in der Regensaison normalerweise angeschwollen ist. Das Chandrabhagaflußbett trennt das profane und das heilige Rishikesh.

Wenn wir im sakralen Bezirk den Kailas Ashram verlassen und den Weg auf der Straße zum Lakshman Jhoola fortsetzen, windet sich an der Stelle, an der sich der Berg bis an die Straße herandrängt, an der Flanke des Berges ein Weg zum ruhig gelegenen YOG NIKETAN (= Haus des Yoga) empor, einer sehr gepflegten Ashramanlage, bestehend aus zwanzig Bungalows, die hoch über dem Ganges thronen. Zweifellos ist dies der Ashram mit der schönsten Aussicht, obwohl der Blick auf den heiligen Strom und die Ashrams am anderen Ufer vielfach durch mächtige Bäume verstellt ist, die sich in den Steilhang eingekrallt haben.

Ich führe lange Gespräche mit dem mageren Franzosen Jean-Marie und dem blassen Australier David, Westlern, die im Ashram leben. Beide äußern sich überaus zufrieden und versäumen nicht, es besonders lobend hervorzuheben, daß man im Yog Niketan für einen Bungalow mit Veranda und die Mahlzeiten nur fünf (!) Rupien zahlt, in der Yogageschäftswelt von Rishikesh eine rühmenswerte Sensation.

Vor dem Häuschen des Hilfsgurus des Ashrams klatsche ich in die Hände, um mich bemerkbar zu machen. Es erscheint eine kavigekleidete, kurzgeschorene weißhaarige Lady mit dunkler Brille, Rampyari Mataji, und führt mich in ihr Zimmer, an dessen Wänden Bilder von Vivekananda und Aurobindo sowie vom indischen Lieblingsgott Krishna als Knaben hängen. Und natürlich ein Foto ihres Gurus, der zu dieser Zeit in Kaschmir weilt. Ihre Bücher sind sorgfältig geordnet.

Ich gebe ihr die Fotokopie eines Kurzberichtes aus der Feder der katholischen Schwester Vandana (die, wie gesagt, in Rishikesh den einzigen christlichen Ashram eröffnet hat) zu lesen. Der Bericht ist ein einziges Loblied auf das Yog Niketan und auf sie, die „freundliche und heilige Lady aus Punjab“, die

Stellvertreterin des abwesenden Gurus. Mit versteinertem Gesicht, ohne eine einzige Gefühlsregung erkennen zu lassen, liest der weibliche Guru gründlich den Aufsatz und reicht ihn mir wortlos zurück. Für mich ist es augenblicklich klar, daß ich hier das Musterbeispiel einer Karmayogini vor mir habe, deren Heilsweg darin besteht, nicht weltflüchtig Tun und Wirken zu unterlassen, aber ohne Selbstsucht zu handeln. Ein Karmayogi erfüllt seine Standespflicht, ohne je nach diesseitigem oder jenseitigem Lohn zu fragen. Mataji ist offensichtlich frei von persönlichen Beweggründen, wie ich nicht bloß aus der gleichgültigen Reaktion auf das Loblied, sondern aus ihrem ganzen Verhalten schließe. Lob und Tadel, Ehre und Verachtung, Wohl und Weh, Gelingen und Mißlingen sind ihr einerlei.

Den deutschen Philosophen Schelling hat einst der indische Karmayoga begeistert: „Wer so handelt, ist mitten im tätigsten und bewegtesten Leben ein Nichthandelnder, er bleibt im Handeln unbefleckt, wie die auf dem Wasser schwimmende Lotosblüte nicht benetzt wird."

Einerseits bewundere ich die in ihrem Tun tatenlose Frau, aber anderseits macht sie in ihrer Gleichmütigkeit mit ihren herabgezogenen Mundwinkeln auf mich einen etwas griesgrämigen Eindruck. Dabei gibt es im Gespräch Augenblicke, wo auf ihrem Gesicht ein strahlender Sonnenschein durchbricht, der die Freiheit, in der sie lebt, ahnen läßt. Doch alles in allem wirkt sie äußerlich eher gelangweilt. Sie spielt mit ein paar Paisas. Dauernd kommen und gehen Leute, die ihren Segen erbitten und ihre Familien- und Eheprobleme vor ihr ausbreiten, eine Minute spricht sie zu mir, eine Minute zu ihnen.

„Welcher Yoga wird im Yog Niketan praktiziert?" frage ich.

„Rajayoga, Hathayoga – und natürlich Karmayoga."

Auf ihre Erfahrungen mit europäischen und amerikanischen Yogastudenten angesprochen, teilt sie mit – und sie ist nur mehr schwer von dem Thema abzubringen –, daß speziell die Hippies äußerst undiszipliniert und dreckig seien. Sie waschen ihre Kleider nie und verschmutzen die Toiletten. Sie erfreuen sich am Ganges und am Sex, das ist alles. Die wenigsten Yogastudenten seien ernsthaft und ausdauernd genug, um große spirituelle Fortschritte zu erzielen. Zu den rühmlichen Ausnahmen zählt sie beispielsweise einen katholischen Bischof aus Belgien, der Jahr für Jahr zum spirituellen Training in das Yog Niketan komme. Den Namen des Bischofs weiß Rampyari Mataji nicht. Im Ashram wird er nur „Shiva" gerufen, der Guru selber hat ihn mit diesem hinduistischen Gottesnamen bedacht. Ich habe später durch anderweitige Nachforschungen herausgefunden, daß der im Yog Niketan für einen Bischof gehaltene Belgier „nur" ein katholischer Priester ist, der in seiner Heimat Belgien eine Zweigniederlassung des Yog Niketan leitet.

Rampyari Mataji, eine an der Universität von Rajasthan promovierte Doktorin, war früher Collegedirektorin und Schulinspektorin. Sie hat einige Bücher in Hindi geschrieben. 1964 war ihr Schicksalsjahr. Als ein höherer Unterrichtsbeamter sie damals mit Yogeshwarananda bekannt machen wollte, zeigte sie zunächst kein Interesse: „Hören Sie mir mit den Yogis auf, ich kenne eine ganze Reihe, aber sie sind nicht besser als die gewöhnlichen Weltleute!" Doch der Erziehungsfunktionär, der wußte, daß seine Kollegin Dr. Rampyari Shastri grundsätzlich für Yoga aufgeschlossen war, gab nicht nach: „Yogeshwarananda wird Sie nicht enttäuschen, er ist ein Himalajayogi." Letztlich bereute der Pädagoge seine Beharrlichkeit, denn Dr. Rampyari Shastri hängte nach der Begegnung mit Yogeshwarananda ihren Schulberuf an den Nagel und folgte dem damals 77jährigen Himalajayogi als Jüngerin und Dienerin. Yogeshwarananda bildete die weltliche Professorin in langem Training in der Wissenschaft der Seele zum religiösen Acharya aus. Heute ist sie der einzige weibliche Guru in Rishikesh, wenn man von der katholischen Ordensfrau Vandana absieht.

Ihr Herr und Meister, Yogeshwarananda, wurde 1887 als Vyas Deva geboren. Er kehrte im Alter von 16 Jahren dem Elternhaus, das ihn zu einem künftigen Regierungsangestellten heranzubilden im Begriffe war, den Rücken, um ein Yogi zu werden. Er lebte in sämtlichen Orten des niederen und höheren Himalaja, die Klang in der Yogawelt haben: in Hardwar, Saptasarowar, Rishikesh, Neelkantha, Yamunotri, Uttarkashi, Gangotri, Badrinath, Josimath, Kedarnath, Kailas, Manassarowar, um nur die wichtigsten zu nennen. In unsteter Wanderschaft schlief er auf Bäumen, in Höhlen und Hütten, er praktizierte Yoga am Ganges, in den Bergen und in den Wäldern, er lebte in der Gesellschaft von Panthern, Tigern, Elefanten, Bären und Schlangen, bedroht nicht allein von wilden Tieren, sondern ebenso von bösen Menschen.

Endlich begegnete er nach zehn Jahren rastloser Gurusuche einem bemerkenswerten Yogi, Ramdas, der in Saptasarowar auf dem Weg von Hardwar nach Rishikesh seit zwanzig Jahren auf einem Bein stand. Sein Standbein war dickgeschwollen, während das nichtbelastete Bein, das an einen Baumast gebunden war, dünn und wie verdorrt war. Vyas Deva war hingerissen, er bewunderte über alle Maßen den berühmten Heiligen, der alles aufgegeben hatte. Doch eines Tages wurde der Büßer intim mit seiner Dienerin und Jüngerin, einer reichen Witwe aus Peshawar, die in Ergebung zu seinen Füßen gelebt hatte, ihn fütternd und ihn zeitweise in der Storchenstellung nachahmend. Der Asket stellte sich zum Entsetzen seiner Bewunderer auf beide Beine und heiratete seine Jüngerin. Der Fall von Ramdas, seinem Idol, schockte und verwirrte Vyas Deva mehr als der Ausbruch des Ersten Weltkrieges, und er sagte dem vom Himmel in die Hölle gestürzten Engel ins Gesicht: „Du hältst eine Glasscherbe für einen Diamanten."

Zehn Jahre später predigte Vyas Deva in Hardwar, und unter seinen Zuhörern befand sich ein Mann mit Frau und einem sieben- oder achtjährigen Kind. Vyas Deva erkannte ihn nicht, aber der Mann gab sich in verzweifelter Selbstanklage zu erkennen: „Ich bin der Schandfleck der Sadhugesellschaft, der verfluchte Ramdas, ich suhle mich im Sündendreck, gehaßt von allen Leuten." Die Tränen erstickten sein reuiges Bekenntnis. In der Begegnung mit Vyas Deva faßte er den Entschluß umzukehren. Zornesblitze auf seine Verführerin schleudernd, sprang er in den Ganges und überquerte schwimmend das entsühnende Wasser. Seine Frau suchte ihn drei Monate lang erfolglos. Dann kehrte sie mit ihrem Kind nach Peshawar zurück, zum zweitenmal Witwe geworden. Ramdas aber fand heim in die Schar derer, die in Indien Heilige genannt werden.

Vyas Deva aber suchte und suchte einen Guru. Viele Jahre nachdem er aufgebrochen war, um im Himalaja einen fähigen Lehrer zu finden, der ihn in die Geheimnisse Gottes einweihen konnte, klagte er einem Sadhu sein Leid: „Ich beherrsche 200 Körperstellungen und 40 Arten der Atmung, ich kann mehrere Stunden ununterbrochen in selbstvergessener Meditation verharren, ich bin unzähligen Yogis begegnet, aber keinem, der mir helfen konnte, das Selbst oder Gott zu verwirklichen."

Der unbekannte Sadhu erwiderte ihm: „Geh zur Gangesquelle. Du wirst dort in einer Höhle einen Heiligen finden, der lange Zeit in Tibet gelebt hat und jetzt nach Gangotri zurückgekehrt ist. Er ist von langer Statur, hat graue Haare, in der Mitte des Schädels aber eine Glatze, ist extrem alt, trägt nur ein Lendentuch, trinkt keine Milch, ißt kein Getreide, sondern ernährt sich ausschließlich von Wurzeln, Beeren und Früchten und duldet keinen Schüler oder Diener um sich. Ihm vertraue dich an."

Nach langwierigen Nachforschungen entdeckte er den Verheißenen. Sein Name war Atmananda. Die zwanziger Jahre unseres Jahrhunderts waren angebrochen, Vyas Deva war schon 34 Jahre alt, als er endlich seinen Meister fand, dem er lebenslang nachgejagt war. Der Guru enthüllte ihm die Geheimwissenschaft der Selbstverwirklichung und Gottverwirklichung, erlaubte ihm aber nicht, bei ihm zu bleiben. Er gab ihm zehn Verhaltensregeln mit auf den Lebensweg, eine davon ist besonders bemerkenswert: Kommerzialisiere nicht die Wissenschaft des Yoga! Atmananda war offenbar ein Prophet, dem die Zukunft nicht verborgen war, und er bewahrte durch sein Gebot Vyas Deva davor, Yoga jemals als einen einträglichen Job aufzufassen.

Nachdem Vyas Deva das empfangene Wissen in der Einsamkeit des Himalaja experimentell realisiert hatte, ging er daran, seine Erfahrungen niederzuschreiben, das Wissen über das Selbst in dem Buch „Science of Soul" (Atma-Vijnana) und das Wissen über das Überselbst in dem Buch „Science of Divinity" (Brahma-Vijnana), ersteres 1959, letzteres 1964 in Hindi veröffentlicht und später ins Englische übersetzt.

Er war schon 75 (!) Jahre alt, als er sich entschloß, Mönch zu werden. 1962, nachdem er sein Haar geschert und dem Ganges geopfert hatte, wurde er, der zeitlebens zölibatär gelebt hatte, offiziell Sannyasin, Mönch. Warum so spät? Er wollte sicher sein, daß er der Forderung geschlechtlicher Enthaltsamkeit gewachsen war, bevor er sich zu dem Schritt der Mönchsweihe entschloß, denn allzu oft hatte er erlebt, daß Mönche schwach geworden sind und geheiratet haben. Ein Jahr nach seiner Mönchsweihe, bei der er den Namen Yogeshwarananda (= Dessen Seligkeit der Herr der Yogis ist) annahm, kaufte er in Rishikesh dem pensionierten Chefkonservator der Forste von Tehri Garhwal das in dessen Besitz befindliche, am rechten Gangesufer neben dem Sivananda Ashram gelegene Grundstück um 12 000 Rupien ab. Er begann mit dem Bau eines Studienzentrums für Yoga, das als Yog Niketan 1968 feierlich eröffnet wurde; die Inaugurationsfeierlichkeiten dauerten eine ganze Woche. Vorher hatte Yogeshwarananda alias Vyas Deva in Rishikesh am linken Gangesufer gelebt.

Die vorhin erwähnte katholische Ordensfrau Sr. Vandana, die zwei Monate im Yog Niketan verbracht hat und Swami Yogeshwarananda 1977 zum letzten Mal traf, urteilt: „Ich war offen gesagt in höchstes Erstaunen gesetzt, als ich den 91 Jahre alten Yogi und Guru sah, der noch so jugendlich wirkte; er war gerade von einer Weltreise zurückgekehrt, auf der ihn ein Dolmetscher begleitet hatte, um seine Vorlesungen aus dem Hindi zu übersetzen. Es scheint, daß er selber die Richtigkeit seiner Vorlesungen über Hathayoga unter Beweis stellt. Als ich einen seiner ältesten Jünger fragte, ob der Guru müde gewesen sei, als er von der langen Tour zurückgekehrt war, lautete die Antwort: ‚Überhaupt nicht ... Auf dem Weg zurück nach Rishikesh besuchte er noch einige seiner alten Schüler in Delhi, und am nächsten Tag begab er sich nach Dehra Dun, um einen Schüler zu besuchen, der krank war.'"

Das alleinige Ziel des Yog Niketan ist es, Yoga zu verbreiten. Der Einführungskurs für Yogis beansprucht zwei Jahre. Ein Kurzkurs dauert fünf Monate, ein Schnellsiedekurs zwei Wochen.

Das Tagesprogramm für die Ashramiten und Studenten beginnt mit dem Weckruf um 3.30 Uhr im Sommer und um 4 Uhr im Winter. Von 4.30 bis 6 Uhr ist Morgenmeditation in der Meditationshalle, von 6.30 bis 7.30 Uhr Hathayoga. Von 8 bis 9 Uhr wird ein vedischer Gottesdienst (Yajna) mit einer Feuerzeremonie abgehalten, die Teilnahme steht aber jedem frei. Um 9 Uhr ist Frühstück. Zwischen 10 und 11 Uhr ist Selbststudium der heiligen Schriften und zwischen 11 und 12 Uhr Meditation. Nachmittags ist nochmals eine Stunde, von 14 bis 15 Uhr, dem Selbststudium gewidmet. Vorlesungen über Yoga auf englisch sind von 15 bis 16 Uhr und auf Hindi von 16 bis 17 Uhr. Von 17 bis 18 Uhr und von 20 bis 21 Uhr steht wiederum Meditation auf dem rigorosen Stundenplan. Ein Spaziergang im tipptopp gepflegten Garten läßt den beschwerlichen Tag sanft ausklingen. Vor dem Zubettgehen schreibt der Ashramit noch alle seine Gefühle, Gedanken, Gottergebungen, Verrichtungen und

Versuchungen in sein persönliches Tagebuch. Der Guru und Mataji lesen die Privattagebücher nicht, aber sie sprechen mit den Schülern über ihr Innenleben. Im Durchschnitt umfassen die Kurse im Yog Niketan 30 bis 40 Teilnehmer.

Yogeshwarananda ist einer der drei Spitzenyogis von Rishikesh. Hätte ich die Preise zu verteilen, ich würde ihn mit dem Silber des zweiten Ranges bedenken. Bronze (dritter Platz) würde ich Balyogi Premvarni zuerkennen und Gold (erster Platz) ohne Zögern Swami Chidananda vom Sivananda Ashram.

*

Der Sivananda Ashram, dem Yog Niketan benachbart, ist der dritte der nennenswerten Ashrams auf dem rechten Gangesufer. Er spielte aber in der Vergangenheit und spielt in der Gegenwart eine so überragende Rolle in der indischen Spiritualität im In- und Ausland, daß wir ihm ein gesondertes Kapitel widmen müssen.

Um auf die linke Gangesseite, wo das Herz des heiligen Rishikesh schlägt, zu kommen, könnten wir zu Füßen des Sivananda Ashrams das Fährboot besteigen, das, wenn nicht gerade Hochwasser ist, tagsüber mehr oder weniger regelmäßig verkehrt und die Pilger gratis ans andere Ufer übersetzt. Wir wählen aber die zweite Möglichkeit und benützen zur Überquerung den Lakshman Jhoola. Bis zur Brücke können wir uns mit einem PS kutschieren oder mit sechzehn PS chauffieren lassen. Die eine Pferdestärke muß sich allerdings unsäglich plagen, wenn sie die beständig steigende Zweikilometerstrecke unter die Hufe nimmt.

Vorbei an den in langer Kette aufgereihten Bettlern, die seit eh und je zum Bild des Lakshman Jhoola gehören, überqueren wir den heiligen Fluß. Die Ashrams auf dem linken Flußufer sind einer malerischer als der andere gelegen, im Rücken haben sie die sattgrünen Hügel, an der Frontseite die raunenden Wasser der Mutter Ganga.

Das „Yoga Training Centre“, den Ashram des berühmt-berüchtigten Swami Kailashanand alias Yogi Gupta, lassen wir links liegen.

Einen Besuch oder Aufenthalt wert ist aber der PURNANANDA YOGASHRAM, in den ich in den Wochen und Monaten meines Rishikeshaufenthaltes fast täglich einkehre, und sei es nur, um eine Tasse Tee zu trinken oder bei einem Regenschauer unterzustehen. Der Swami des Purnananda Yogashrams, Dr. Indradeo Upadhyaya, befleißigt sich einer unüberbietbaren Gastfreundschaft. Er läßt alles liegen und stehen, sobald jemand zu Besuch kommt, breitet auf seiner Veranda eine Decke aus, holt einen elektrischen Fan herbei, der dem Gast Wind zuweht, und bestellt, über die Brüstung rufend, in einem Gassenlokal Tee mit Milch.

Den Ashram hat sein Guru, Janardan Paramahans, 1959/60 gegründet, ein heute 92jähriger Analphabet und Weiser mit langem Silberhaar. Janardan Paramahans war als Knabe und Jüngling sehr rebellisch und als Mann anarchistisch gewesen, bis er sich im Alter von 38 Jahren von der Politik abwandte, weil ihm eine Frage auf dem Herzen lag, die kein Parteifunktionär, sondern nur ein Heiliger lösen konnte, die Frage: Was ist der Sinn des Lebens und des Todes? Jahrelang durchstreifte er Indien, einen Meister suchend, der ihm die alte Weisheit der Rishis, der Veden und der Upanishaden entschlüsseln konnte. Er fand ihn, und sein Name war Swami Bhumananda Paramahans. Dessen Guru war Swami Purnananda Paramahans, nach dem der Ashram benannt ist. Purnananda, Bhumananda und Janardan haben die angeblich 5000 Jahre alte Ajapatechnik wiederbelebt, die heute im Ashram gelehrt wird. Gebühren werden keine erhoben, weder für den Unterricht noch für das Quartier. Zweige hat der Ashram in den USA, in Kanada und Europa.

Der Mensch atmet im Durchschnitt 21 600mal in 24 Stunden. Jeden Atemzug in automatische Meditation umzuwandeln ist der Sinn von Ajapayoga.

Die Wissenschaft der Wissenschaften ist in Indien Brahma Vidya (Gotteserfahrung), die einhergeht mit Atma Vidya (Selbsterfahrung). In sich selbst den allgegenwärtigen Gott zu entdecken, um nichts anderes geht es in jedem Ashram. Wie allerdings die Kommunion mit Gott gesucht und gefunden wird, darin unterscheiden sich die Ashrams. Im Ajapayoga Ashram wird der Weg gelehrt, das Selbst und Gott durch den Atem zu erkennen.

Die Rishis waren Forscher, erklärt der Swami, ihre Laboratorien waren sie selber. Sie fanden bei ihrer Analyse des Menschen mehr als Blut, Venen, Arterien, Knochen, Sinne, Gehirn und Nervensystem. Sie entdeckten auf dem Erfahrungsweg, daß der springende Punkt der Atem ist, genauer gesagt der Lebensstrom (Prana), der im Atem fließt.

Die alltägliche oberflächliche Beobachtung überzeugt uns schon, meint der Swami vom Ajapayoga Ashram, daß der Atem der Schlüssel zum Lebensgeheimnis ist.

Ich denke daran, daß Gott laut Bibel Adam, dem ersten Menschen, Atem in die Nase blies: den „Odem des Lebens".

Die Rishis, fährt der Swami fort, widmeten sich ein Leben lang dem experimentellen Studium des Atemprozesses, und sie gewahrten unter anderem, daß beim Einatmen und beim Ausatmen bestimmte Laute produziert werden. Wenn wir durch den Mund atmen, entsteht beim Einziehen der Luft der Laut „a" und beim Ausstoßen „ha". Bei der Nasenatmung bildet sich, wenn die Luft in die Nasenlöcher strömt, der Laut „um" und wenn sie entweicht „hum". Ob bei Menschen oder bei Tieren, die Laute bei der Atmung sind die gleichen, was jeder leicht überprüfen kann, wenn er etwa, die Ohren spitzend, einen im Schatten schlafenden Hund beobachtet, der abwechselnd die Töne „a" und „ha" hervorbringt.

Die Rishis untersuchten die genannten Atmungslaute, die beim Ein- und Ausatmen durch Mund und Nase entstehen, und entdeckten vier gemeinsame Grundtöne: „h", „a", „u" und „m". Diese vier Basislaute bilden die mystische Silbe OM (gesprochen wie HAUM). OM wird der wahre Name Gottes (Shabda Brahman) genannt. Aus dem Gotteslaut oder ewigen Klang OM hat sich den Rishis zufolge das Universum entfaltet, eine Lehre, die durchaus mit der Bibel übereinstimmt, wie der Ajapaswami betont, der den Evangelisten Johannes zitiert: „Im Anfang war das Wort, und das Wort war bei Gott, und das Wort war Gott, durch das Wort ist alles geworden."

Für die Yogis, erklärt Dr. Indradeo Upadhyaya, ist die Atmung mehr als die Aufnahme von Sauerstoff und die Abgabe von Kohlendioxyd. Die Atemexperimente der Rishis förderten zutage, daß im Atem die Lebensenergie (Prana), die Essenz des Lebens, fließt. Dieser Prana genannte Vitalimpuls des Menschen und des Universums, enthüllten die Rishis kraft ihrer praktischen Erfahrung, ist der Laut bzw. die Vibration „Hakar".

Normalerweise verlieren wir beim Ausatmen Prana (Lebenskraft), mehr, als wir konservieren. Das gestörte Gleichgewicht ist schädlich für den Menschen und verheerend für die Welt. Die Rishis, die die innere subtile Struktur des Atems kannten, machten sich das fundamentale Gesetz der Schöpfung zunutze und reversierten die Richtung der hinausgehenden Energie. Sie kanalisierten den im Atem fließenden Prana, nämlich den inneren Strom des Lautes Ha-kar, durch eine bestimmte einfache und natürliche Atemmethode, Ajapa genannt, so daß die Lebensenergie zurückgehalten wurde.

Die von den Rishis beglaubigte Ajapamethode hält der Purnananda Yogashram selbstverständlich geheim. Sie wird in keinem Buch veröffentlicht, sondern ausschließlich vom Guru dem Jüngerkreis in persönlicher Einweihung übermittelt. Bei Nichtinitiierten würde Ajapa nur Unheil anrichten.

Die spezielle mühelose Ajapatechnik der Ausatmung erzeugt einen Stoß, der den Laut Ha-kar, die Lebenskraft, zurückdrängt auf den ursprünglichen Platz, so daß sich die zurückbehaltene Energie anhäuft.

Schließlich kommt der Swami auf die Wirkung des Ajapa zu sprechen: Der Energieüberfluß stärkt zuerst die körperliche Gesundheit, nach und nach wird die gespeicherte Lebenskraft aber feiner und vermehrt und erweitert die geistigen Fähigkeiten des Menschen, die Gedanken werden klarer, der Verstand wird schärfer, die Konzentration intensiver, das Gedächtnis zuverlässiger. Bei fortschreitender Verdichtung der konstant konservierten Energie erwacht der sechste Sinn des Menschen. Und letzten Endes führt die zusätzliche Lebenskraft, wenn sie ganz gereinigt und geläutert ist, zur Selbstverwirklichung, das heißt zur Union mit dem Absoluten.

Die Steuerung des Lebensatems im Ajapayoga ist also unendlich mehr als die allbekannte Atemkontrolle (Pranayama) im Hatha- und Rajayoga, die uns hilft, die Wallungen des Gemütes und die Fluktuationen des Geistes in den Griff zu bekommen, also nur eine Vorstufe der Meditation ist.

Ist Ajapa sexfeindlich?, wird Dr. Indradeo Upadhyaya häufig von westlichen Jugendlichen gefragt. Er pflegt folgendes zu antworten: Nein! Ajapa fordert nicht Enthaltsamkeit, wohl aber Maßhalten in allen Dingen des Lebens. Jeder Exzeß ist schädlich. Ajapa steigert anderseits die Manneskraft und Vitalität, insofern ist es sogar sexfreundlich. Unser einzigartiger und guterprobter Pfad führt nicht nur zu Gesundheit und Glück, sondern direkt zum Gipfel der mystischen Erfahrung, dem Einssein mit Gott, nicht auf dem Umweg über Weltverzicht und Waldasketentum. Darum betrachtet es Guru Janardan, unter den Jetztlebenden einer der ganz wenigen, die mit dieser Methode vertraut sind, als seine Mission, Ajapa in aller Welt zu verbreiten.

So hilfsbereit der Swami vom Purnananda Yogashram ist, in einem läßt er mich ganz im Stich. Ich würde großen Wert auf das Urteil dieses gütigen, idealistischen Mannes legen und frage ihn: „Welche Ashrams, welche Gurus in Rishikesh sind gut?“ Er antwortet: „Sie sind alle gut.“ Ich wende ein: „Selbst Kailashanand?“ Er erwidert: „Ich kann nicht in sein Herz schauen.“ Eigentlich hätte ich es ja wissen müssen: Dr. Indradeo Upadhyaya lebt nicht mehr in der Welt der Unterscheidungen, des Be- und des Verurteilens, er nimmt die Menschen und die Dinge hin, wie sie sind, ohne Vorlieben und ohne Abneigungen.

*

Es gibt in Rishikesh freilich nicht nur offene Ashrams. Der nächste Ashram zum Beispiel, den ich an der Lakshman-Jhoola-„Straße“ auf der linken Uferseite des Ganges ansteuere, die Yogant Akademie, ist geschlossen. Ein Schild warnt: „Achtung vor gefährlichen Hunden!“ Auf dem versperrten Tor lese ich, daß Balyogi Swami Premvarni täglich von 16 bis 18 Uhr empfängt, ausgenommen Mittwoch und Sonntag. Ich erwische ausgerechnet einen der „Ruhetage“, sehe aber darin eine Gelegenheit, die Yogatugenden des Gurus auf die Probe zu stellen. Ich suche das nächste Telefon auf, es befindet sich im Swarg Ashram, und wähle die Nummer 333: Ich bin der und der und will das und das ... Siehe da, um 4 Uhr öffnet einer seiner Schüler, Glenn, ein Brite aus Wales, das Tor. In Serpentinen schlängeln wir uns zu dem im üppigen Urwaldgrün versteckten Ashram empor. So ähnlich muß der Garten Eden ausgesehen haben. Pfaue stolzieren durch das Elysium. Nachdem ich eine

Weile auf einer Bank im Garten mit Blick auf den Ganges gewartet habe, der freundliche britische Student erklärte mir inzwischen, daß alles Leben Yoga wäre, läßt der Swami bitten. Er thront im Lotossitz auf einem Podium, jeder Zoll ein König. Mir bietet sein Schüler einen Stuhl an, auf dem ich ihm gegenüber Platz nehme und Fragen stelle. Jedes meiner Worte fällt in sein Inneres wie in einen tiefen Brunnen, ich habe nie eines ankommen gehört. Denn er schweigt und schweigt und schweigt, dabei fixiert er mich mit großen Hypnotiseuraugen. Das ändert sich erst, als ich zum stummen Gegenangriff schreite und ihn meinerseits unverwandt anstarre, was ihm offensichtlich bewußt macht, daß er eine Show abzieht.

Er geizt nach wie vor mit Worten, aber meine Fragen bleiben nicht mehr ohne Echo.

Yogant, erklärt er, ist eine Zusammenfassung der Worte Yoga und Vedanta. Was bezweckt er mit seiner Yogant Akademie?

Er weckt in den spirituellen Aspiranten das Überbewußtsein. Was heißt das? Swami Premvarni: Wer die Gesundheit seines Körpers durch die Praxis von Hathayoga und Naturheilkunde kultiviert, wer seinen Geist durch das Studium der heiligen Schriften und durch Meditation (Rajayoga) klärt und wer sein Herz durch selbstlosen Dienst (Karmayoga) und durch Gottesverehrung (Bhaktiyoga) reinigt, wird den höchsten Frieden und Segen der transzendentalen Selbstverwirklichung erfahren.

Im Gegensatz zum Sivananda Ashram, der auf Massenbetrieb eingestellt ist, pflegt Swami Premvarni die familiäre Note. Er nimmt in seinem Ashram allerhöchstens zehn Aspiranten auf, die dafür ein oder zwei Jahre bleiben, mindestens aber mehrere Monate. Grundsätzlich bietet er folgende Kurse an: Grundkurs: 3 Monate, Generalkurs: 6 Monate, Mittelkurs: 1 Jahr, Fortgeschrittenenkurs: 2 Jahre, Yogalehrerkurs: wenigstens 3 Jahre. Seine Studenten sind ausschließlich Westler, denn ein Inder kann sich die nach Landesmaßstäben exorbitanten Gebühren im allgemeinen nicht leisten.

Er nimmt keine Aspiranten unter 20 Jahren, verbietet in seinem Ashram Rauchen, Rauschgift und den Genuß von tamasischen Nahrungsmitteln wie Wein oder Zwiebeln und duldet es nicht, daß unverheiratete Männer und Frauen als Paare zusammenleben.

Um 4 Uhr wird geweckt. Von 5 bis 7 Uhr stehen Schriftlesung und Gebet (Mantra- bzw. Japayoga) auf dem Programm. Von 8 bis 11 Uhr und wiederum von 13 bis 17 Uhr verrichten die Schüler für ihren Guru, den sie ohnehin fürstlich honorieren, Gartenarbeiten, Schreibarbeiten (Korrespondenz), Einkäufe auf dem Markt, Hausarbeiten, das heißt, sie bringen das Haus auf Hochglanz, sowie Botengänge. Die unbezahlten Dienstleistungen werden als Karmayoga deklariert. Dazwischen, von 11 bis 13 Uhr, bereiten und servieren die Schüler das Mittagessen. Im Grunde läßt der Guru seine Studenten von 8 Uhr früh bis 17 Uhr um Gotteslohn für sich schuften. Wenn Zeit bleibt, können sie dann und wann Asanas üben. Zum Rosten, sprich Rasten, bleibt sicher keine Zeit. Wenn sie sich ausruhen möchten, sagte mir ein Deutscher, schnauzt er sie an: „Zum Sterngucken ist des Nachts die Zeit.“ Er degradiert also seine Yogastudenten zu freiwilligen Zwangsarbeitern. Bei Sonnenuntergang widmet sich der Aspirant in der Yogant Akademie dem Pranayama (Atemkontrolle), der Rezitation der Gayatri, einer berühmten Vedahymne, und der Meditation. Um 20 Uhr nehmen sie ein leichtes Abendessen ein, anschließend studieren sie die heiligen Schriften und versammeln sich zum Satsang (Abendmeeting). Um 22 Uhr erinnern sie sich an den Sinn des Lebens und legen sich in den Schoß Gottes zur Ruhe.

Balyogi heißt „Yogi von Kindheit an“. Der Beiname spielt darauf an, daß der in einem nordindischen Dorf geborene Guru schon im Alter von 10 Jahren seiner Familie davonlief, um in den Hügeln von Chitrakoot ein heiliges Einsiedlerleben zu führen. Nach einem halben Jahr machten die Eltern den verlorenen Sohn im Dschungel ausfindig und holten ihn heim. Nach seiner Schul- und Studienzeit kehrte er aber endgültig den Seinen den Rücken und wanderte in den Himalaja und lebte in Höhlen in der Region der Gangesquellen und in Rishikesh.

1947/48 erhielt er eine religiöse Grundausbildung im Pramarth Niketan, einem 1946 gegründeten Ashram in Rishikesh. Balyogi war schließlich aber der endlosen frommen Gesänge und Rezitationen, die dort in täglicher Routine gepflegt wurden, müde und schloß sich zum Yogatraining dem Himalajayogi Yogeshwarananda an, der damals noch Vyas Deva hieß. Yogeshwarananda nahm den gebildeten und talentierten jun-

Der Manager des Kailas Ashrams, Swami Paripurnananda, ist ein bedächtiger Mönch, den der überbordende Bürokram nicht aus der Ruhe bringt.

Vishwa Guru, mehr dem magischen als dem mystischen Yoga zugetan, ist das Oberhaupt von 50 000 Mönchen in ganz Indien. In Rishikesh hat er seinen Ashram, das Ved Niketan.

Kalidas sitzt auf dem Altar und Mataji vor dem Altar, den die beiden ihrem von Neidern ermordeten Guru Tat Wala Baba errichtet haben.

Ein primitiver Haschischbaba, der tief im Urwald haust.

Gopal Giri in seiner Höhle am Ganges oberhalb des Lakshman Jhoola.

Kante Wala Baba, Rishikeshs prominentester Fakir.

Nirwan Baba, der Erleuchtete, lebt noch. Sein Widersacher Krishnananda mußte weichen. Die Höhle Nirwan Babas ist meist bis zum letzten Platz gefüllt mit Pilgern.

Seit 30 Jahren im Dschungel von Rishikesh versteckt: Rajrishi Brahmdas, ein Methusalem, der keine Krankheit kennt. Obwohl er seinen Körper durch Asanas stählt, ist er primär ein Meister des Geistyoga.

gen Mann, dessen Körper unglaublich elastisch und geschmeidig war, in seine harte Schule, so daß der Student Prem bald die schwierigsten Körperstellungen und Pranayamas meisterte. Yogeshwarananda ließ die vollendeten Übungen seines Schülers fotografieren und veröffentlichte die Fotos als Illustrationen in seinem 1961 in Hindi und 1970 in Englisch erschienenen Hathayogabuch „First steps to higher Yoga" (Bahiranga Yoga). Das kalte Klima im höheren Himalaja sagte aber Balyogi Premvarni nicht zu, so daß er seinen Meister, der damals noch in Gangotri und Uttarkashi seine Kurse hielt, verließ, was ihm den Vorwurf Yogeshwaranandas eintrug, daß er der Typ wäre, der überall etwas aufpickte, aber bei keinem Meister bliebe. 1960 eröffnete Balyogi Swami Premvarni einen eigenen Ashram in Rishikesh: die Yogant Akademie.

Er, der König der Yogis vom linken Gangesufer, ist durchaus eine brillante Persönlichkeit. Er beherrscht 500 Yogastellungen, 100 Pranayamas und sämtliche bedeutsamen Kriyas (Reinigungsmethoden), Bandhas (Muskelverschlüsse bei gewissen Atemübungen) und Mudras (Konzentrationssiegel). Im Rajayoga und Jnanayoga hat er unter der spirituellen Führung von Swami Shukdevananda Saraswati, dem Gründer des Ashrams Pramarth Niketan, von Swami Sivananda, dem Gründer des Sivananda Ashrams, und von Swami Yogeshwarananda, dem Gründer des Ashrams Yog Niketan, einsame Höhen erklommen. Er ist ein begnadeter Dichter, in dessen Werken sich seine tiefen inneren Erfahrungen spiegeln, aber zu einem Heiligen fehlt ihm entschieden die Demut. Er erinnert mich in seiner Eitelkeit an einen Pfau, der gespreizt sein blau-, grün- und rotschillerndes Prachtgefieder zur Schau trägt, seinen Kopfputz aufrichtet und seine Schleppe zu einem Rad entfaltet. Balyogi bewegt sich wie ein Märchenprinz, er geht nicht, er schreitet nicht einmal, er wandelt. Ich kann mich des Eindrucks nicht erwehren, daß er in selbstgefälliger Pose das Image eines Schönlings pflegt. Er hat etwas in seinem Gehaben, was einer Diva besser anstünde als einem Yogi. Dazu paßt, daß er auf meine mehrmalige Frage, wann er geboren wurde, immer antwortet: „Darüber sprechen wir später." Von anderer Seite habe ich aber sein ungefähres Alter in Erfahrung gebracht: er wurde um 1930 geboren.

Es liegt mir fern, Balyogi Premvarni abzuwerten. Er ist ein

Meisteryogi, das steht fest. Ich habe ihm oben schon die Bronzemedaille zugesprochen. Er hat mich gastfreundlich empfangen und bewirtet, obwohl er seinen freien Tag hatte. Dafür bin ich ihm zu Dank verpflichtet. Seine westlichen Schüler machen auf mich den Eindruck von gereiften Charakteren, besonders der Franzose Bernard. Ich möchte lediglich festhalten, daß ein glaubwürdiger Yogi gibt und nichts dafür nimmt und daß Selbstgefälligkeit ein Schönheitsfehler im Yoga ist. Balyogi aber legt noch größten Wert darauf, daß seine Erleuchtung gut ins Bild kommt. Er will unbedingt, daß ich ihn so fotografiere, daß eine brennende Kerze hinter seinem Haupt emporflammt zum Zeichen, daß er ein Lichtspender ist.

*

Der Swarg Ashram, übersetzt: Himmlischer Ashram, besitzt den größten Teil des Grundes und Bodens am linken Gangesufer bis zum Lakshman Jhoola, darunter einen Wald von zehntausend Mangobäumen, und ist gleichzeitig der sozialste aller Ashrams. Er steht im Dienst der irdischen Bedürfnisse der heiligen Männer und der frommen Pilger.

Gegründet wurde der Swarg Ashram 1906 inmitten des damals noch jungfräulichen Dschungels von einem Schüler des legendären Kali Kamali Wala Baba, der eigentlich Vishudhanandaji hieß. Berühmt wurde er in ganz Indien aber als der „Vater“ (= Baba) mit der „schwarzen Decke“ (= Kali Kamali). Alles, was der Büßermönch besaß, war nämlich ein schwarzes Tuch, das er jahraus, jahrein als Überwurf trug, ohne es je zu wechseln. Der der Welt abgestorbene Baba war der große Heilige von Rishikesh vor der Jahrhundertwende. Er dürfte sich um 1870 als etwa 40jähriger Mönch in Rishikesh niedergelassen haben, beeindruckt von den vielen heiligen Männern, die hier lebten, und von der Schönheit des Ganges. Er erwarb bald den Ruf eines Wundertäters.

Eines Tages kam zu ihm ein mit Glücksgütern gesegneter Geschäftsmann aus Kalkutta, dessen sehnlichster Wunsch sich aber nicht erfüllt hatte. Er begehrte einen Stammhalter und Erben: einen Sohn. Doch die Götter, denen er opferte, waren ihm anscheinend nicht gnädig gestimmt. Seine letzte Hoffnung war der Heilige von Rishikesh, Kali Kamali Wala Baba, zu dem er in den Himalaja pilgerte. Denn die alle Wünsche abtötenden Asketen, das wußte der bengalische Unternehmer aus vielen Erzählungen der indischen Mythologie, waren oft mächtiger als die Götter. Kali Kamali Wala Baba nickte: „Du wirst bald einen Sohn bekommen, wenn du 75 000 Rupien spendest.“ Das war ein Riesenvermögen, aber ein Sohn war es ihm wert, und an der Macht des Asketen zweifelte er als gläubiger Hindu nicht einen Augenblick. Kali Kamali Wala Baba bekam 75 000 Rupien, und der Großkaufmann bekam einen Sohn. Mit dem Geld konnte der Baba die Beschaffung der Nahrung für die vielen Asketen und Einsiedler von Rishikesh sicherstellen.

Kali Kamali Wala Baba, der allem entsagt hatte, wurde der reichste Mann weit und breit. Viele Geldaristokraten strömten damals nach Rishikesh und leerten ihre Geldsäcke zu Füßen des Heiligen aus, aber keiner der Gurus, die heute Geld scheffeln, darf ihn zu seinem Patron erküren, denn Kali Kamali Wala Baba blieb, was er war: ein strenger Büßer, der für Gott alle Wünsche verneinte und alle Triebe ertötete. Sein Reichtum blieb die Armut. Er verwendete alles Geld für soziale Zwecke: 1880 gründete er eine Ausspeisungsküche (Annakshetra) für die unterernährten, schwächlichen Mönche und eine Herberge (Dharmshala) für die Pilger, die unterwegs waren nach Badrinath und Kedarnath.

Das auf Kali Kamali Wala Baba zurückgehende Kshetra versorgt in der Gegenwart jeden Tag rund tausend Personen (Sadhus, arme Pilger, Witwen, Invaliden und Habenichtse) mit kostenfreien Mahlzeiten.

„Der wahre Gottesdienst“, lehrte der Baba mit der schwarzen Decke, „ist der selbstlose Dienst an den Mitmenschen.“

Wann Kali Kamali Wala Baba gestorben ist, weiß niemand. Im Jahre 1899 oder 1900 verschwand er im Alter von rund 70 Jahren auf Nimmerwiedersehen aus Rishikesh.

Sein Schüler Atma Prakash gründete am linken Gangesufer 1906 den Swarg Ashram, um alle Swamis und Sadhus gratis auszuspeisen. Damals herrschten noch strenge Sitten hier, alle Frauen wurden bei Sonnenuntergang gezwungen, die linke Flußseite mit dem „himmlischen Ashram“ zu verlassen und über den Lakshman Jhoola in die „Welt“ zurückzukehren.

Ich sitze dem Verwalter des Swarg Ashrams gegenüber, er hat auf dem Tisch neben sich eine Pistole und zahlreiche Patronen liegen, warum, weiß ich nicht, ich will ihn aber nicht fragen, denn meine Fragen sind anderer Art.

„Der Swarg Ashram beköstigt im Sinne Kali Kamali Wala Babas die Swamis und Einsiedler rundherum. Wie viele Sadhus werden derzeit gratis verpflegt?"

„Zu jeder Mahlzeit rund 200." Das allein verschlingt jährlich an die 200 000 Rupien.

„Wie viele Sadhus leben augenblicklich in der Mönchskolonie des Swarg Ashrams?"

„125, sie leben verstreut in Hütten und Höhlen."

Mit einem von ihnen hatte ich schon vor fünf Jahren Freundschaft geschlossen, obwohl wir uns nur in der Zeichensprache verständigen konnten: Swami Mohonanda Giri. Der heute 80jährige Shivamönch, der wie eine Mumie aussieht, aber das Herz eines Kindes hat und wie ein Fohlen hüpft, wenn er sich zur Fähre oder an den Ganges zum Wasserschöpfen begibt, hatte ein Schweigegelübde für zwölf Jahre abgelegt, und ich bin nicht wenig überrascht, ihn diesmal wie einen Wasserfall plaudernd zu erleben. Eigentlich hätte er noch bis zum nächsten Jahr schweigen müssen, erzählt er, aber vor einem Jahr wurde er todkrank, und der Arzt gebot ihm zu sprechen und die Schweigeperiode abzukürzen. Neben seinem gemauerten Häuschen hat er eine niedrige Bretterhütte, die ausschließlich seiner religiösen Kosmetik dient. Mit einer Hingabe sondergleichen – sie übertrifft bei weitem die eines verknallten Backfisches, der sich für ein Rendezvous schminkt – reibt er in der Hütte seinen ganzen Körper mit Asche ein.

„Was bedeutet die Asche für Sie?" frage ich ihn. „Ist sie wie bei uns im Christentum ein Zeichen der Reue und Zerknirschung, ein Sinnbild des Bewußtseins, daß wir Staubgeborene sind?"

„Ganz und gar nicht", erwidert der Shivaasket. „Es gibt nicht Vielheit, es gibt nur Einheit, lehrt uns die Advaita-(Nichtzweiheit-)Philosophie. Alles ist Gott. In der Asche ist sinnbildlich alle illusionäre Verschiedenheit zerstört und in die Einheit zurückgeführt."

Der Swarg Ashram erfüllt indirekt wohl spirituelle Aufgaben, direkt aber vorwiegend soziale. Zum Beispiel unterhält er ein Sanskrit-College nur für Arme. Die Swamis und Sadhus, die mehr oder weniger heiligen Männer, bekommen vom

Swarg Ashram nicht nur Kost und Quartier unentgeltlich, sie erhalten zudem Geld und Kleidung für Wallfahrten nach Badrinath, Kedarnath und Gangotri (Gangesquelle). Rishikesh ist bekanntlich die Pforte für die genannten Himalajawallfahrtszentren, so daß alljährlich Tausende und Abertausende Hindus aus allen Landesteilen, aus Bengalen, Gujerat, Rajasthan, Punjab, Bihar, Orissa, Tamilnadu usw., in Rishikesh eintreffen. Der Swarg Ashram ist führend in der Pilgerbetreuung, er stellt den Wallfahrern gratis 600 Zimmer und für je 5 Rupien pro Tag Wohnungen zur Verfügung, er betreibt eine ayurvedische Apotheke für Sadhus und Pilger, und er hat drei Fährboote in Betrieb, die jedermann umsonst in zwei Minuten Fahrzeit ans andere Gangesufer bringen. Zur Pilgerzeit werden jeden Tag mindestens (!) 50 000 Menschen hinüber- und herüberbefördert. Die stets überfüllten Motorboote des Swarg Ashrams sind, wie gesagt, neben dem zwei Kilometer flußaufwärts gelegenen Lakshman Jhoola in Rishikesh die einzige Verbindung der beiden Ufer.

*

PRAMARTH NIKETAN (= Tempel der höchsten Wahrheit), dem Swarg Ashram benachbart, nimmt seit der Gründung im Jahre 1946 durch Swami Shukdevananda Saraswati vornehmlich Erziehungsaufgaben wahr. Pramarth Niketan will die Pilger und die umwohnenden Sadhus im Sanskrit-College, das mit der berühmten Sanskrit-Universität in Benares verbunden ist, in Yoga und Vedanta bilden und durch Gottesdienste, Predigten und Einkehrtage religiös vertiefen.

An den renommierten religiösen Versammlungen des Pramarth Niketan in Rishikesh haben schon indische Staatspräsidenten und Minister teilgenommen.

Die ständig im Kloster selbst anwesenden 20 Mönche und die 45 Brahmacharis und Studenten erheben sich des Morgens um 4 Uhr. Um 4.45 Uhr ist die Lichtzeremonie (Arati), von 5 bis 6 Uhr Gebet, von 8 bis 8.30 Uhr Lesung aus der Bhagavadgita, von 8.30 bis 10.30 Uhr ist Lesung aus dem Ramayana, um 19 Uhr abermals Arati, von 19.30 bis 20.30 Uhr werden Hymnen gesungen.

Derzeit ist Mahamandaleshwar Swami Bhajanananda Saraswati das religiöse Oberhaupt des Pramarth Niketan, eines Ashrams, der ebenfalls Himalajapilger kostenlos beherbergt, 12 000 im Jahr. Im Empfangsbüro ist eine Riesentafel montiert, die die Zimmerreservierungen anzeigt. Rund 500 Zimmer für Pilger sind verfügbar. 40 Kühe stehen im Stall des Ashrams und geben Milch für die Sadhus und Pilger. Der Ashram speist täglich 200 Personen aus, Klosterleute gehen mit Kübeln umher und teilen auf Palmblättern das Essen aus. Ein Spital und zwei homöopathische Apotheken des Ashrams stehen im Dienst der Kranken. Behandlung und Medikamente sind kostenfrei.

*

Wer mit allen neunzig Gaben des Yoga beschenkt werden will, der ist im VED NIKETAN auf dem richtigen Platz, wie die Werbung des 1969 gegründeten Ashrams verspricht. Denn hier wartet auf den Yogainteressierten der Meister aller Meister: Vishwa Guru, mit dem vollen Namen: Shri Vishwaguruji Maharaj Mahamandaleshwar Munishanandji, der alles lehrt, was den Indern gut und teuer ist. Nichts unterrichtet er nicht.

Vishwa Guru, 1910 geboren, entstammt einer Gutsherrenfamilie aus Uttar Pradesh, er wurde mit 30 Jahren Sannyasi, „um der Menschheit zu dienen“. Er verbrachte zunächst 14 Jahre in verschiedenen Höhlen in der Einsamkeit des Himalaja, bis er sich, nachdem er den höchsten Gipfel der Spiritualität erklommen hatte, nämlich die „unterschiedslose Einheit“ der befreiten Seele mit Gott (Nirvikalpa Samadhi), der Lehrtätigkeit zuwandte.

Ihn, den „Propheten der Liebe und Wahrheit“, dessen Visionen unbegrenzt und unerschöpflich sein sollen, der sich scheinbar Tag und Nacht um den spirituellen Aufschwung der Menschheit sorgt und der in der Tat das geistliche Oberhaupt von 50 000 Mönchen in ganz Indien ist, ihn will ich sprechen. Doch ich werde vertröstet: „Jetzt macht Seine Heiligkeit ein Mittagsschläfchen!“ Warum nicht! Ich bin gern bereit, zu einem anderen Zeitpunkt zu kommen. Doch dem Guru wird hinterbracht, daß ein Mann mit Fotoapparat hier sei. Das macht ihm Beine. Sofort erscheint er, alle Schläfrigkeit scheint sich verflüchtigt zu haben.

In seinem Fall muß man sicher doppelt achtgeben, daß man nicht voreingenommen ist. Denn mit seinem unvorteilhaften Äußeren könnte er die Rolle des Schurken in jedem drittklassigen Kriminalfilm bekommen: Sein Mund ist schief, er schielt, hat klaffende Zahnlücken, und sein stoppelbärtiges Gesicht ist mit Pockennarben übersät.

Er kann alles erklären, sagt mir sein Manager, aber erklären tut er mir nichts. Der Erleuchtete überläßt die Beantwortung meiner Fragen mehr oder weniger seinem Geschäftsführer, einem sichtlich gerissenen Typ. Dieser erklärt mir, daß Guruji, der 70 Jahre alt sei und auf dem hölzernen Fußboden schlafe ohne Kleider, um 4 Uhr aufstehe, im Ganges bade und drei Stunden lang ohne Unterbrechung barfuß und nackt im Kreis laufe. Er nehme nicht täglich Nahrung zu sich, sondern nur von Zeit zu Zeit, wenn er Hunger verspüre, und trinke ausschließlich Wasser aus dem heiligen Fluß. Seine Zähigkeit und Ausdauer seien wirklich phänomenal. Der 70jährige könne sieben Stunden in einem fort unterrichten, ohne Pause.

„Es heißt immer“, wende ich mich an Vishwa Guru, „daß die Europäer und Amerikaner nach Rishikesh kommen, um ‚peace of mind‘ (Seelenfrieden) zu finden. Können Sie mir sagen, was man unter ‚peace of mind‘ genauer versteht?“

Der Guru versinkt in eine Art Trance, kann mir aber nicht sagen, was „peace of mind“ konkret ist. Oder ist die vermeintliche Trance doch nur eine banale entschuldbare Schläfrigkeit? Wie gewohnt, springt der Verwalter ein und erklärt: „Im Westen haben die Menschen vielerlei Wünsche, das raubt ihnen den Seelenfrieden. Im materiell desinteressierten Rishikesh hingegen fallen ihre Wünsche ab, hier werden sie wunschlos glücklich.“

„Mir haben allerdings zahlreiche Westler gesagt, sie wären angeekelt vom Materialismus der Ashrams und Gurus in Rishikesh.“

„Im Ved Niketan gibt es keinen Materialismus“, rechtfertigt sich Vishwa Guru. „Wir verlangen nichts, wenn jemand aber eine Spende geben will, lehnen wir sie natürlich nicht ab. Bei uns sind alle In- und Ausländer herzlich willkommen, sie können bei uns wohnen, solange sie wollen, ohne einen Groschen zu bezahlen.“

Die dreizehnte der neunzig Gaben des Yoga, die Wahrheitsliebe, ist also Vishwa Guru selber noch nicht in vollem Maß beschert worden. Als sich mein indischer Freund unlängst im Ved Niketan nach einer Wohnmöglichkeit für mich erkundigt hatte, wurde ihm ein Mietzins genannt, der in der Höhe der Hotelzimmerpreise liegt.

Andererseits bekam zum Beispiel die norwegische Hindunonne Nirvedananda (M. Sørvig) tatsächlich eine Gratisunterkunft in seinem Ashram, nachdem er ihre spirituelle Reife in einer halbstündigen gemeinsamen Meditation geprüft hatte. Die skandinavische Hindulady, die unter den Westlern, die ich in Rishikesh getroffen habe, im geistigen Yoga eine überragende Höhe erreicht hat, schätzt Vishwa Guru, das will ich nicht verschweigen, als einen der reinsten und erfahrensten Meister in Rishikesh.

Vishwa Guru erläutert mir die Pläne des Ved Niketan. Er ist dabei, auf dem Territorium seines Ashrams eine Universität für Lebenswissenschaften mit einem Forschungszentrum zu errichten, eine Bibliothek, ein Krankenhaus, eine Kuhfarm und eine Obstplantage.

Meiner Frage „Wer soll das bezahlen?“ zuvorkommend, beteuert der Manager, weder bei den bestehenden noch bei den entstehenden Gebäuden bedurfte bzw. bedürfe es der Spenden ausländischer Yogastudenten. Es gebe genug Inder, die sich glücklich schätzen, Seiner Heiligkeit Spenden anzubieten.

Laut Vishwa Guru bietet der Ashram folgendes Programm an: von 7 bis 9 Uhr Lesung heiliger Schriften und Yogatraining in allen Sparten und von 9 bis 11 Uhr Privattraining auf dem Zimmer. Von 16 bis 18 Uhr beantwortet der Meister die Fragen der Yogaschüler. Ein deutscher Student der Sozialwissenschaft und Psychotherapie, Peter aus Kassel, der im Ved Niketan lebt und dauernd mehr oder weniger diskret aufgefordert wird, doch von der Möglichkeit des Spendens Gebrauch zu machen, berichtet mir allerdings, der Guru habe gegenwärtig keine Zeit für Kurse, weil er ganz von der Bauwut gefangengenommen sei und einen siebenstöckigen Tempel baue. Davon hat mir der Guru nichts gesagt.

Die vielstöckigen Tempel sind, wie wir wissen, nichts anderes als gigantische Sammelbüchsen aus Stein und Ziegel. Derzeit hat Vishwa Guru in den weitläufigen Kellerräumen des Ashrams überall Götterstatuen mit Opferstöcken aufgestellt, und gleich beim Eingangstor des Ved Niketan wird in einem Glaskasten ein Stein präsentiert, der von der Brücke stammen soll, die vor Tausenden Jahren die Affen Hanumans zur Rettung Sitas, der treuen Gattin Ramas, nach Sri Lanka gebaut haben. Spenden sind erbeten.

Ständig zieht Vishwa Guru wie eine Schleppe einen Troß von Swamis und Verehrern hinter sich her. Beim Fotografieren schwillt ihm vor Wichtigkeit der Kamm, er dirigiert sein Gefolge so, daß es nicht oder nur zu seinen Füßen ins Bild kommt. Er posiert leidenschaftlich gern, wobei er möglichst oft seine Spezialholzsandalen zur Schau stellt, deren Knauf zwischen großer und zweiter Zehe angeblich die Befähigung zu keuschem Leben stärken soll. Er zeigt mir stolz die durch die Bußübung deformierten Zehen.

Vishwa Guru hat, daran zweifle ich nicht, durch seine Praktiken geheimnisvolle „yogische Kräfte" in sich entbunden, möglicherweise mehr als jeder andere lebende Yogi in Rishikesh. Er kann beispielsweise, behauptet er selbst, ohne es allerdings zu beweisen, mit gekreuzten Beinen auf dem Wasser sitzen, er geht nicht unter, wenngleich er weder Arme noch Beine bewegt. Doch: in seiner Gegenwart werden empfindsame Inder merkwürdig beklommen, gehemmt, unfrei, ein Zeichen dafür, daß er nicht mit lichten Höhen, sondern mit dunklen Tiefen verbunden ist. Neben dem mystischen Yoga gibt es den magischen Yoga, der sogar älter ist. Den unheimlichen Vishwa Guru würde ich zu den magischen Ekstatikern zählen.

*

Der nächste und letzte Ashram auf der linken Gangesseite ist jener des Superstars Maharishi Mahesh Yogi, ein Ashram, der in den sechziger Jahren die Schlagzeilen der Presse eroberte, als die Beatles und andere Größen des Showbusineß aus dem Munde des zotteligen Maharishi „höheres Wissen" erlangen wollten. Seither ist Rishikesh ein Modewallfahrtsort für Westler. Dem Ashram der transzendentalen Meditation gebührt also ein eigenes Kapitel. Wir haben also vorerst unseren Ashramrundgang beendet und kehren mit dem Fährboot in das Rishikesh der Sterblichen zurück.

Die Höhlenmenschen

„Wenn Sie Heiligen begegnen wollen", rät man mir in den seriösen Ashrams, „dann jagen Sie nicht hinter bombastischen Titeln und talmiglänzenden Namen von Gurus her. Spüren Sie vielmehr den verborgenen Meistern im Dschungel nach, den Höhleneinsiedlern. Sie sind unauffällig und zurückhaltend. Sie machen nichts aus sich. Sie verschmähen Propaganda und Publicity."

So durchkämme ich zigmal, bald mit und bald ohne Führer, die Ureinsamkeit der Wälder um Rishikesh, hoffend, auf geheimen Schlichen große Yogis zu entdecken, „Vollmenschen".

Hinter dem zweiten Tempel Kailashanands steige ich die Manikoothügel empor, nehme meine Sandalen in die Hand, um einen Bergbach zu durchwaten, und hoffe, in die Wildnis eindringend, daß mich meine Erinnerung nicht im Stich läßt. Ich versuche den richtigen Pfad zu finden, der zur Höhle des 1974 ermordeten Tat Wala Baba führt, den ich kurz vor seinem Tode noch interviewt hatte. Er war ein mächtiger Riese gewesen, der seinen Körper nicht hinwelken ließ wie andere Asketen, sondern stählte. Er hatte, wie ein amerikanischer Bewunderer Babas feststellte, „glänzende, seltsam gefärbte Augen wie ein Tiger". Seine Gesichtszüge erinnerten mich eher an einen Indianer als an einen Inder. Sein Haar hatte er normalerweise wie einen Turban um den Kopf gewunden, aber zum Fotografieren löste er es, es war so lang, daß die seilartigen Flechten den Boden berührten. Wie zu Stein erstarrt, meditierte er stundenlang auf bloßer Erde, und man wunderte sich direkt, daß im Haarturban des reglosen Asketen keine Vögel nisteten, was sich bei unbewegten Einsiedlern in sagenhafter Vorzeit manchmal begeben haben soll. An Vögeln fehlte es jedenfalls nicht, zahllose gefiederte Chorsänger schlugen den Ton der Natur an, mit dem jeder Meditierende in Einklang kommen muß.

Zu bestimmten Audienzzeiten segnete Tat Wala Baba täglich zweimal die aus allen Landesteilen herbeigeströmten Pilger und Verehrer. Er war frei von jeder Effekthascherei, die ich als das Kardinallaster der Yogis bezeichnen möchte, die Esoteriker würden sagen: Er war nicht mehr er, sondern er war Es. Er war hinausgewachsen über sein Ich, das zerflossen war im höchsten Wesen, dem Urgrund der Welt.

Der Heilsweg, den er Westlern empfahl, besteht darin, die Pflicht zu erfüllen, ohne an die Früchte des Tuns sein Herz zu hängen. Das ist der traditionelle Weg des Karmayoga. Einer Amerikanerin, die sich mit dem Gedanken trug, nach Indien zu übersiedeln, weil in Indien das Klima für spirituelles Wachstum günstiger sein sollte, riet er ab: „Gott ist nicht das Eigentum Indiens."

Was kann jemanden bewegen, einen Heiligen wie ihn zu ermorden? Mit dieser Frage näherte ich mich der Höhle Tat Wala Babas, die, wie ich schon aus einiger Entfernung erkenne, nicht leer steht. Ich stelle meine Sandalen beim Eingang eines Schuppens ab und falte die Hände an der Brust zum Gruß. Tat Wala Baba besitzt also schon einen Nachfolger, und düster erinnere ich mich, ihn schon einmal gesehen zu haben. Natürlich, das war Tat Wala Babas Schüler, der seinerzeit mit seiner Frau in einer Hütte oberhalb der Höhle gewohnt hatte. Er, Kalidas (= Diener der Göttin Kali), ehemaliger Forstoffizier aus Simla, seit 1964 in Rishikesh, ist der neue Tat Wala Baba, und seine Frau, mit der er jetzt, wie mir sogleich beteuert wird, nur mehr wie Bruder und Schwester lebt, ist seine erste Schülerin. Sie trägt das heilige Ocker des Weltverzichts, während Kalidas wie Tat Wala Baba nur mit einem Lendenschurz bekleidet ist. Kalidas und Mataji (= ehrwürdige Mutter), wie seine (ehemalige) Frau genannt wird, haben dem toten Baba in dem Schuppen einen Altar, der mit Fotos und Gemälden des ermordeten Heiligen geschmückt ist, und etwas abseits der Höhle ein schlichtes Grabmal errichtet. Kalidas und Mataji haben nach dem Tod ihres Meisters lange nur von Wurzeln und Wildfrüchten gelebt, weil Tat Wala Baba kein Geld hinterlassen und nur von Spenden gelebt hatte.

Mataji serviert mir Tee, und Kalidas bringt ein abgegriffenes, schon oft zerrissenes und ebensooft mit Klebstreifen geflicktes Buch herbei. Er schlägt triumphierend die Seiten 48 und 49 auf, um mir zu bekunden, daß der Ruhm Tat Wala Babas, seines Gurus, nicht bloß den Himalaja erfüllt hatte, sondern in alle Welt gedrungen war. Mir waren die zwei abgedruckten Fotos und der Text – in deutscher Sprache – nicht neu, denn das ehrfürchtig wie eine heilige Schrift behandelte Buch war mein eigenes. Ein amerikanischer Bewunderer Tat Wala Babas hatte es seinerzeit aus den Vereinigten Staaten dem

Waldeinsiedler an das Postamt des Swarg Ashrams geschickt. Nichts hätte ich weniger erwartet, als in einer verborgenen Himalajahöhle mein Yogabuch vorzufinden, das allen Besuchern erhobenen Hauptes gezeigt wird.

Eigentlich hieß der populärste Himalajaheilige seiner Zeit Mahavir Das (= Diener des Mahavir), und der Name, unter dem er allgemein bekannt war, Tat Wala Baba, war längst nicht mehr zutreffend gewesen. Er stammte aus früheren Zeiten, als er, noch ein Jüngling, in den unwirtlichen Eis- und Schneeregionen des Himalaja wanderte und selbst winters nur ein grobes Jutegewand (= Tat) trug. Damals war er bekannt als der „Juteboy" und später, nachdem er an Alter und Weisheit zugenommen hatte, als der „Jutevater" (= Tat Wala Baba). Der Name blieb ihm, obwohl er in seiner Höhle im Dschungel von Rishikesh stets nur einen Lendenschurz trug.

Zum ersten Mal erfahre ich die Hintergründe des Meuchelmordes: Tat Wala Baba pflegte den Aberhunderten Pilgern, die zu ihm strömten, zu sagen: Liebt Gott, aber kümmert euch nicht um die Tempelpriester im Tal, sie sind nicht an eurem Heil interessiert, sondern nur an euren Moneten! Er machte also den Kultfunktionären die zahlende Kundschaft abspenstig. Einer der Neider tarnte sich als Einsiedler und ließ sich in der Nachbarschaft Tat Wala Babas nieder. Zu einem Zeitpunkt, als sich Kalidas mit seiner kranken Frau in Delhi befand und Tat Wala Baba allein war, schoß er den Heiligen mit einem Revolver nieder. Der Mörder legte ein Geständnis ab, er bestach aber die Polizei, so daß er nach sechs Monaten freigelassen wurde.

Das Einsiedlertum und das Ashramwesen stehen im Gegensatz zur hinduistischen Tempelreligion, die auf überlieferten Geboten und Ritualen fußt, von deren genauer Befolgung die Priesterschaft lebt. Wer aber als Einsiedler oder Ashramit die Selbst- bzw. Gottverwirklichung anstrebt, bedarf keines Kultfunktionärs.

*

Die Wurzeln des Einsiedlertums in Indien reichen zurück bis in die vorarische Zeit. In der sogenannten Induszivilisation zwischen 3000 und 1500 vor Christus erfüllten die Waldasketen selber noch die Funktion von Opferpriestern. Sie waren die Zauberer und Wahrsager der Urbevölkerung. Nach der Einwanderung der Arier (um 1500 vor Christus) wurden die Einsiedler allerdings nach und nach in das System der Veden und Upanishaden eingegliedert, aber nicht nahtlos, so daß ihre alte Rolle noch dann und wann zum Vorschein kommt. Im klassischen Yoga des Verzichts lösen sich die Einsiedler von der Welt los, töten ihren Lebenshang ab, rotten die Wurzeln der Leidenschaft aus und entbinden ihre Seele von den Fesseln der Materie aus keinem anderen Grund, als mit Gott eins zu werden. Doch durch alle Jahrtausende und Jahrhunderte hindurch konnten die Einsiedler nicht verleugnen, daß die Bußwerke dereinst einen ganz anderen Sinn gehabt hatten, den Sinn nämlich, Zaubermacht zu gewinnen über die Naturgesetze und über die Götter.

Herodot, der Vater der europäischen Geschichtsschreibung, war der erste Abendländer, der um die Mitte des ersten vorchristlichen Jahrtausends den Westen mit dem indischen Einsiedlertum bekannt machte, das damals freilich schon zweitausend Jahre alt war. Herodot berichtete, daß die Einsiedler ein Wanderleben führten und keine Hütte besaßen, daß sie nichts Beseeltes töteten, nicht säten und sich von wildwachsender Hirse nährten. Wenn sie von einer Krankheit befallen würden, erwähnte Herodot, zögen sie sich zurück und stürben ohne Beistand.

Der älteste Typ des Einsiedlers war in der Tat ohne künstliches Obdach, er schlief etwa unter einer Baumkrone und lebte ohne Feuer. Er nährte sich von Wurzeln, Blättern, Gräsern und wilden Früchten.

Später erst entwickelte sich der Typ des Einsiedlers, der sich im Wald eine Hütte baute. Er erwartete ebenfalls seinen Lebensunterhalt von der Vorsehung Gottes. Er durfte keine Kulturprodukte wie Honig und keine Früchte, die auf einem bearbeiteten Feld wuchsen, essen, wohl aber ursprünglich das Fleisch von Tieren, die von Raubtieren getötet worden waren. Entweder war er nur luftbekleidet, oder er trug ein Gewand aus Fell, Bast oder Rinde. Er hatte Mitleid mit allen Wesen, außer mit sich selbst. Zur Abtötung stand er den ganzen Tag auf den Zehenspitzen, trug im Winter feuchte Kleidung, lebte von Wasser und Wind, stellte sich zwischen vier Feuern in die glühende

Sonne, hängte sich kopfabwärts an einen Baum und kannte noch Hunderte andere Methoden der Selbstpeinigung.

Wenn die durch Enthaltsamkeit und Entsagung gewonnene Macht eines Asketen zu gewaltig wurde, bangten die Götter und schickten ein Göttermädchen von berauschender Schönheit aus dem Himmel, das dem Heiligen den Kopf verdrehen sollte. Sobald das gelang, zerschmolz im Nu der Schatz seiner Macht, Stärke und Kraft. Wir sind im Kapitel über die Ashrams schon der berückenden Shakuntala begegnet, die, wie das Drama von Kalidas schildert, im Ashram des Weisen Kanwa am Quellfluß des Ganges aufwuchs. Sie war die Tochter des Rishis Vishwamitra, der unterhalb von Rishikesh in Saptarishi seine Hütte gehabt haben soll. Durch härteste Askese hatten seine Worte magische Wirkung erlangt, so daß sich die Götter vor ihm fürchteten. Deshalb schickte Gott Indra die betörende Paradiesmaid Menaka zu Vishwamitra mit dem Auftrag, in unwiderstehlicher Zärtlichkeit sein Keuschheitsgelübde zuschanden zu machen. Der Rishi vergaß sich tatsächlich, und der Liaison mit der holden Nymphe Menaka entsprang die Tochter Shakuntala, die Heldin in Kalidasas berühmtem Drama, die in Europa zum Sinnbild indischen Frauentums geworden ist. Vishwamitra aber fiel zurück in die Welt der Täuschungen, verloren waren die Früchte seiner Kasteiungen.

Der Sannyasi, der asketische Waldmönch, ist das Ideal unter dem Himmel Indiens. Der echte und wahre Einsiedler ist nicht erpicht auf Erwerbung oder Entfaltung magischer Kräfte. Sein Ziel ist der mystische Tod, das persönliche Eingehen oder das unpersönliche Aufgehen in Gott.

In den Wäldern am Oberlauf des Ganges sollen Patriarchen und Rishis wie Vishwamitra, Jamadagni, Bharadwaj, Goutama, Atri, Vashishta und Kashyap gelebt haben, ebenso Mystiker der Upanishaden. Wenn ich die Wälder im Umkreis von Rishikesh durchstreife, ist mir das ergreifend bewußt. Indiens Alleinheitsphilosophie, die seit eh und je den Westen in den Bann zog und die das Herzstück indischer Weisheitslehre ist – hier ist sie vermutlich geboren. Ich kann jeden Gedanken des deutschen Forstingenieurs Dr.-Ing. Franz Heske, der in den dreißiger Jahren im Dienst des Maharadschas von Tehri Garhwal mit Sitz in Narendranagar (16 Kilometer von Rishikesh entfernt) die Himalajawälder betreute, nachvollziehen, wenn er schreibt: „Das tägliche Erlebnis des Waldes zeigte den indischen Sehern, wie durch organische Verbundenheit das Wunder der Einheit in der Vielheit möglich wird, und gab ihnen damit die Urwahrheit ihrer Lebensweisheit.“

Durch den Wald lernten die Rishis und Mystiker das Gesetz des Lebens verstehen, „denn alle die zahllosen Einzeldinge des Waldes, die Bäume, Sträucher, die Bodenflora, aber auch die Tierwelt, vom einsam schweifenden Tiger bis zur winzigsten Mikrobe, bilden eine festgefügte Lebensgemeinschaft, die mit tausend Fäden aneinandergekettet und miteinander zu einer Einheit höheren Grades verbunden ist. Und indem der geistig hochbegabte, schöpferisch veranlagte Arier in diese Ganzheit sich praktisch einfügte, wurde sie ihm gleichzeitig geistig bewußt. Der Wald gab ihm nicht nur Nahrung und Schutz, sondern auch das Geheimnis seines Lebensprinzips“ (Heske).

Zur äußeren Erfahrung der Einheit in der Vielfalt kam die innere Erfahrung, die die Mystiker in der Selbstversenkung machten. Was der Yogaherr Krishna dem Arjuna in der Bhagavadgita versprach, nämlich ihn das tausendfältige Universum mit allem Beseelten und Unbeseelten als eins mit dem Leib des Götterherrn schauen zu lassen, das wird jedem Erleuchteten zuteil: „Dann sah der Sohn des Pandu das gesamte Weltall in seinen endlosen verschiedenen Teilen geborgen als ein einzig Wesen im Leib des Gottes aller Götter.“ (Bhagavadgita XI,13.)

Die Welt der Erscheinungen, der Götter, Menschen, Tiere, Pflanzen und Dinge ist nur die Kundgebung des göttlichen Urgrundes, Brahmans, in ihm ist alles eins. Und das Leben eines Eremiten hat kein anderes Ziel, als sich mit dem göttlichen Urgrund zu identifizieren, was nach indischer Religion und Philosophie die Erlösung des Menschen ist.

*

Noch tiefer in den Dschungel vorstoßend, gelange ich zu einem anderen Maharadscha des Seelenreiches, zu Godiwala Baba, in anderer Schreibweise: Guddiwala Baba. Er hat rötliche Haare und Sommersprossen, äußerlich sieht er also überhaupt nicht wie ein Inder aus, um so indischer aber ist er innerlich.

„Was sollen wir Westler, wir Büromenschen und Autofahrer, tun, um uns selbst zu verwirklichen? Wir können und wollen nicht in eine Höhle übersiedeln!“

„Es gibt keinen anderen Weg, als die Städte zu verlassen und sich in die Einsamkeit der Berge und Wälder zurückzuziehen“, erklärt Baba kategorisch. „Eure Welt der Computer, der Autobahnen, der Television, der Mondraketen und der Kühlschränke ist eine Welt des Unwirklichen, die der Mensch aufgeben muß, will er zum Wirklichen durchdringen. Ihr in der Welt lauft Illusionen nach, erliegt Tausenden Täuschungen und Tricks. Wer nicht radikal mit der Scheinwelt bricht, bleibt verstrickt in die Zaubereien und Phantome der Maya, des den Kern der Natur verhüllenden Schleiers.“

Sich direkt an mich persönlich wendend, fährt er fort: „Lassen Sie sich in den Wäldern Ihrer Heimat nieder, und verbringen Sie jährlich zwei oder drei Monate in Indien, in den Dschungeln des Himalaja.“

Wovon ich jährlich einen Hin- und Rückflug Wien–Delhi bezahlen soll, wenn ich meinen Beruf aufgebe und mir im Wienerwald eine Laubhütte baue, verrät er mir leider nicht. Zudem befürchte ich, daß mich die Leute in Österreich, wenn ich in den Wald übersiedle, als Landstreicher behandeln werden und nicht als Heiligen, der es verdient, mit Lebensmitteln versorgt zu werden. Würde ich Swami Godiwala Maharaj Ji alle meine Einwände vorlegen, er würde vermutlich den Gordischen Knoten mit einem Schwerthieb lösen und mir raten: „Übersiedeln Sie ganz nach Indien!“

Indirekt legt er mir das tatsächlich nahe: „Europa und Amerika“, stellt er fest, „sind keine Länder des Heils.“ Er geht aber nicht soweit – und insofern ist er bei aller Traditionsgebundenheit fortschrittlich –, den alten hinduistischen Standpunkt zu vertreten, daß in der Menschenwelt nur die Inder das Heil gewinnen können. Nichtinder haben jener traditionellen Lehre zufolge höchstens die Chance, sich durch den Schatz guter Werke später eine Wiedergeburt in Indien, dem Land Bharata, zu verdienen, wo das Heil gewirkt werden kann.

Godiwala Baba sitzt mit untergeschlagenen Beinen auf einem sofaartigen Podium, das mit einer bräunlichen Plane überdacht ist, und predigt mir extreme Weltflucht. Dabei fuchtelt er aber mit den Händen wild herum wie ein schlechter

Schauspieler auf der Bühne. Ich bin gezwungen, zu ihm emporzublicken, denn in meiner Augenhöhe befinden sich seine Lotosfüße. Wäre der Mann mit den roten Haaren und dem weißen Vollbart ein ruhender Pol, er würde mit seiner Lehre von der Unterscheidung zwischen relativem und absolutem Sein mein geneigtes Ohr finden. Doch er ist zappelig, er klopft mit den Fingern und trommelt mit den Zehen. Bei einem gewöhnlichen Sterblichen würde ich sein Getue als Unsicherheit deuten. Er regt sich auf über die unsinnige Welt und die verblendete Menschheit. Wie können ihm bloß all die Unwirklichkeiten derartig auf die (unwirklichen) Nerven fallen! Mögen ihn Hunderte oder Tausende als großen Heiligen verehren, weil er sich 18 Jahre nur von Milch und Fruchtsaft ernährt hat und weil er was weiß ich noch alles tut oder läßt – so wie er verhält sich nicht ein Mensch, der des Daseins Rätsel ergründet hat. Sein Lachen kommt nicht von innen. Es ist aufgesetzt wie eine Grimasse.

Die Lebensverneinung hat in Indien eine lange Tradition. In der Morgenröte ihrer Geschichte waren die Inder allerdings alles andere als ein lebensüberdrüssiges, jenseitssüchtiges Volk, das in düsterem Weltschmerz über den Tod grübelte. In Indiens ältesten heiligen Schriften, den Veden (ab 1200 vor Christus), war die Religion noch vom Diesseits beherrscht. Die Arier opferten damals für ein langes, erfolgreiches glückliches Leben, und das Jenseits war im Grunde nichts anderes als ein besseres Diesseits mit irdischen Gütern und sinnlichem Hauch. „Viel Weibervolk haben sie in der Welt des Himmels.“ – „O Agni, mögen wir, nach dem Greisenalter in den dritten Himmel eingeladen, uns des Gelages erfreuen.“ So steht es in den Veden.

Wir müssen die Upanishaden (ab 800 vor Christus) abwarten, jene heiligen Schriften des philosophischen Hinduismus, die der deutsche Denker Arthur Schopenhauer als Andachtsbuch erwählt und den Trost seines Lebens und Sterbens genannt hatte: Erst mit den Upanishaden wird die Vergänglichkeit des Daseins zum Grundmotiv der indischen Religiosität. Die Upanishaden durchschauen den zweifelhaften Wert alles Irdischen und suchen Zugang zur einzigen wahren Wesenheit in der Welt: zum Brahman.

Um in das göttliche Brahman einzugehen, wurden und werden in Indien Hunderte, Tausende und Millionen Menschen „Sannyasis" - „Preisgeber" der Welt. Das muß nicht, aber kann mit Pessimismus verbunden sein. Tat Wala Baba zum Beispiel war nicht mit der Welt zerfallen, Godiwala Baba ist es jedoch.

In seiner Gegenwart komme ich mir vor wie der König, von dem die Upanishaden berichten, daß er auf Wahrheitssuche in die Wälder zog und als der Weisheit letzten Schluß aus dem Munde eines Einsiedlers folgendes erfuhr: „In diesem aus Knochen, Haut, Sehnen, Mark, Fleisch, Samen, Blut, Schleim, Tränen, Augenbutter, Kot, Harn, Galle und Phlegma zusammengesetzten, übelriechenden kernlosen Leibe – wie mag man nur Freude genießen? In diesem mit Leidenschaft, Zorn, Begierde, Wahn, Furcht, Verzagtheit, Neid, Trennung von Liebem, Bindung an Unliebes, Hunger, Durst, Alter, Tod, Krankheit und dergleichen behafteten Leib – wie mag man nur Freude genießen?"

Der sich in Weltschmerz verzehrende Godiwala Baba wird auf seinem Weg nie und nimmer ein sieghafter Weltüberwinder, davon bin ich überzeugt. Besäße er ein Stammbuch, ich hätte ihm eine Spruchweisheit aus einer indischen heiligen Schrift hineingeschrieben: „Entsage allem und werde froh!"

Ich bitte ihn um Erlaubnis, fotografieren zu dürfen. Er weicht aus: „Ich dachte, Sie sind an meiner Seele interessiert, nicht an meinem Körper." Als gelehriger Schüler Indiens erwidere ich: „Diese Unterscheidung mache ich nicht, für mich ist alles eins." Daraufhin stimmt er zu.

Zum Abschied gebe ich ihm noch zu bedenken, daß nicht nur Amerikaner und Europäer im Banne des Unwirklichen stehen, sondern selbst Gurus in Rishikesh, die sich an Geschäftstüchtigkeit mit kapitalistischen Managern messen können. Er sagt nur: „Betrachten Sie Ihre Hand, alle fünf Finger sind verschieden. Ebenso verschieden sind die Yogis. Doch im Dschungel von Rishikesh finden Sie noch reine Heilige."

Ja, das habe ich schon gehört, ich bin auf der Suche nach ihnen.

*

Auf dem Rückweg zweige ich noch unterhalb der Höhle Tat Wala Babas vom Hauptpfad ab und folge einer Spur, die mich zu einer versteckten Höhle führt. Dort haust ein Methusalem, der gerade einen jungen indischen Yogaschüler in schwierigen Übungen unterweist. Rajrishi (Fürstprophet) Brahmdas wird er genannt, er ist ein ehrwürdiger Patriarch, der aber weder steife Gelenke noch steife Sitten hat. Er meistert die verflochtensten und vertracktesten Körperstellungen des Hathayoga, dieser bärenstarke Heilsportler. Tagtäglich badet er im kalten Gebirgsbach neben seiner Höhle. Wie kam er zum Yoga? Mit 20 Jahren war er todkrank. Die Ärzte konnten ihn nicht mehr kurieren. Deshalb wandte er sich an Gott und wurde Einsiedler im Dschungel. So wie er mögen die alten Rishis vor Jahrtausenden ausgesehen und gelebt haben. Eine Schwerelosigkeit ist ihm eigen, die augenscheinlich macht, daß seiner inneren Kraft Flügel gewachsen sind.

Was ist sein Geheimnis? Er enthüllt es jedem: Rajayoga, der königliche Weg der Selbstmeisterung. Ein Rajayogi ist im Gegensatz zu bestimmten Asketen überzeugt, daß die körperliche Abtötung die Seele nicht ans Ziel bringt. Er vertritt den Grundsatz, daß die Seele der Reiter und der Leib das Pferd ist. Selbstverständlich muß das störrische Wildpferd der Natur gezähmt werden, aber es darf nicht zugrunde gerichtet werden.

Von Buddha wissen wir, daß er als echter Inder das Nirwana, den alterslosen, krankheitslosen und todlosen Frieden, zunächst auf dem Weg der Hingabe an gewaltsame Selbstquälerei gesucht hatte, bis er nur mehr ein wandelnder Leichnam war. Aber die Abtötung seines Fleisches hatte seinen Geist nicht befreit. Deshalb wandte er sich der Selbstvertiefung zu, der inneren Schau.

Das tut der Rajayogi von vornherein. Er entwickelt aber bewußt einen gesunden Körper, der ihn bei der Meditation nicht stört, was ein gebrechlicher und kranker tut. Er läßt den Körper an der Gottsuche teilnehmen, der Körper ist dem Rajayogi nicht Feind der Seele und des Geistes, sondern Freund und Helfer.

Rajrishi Brahmdas ist bei allem Gesundheitsbewußtsein jedoch gegen einen Yoga, der beim Körper beginnt und beim Körper endet. Sein Yoga beginnt wohl beim Körper, endet aber beim Geist. Er macht auf mich den Eindruck eines wahrhaft unabhängigen Menschen, der so frei ist, daß er nicht einmal an die Freiheit gebunden ist. Ihn könnte ich mir gut als meinen Guru vorstellen, und ich bin nicht der einzige, der so denkt. Denn wie ich im Verlauf des Gespräches mit dem ergötzlichen Weisen erfahre, hat er drei österreichische Schüler, die von Zeit zu Zeit ihrer Heimat den Rücken kehren und in seiner Höhle aufkreuzen: Gerold, Günther und Alwis; in der Zwischenzeit stehen sie brieflich mit ihm in Verbindung.

*

Eine Amerikanerin macht mich auf die größte unter den „großen Seelen" aufmerksam, den Mahatma der Mahatmas: Gopal Giri. „Er", schwärmt sie, „ist das menschgewordene Glück, der Friede in Person. Sein Herz ist rein wie das Gletscherwasser des Gangesursprungs." Und wie ein Ausrufezeichen setzt sie hinter ihre Herzensergießung den Satz: „Diesen einen Yogi sehen, das genügt!"

Ich beauftrage meinen Guide, einen gebürtigen Nepalesen, der im Pramarth Niketan sein Quartier hat, den Weg zu Gopal Giri auszukundschaften. Bevor wir aufbrechen, kaufe ich einen halben Obstladen aus, denn, wie mir mein Führer einschärft, einem Messias legt man Gold, Weihrauch und Myrrhe zu Füßen oder wenigstens Bananen und Äpfel. In einem anderen Laden erstehe ich einen Sack für die Früchte, und so mache ich mich, bepackt wie Sankt Nikolaus, auf den Weg zur großen Seele, der vom Lakshman Jhoola flußaufwärts dem Fußpfad der Pilger nach Kedarnath-Badrinath folgt. Wir sind im Gegensatz zu den Pilgern rasch am Ziel. Die Einsiedler haben einen untrüglichen Sinn für paradiesische Naturschönheit. Gopal Giri hat auf einer Halde hoch über der majestätischen Ganga eine Höhle und eine Hütte bezogen in einem Hain mit – in der Regenzeit bemoosten – Steinkolossen, eine Welt nicht der Gegenwart, sondern der Urvergangenheit, in der noch Feen, Gäste aus dem Himmel, im Wald weilten und in der noch der furchterregende Shiva die Blitze schleuderte. In der romantischen Fels- und Waldwelt am Flußufer fühle ich mich wie durch einen Zauberspruch zurückversetzt in die Zeiten Manus, des ersten Menschen.

Ich gehe achtlos an einem bärtigen Sadhu vorbei, der wohl der Schüler Gopal Giris ist. Der Führer zupft mich aufgeregt und bedeutet mir, dem Mann, den ich wie Luft behandelte, den gehörigen Respekt zu erweisen: denn er ist der Meister höchstpersönlich.

Ich stehe also Gopal Giri von Angesicht zu Angesicht gegenüber, dem Yogi, den man gesehen haben muß, bevor man stirbt. Er trägt eine mächtige Haarkrone. Eines sehe ich auf den ersten Blick, er ist in der Tat, im positiven Sinn des Wortes, ein harmloser Mensch, der keiner Fliege und keinem Floh etwas zuleide tun kann. Nachdem ich meinen Nikolosack ausgeleert habe, zeigt er mir seine Behausung. Seit 40 Jahren lebt er in seiner Höhle, der Pandab-Gufa, sagt er. Das kann nicht sein, denke ich, der Mann schaut doch kaum älter als 40 Jahre aus. Er scheint meinen Gedanken zu erraten, jedenfalls ergänzt er: „Ich kam schon im Alter von 10 Jahren hierher." Ich muß mich tief verbeugen und aus seinen Händen dankbar eine der Bananen, die ich ihm mitgebracht habe, als Prasad (Gottesgeschenk) entgegennehmen. Mein Führer bekommt eine Banane und zwei Äpfel. Die Waldtiere, die sonst mit dem Yogi zu speisen pflegen, bleiben diesmal weg, sie werden wohl ihren Anteil nachher bekommen.

Trotz meines Drängens kommt kein spirituelles Gespräch zustande. Ich erfahre nicht, was mir zum Seelenheil dient. Obwohl ich nicht müde werde, zu betonen, daß Austria nicht Australia ist, bleibe ich für ihn bis zum Schluß ein Australier, aber das ist ein Österreicher in Asien gewohnt. Der Yogi erkundigt sich nach dem Preis meiner Digitaluhr, an der er sich nicht satt sehen kann, läßt mich wissen, daß Deutschland die besten Maschinen der Welt erzeuge, und beteuert mit ruhigem Gewissen, daß Adolf Hitler ein guter Mann gewesen sei, weil er die Einheit der Welt habe verwirklichen wollen. Die Unwissenheit, von der Yoga befreit, ist also, wie man aus letzter Äußerung ersieht, nicht weltlicher Art.

Schließlich schimpft er noch auf die Yogis, die in den Ashrams leben, weil sie um das Goldene Kalb tanzen, während die Yogis in den Höhlen Unschuldslämmer seien, die kein Geld berühren. Im selben Atemzug läßt er mir durch meinen Guide aber sagen, daß er von mir 25 Rupien für Milch erwarte. Ich rechne nach: dafür bekommt er Milch für zwei Wochen.

*

Wann immer, wo immer und wen immer ich frage, wer die bedeutendsten Heiligen in Rishikesh seien, fehlt unter den Namen, die ich zu hören bekomme, einer nie: Shri Mast Ram Ji Maharaj, kurz: Mastram Baba (= der von Rama trunkene Vater). Seine Höhle liegt nicht in den Dschungelbergen, sondern an den Gestaden des Ganges, dem Auge entzogen durch einen Vorhang aus Bäumen und Büschen, an einem traumhaften Platz, der einer Filmstarvilla würdig wäre. Mastram Baba begibt sich so sehr in die Hände Gottes, schwärmen die Inder, daß er seine eigenen Hände vergißt. Er gebraucht sie nie für sich. Er greift nicht nur kein Geld an, er greift nicht einmal Speisen an. Er ißt nur, wenn fremde Hände ihn füttern. So sehr liefert er sich der Vorsehung Gottes aus.

Mit ehrfürchtiger Scheu suche ich ihn bald nach meiner Ankunft in Rishikesh auf, begleitet von meiner Frau und meinen beiden Töchtern, die die ersten zwei Wochen meines Aufenthaltes mit von der Partie sind. Wir kommen gerade zu einer Audienz zurecht, die er unter einem riesigen, von Holzpfosten getragenen Baldachin abhält. Er sitzt auf Teppichen und Fellen, die den Strandsand bedecken, und lehnt sich an ein purpurnes Kissen. Das also ist der hochberühmte Mastram Baba, ein gemästeter Fleischkoloß mit einem schweren Hängebauch, den das umgeschlagene Leintuch nicht verhüllt. Dienstbereite Frauen und Männer aus seinem Jüngerkreis wehen ihm mit Fächern Wind zu und verscheuchen die Stechmücken.

Ein alter, schwindsüchtiger Mann, abgemagert bis auf Haut und Knochen, kommt und wirft sich immer wieder vor dem feisten Götzen in den Staub, weil er den göttlichen Mann anbetet, oder vielleicht nur, weil er von ihm eine Schüssel Gemüsereis bekommt. So oder so, die Szene dreht meinen Familienmitgliedern den Magen um, so daß wir die heilige Stätte verlassen, gemeinsam mit dem klapperdürren Hungerleider. Das ist meine erste Begegnung mit Mastram Baba, und für meine Familienangehörigen ist sie gleichzeitig die letzte.

Warum ist Mastram Baba heilig? frage ich die Leute. Sie antworten: Er lebt seit Jahrzehnten in seiner Höhle und verläßt nie seinen Platz. Er nimmt kein Geld und errichtet keinen Ashram.

An vielen Tagen beobachte ich, am Ufer sitzend, aus der Ferne den Heiligen, wie er einfach dasitzt, den Fragern antwortet, Kühe, Spatzen, Raben und Streifenhörnchen füttert oder an den Fluß watschelt. Langsam dämmert mir, daß ich, um diesem Mann gerecht zu werden, meine europäische Brille abnehmen muß. Mastram Baba will mit indischen Augen gesehen sein.

Die Inder sind das rast- und ruheloseste Volk, das ich kenne, ein Volk auf Wallfahrt, ständig unterwegs, die Länge und Breite Indiens ausmessend. Der französische Dichter Romain Rolland schreibt über die Inder: „Selbst die Beschaulichen treibt ein in Jahrhunderten erwachsener Drang des Blutes, durch die Welt zu schweifen, ohne festen Ort, ohne Verwurzelung, überall unabhängig und überall fremd . . . Zugvogelhafte Sehnsucht der Seele, die sich im Luftmeer verlieren möchte, eine wilde Taube, die unter dem Dache des Taubenschlags erstickt."

Und hier ist ein Mann, Mastram Baba, der nicht ausbricht, der ein Leben lang beständig an Ort und Stelle sitzt, der dem Drang zu flüchten widersteht. Wer also, wenn nicht er, ist ein Heiliger?

Mastram Baba, und das ist sein zweites Plus, bittet nicht zur Kasse. Er nimmt von den Pilgern Bananen, Trauben und Kokosnüsse an, aber absolut kein Geld. Verschiedene reiche Leute haben ihm im Lauf der Jahre angeboten, einen Ashram für ihn zu bauen. Er lehnte jedesmal ab. Bis heute schläft er in seiner Zwerghöhle, in der man sich kaum umdrehen kann. In der geldgierigen und besitzsüchtigen Umwelt von Rishikesh erfordert es wahrlich einen heroischen Grad von Tugend, freiwillig arm zu bleiben. Mastram Baba widersteht allen Verlockungen des Habenwollens.

Ein dritter Vorzug: Er entfaltet keinen Geltungsdrang, er läßt keine Plakate, Poster und Flugzettel mit seinem Konterfei drucken wie andere Berühmtheiten der Yogaszene. Es gibt nicht einmal ein Bild von ihm.

Und, last not least, er verehrt die Ganga. „Ganga Mai ki Jai!" – „Gelobt sei die Mutter Ganga!"

Gründe genug, Mastram Baba heiligzusprechen.

Unter den Frauen seiner Umgebung fällt mir eine Nichtinderin auf. Eines Tages, als sie mit den anderen Jüngerinnen die von der letzten Gangesflut überschwemmte und arg in Mitleidenschaft gezogene Höhle Mastram Babas renoviert, spreche ich sie an. Während sie Kuhdung knetet und mit dem Teig händisch den Vorplatz und die Fassade der Höhle bestreicht, antwortet sie mir. Sie ist Engländerin und lebt seit zehn Jahren zu Füßen Babas. Warum hat sie Europa verlassen und sich in Indien niedergelassen? „In Europa funktionieren die Menschen wie Maschinen, sie wissen nicht, wozu sie leben. In Indien weiß jeder, selbst wenn nicht jeder ein Heiliger ist, daß es das Ziel des Menschen ist, Gott zu verwirklichen.“ Sie, ihren Namen verrät sie mir nicht, sucht das Ziel auf dem Weg des Karmayoga zu erreichen, sie geht ganz auf im Dienst ihres göttlichen Gurus. Sie ist von früh bis spät mit gewöhnlichen Handreichungen und Arbeiten wie Waschen und Ordnunghalten beschäftigt, wie eine Putzfrau oder Bedienerin, aber, und das ist der große Unterschied, sie arbeitet weder für Geld noch für Gotteslohn. Sie erwartet weder Dankbarkeit noch diesseitige oder jenseitige Belohnung. So verlangt es der Yoga selbstlosen Tuns.

Dank der Fürsprache seiner englischen Schülerin gewährt mir Mastram Baba eine einstündige Privataudienz, nicht in der Höhle, die nur ein Loch unter einem Stein ist, sondern unter dem Baldachin, der für Empfänge dient und der immer mit bunten Wimpeln geschmückt ist. Viele Mönche der Umgebung betrachten Mastram Baba als ihren Guru und erhalten hier Unterweisungen.

Nach einem Bad im Ganges erscheint Baba pünktlich zum vereinbarten Zeitpunkt, um 12 Uhr, und nimmt auf seinem purpurnen Kissen Platz wie ein fernöstlicher Dickbauchbuddha. Die in der Frühe mit gelber Farbe auf die Stirn gemalten religiösen Zeichen bröckeln langsam ab. Er schaut mich mit seinen ganz klaren und reinen braunen Augen an wie ein Mensch, der in sich ruht. Sein ungetrübter Blick ist nicht mißtrauisch, nicht prüfend, nicht unterwerfend, sondern einfach wohlwollend.

„Was muß ich, der ich mit Notizblock, Kugelschreiber und Kamera vor Ihnen hocke, tun, um zur Vollendung zu gelangen?“

Die Engländerin, hingegossen zu den Füßen ihres Baba, den sie befächert, übersetzt Frage und Antwort.

„Baba sagt, daß jedem das von selbst klar wird, wenn er alles tut, um Gott zu gefallen. Erfüllen Sie als Gottliebender ihre alltägliche Pflicht ehrlich und redlich, und alles andere wird sich weisen. Weihen Sie alle 24 Stunden des Tages Gott, und Ihr Geist wird nach und nach friedlich werden.“

Baba krault seinen graumelierten Bart und fährt fort: „Alle 24 Stunden gehören Gott, aber eine, jene vor Sonnenaufgang, schenken wir ihm auf festliche Weise durch Gebet, Meditation und Lesung heiliger Schriften. In der Morgendämmerung, bevor es licht wird, kommt uns Gott am nächsten."

„Empfehlen Sie kompromißlosen westlichen Gottsuchern, vom Christentum zum Hinduismus überzutreten?"

„Gott ist nur einer. Die Wege, ihn zu verehren, wir nennen sie Religionen, sind aber verschieden. Ob die Form der Gottesverehrung hinduistisch, christlich, buddhistisch oder muslimisch ist, ist letztlich nebensächlich. Wer sich aber von einer anderen als der ihm angestammten Religion angezogen fühlt, soll überwechseln."

Mastram Baba zeigt die vielgerühmte Toleranz des Hinduismus. Aber seine folgenden Sätze beweisen, daß er sich als Hindu doch den anderen Religionen himmelhoch überlegen fühlt.

„Christus", erklärt mir Mastram Baba, „hat den Juden die Hindureligion gepredigt, wie er sie aus der Bhagavadgita kannte. Was Jesus sagte, basiert auf der Gita. Was er lehrte, hat er von Indien gelernt. Seine Botschaft enthält die Essenz der indischen Weisheit."

„Warum", frage ich, „kommen aber so viele Jugendliche aus Europa und Amerika nach Indien, wenn das Christentum in ihrer Heimat ohnehin den Extrakt der hinduistischen Lebensphilosophie anbietet?"

Originell ist seine Begründung jedenfalls: „Wir leben augenblicklich in einer Unheilszeit. Die Verderbtheit der Menschen stinkt zum Himmel. Sitte und Moral verlottern. Der Unglaube triumphiert. Die Menschen vertieren. Kriege, Katastrophen, Krisen erschüttern die Welt. Die Menschheit scheint entschlossen zu sein, Selbstmord zu begehen. In unserer ruchlosen Weltzeit läßt aber Gott die Erdenbürger nicht im Stich. Er wird eingreifen mittels erleuchteter Himalajayogis, die Gottes Allmacht enthüllen werden. Die Stunde steht bevor. Von jeher gibt es in Indien eine kleine Schar verwirklichter Mahatmas, gewöhnlich leben sie unerkannt in verborgenen Himalajafalten, aber wenn Gott die Welt vor dem Untergang retten will wie jetzt, treten sie hervor und lassen ihr Licht leuchten, das dem Menschengeschlecht den Weg zum Frieden erhellt. Das ist der tiefste

Grund, warum die vielen jungen Leute aus dem Westen nach Indien kommen. Freilich ist es ihnen nicht bewußt. Sie folgen einer inneren Stimme wie einem Schweifstern, der vor ihnen herzieht und Gewaltiges ankündigt. Eine Offenbarung Gottes in Indien steht bevor."

„Gehört Baba zu jenen Yogis, die in Bälde ihre Macht zeigen werden?"

Seine Antwort: „Mehr, als ich gesagt habe, sage ich nicht."

Frauen kommen mit Töpfen und Schüsseln. Es ist 13 Uhr. Mastram Baba wird gefüttert und getränkt. Mir werden ebenso gastfreundlich Speisen angeboten, allerdings nicht eingegeben.

*

Eine große deutsche Illustrierte („Stern"), den „himmlischen Verführern" aller anstoßerregenden Sekten auf den Fersen, ließ natürlich die indischen Gurus nicht ungeschoren. Ihr rasender Reporter durcheilte den indischen Subkontinent und fischte da und dort einen Heiligen heraus; in Rishikesh war es Nirwan Baba, von dem er gehört hatte, daß er im Stande vollkommener Gotteserkenntnis wäre und sich aus der Großstadt Bombay hierher in die Wildnis zurückgezogen hätte. Der Journalist fand „hoch droben im Himalaja" dessen von acht Polizisten mit Gewehren bewachte Höhle.

„Im Gespräch", schrieb der Stern-Reporter Hans Conrad Zander, „erwies sich der Gottmensch als ein Mann von erlesener Freundlichkeit, von überlegenem Verstand und Witz. ‚Gott?' sagte er, ‚er ist der einzige, was mich interessiert. Aber wie soll ich mich mit ihm beschäftigen, bei den Zuständen hier?' Dann deutete er wortlos nach hinten zum Eingang seiner Höhle und reichte mir seine Taschenlampe. Ich kroch hinein. Und schrak entsetzt zusammen. In der hintersten Nische der engen, lichtlosen Höhle saß, nackt im Lotossitz, ein zweiter Guru. Kein erleuchteter. Ein Schlägergesicht grinste mich an."

Der „Schlägeryogi" war Krishnananda, der dem friedvollen Nirwan Baba die Höhle, kaum hatte dieser sie bezogen, streitig machte. Die Polizei suchte im Urwaldzwist um den Besitz zweier Männer Gottes das Ärgste zu verhindern.

„Ich weiß nicht", schloß der Publizist seine Berichterstattung über den Besuch in der Büßerhöhle Nirwan Babas, „wie der

Streit der beiden Gottmenschen um das Privateigentum im Urwald ausgegangen ist. Am vierten Tag, als die Spannung in der Höhle unerträglich wurde, hat die Polizei alles Publikum weggejagt und den Urwaldpfad zur Einsiedelei gesperrt. Die Polizei von Rishikesh ist völlig korrupt. Ich hoffe, daß Guru Nirwan Baba der Erleuchtete noch am Leben ist. Sicher hat er den Streit verloren. Denn er war der Bessere von beiden."

Mir ergeht es natürlich wie dem Leser eines spannenden Kriminalromans, der unbedingt auf schnellstem Wege wissen will, wie die abenteuerliche Geschichte ausgeht. Wer hat den heiligen Krieg der Yogis gewonnen, der Fromme oder der Schurke?

Auf eigene Faust werde ich die Höhle nicht finden. Die Orientierungsangaben in der Illustriertenreportage sind allzu spärlich: „Die Affen tobten über uns in den Baumkronen, die Papageien kreischten, als unsere religiöse Expedition, mit Bergführer und Trägerkolonne, durch den gebirgigen Urwald östlich von Rishikesh klomm. Man vermutet hier den letzten wilden Tiger Indiens und die letzten wilden Elefanten." Ein Kompaß für ein Dschungeltrekking ist diese Beschreibung gerade nicht, soll es auch nicht sein, deshalb wende ich mich an meinen „Sherpa". Er pocht auf seinen amtlichen Befähigungsnachweis als Guide und auf seine fünfundzwanzigjährige Erfahrung mit internationalem Publikum, er hat Leute aus 20 Ländern auf Schleichpfaden zu verborgenen höheren Yogis geführt, und fordert daher einen für Landesverhältnisse unverschämt hohen Stundenlohn von 10 Rupien und für diese Tagesexpedition 100 Rupien. Das verdient im allgemeinen weder ein Ingenieur noch ein Professor pro Tag. Er läßt aber nicht mit sich handeln und spielt den Beleidigten: „Wenn Ihnen das zuviel ist, bitte, dann dingen Sie halt irgendeinen Kuli, der Sie um ein paar lumpige Rupien einen ganzen Tag herumführt, aber nichts weiß und nicht englisch spricht."

Mein Führer kennt den Ausgang des Duells zwischen Nirwan Baba und Krishnananda nicht, kennt aber den Schauplatz des Dramas. Die umkämpfte Höhle liegt auf dem Pilgerweg zum Neelkanth-Tempel, der ein vielbesuchter Shiva-Wallfahrtsort ist, 1500 Meter hoch gelegen und zwölf Kilometer vom Lakshman Jhoola entfernt.

Die echten Yogis sind wie scheue Rehe, die sich am liebsten im Dickicht aufhalten. Kein Wunder, daß sich also Nirwan

Baba der Erleuchtete eine einschichtige Höhle in unberührter Natur ausgesucht hat.

Auf dem langen Weg zu der Höhle Nirwan Babas bzw. Krishnanandas bleibt uns viel Zeit zum Plaudern, besonders wenn wir rasten und in klaren Berggewässern ein Fußbad nehmen. Gefährlich in einem Paradies sind, wie man seit Adam und Eva weiß, nur die Schlangen, so auch hier. Bestien treffen wir keine unterwegs.

Nachdem sich der schlitzäugige und schlitzohrige Guide erkundigt hatte, ob ich zu Hause ein Auto besäße, für ihn offenbar der Prüfstein meines Reichtums, rückt er mit einem Anliegen heraus: Ich soll ihm dreitausend Rupien leihen, damit er – er hat seine Reiseführertätigkeit und Indien endgültig satt – in seiner Heimat Nepal ein Grundstück erwerben und ein Yogazentrum nur für Ausländer bei Katmandu errichten kann. Nach drei Jahren würde er mir wahrscheinlich das Geld zurückzahlen können, Kreditzinsen bekäme ich natürlich keine, aber dafür würde er eine Gedenktafel mit meinem Namen in seinem Ashram anbringen, um jedem Gast meine Wohltäterschaft zu enthüllen.

Wir nehmen alle namhaften Yogis von Rishikesh durch, und er sondert die Schafe von den Böcken, wiewohl ich kein großes Vertrauen in sein Urteil setze. Das Pilgerpublikum unterscheidet nicht zwischen echten und falschen Yogis, meint er. „Woran erkennen Sie selbst den Unterschied?" frage ich. „Es gibt ein sicheres Merkmal", betont er. „Wer Eigentum hat, ist kein Yogi, glauben Sie mir das!"

Ein besonnener Restaurantmanager in Rishikesh, der sich im Gespräch als Amateuryogi mit Meditationserfahrung entpuppt hatte, beachtet folgende Kriterien bei der Bewertung der Yogis. Ein echter Meister muß seiner Meinung nach fünf Ansprüche erfüllen:

Erstens darf er nicht herumreisen wie die sogenannten Gurus, die um die Welt jeten. Er bleibt an Ort und Stelle gleich einer Blume. Er hat eine derartige Anziehungskraft, daß die Sinnsucher zu ihm kommen. Er selber geht nicht hausieren mit seinen Weisheiten.

Zweitens strahlt ein erleuchteter Yogi unendlichen Frieden aus. Die friedliche Atmosphäre ergreift sofort jeden, der seinen Ashram oder seine Höhle betritt.

Drittens strömt er einen Duft aus.

Viertens kann man in seiner Gegenwart keine schlechten Gedanken fassen.

Fünftens kann ein vollendeter Yogi die Natur verändern, er kann zum Beispiel Regen machen.

Die Forderungen eins, zwei und vier können selbst aufgeklärte Europäer als unabdingbare Attribute eines Heiligen akzeptieren.

Ich selber habe einen weiteren Prüfstein anzubieten, nämlich den, wie sich Yogis angesichts einer Kamera verhalten. Ich habe folgende Erfahrung gemacht: Ein falscher Heiliger läßt sich entweder begeistert in allen Lebenslagen fotografieren und putzt sich heraus wie ein Modell, oder er lehnt das Fotografiertwerden strikt ab als Versuchung der Maya, der Scheinwelt. Der echte Heilige tut weder das eine noch das andere. Er läßt es geschehen, daß er fotografiert wird, er tut nichts dazu, ziert sich aber auch nicht.

Wer aber keinen Fotoapparat zum Testen der Heiligkeit zur Hand hat, dem empfehle ich, dem Yogi frei und fest in die Augen zu blicken, die ein Fenster zur Seele sind. Ein echter Guru hat die Vorhänge nicht zugezogen, so daß sich dahinter eine göttliche Welt auftut.

Endlich gelangen wir zu einer Höhle, und der aschenbeschmierte Einsiedler ist umringt von vielen Pilgern, jung und alt, die kommen und gehen. Er strahlt keinen Frieden aus, und beim ersten Anblick kommen mir schlechte Gedanken des Zorns und Ärgers, daß sich der gespreizte Schnösel von einfältigen Pilgern Maharadscha nennen läßt. Und beim Fotografieren setzt er sich in Szene wie ein Geck. Nein, das kann nach allen Regeln Nirwan Baba nicht sein, der Mönch hier ist in meinen Augen eine Null. Die Haschischpfeife macht die Runde, vielleicht sind auch nur deshalb so viele Pilger hier, weil sie mit ein paar Zügen gratis eine Weile in den Himmel auffahren können. In Rishikesh ist das Haschischrauchen zur Hervorrufung der Ekstase gang und gäbe, speziell unter Shivaanhängern und Tantrikas. Selbst meinen Freund, den Mumienmönch Mohonanda Giri, habe ich haschischrauchen gesehen, ihm hätte ich im Gegensatz zu anderen Eremiten, die ich kennengelernt habe, zugetraut, daß er sich ausschließlich der Meditation und nicht der Rausch- und Reizmittel als mystisches Fahrzeug bedient.

Der Haschischbaba mit dem öden Blick in der vor uns liegenden Höhle muß also wohl Krishnananda sein, der Bösewicht, denn dafür lege ich die Hand ins Feuer, daß er nicht Nirwan Baba ist. Hat also der Stern-Reporter recht behalten, der befürchtet hatte, daß der Schurke, womöglich mit Hilfe der Polizei, Oberhand behalten würde?

Der aufgeblasene Eremit ist weder Nirwan Baba noch Krishnananda, wie sich herausstellt. Er heißt Nirwan Udashin Hrigo Vind Muni. Die Shrichandra Gufa (Gufa heißt Höhle), um die es bei dem Streit zwischen Nirwan Baba und Krishnananda ging, befindet sich nämlich hundert Meter vom Pilgerpfad abseits.

Es geschehen noch Wunder, sogar in Rishikesh. Trotz korrupter Polizei sitzt in der gesuchten Höhle: Nirwan Baba. Ich sage ihm, daß ich seine Leidensgeschichte aus einer deutschen Illustrierten kenne, und zeige ihm eine Fotokopie der Reportage, die ihn amüsiert. Er könne sich natürlich noch gut an den sympathischen Reporter erinnern, der ihn auf dem Höhepunkt des Tumults besucht hatte, sagt er.

Die Höhle, die bis auf den letzten Platz gefüllt ist mit Besuchern, ist nur ein Vorraum, der zur Audienz dient. Seine eigentliche Behausung liegt dahinter und kann nur durch eine schmale Pforte betreten werden. Mit einer Taschenlampe leuchtend, zwänge ich mich durch den schmalen Schlauch, mein Hemd ist nachher total erdig, so daß ich es auf dem Heimweg in einem Bach waschen und auf einen heißen Stein zum Trocknen legen muß. Ich gelange in eine ewig nachtdunkle, feuchte, tropfende Höhle, in der ich Atembeklemmungen bekomme. Die Höhle Nirwan Babas erscheint mir schlimmer als eine stickige Gefängniszelle.

Wo ist Krishnananda? Niemand weiß es, weder Nirwan Baba noch einer der Pilger. Die Wildnis hat ihn geschluckt.

Hat er freiwillig das Feld geräumt? Nein, natürlich nicht! Doch die ganze Öffentlichkeit stand wie ein Mann hinter Nirwan Baba. Die Bevölkerung und die Pilger setzten die Polizei unter Druck, so daß ihr nichts anderes mehr übrigblieb, als den Eindringling an die Luft zu setzen.

Nirwan Baba stammt aus dem hektischen Großstadtgetriebe von Bombay, kann also sehr gut die streßgeplagten Europäer und Amerikaner verstehen, die unter dem Gedröhn einer beklemmenden Maschinenwelt den Segen der Stille vermissen und die sich, von den Lautsprechern und Leuchtschriften der Reklame zerstreut, nach Sammlung sehnen. Glaubt er wie Godiwala Baba, daß es nur einen Weg zum inneren Glück gibt, den der Weltflucht? Nein, er glaubt das nicht. Ich habe kein Ja erwartet, obwohl er selber das Los eines zurückgezogenen Einsiedlers gewählt hat. Doch er ist kein Eigenbrötler oder Menschenfeind. Er ist offen für die Welt, obwohl er sie verlassen hat. Er ist vereint mit den Menschen, obwohl er sich von ihnen getrennt hat. Er hat erst 25 oder 30 Lebensjahre hinter sich, dennoch besitzt er eine Reife, die einem inneren Gleichgewicht entspringt, eine Abgeklärtheit, die nicht von dieser Welt ist. Ich bin überzeugt, daß er ein Yogi ist, der seinen Eigenwillen losgelassen hat, der sich von Gott führen läßt und sich ihm in unbedingter ständiger Verfügbarkeit ausliefert. Um so gespannter bin ich, was er mir persönlich rät.

Was soll ich zur Erfüllung meines Lebens tun? Nirwan Baba empfiehlt mir nicht, Brahman, den unpersönlichen Allgeist, zu suchen oder als Ishwara (persönlicher Eingott) Shiva oder Vishnu in der Gestalt Krishnas oder Ramas zu verehren; er empfiehlt mir nicht Rajayoga oder Jnanayoga oder Karmayoga oder Bhaktiyoga oder Kundaliniyoga oder sonst einen Yoga zu praktizieren. Er sagt schlicht und einfach: „Gehen Sie den Weg der Nachfolge Christi!"

Das habe ich, zugegeben, nicht zu hören erwartet aus dem Munde eines aschenbeschmierten Shivamönchs mit langem Zottelhaar, der sich im Himalaja vergraben hat. Er muß wohl mein verdutztes Gesicht bemerkt haben, denn er fügt einen Kommentar hinzu: „Wenn Sie nach Badrinath pilgern, können Sie einen Helikopter benutzen, sie können den Bus oder ein Taxi oder einen Maulesel nehmen oder zu Fuß gehen. Das Ziel bleibt dasselbe. Wir alle sind unterwegs zu Gott. Gehen Sie den Ihnen vertrauten Weg des Christentums, er bringt sie am sichersten ans Ziel." So sprach Nirwan Baba Devi Das Udashin.

Schweine für Vegetarier

Die Himalajastadt Rishikesh am Oberlauf des Ganges liegt nicht in schneeverwehten Höhen, sondern, 458 Meter über dem Meeresspiegel, malerisch zwischen lieblichen grünen Vorbergen. Sie zählt zirka 40 000 Einwohner und ist in einer Tagereise mit Bus oder Bahn von Delhi aus erreichbar. Entfernung von der indischen Hauptstadt: 250 Kilometer in Richtung Nordost. Rishikesh, 78°20′ östlicher Länge und 30°12′ nördlicher Breite (das entspricht etwa der geographischen Breite von Kairo) gelegen, gehört zu jenem Zipfelchen auf Indiens Landkarte, das sich im Norden wie ein Keil zwischen Tibet (heute China) und Nepal schiebt.

Die Durchschnittstemperaturen betragen in Rishikesh im Sommer (April bis Juni) tags 40 Grad Celsius und nachts 35 Grad Celsius, in der Regenzeit (Juli bis September) tags wie nachts 31 Grad Celsius und im Winter (Oktober bis März) tags 18 Grad Celsius und nachts 4 Grad Celsius. Die durchschnittliche Luftfeuchtigkeit liegt im Sommer bei 40 Prozent, in der Regenzeit bei 80 Prozent und im Winter bei 60 Prozent.

Ein Deutscher, der früher unter dem Namen Swarupananda im Sivananda Ashram gelebt hatte, schrieb, daß in Rishikesh der Gotteslaut Om in der Luft schwirrt und daß selbst die heiligen Kühe nicht „Muh“ ausstoßen, sondern „Om“. Das war in der guten alten Zeit. Inzwischen sind die Kühe – wohl in Auflehnung gegen die zunehmende Kommerzialisierung der Meditation – zum profanen „Muh“ zurückgekehrt, sofern sie sich nicht überhaupt zum stummen Protest und zu Schweigemärschen entschlossen haben. Ich habe jedenfalls keine mehr getroffen, die mit Om gegrüßt hätte. Es mag durchaus noch omende Kühe geben, aber die haben sich zweifellos in den Dschungel zurückgezogen.

Im großen Polyglott-Reiseführer lese ich, daß „man sagt, daß Rishikesh (‚Stadt der Weisen‘) die ‚heiligste Atmosphäre‘ aller nordindischen Städte besitzt“.

Die „Stadt der Heiligen“, Rishikesh, ist aber, was die normale Bevölkerung anlangt, nicht heiliger als Sankt Pölten, Sankt Gallen, Sankt Ingbert oder irgendeine andere Stadt mit Sankt, San, Saint, São, Santo oder Santa im Westen, heiliger nicht, aber frömmer.

Selbst die Taxifahrer singen oder summen in Rishikesh während der Fahrt Kirchenlieder und andächtige Hymnen, was sie freilich nicht hindert, meinen Töchtern zu erklären, wo sie, falls sie es wünschten, Haschisch bekämen, oder mich zu fragen, ob ich nicht Whisky zu verkaufen hätte, wiewohl in Rishikesh strengstes Alkoholverbot herrscht und die Polizei den Teufel in der Flasche mehr als einen Mörder verfolgt.

Apropos Alkohol: Unlängst machte ein Polizeitrupp in Rishikesh einen Volltreffer. Er ertappte einen von einem bösen oder guten Geist (das ist Standpunktsache) verratenen Schwarzbrenner im Wald auf frischer Tat. Die Polizisten beschlagnahmten die heiße Ware und transportierten den Schnaps wie Atommüll mit höchster Wachsamkeit und Behutsamkeit ab. Offenbar, um andere Leute vor Schaden zu bewahren, vertilgten sie die scheußliche Flüssigkeit, indem sie die Flaschen leer soffen. Sie wurden neben ihrem Fahrrad als Opfer ihres Berufes total betrunken aufgefunden, und der Schnapsbrenner hat sich jetzt womöglich auch noch wegen Polizistenvergiftung zu verantworten.

Apropos Taxichauffeure: ein Taxifahrer, der bloß das Doppelte des rechtmäßigen Fuhrlohnes verlangt, ist in Rishikesh ein guter Mensch. Einer, der den angemessenen Tarif verlangt, ist ein Heiliger. Und einer, der weniger verlangt, als ihm gebührt, und einen solchen gibt es wohl nur in Rishikesh, der erscheint geradezu wie eine Verkörperung Gottes. Den Namen dieses sympathischen Taxifahrers, der mir heiligmäßiger erscheint als der Großteil der Berufsheiligen von Rishikesh, kann ich nicht verraten, sonst wird er, wer weiß, von seinen Kollegen gelyncht. Er ist ein spiritueller Mensch durch und durch und fährt nicht mit seinem Taxi, um Geld zu verdienen, sondern um zu helfen. Er würde als Karmayogi jedem Ashram zur Zierde gereichen. Der fromme Taxifahrer verrechnet nur das Lebensnotwendige. Für eine einwöchige Tour nach Badrinath und Kedarnath verlangt er die Hälfte des üblichen Preises und bietet zusätzlich Sonderleistungen. Er kocht zum Beispiel für seine Fahrgäste. Er wäre bereit gewesen, meinen indischen Freund Shyamal aus Hardwar abzuholen (hin und zurück 50 Kilometer), ohne irgend etwas dafür zu fordern. Im Durchschnitt zahlt man dafür 70 Rupien.

Ein japanischer Reiseschriftsteller bewunderte die Sanftmut

der Bevölkerung von Rishikesh. Er stellte nach einem einwöchigen Aufenthalt fest, er hätte nirgendwo auf der Welt so friedvolle Menschen gefunden wie in Rishikesh. Er führte das auf die rein pflanzliche Ernährung zurück.

Die Regierung hat in der Tat in Rishikesh, ja im ganzen Distrikt, der als heilig gilt, den Verkauf oder Konsum von Fleisch, Fisch und Eiern verboten.

Wer über Rishikesh schreibt oder spricht, versäumt es daher nicht, hervorzuheben, daß das eine Stadt ist, in der kein Tier getötet wird. Die Fische im Ganges, heißt es, werden nicht gefuttert, sondern gefüttert.

Es ist ein erbauliches Erlebnis, wenn man sich in abendlicher Dämmerstunde im Sand des Triveni Ghat niederläßt und zusieht, wie die Pilger kleine Lämpchen entzünden und diese in Schiffchen aus Blättern auf das Wasser setzen; der Ganges glitzert dann im Widerschein der flackernden Lichter, die flußabwärts treiben. Andere Pilger und Sadhus opfern den Schwärmen von Fischen, darunter kapitalen Exemplaren, im 100 Meter breiten Ganges Weizenkügelchen. Zutraulich schnappen die an die Oberfläche kommenden Tiere danach.

Das ist die schöne Vorderseite der Medaille. Die Kehrseite, die man erst nach längerem Aufenthalt zu Gesicht bekommt, wenn man indiskret und zudringlich genug ist, zeigt, daß im verborgenen die heiligen Fische der Mutter Ganga auch geangelt und gebraten werden.

Von Anfang an ist es für mich ein Rätsel, was die ungeheure Menge der Säue, die in den Straßen und Gassen schnüffeln und sich suhlen, in einer heiligen Stadt verloren haben, in der von Amts wegen kein Tier geschlachtet und kein Fleisch verzehrt oder verkauft werden darf. Es dauert nicht allzu lange, bis ich dahinterkomme, daß es nur eine fromme, herzerhebende Legende ist, die von allen nachgebetet wird, daß in Rishikesh kein Tier getötet werde. In Rishikesh werden sehr wohl, freilich im geheimen, Schweine und Ziegen abgestochen und verspeist, und nicht wenige. Für einen Hindu, dem alles Leben heilig ist, gilt es sogar als eine Todsünde, wenn er Ungeziefer tötet, aber ich erwische selbst im Schatten von Ashrams Ameisenvergifter.

Einmal lege ich im Sivananda Ashram Swami Krishnananda, dem großen spitzfindigen Philosophen Rishikeshs, die Frage vor: „In Rishikesh wird, heißt es, kein Tier getötet und gegessen. Das ist sogar durch Regierungserlaß untersagt. Welche Funktion haben die unzähligen Schweine, die neben den Kühen die Straßen bevölkern?“ Die Frage ist ihm peinlich. Er antwortet: „Es gibt zwei Arten von Menschen in Rishikesh, die obere Klasse und die untere Klasse. Die obere Klasse, sie besteht aus den Gottesmännern, führt ein Leben des Geistes. Die aus den Weltleuten, Ladenbesitzern, Taxifahrern, Polizisten usw. sich zusammensetzende niedrige Klasse hat aber noch Fleischesgelüste.“

Als nach den ersten vierzehn Tagen meine Frau und meine Töchter, die jüngere mit aufgeschnappter Gelbsucht, nach Europa zurückfliegen, fahren wir im Taxi nach Delhi. Wir laden nach der langen, anstrengenden Fahrt den Chauffeur zu einem Mahl in ein gutes Restaurant ein. Alle haben wir nach zwei fleischlosen Wochen Lust auf eine Fleischspeise. Ich hätte mir gerne ein Huhn munden lassen. Doch mit Rücksicht auf den Mann aus der heiligen Stadt, die jedes Fleisch verschmäht, essen wir vegetarisch. Ich bestelle gekochtes Gemüse. Der Taxifahrer aber, der Vegetarier, dem die Religion und die Regierung das Fleischessen verbieten, ißt genüßlich eine doppelte Portion Schweinefleisch.

Wie allseits behauptet werden kann, daß es in Rishikesh keine Eier gibt, ist mir vollends schleierhaft. In der Bahnhofstraße, in der ich die meiste Zeit wohne, führt wenigstens jeder dritte Lebensmittelladen Eier. Unter dem Feuerball der indischen Sonne kocht das Hirn zuweilen, und die Phantasie fiebert, so daß der Mensch leicht einer Fata Morgana zum Opfer fällt. Um mich also zu vergewissern, daß ich keinen Sonnenstich habe und keiner optischen Täuschung erliege, kaufe ich selber Eier und koche sie mit einem Tauchsieder weich.

Wie steht es mit der lammhaften Friedfertigkeit, die der Bevölkerung Rishikeshs angeblich aus der rein pflanzlichen Ernährung erwächst? Ich bin in den Wochen und Monaten meines Aufenthaltes in der Stadt der Heiligen Zeuge mehrerer Keilereien. Gezankt wird wie bei uns, und wenn man, wie in meinem Fall, aus Thailand, einem Land des Lächelns, nach Indien kommt, erscheinen einem die Leute in Rishikesh sogar ausgesprochen streitsüchtig. Mit der Gewaltlosigkeit ist es im Alltag nicht weit her. Meinungsverschiedenheiten werden zuweilen auf offener Straße mit Prügeln und Stöcken ausgetragen.

In meiner Straße höre ich einmal das eindringliche Winseln eines Kindes. Ich drehe mich um und erblicke einen Vater, der erbarmungslos sein Kind, das den ganzen Tag für ihn arbeitet, auspeitscht. Das Kind, ein etwa zehnjähriger Knabe, liegt auf den Knien und fleht markdurchdringend um Gnade. Ungerührt wie ein Folterknecht züchtigt der Vater sein Kind. Ich will nicht hinwegsehen über die Kindesmißhandlungen, die in unseren Breiten vorkommen, aber hier findet eine ganz brutale in aller Öffentlichkeit statt, und das Publikum schaut teils amüsiert zu und teils teilnahmslos weg. Erst als ich den gewalttätigen Vater zur Rede stelle und ihn mit dem gandhischen Ideal der Gewaltlosigkeit konfrontiere, unterbricht er die Quälerei und grinst verlegen.

Die Gewaltlosigkeit steht im täglichen Leben Rishikeshs nicht hoch im Kurs, noch weniger die Rücksichtnahme.

Im Straßenverkehr genießt die heilige Kuh Vorrang, sie ist bekanntlich die Königin der indischen Straße. Alles andere scheint geregelt durch das Recht des Stärkeren. Der Lastwagen beansprucht Vorrang vor dem Taxi, das Taxi vor der Pferdekutsche, die Pferdekutsche vor dem Radfahrer und der Radfahrer vor dem Fußgeher. Das geht so weit, daß der Stärkere anstandslos die falsche Straßenseite, das ist in Indien die rechte, denn es herrscht dem Buchstaben nach Linksverkehr, benützt und den Schwächeren unter Umständen zwingt, auf der ihm zustehenden Seite in den Straßengraben auszuweichen. Das ist offenbar selbstverständlich, ich habe nie beobachtet, daß jemand Anstalten macht, das Recht des Stärkeren in Frage zu stellen. Rette sich, wer kann!

Jeder geht stur seinen Weg, im Verkehr wie überhaupt im öffentlichen Alltag, keiner geht auf den anderen ein. Jeder ist eine Insel für sich.

Es ist wohl kein Zufall, daß Yoga, das ist der Weg zur Erlösung vom Ich und zur Einheit mit allem, sich gerade in Indien entwickelt hat.

Wenn ich morgens und abends im Tonga, der zweirädrigen Pferdekutsche, die Brücke über den Chandrabhagafluß quere, rechne ich regelmäßig eine längere Wartezeit ein, die durch einen vorhersehbaren Verkehrsinfarkt erzwungen wird. Kaum jemand bleibt auf seiner Seite, und fast jeder besetzt mit seinem Fahrzeug sofort, wie einem inneren Drang folgend, jeden freien Platz auf der Gegenfahrbahn, selbst wenn keine Chance zum Überholen besteht, und deshalb sind in den Stoßzeiten binnen kurzem Droschken, Lastwagen, Omnibusse, Taxis und Radfahrer so ineinander verkeilt, daß der Verkehrsfluß auf der Brücke erlahmt. Das ist ein absurdes Schauspiel, das die Verkehrsteilnehmer von Rishikesh täglich zweimal auf der Brücke aufführen, und sie begreifen nicht die Moral ihrer Tragikomödie: daß, wer keine Rücksicht auf die anderen nimmt, sich ins eigene Fleisch schneidet.

Das gleiche Drama geht auf dem Bahnhof von Rishikesh in Szene. Vorstellungsbeginn ist täglich jeweils um etwa 6 Uhr, 10 Uhr, 14 Uhr und 19 Uhr, wenn ein überfüllter Zug aus Hardwar eintrifft und auf dem Bahnsteig schon die abreisenden Massen der Wallfahrer und Sadhus warten. Kaum erblicken die Einsteigenden einen Aussteigenden, wird er mit vereinten Kräften zurückgeschlagen. Zuerst einsteigen, dann aussteigen, lautet der Schlachtruf. Die abreisenden frommen Pilger und heiligen Männer Gottes liefern den ankommenden einen Kampf auf Biegen und Brechen, als Yogabewanderte glauben sie nicht an den Grundsatz, daß dort, wo schon einer steht, kein anderer Platz hat. Sieger gibt es in dem rücksichtslosen Getümmel nicht, nur Verlierer, wenn die Bahn mit empfindlicher Verspätung abfaucht, obwohl Plakate auf dem Bahnhof von Rishikesh jedermann einschärfen: „Verspätungen zeugen Frustration!“

Eine vollschlanke Frau legt sich längs über die ganze Sitzbank und füllt fünf Plätze aus, während andere Zugpassagiere stehen müssen oder die Gepäckablagen besetzen. Ein gebrechlicher Blinder tastet sich durch die Korridore der Waggons, niemand bietet ihm seinen Sitz an, nicht einmal einer der Schüler, die zwischen Hardwar und Rishikesh pendeln. Die Dicke rührt sich nicht. Ich schicke mich an, Platz zu machen. Jetzt erwacht in meinem Gegenüber nicht das Mitleid mit dem Blinden, sondern die Scham vor dem Fremdling. Er bedeutet der umfänglichen Dame, ihre Beine etwas einzuziehen, so daß der schmächtige Blinde leicht sein Plätzchen bekommt.

Das Gedränge vor allen Schaltern, sei es auf dem Bahnhof, dem Postamt, der Bank oder einem anderen Office, geht mir auf die Nerven, fast niemand stellt sich hinten an. Wenn man endlich vorne ist, greifen einem noch ein paar Hände über die

Schulter hinweg oder unter der Achsel durch. Die Sadhus sind nicht um eine Spur weniger rücksichtslos als die gewöhnlichen Pilger.

So leicht werde ich mich nicht mehr über Bürokratie in meiner Heimat beklagen, seit ich in Rishikesh auf der Bank Geld umgetauscht und auf dem Postoffice eingeschriebene Drucksachen aufgegeben habe. Das Geldwechseln ist praktisch eine Halbtagsbeschäftigung. Den Bußgang auf das Postamt muß ich leider oft antreten, denn ich schicke jeden meiner Farbfilme, sobald er exponiert ist, sofort an das Entwicklungslaboratorium, um ihn nicht länger, als unbedingt nötig, der feuchten Hitze auszusetzen. Kürzer als eine Stunde dauert die Postprozedur nie, die Schalterbeamten sitzen oder stehen wurstig im Büro herum, sie sind die Könige der Kunden und lassen sich nur von Zeit zu Zeit gnädig herab, ihren Untertanen eine Audienz zu gewähren. Einmal dauert die Aufgabe einer eingeschriebenen Drucksache dreieinhalb (!) Stunden, das ist allerdings nicht in Rishikesh, sondern in Hardwar.

Die zeitraubenden Erlebnisse auf den Ämtern helfen mir, nach und nach in das Geheimnis des ewigen Indien einzudringen. Ein Schlüssel zur Zeitlosigkeit ist die Wiedergeburtslehre, der Glaube, daß die Toten wiedergeboren werden als Götter, Menschen, Tiere oder Pflanzen entsprechend ihren Taten (Karma) im vorausgegangenen Leben.

Die Seele, vom feinstofflichen Körper umkleidet, wandert von Leib zu Leib, unter Umständen durchläuft sie im Zuge ihres Geburtenwechsels die Körper aller 8 Millionen und 400 000 Lebewesen, von denen die heiligen Schriften Indiens sprechen. Vor dem Hindu streckt sich ein endloser Weg hin.

Der Inder hat also unzählige Leben zur Verfügung, Tausende und Millionen Leben, was macht es da, wenn er ein oder zwei oder mehrere Leben auf dem Postamt zubringt. Drängen tun die Leute vor den Schaltern bloß – so könnte man ironischerweise sagen –, damit die Wartezeit noch länger dauert.

Von den 40 000 Einwohnern Rishikeshs sind, grob gesprochen, ein Viertel Mönche, Yogis, Einsiedler und Priester sowie drei Viertel Geschäftsleute, Händler und Handwerker mit Ehefrauen und Kindern.

Hellhäutige, großgewachsene Arier, dunkle, kleine stämmige Ureinwohner sowie mongolische Typen mit vorstehenden Bakkenknochen und schlitzförmigen Lidspalten bevölkern die Stadt, die sich ab 1947 und forciert ab 1966 von einer im Dschungel begrabenen reinen Mönchssiedlung zu einer vom Pilgerbetrieb lebenden lärmigen Geschäftsstadt entwickelt hat, die mehr und mehr ihr spirituelles Gepräge einbüßt.

Ist Rishikesh überhaupt noch der Spielplatz des heiteren Shiva? Oder haben die Kommerzyogis, die auf Wallfahrten eingestellten Krämer, die Militärkonvois und die Fortschrittsingenieure Gott schon vertrieben?

Soldaten halten auf dem von Ashrams gesäumten heiligen Ganges mit ihren ratternden Militärbooten Manöver ab, Rishikesh liegt auf dem Weg nach Tibet und spielt eine strategische Rolle in der Verteidigung der Landesgrenze gegen China.

Und einen knappen Kilometer oberhalb des Lakshman Jhoola wird eine hohe Staumauer errichtet, die das enge Gangestal in naher Zukunft zur Stromerzeugung in einen künstlichen See verwandeln wird. Die Fundamente des Elektrizitätswerkes wachsen bedrohlich aus dem Boden. Die Göttin Ganga, einst auf die Erde herabgebetet zur Sündentilgung, wird im Zeitalter des Fortschrittsglaubens zur Elektrizitätslieferantin.

Noch aber füllen die Gläubigen das Heilwasser der Ganga in Kanistern ab, noch opfern sie der Göttin Blumenköpfe, wenn sie im Fährboot den Strom überqueren, noch rufen sie inbrünstig im Chor: „Heil dir, Mutter Ganga!"

Rishikesh ist eine heilige Stadt. Das merkt man nicht zuletzt an der Art, wie gebettelt wird. Während anderswo in Indien die Schnorrer und Schnurrer einen Fremden auffordern: „Hallo, give money!", beherrschen die Fechtbrüder in Rishikesh das fromme Bettlerlatein. Sie flehen die Touristen und Pilger an: „Hari Om, Bakshish!", in freiem Deutsch: „Grüß Gott, ein Almosen!"

Um die Freigebigkeit der Pilger zu steigern, verkleiden Bettler ihre Kinder beispielsweise als Shiva und Parvati oder als Affengott Hanuman. Die Kleinen sind gekonnt geschminkt und geschmückt nach dem Vorbild irgendeines Buntdruckes, wie er in allen Hütten und Häusern an den Wänden hängt: so der kindliche Gott mit grünem Umhang, einer doppelten Kette aus Rosenholzperlen, zotteligem Haar und einer Brillenschlange als Kopfputz; die kindliche Göttin mit einem blaßlila Sari, einer Kette aus Dukaten um den Hals, einer silbrigen, mit Flitter bestickten

Krone aus Pappe auf dem Haupt und einer Trommel in der Hand; der kleine Hanuman hat das Gesicht mit Ofenruß geschwärzt und mit Watte eingerahmt, den ganzen Körper einschließlich dem Haar geweißt und ist mit einem langen Schwanz aus umwickeltem Draht ausgestattet; sie alle säumen den Weg. Die entzückenden göttlichen Gestalten aus Fleisch und Blut versetzen die Pilger und Passanten in Spendierlaune.

Ein Gutteil der Swamis, Sadhus und Sannyasis hat nichts verloren in den Kapiteln über die Ashrams oder die Einsiedler, sondern gehört in die Rubrik „Bettler“. Ich spreche von der Unzahl arbeitsscheuer Faulenzer, die die Mönchskutte anziehen oder sich als Asketen maskieren, um nicht zu ihrem Lebensunterhalt bei 45 Grad im Schatten Straßen teeren, Steine klopfen oder Felder pflügen zu müssen wie ihre Landsleute. Die Kavikutte des Beters und der Lendenschurz des Büßers verleihen den Trägern hohes Ansehen unter den frommen und gläubigen Pilgern. Deren Spendenregen begießt sie reichlicher als die gewöhnlichen Bettler und Landstreicher. Die Mönche, selbst wenn ihr Orangegelb nur eine Tarnfarbe ist, bekommen zudem ohne Geld Essen und Quartier und können ohne Fahrkarte die Eisenbahn benützen.

Adi aus Graz, er ist verheiratet mit einer Brasilianerin und hat seinen zweieinhalb Monate alten, in Indien geborenen Sohn nach dem großen Mogul und Erbauer des Taj Mahal „Shahjahan“ benannt, ist seit einem Jahr aus Österreich weg und hat schon einige Erfahrung mit Himalajayogis. Er meint, die meisten Sadhus seien nur deshalb Mönche, weil das in Indien die bequemste und billigste Art zu leben sei. „Die Sadhus leben, um die Begriffe des bekannten Analytikers Erich Fromm zu verwenden, in der Existenzform des Habens, nicht in der des Seins“, erklärt Adi. „Sie hängen an ihrem Feuerzeug wie ein westlicher Geschäftsmann an seiner Jacht.“

Jenseits des Lakshman Jhoola zieht der tägliche Pilgerstrom an dem Fakir Kante Wala Baba vorbei. Vor fünf Jahren schon lag er auf seinem Nagelbett und schwieg, und heute liegt er auf seinem Nagelbett und schweigt, als ob seit meinem ersten Besuch in Rishikesh nicht zweitausendeinundfünfzig Tage, sondern höchstens ein paar Stunden verstrichen wären. Kante Wala Baba lebt davon, daß ihn die vorbeiziehenden Pilger bewundern und mit ein paar Paisas beschenken. Er hat am

15. Juli 1973 für zwölf Jahre ein Schweigegelübde abgelegt, der Stumme auf den Stacheln kann also noch bis zum 15. Juli 1985 besichtigt werden, so Gott will. Bei näherem Hinsehen entpuppt sich der Fakir als Schmarotzer im Asketenlook, als cleverer Bettler. Obwohl er, wie er auf einer Anschlagtafel proklamiert, das zwölfjährige Schweigegelübde abgelegt hat, ertappe ich ihn mehrmals, wie er, wenn er sich unbeobachtet glaubt, sein Schweigen bricht und sich mit Vertrauten unterhält. Und Piero, der Sardinier mit der gelben Blume im Haar, erzählt mir, daß er, als sich der Fakir einmal kurz wegbegeben hatte, dessen Stachelliege getestet habe. Der Italiener versichert, daß es sich gar nicht so unbequem auf den Dornen liege, sie seien an den entscheidenden Stellen, wo das Körpergewicht drückt, abgestumpft. Einer der speziellen Freunde des Fakirs stürzte sofort herbei, um Piero zu verjagen, der sich unterstanden hatte, das Martyrium Kante Wala Babas zu entzaubern. Das religiöse Bettelhandwerk des Pseudodulders ist außerordentlich einträglich, vor fünf Jahren war er noch ein armer Hund, der unter einer Plane schlief, heute ist er, wie meine Recherchen ergeben, Besitzer einer abseits gelegenen stattlichen Hütte, zu der er mir den Zutritt verwehrt, die aber von außen den Eindruck von Wohlhabenheit vermittelt. Es ist bei meinem Besuch gerade ein Dachdecker am Werk, der Herr Bettler braucht sich bei Reparaturarbeiten also nicht selber die Hände schmutzig zu machen. Sicher führt er ein bequemeres Dasein als die meisten der Pilger, auf deren Kosten er lebt.

Die Parasiten in der Mönchskutte oder im Lendenschurz bekommen vielfach Kost und Logis in Ashrams. Einen, der mir zum erstenmal auffiel, als er mit meinen Töchtern Fühlung nehmen wollte, nehme ich später genauer unter die Lupe. Er ist einer jener Einsiedlermönche, die Maharishi Mahesh Yogi in seinem Ashram unter die Fittiche genommen hat. Der Maharishi hat auf seinem Ashramgelände 121 Häuschen für Sannyasis gebaut, die Mönche sollen durch ihre Meditation und ihr Gebet ein spirituelles Klima schaffen. Wie es mit den anderen 120 steht, weiß ich nicht, aber der eine, den ich beschatte, hat einstweilen keine Zeit zum Meditieren und Beten. Er ist ständig auf der Pirsch und nimmt jedes einigermaßen hübsche Mädchen aufs Korn. Er flaniert an den Ufern des Ganges und hat die Weiblichkeit im Auge, die weißhäutige, braunhäutige und gelbhäutige wie die blondhaarige und schwarzhaarige. Er legt nicht einmal auf die Religionszugehörigkeit Wert.

Wenn einem jener Swamis, die am Gangesufer die Zeit totschlagen, der Mund wäßrig wird, ist das allerdings kein Wunder. Denn was einige der westlichen Yogis und Yoginis im Gangessand und -wasser aufführen, ist in der an sich prüden Atmosphäre von Rishikesh völlig deplaziert. Sie turteln ungeniert und verwechseln das Gangesufer mit dem Strand von St. Tropez. Bekleidet sind sie nur mit dem, was im Club Mediterrané das „Minimum" genannt wird. Eines der Mädchen badet und sonnt sich täglich „oben ohne". Die freizügigen Sitten sind mitschuldig, wenn die Rosenkranzbeter, die auf den Felsen am Gangesufer sitzen, nicht mehr so andächtig sind wie früher.

Es ist kein Geheimnis, daß die durchschnittlichen Mönche, die verstreut in den Hütten wohnen, nur in der Theorie enthaltsam leben. „Sie machen Sex", sagt ein Guide. „Sie haben ihre Girlfriends." Und es ist in Rishikesh schon vorgekommen, daß ein wohlhabender Mann steckbrieflich seine Frau suchte, die mit einem Mönch durchgebrannt war. Für deren Auffindung waren ein paar tausend Rupien ausgesetzt.

Rishikesh ist eine indische Kleinstadt mit allem Drum und Dran, mit den überquellenden Marktständen und -karren an den Straßenrändern und den vollgestopften Läden der Basarstraßen. Wer eine Nähmaschine besitzt, stellt sie ins Freie und bietet Flickdienste an, andere sagen das Glück voraus oder braten Maiskolben oder bieten Edelsteine feil. Natürlich fehlen die Schlangenbeschwörer nicht, die auf ihrer Rohrpfeife blasend eine Kobra tanzen lassen. Das Leben spielt sich auf der Gasse ab.

Was aber Rishikesh von einer x-beliebigen indischen Kleinstadt unterscheidet, sind die vielen Spezialgeschäfte, die Devotionalien und Pilgerutensilien verkaufen. Die Devotionalienhandlungen bieten neben Götterbildern, Rosenkränzen und Öllämpchen Haschischpfeifen in allen Größen an. In den Wallfahrtsläden decken sich die frommen Reisenden aus allen indischen Provinzen mit dem Pilgerbedarf ein, bevor sie nach Kedarnath oder Badrinath oder Gangotri aufbrechen, mit Feldflaschen, Plastikkanistern, groben handgewebten Decken, Konserven, Tee, Minicampingherden, Kerosin, Kochtöpfen und schwarzbemalten Wanderstöcken mit Messingspitzen.

Es gibt Läden, die nichts anderes verkaufen als Pilgerstäbe, wobei freilich nicht verschwiegen werden darf, daß sich die Stöcke ebensogut wie zum heiligen Wandern zum unheiligen Fortjagen der Kühe eignen. Die in großer Zahl durch alle Gassen streunenden heiligen Kühe begnügen sich nämlich nicht immer mit den Abfällen in den Rinnsalen, sie bedienen sich lieber selber an den mit Früchten und Gemüsen reich gedeckten Ladentischen der Händler, die dann zum Pilgerstock greifen und das gefräßige heilige Tier zum Nachbarn treiben. Wer sich keinen Stock leisten kann, jagt die Kuh mit einem Fußtritt weg, obwohl es im Garuda Purana heißt: „Wer eine Kuh mit dem Fuß stößt, wird im nächsten Leben hinkend oder lahmfüßig sein." Es sind in Rishikesh tatsächlich auffallend viele hinkende Menschen zu Hause, Opfer des chaotischen Verkehrs.

Der Gerechtigkeit halber muß ich hinzufügen, daß es in Rishikesh eine Minderheit von Kuhverehrern gibt, die die Tiere nicht schlagen, sondern streicheln. Einem begegne ich, der Kühe zeremoniell mit Chappatis (Fladen) und anderen Menschenspeisen füttert.

Das Stadtbild ist vielfarbig im Gegensatz zu einer durchschnittlichen indischen Kleinstadt, in der Grau und Braun vorherrschen. Die Straßen und Gassen Rishikeshs sind geprägt vom Gelb, Orange und Weiß der Mönche sowie von der Buntscheckigkeit der Pilgertrachten, am leuchtendsten sind jene der Rajasthani: die grellen roten, gelben, grünen oder blauen Turbane der Rajputenmänner und die knalligen langen und reichgerafften Röcke der schmucküberladenen Rajputenfrauen. Wenn wir von den Kühen, Schweinen, Hunden, Schafen, Hühnern, Ziegen, Affen, Büffeln, Maultieren, Pferden, Elefanten, Kamelen und anderen tierischen Straßenbenützern absehen, sind es vor allem die Pilger, die das Stadttreiben beherrschen. Die Dharmshalas (Pilgerheime), Kshetras (Quartiere) und Ashrams bieten Unterkünfte für über 7000 Gäste. In Rishikesh klingen alle Sprachen Indiens. Reine Touristen kommen wenige, die einzigen, denen ich begegnet bin, waren eine Handvoll Japaner mit zünftigen Bergschuhen und Pickeln. Selbst die italienische Reisegruppe mit 140 Personen, die demnächst im Inderlok-Hotel erwartet wird, ist, wie mir der Herbergschef mitteilt, primär an der Begegnung mit Mönchen interessiert.

Während die ansässigen indischen Jugendlichen Rishikeshs

westlich gekleidet sind, mit Vorliebe ziehen sie Polyesterhemden an, manchmal bedruckt mit dem Bild eines Schispringers oder Muhammad Alis als Boxchampion, tragen die jugendlichen europäischen und amerikanischen Yogis und Yoginis gerne malerische Pumphosen, Pyjamas, Nachthemden, Dhotis, Tücher um die Hüften (Longis), Lendenschurze (Langotis), Kurtas (Nehruhemden) und Zigeunerröcke, das Haupt mit bunten Turbanen, Stirnbändern oder Kopftüchern geschmückt.

Rishikesh ist keine Oase der Stille mehr, wenn man nicht gerade im Swiss Cottage oder am Lakshman Jhoola wohnt. Ich wohne mitten in der Stadt, und direkt vor dem Fenster ist ein Sägewerk tätig. Sägewerke gibt es überall, aber was mich stört, ist, daß das Sägewerk von Rishikesh oft die Nacht zum Tag macht. Wenn tagsüber der Strom längere Zeit ausfällt, kreischt die Säge nachts, bis 23 Uhr und zuweilen bis 2 Uhr früh.

Die Illusion, daß in der heiligen Stadt Rishikesh die Menschen mit Engelsflügeln und Lichtkränzen herumlaufen, habe ich rasch verloren, doch wenn nach Mitternacht die Säge auf vollen Touren läuft, bin ich versucht zu fragen: Ist Rishikesh nicht bloß keine himmlische, ist sie gar eine höllische Stadt?

Und vor meinem geistigen Auge taucht die Schreckgestalt der Göttin Kali auf, die wie ein weiblicher Krampus aussieht, züngelnd und nackt. Sie lechzt in unstillbarem Durst nach Blut. Sie hat drei Augen und vier Arme. Zwei Arme segnen, der dritte hält eine Waffe und der vierte den abgeschlagenen Kopf eines Riesen. Kali trägt Ohrringe aus toten Kindern, makabre Halsketten aus Schlangen und Schädeln sowie einen Gürtel aus Dämonenhänden. Die furchterregende Kali, die rasende Göttin der Zerstörungswut, ist die Gemahlin Shivas, des Königs des Himalaja.

Die Göttin scheint mich zu fragen: „Die Säge kreischt nicht nur in deinen Ohren. Du bist aber der einzige, den sie zur Raserei bringt. Warum?“

Warum? Hm.

In meinen Gedanken spielt sich ein Gespräch mit der Göttin ab. Kali sagt zu mir: „Ich bin die Göttin der Zerstörung, das ist der andere Aspekt der Schöpfung. Zerstörung und Schöpfung sind keine Gegensätze. Sie sind eins, im Letzten und Tiefsten untrennbar verbunden. Das kann nur mit dem Herzen, nicht mit den Augen geschaut werden.“

„Im inneren Nachdenken", fährt Kali fort, „entschleiert sich die Einheit von Himmel und Erde, von Seele und Leib, von Tag und Nacht, von Leben und Tod, von Licht und Schatten ..."

„Auch vom Kreuz und der Auferstehung Christi", unterbreche ich. „Ja", antwortet sie.

Ich kann kein Auge zutun und blicke zum Fenster hinaus auf das hellerleuchtete Sägewerk. Ich sehe nicht nur die laut miteinander brüllenden Arbeiter. Neben ihnen liegt eine Frau, die ein Kind in ihren Armen und eines unter ihrem Herzen trägt. Die schwangere Frau scheint im Freien auf dem Platz des Sägewerkes zu wohnen, ich habe sie tagsüber manchmal beobachtet. Jetzt schläft und ruht sie allem Anschein nach friedlich, während ich mich verzweifelt im Bett herumwälze, trotz Ohropax.

Warum? Weil ich mich mit allen meinen Kräften gegen das Negative zur Wehr setze, das zum vollen Leben gehört wie das Positive. Positives und Negatives sind nach hinduistischem Weltbild eine integrale Einheit, ineinander verschlungen wie das Yin und Yang der Chinesen. Wir Humanisten des Westens tun alles, um das Negative aus dem Leben zu verbannen, den Tod zum Beispiel. Wir wollen Rosen ohne Dornen.

Ich erinnere mich, wie nachdenklich ich neulich Zeuge einer alltäglichen Szene der Natur war: Eine Wespe wurde von Ameisen gefressen, die wespentötenden Ameisen wurden von einer Amsel gefressen und die ameisentötende Amsel von einer Katze. Für mich als Christen, der ich von der Göttin Kali nichts weiß und das Bild des alliebenden und unendlich gütigen Gottes im Herzen trage, ist das ein frustrierendes Rätsel. Im Christentum gibt es einen eigenen Zweig der Philosophie bzw. Theologie, die sogenannte Theodizee, zur Rechtfertigung des Übels in der gottgeschaffenen Welt.

Der Hindu weiß, daß Liebe und Haß, Heiligkeit und Verbrechen, Erhabenes und Häßliches usw. die beiden Pole des Lebens sind. Deshalb und nicht aus Apathie läßt er alles gelten und existieren: den Asketen wie den Transvestiten (Hijra), den Sanftmütigen wie den Tobsüchtigen, das Genie wie den Idioten.

Jeden Tag begegne ich x-mal in der Bahnhofstraße einem Verrückten, er schreitet tags und nachts würdevoll wie ein König einher und zieht hinter sich eine schätzungsweise fünf Meter lange Schleppe aus Sackleinen nach. Die Schleppe aus den zusammengeknoteten alten Säcken ist vollgesogen mit allem Straßenkot. Vor meinem Fenster auf dem Holzablageplatz des Sägewerkes sammelt er Holzsplitter und -späne, mit denen er in der Railwaystation Road kleine Feuer entzündet. Er schwitzt wie ein Wohlstandsbürger in der Sauna. Einmal am Tag zieht er sich auf offener Straße splitternackt aus und stellt sich unter den Wasserstrahl eines Brunnens. Was das alles zu bedeuten hat, ob er sich als der Maharadscha von Jaipur oder als Held einer Göttersage fühlt, weiß ich nicht. Eines aber weiß ich: Nie tritt ein Kind boshaft auf seine vor Dreck starre und steife Schleppe, nie rollt ein übermütiger Jugendlicher mit seinem Fahrrad darüber, wenn er gravitätisch dahinstelzt. Dergleichen habe ich nie bemerkt. Sie weichen alle aus ohne den geringsten Spott, die Kleinen und die Großen. Niemandem fiele es ein, den Irren abzusondern. Jeder hat seinen Platz im Leben. In Rishikesh und in Indien gibt es noch das Recht auf Ungleichheit.

Ist nicht vieles, was wir in unserer Gesellschaft und Zivilisation inhuman nennen, menschlich, und was wir human nennen, unmenschlich?

Plötzlich verstehe ich Medard Boss, den Schweizer Seelenarzt und -forscher, der lange in Indien weilte und als Psychiater das Leben des Landes studierte. Boss spricht davon, daß er „Heimweh nach der Menschlichkeit des indischen Lebens" habe. Seine Begründung: „Ein kultureller Tatbestand, dem der Westen kaum etwas Gleichwertiges an seelischer Heilsamkeit zur Seite stellen kann, scheint mir die uralte hinduistische Lehre zu sein, die keiner einzigen menschlichen Regung ihr Lebensrecht abspricht." Alles Verhalten jedes Menschen wurzelt für den Inder letztlich in einem göttlichen Grund.

Die Erfüllung des Lebens und die Ganzwerdung des Menschen setze voraus, daß nichts Menschliches zerstört, verdammt oder vernachlässigt werde. Das sei die zu beherzigende Botschaft Indiens, meint der Tiefenpsychologe.

Verschwunden ist das Nachtgespenst der Kali. Mein Widerstand gegen das Unvermeidliche erlahmt. Ich werde eins mit dem Kreischen der Säge, das um 2 Uhr früh schließlich verstummt. Doch um 4 Uhr beginnt die von Lautsprechern übertragene Gebetsmusik eines Tempels. Das Kreischen der Säge und der Klang der Hymnen sind, das begreife ich jetzt (fast), zwei Aspekte ein und derselben Musik, der Symphonie Rishikeshs.

Geschichte ist ein Kegelspiel

Das heilige Land der Inder, der Garten Eden, beginnt in Rishikesh und endet beim Götterthron Mount Kailas jenseits der Grenze in Tibet.

Laut hinduistischer Mythologie war die heiligste Region Indiens schon in fernster Vergangenheit Schauplatz welt- und himmelbewegender Ereignisse.

Brahma, der Gottvater aller Wesen, schickte vorzeiten die Sintflut zur Zerstörung der Schöpfung. Dem Weisen Manu aber, dem Lenker der Menschen, der durch Kasteiungen gewaltige Verdienste erworben hatte, riet Brahma, sich eine Arche zu bauen, um dem Weltuntergang zu entgehen. Unter Blitz und Donner peitschte ununterbrochen der Regen aus dunklen Wolken, Jahr um Jahr, so daß die Flut die Täler und Berge des Erdenrundes überschwemmte. Alles ging in den tosenden Wogen unter, ausgenommen die Arche Manus, die auf den gischtenden Wassern und Wellen trieb. Nach jahrelanger Fahrt in seiner Wasserfestung lichteten sich endlich die Nebel, und Manu sichtete einen Berggipfel des Himalaja, an dem er sein Schiff vertäute. Nach und nach ging die Flut zurück, so daß der unversehrt Überlebende aussteigen konnte. Bei der Neuschöpfung der Welt durch Brahma zeugte Manu im Auftrag des Weltbaumeisters das neue Menschengeschlecht. Die Stelle, an der der Vater der Menschenrasse nach der Sintflut gelandet war und sein Schöpferwerk vollbracht hatte, soll einer Legende gemäß ein Gipfel in Badrinath gewesen sein. Badrinath ist bekanntlich eines der drei großen Wallfahrtsziele, das die Pilger von Rishikesh aus besuchen, die zwei anderen sind Kedarnath und Gangotri.

Der Gangesfluß ist der religiöse Gnadenstrom und die kulturelle wie ökonomische Lebensader Indiens. Einst floß der Ganges, der für die Inder die Göttin Ganga ist, im Himmel, und die Menschen mühten sich, zu ihrer Rettung den Himmelsfluß auf die Erde zu lenken. Doch es gelang ihnen nicht, die Ganga vom Himmel zu holen. Erst der sagenhafte König Bhagirath besann sich, daß die Götter durch Kasteiung zu Zugeständnissen gezwungen werden konnten. So nötigte er durch strengste Askese den Gott der Götter, die Ganga auf die Erde zu senden. Wohin? Natürlich in das Paradies Indiens, in das heilige Land zwischen Rishikesh und Kailas. Widerwillig ließ sich die Ganga mit aller Schwere fallen, so daß der vom Himmel stürzende göttliche Fluß die Erde vernichtet hätte, wäre nicht Gott Shiva gewesen, der den heftigen Wasserfall in seinem verfilzten Haar auffing. So entspringt der Ganges also aus der Haarkrone Shivas, behaupten die Shivaanhänger. Die Vishnuanhänger jedoch bestehen darauf, daß der Ganges aus der rechten großen Zehe Vishnus sprudelt. In jedem Fall ist die Gangesquelle, Gangotri, das Traumziel aller frommen Inder. Rishikesh ist der Ausgangspunkt der Pilgerroute zum Gangesursprung.

Die Himmelstochter Ganga bahnte sich einen Weg, das Land segnend. Sie wollte aber um jeden Preis die ruhmvollen sieben Rishis – Indiens Urlehrer Vishwamitra (den wir kennen als den Vater der liebreizenden Shakuntala), Jamadagni, Bharadwaj, Goutama, Atri, Vashishta und Kashyap – kennenlernen und deren Füße berühren. Darum spaltete sich die neugierige Flußgöttin in sieben Arme auf, und jeder Arm floß an der Hütte eines Rishis vorbei. Nach einer anderen Version zerspaltete sie sich, um die sieben großen Rishis bei ihrer Meditation nicht zu stören. Jener Ort heißt heute noch Saptarishi (Sieben Rishis) und liegt etwa 18 Kilometer von Rishikesh entfernt, flußabwärts, dort, wo der Ganges sich vor Hardwar von den Himalajahügeln verabschiedet und seinen befruchtenden Lauf durch die Ebenen Indiens antritt.

Im lieblichen Hain von Saptarishi leben heute ein Dutzend Einsiedler in sehr primitiven Strohhütten, einer haust auf einem Baum, sie alle führen unberührt vom modernen Meditationsrummel das unverfälschte Leben der alten Rishis. Hier sind Jahrtausende spurlos vorübergegangen.

Saptarishi liegt nicht ganz 20 Kilometer unterhalb von Rishikesh, 20 Kilometer oberhalb von Rishikesh liegt eine Höhle, die nach einem der genannten sieben großen Rishis „Vashishta-Gufa“ (Gufa = Höhle) heißt. Die Höhle, in der der Rishi Vashishta angeblich die Erleuchtung erlangt hat, liegt in einer unsagbar friedvollen Umgebung an der Brust der Mutter Ganga. Ein freundlicher Mönch des dazugehörigen Ashrams öffnet mir die versperrte, knarrende Tür. Es ist stockfinster. Im Licht einer entzündeten Petroleumlampe erweist sich die Höhle als außerordentlich hoch und tief. In früheren Zeiten soll sie noch viel weiter in den Berg eingedrungen sein, sagt man, keiner soll ihren Schlund je ergründet haben. Ein gemauertes Podium dient heutigentags zur Meditation, ein winziges Dochtflämmchen brennt ewig vor einer Shivastatue und einem mit frischen weißen Blumen geschmückten Lingam (Phallussymbol). In dieser zum Gebet, zur Sammlung und Stille wie geschaffenen Atmosphäre ist also in grauer Vorzeit Vashishta, nach Swami Krishnananda der unvergleichlich größte aller Rishis, von Gott überwältigt worden.

Der offizielle Name der indischen Republik lautet „Bharatavarsha". Bharata, dem zu Ehren die Inder ihr Land benennen, war der legendäre Stammvater eines Königsgeschlechtes, das in mythischer Vorzeit viele Jahrhunderte lang über alle indischen Völker herrschte. Die Bharatas werden schon im Rigveda, der ältesten Schrift Indiens, erwähnt. Bharata war aber niemand anderer als der Sohn der Shakuntala und des Königs Dushyanta. Wir erinnern uns: Der Liebe des Rishis Vishwamitra und der Paradiesnymphe Menaka entsproß Shakuntala, jene weibliche Idealfigur, die Goethe zu den Zeilen hinriß:

„Will ich die Blumen des frühen, die Früchte des späteren Jahres,
Will ich, was reizt und entzückt, will ich, was sättigt und nährt,
Will ich den Himmel, die Erde mit Einem Namen begreifen,
Nenn ich, Shakuntala, dich, und so ist alles gesagt."

Wo Shakuntala mit den Waldvögeln aufwuchs und schließlich mit König Dushyanta nach Gandharvasitte vermählt wurde – der Sohn von beiden war der künftige Herrscher Indiens: Bharat –, das war der Sage nach bei Nandprayag im Hinterland von Rishikesh auf dem Pilgerpfad nach Badrinath.

Bei Badrinath, genauer: in Mana, dem letzten indischen Dorf an der Grenze zu Tibet, kann eine Höhle besichtigt werden, die nach Vyas benannt ist. Vyas ist jener Weise, der nach indischer Überlieferung die Veden, das älteste Schrifttum Indiens, zusammengestellt hat. Nach moderner westlicher Forschung entstanden die Veden im 2. Jahrtausend vor Christus. In der Nähe der Vyas-Gufa befindet sich ein Felsen, der die Inder an die aufeinandergestapelten Manuskriptaufzeichnungen des Weisen erinnert, daher nennen sie ihn Vyas Pustaka.

Die Veden bilden bekanntlich den Kern des Hinduismus. Swami Krishnananda, der größte Gelehrte von Rishikesh, erklärt mir: „Wir sagen nicht, daß Vyas die Veden ‚geschrieben' hat. Die Veden sind keine geschriebenen Bücher, sondern geoffenbarte Bücher (Sruti). Die Rishis haben die Inspiration in der Meditation empfangen, ihre Aussagen wurden von dem Weisen Vyas, der in Badrinath gelebt hat, gesammelt, geordnet und herausgegeben."

Gemäß dem indischen Volksglauben ist Rama, die siebte Herabkunft des Gottes Vishnu auf der Erde, mit seinen drei Brüdern Bharat, Lakshman und Shatrughan auf einer Wallfahrt nach Rishikesh gekommen. Zur Erinnerung an diese Wallfahrt, die in der vor dem 9. Jahrhundert nach Christus entstandenen volkstümlichen heiligen Schrift Yoga-Vashishta, einem Anhängsel des Ramayana, erwähnt ist, wurden in Rishikesh vier Tempel erbaut, jedem der Brüder ist einer geweiht. Der älteste, der in die vedischen Zeiten zurückreichen soll, ist der berühmte Bharat Mandir, in dessen Schatten die Stadt Rishikesh gewachsen ist. Der Rama geweihte Tempel liegt beim Triveni Ghat am Ende der Basarstraße und heißt Raghunath-Tempel, in dem angeschlossenen Wasserbecken, Rishi Kund, soll der Gottheld gebadet haben. Der zu Ehren Lakshmans errichtete Tempel ist in der Nähe des Lakshman Jhoola zu finden; dort hat ja Lakshman angeblich jahrelang Buße getan, um die Tötung eines Brahmanensprosses, Meghanad (Indrajit), in der Schlacht gegen den Dämonenkönig Ravana zu sühnen. Der dem jüngsten Ramabruder Shatrughan gewidmete Tempel befindet sich in Muni-ki-Reti gleich neben dem Sivananda Ashram und der Bootsanlegestelle.

*

Uttarakhand, die heiligste Himalajaregion mit Rishikesh als Pförtner, war schon lange vor der Ankunft der vedischen Arier, die gewöhnlich als Beginn der geschichtlichen Zeit in Indien gilt, besiedelt. Die Ureinwohner des heiligen Landes Indien in vorgeschichtlicher Zeit waren die Doms. Ihre Nachfahren heute gehören der untersten Kaste an, arbeiten als Zimmerleute, Landarbeiter, Maurer oder Grobschmiede und leben abseits der Dörfer in Gettos, Domanas genannt.

Die Doms, die verwandt zu sein scheinen mit den Zigeunern des Hindukush in Ostafghanistan, sind möglicherweise vor vielen Jahrtausenden in Uttarakhand eingewandert. Die Hurkiyas, ein Zweig der Doms, waren ein Völkchen der Tänzer und Sänger. Die Frauen und Mädchen tanzten, und die Männer spielten die Musikinstrumente, zuerst wohl zur Verehrung der Götter, später zur Unterhaltung der Menschen. Die Hurkiyas waren einstmals, ihren Überlieferungen zufolge, die Trommler des großen Gottes, als sich Shiva im Himalaja niederließ, und wenn heutzutage die Täler widerhallen vom Getöse der Lawinen und vom Donner der Gewitter, glauben die Hurkiyas, daß ihre Ahnen die Trommeln schlagen, um Gott zu besänftigen.

Die ersten Fremdstämme, die in Uttarakhand einwanderten, waren die Kirats und Nagas, die sich aber der Lebensart der Doms, der Urbevölkerung, anpaßten.

Die Uttarakhandfrauen galten als besonders keß und freizügig. Sogar die nach und nach einströmenden Arier, die selber lockere Sitten hatten, entrüsteten sich über das mit Salben parfümierte Weibervolk, das unbekleidet in der Öffentlichkeit sang, tanzte und trank. Bis in die Gegenwart sind Hurkiyafrauen, zuweilen Badini genannt, Unterhaltungsdamen, die für Geburtstags- und Hochzeitsfeiern oder andere Festivitäten engagiert werden. In der Kolonialzeit stellten sie Prostituierte, die von britischen Soldaten besucht wurden.

Die ansässigen Stämme ordneten sich den eindringenden Ariern unter. Frühere europäische Geschichtsforscher, zum Beispiel die Professoren Benfey und Weber, vertraten die Ansicht, daß die Arier über Uttarakhand nach Indien eingewandert wären. Heute nehmen die Historiker jedoch an, daß die arischen Eroberer, ein streitbares Hirtenvolk der indogermanischen Rasse, in der Mitte des zweiten Jahrtausends vor Christus in mehreren Wellen ihren Weg über den Punjab an der Nordwestgrenze Indiens genommen haben, ausgerüstet mit zweirädrigen Kampfwagen, von Pferden gezogen, und Bronzeschwertern. Vermutlich sind die Arier erst ab 1000 vor Christus allmählich durch dichtesten Urwald ostwärts in das Gangestal und nach Uttarakhand vorgedrungen. Freilich ist es keineswegs ausgeschlossen, daß Vortrupps der Arier in vedischen Zeiten über Tibet nach Uttarakhand gekommen sind.

Die in Uttarakhand eindringenden Arier brachten ihre eigenen Tanzgirls mit, die in zwei Klassen geteilt waren. Die Tänzerinnen waren Eigentum der Tempel. Die oberste Klasse waren die Devadasis, die Sklavinnen der Götter, verheiratet mit Vishnu oder Shiva, deren Zeichen ihnen auf den makellosen Leib tätowiert wurde. Nur die hübschesten Mädchen und die Töchter der reichsten Familien wurden zu Devadasis erwählt, die vor dem Heiligtum zu tanzen pflegten. Die unterste Klasse waren die Brahmdasis, die Sklavinnen der Priester, die zur Unterhaltung der Tempelfunktionäre und Kultdiener tanzten und die sexuellen Bedürfnisse der Priester und der (zahlungskräftigen) Pilger stillten. Die religiöse Institution der Devadasis und Brahmdasis erlosch in Uttarakhand erst im späten 19. bzw. frühen 20. Jahrhundert.

*

Die Inder sind kein geschichtsbewußtes Volk im Sinne der Historiographie. Jahreszahlen, hat einmal ein Historiker gesagt, sind in Indien wie Kegel, die zum Umwerfen aufgestellt werden. Die Geschichtsforscher sind bei Datierungen in Indien auf abenteuerliche Schätzungen angewiesen.

Der tiefste Grund, warum das Hier und Heute für die Inder aller Zeiten mehr oder weniger belanglos ist: das Leben wird nach hinduistischer Kosmographie als ein Kreislauf angesehen. „Der Ursprung ist das Ende, und das Ende ist der Ursprung", läßt Rabindranath Tagore, Indiens Goethe, einen Wandermönch sagen.

Es gibt vier Weltzeitalter (Kritayuga, Tretayuga, Dwaparayuga und Kaliyuga), die sich in ewigem Reigen wiederholen. Unaufhörlich dreht sich das Karussell. Wenn sich jedoch der Zyklus der vier Weltzeitalter eintausendmal wiederholt hat, löst sich das Universum auf. Doch der Weltuntergang – wir haben zu Beginn dieses Kapitels mit dem Menschenvater Manu einen Weltuntergang erlebt – ist keineswegs das Ende schlechthin, sondern ein neuer Anfang mit der Wiederkehr der vier Weltzeitalter. Die periodischen Weltzerstörungen münden jeweils in neue Weltschöpfungen. Unausdenkbar lang ist die Periode zwischen der Schöpfung und der Vernichtung einer Welt, sie umspannt einen Tag Brahmas oder 4 320 000 000 Menschenjahre.

Wenn Brahma allmorgendlich erwacht, entsteht die Welt neu, wenn Brahma allabendlich in Schlaf sinkt, löst sich die Welt auf. Nie endet der Weltprozeß.

Wen nimmt es also wunder, daß ich in Rishikesh keinen einzigen Menschen finde, der sich für Geschichte interessiert. Wenn ich den gelehrten Swami Krishnananda frage, wann sich dieses oder jenes Ereignis in Rishikesh zugetragen haben könnte, antwortet er stereotyp: „Die Zeit spielt keine Rolle", oder: „Vor tausend oder zehntausend Jahren." Es ist bezeichnend für das fehlende Geschichtsbewußtsein, daß die größte Bibliothek Rishikeshs, jene des Sivananda Ashrams, keine historische Abteilung oder Unterabteilung besitzt. Das Stichwort Geschichte kennt die Bibliothek nicht.

*

Auf der Suche nach jemandem, der mir irgendwelche historischen Anhaltspunkte geben kann, werde ich auf Mahant Shri Ashok Prapanna verwiesen, den Eigentümer des Bharat Mandir. Das ist ein distinguierter Gentleman, mit drei kostbaren Ringen an den Fingern und dem blütenweißesten Hemd, das ich in Indien je gesehen habe.

„Mahantji ist der ‚König von Rishikesh'", sagt mir der gelehrte Swami, zu dem mich der Tempeleigentümer führt. „Das ist keine Schmeichelei", fügt der Tempelswami hinzu, „ihm gehört das Land weit und breit. Wenn er den Ganges stoppen wollte, er könnte es." Das will ich eigentlich im Moment nicht wissen, aber der drahtige Mönchsgelehrte gibt mir auch das einzige einigermaßen hieb- und stichfeste historische Datum in der alten Geschichte von Rishikesh preis.

Im Bharat Mandir haben Archäologen eine verwitterte, in den Stein gravierte sanskritische Inschrift entdeckt und entziffert. Die Inschrift verrät, daß der Tempel, der fraglos das älteste Bauwerk in Rishikesh ist, von Shankaracharya, dem wohl bedeutendsten Philosophen des Hinduismus, renoviert worden sei. Shankara lebte, wie angenommen wird, Ende des 8. Jahrhunderts, Anfang des 9. Jahrhunderts. Das hieße, daß die Wiederherstellung des Tempels, der damals wohl mehr oder weniger eine Ruine gewesen ist, in die Zeit um 800 nach Christus fällt. Shankara, der große Weise und Heilige, dürfte, nachdem er bei Badrinath das Kloster Jyotirmath errichtet hatte, auf dem Weg zurück nach Rishikesh gekommen sein. In Rishikesh, vermutet der Swami, fand Shankara den verfallenen Tempel vor, er behob dessen Schäden und stellte die von den Buddhisten in den Ganges geworfene Vishnu-(Bharat-)Statue in das Gotteshaus zurück.

Warum der Tempel verfallen war, den Shankara wiederaufgebaut hat, ist ungeklärt. „Entweder hatte ihn einfach der Zahn der Zeit angenagt – Natur und Klima können ja zerstörerische Waffen sein –, oder die im Rückgang begriffenen Buddhisten hatten ihn verlassen und aufgegeben", mutmaßt der Swami vom Bharat Mandir. „Die dritte Möglichkeit ist, daß erste mohammedanische Eindringlinge den Tempel von Rishikesh zerstört hatten."

Wann wurde der Tempel erbaut? „Wahrscheinlich in vedischen Zeiten", meint der Mönch. „Es ist anzunehmen, daß die Rishis, die in den dichten Wäldern meditierten, den Bharat Mandir errichtet haben, um Opfer darzubringen."

Der Swami erkundigt sich sachverständig nach der Lichtstärke meiner Kameraobjektive, um sich zu vergewissern, daß sie für Innenaufnahmen im Tempel geeignet seien. „Sicher ist jedoch nur", fährt der Tempelswami fort, „daß der Bharat Mandir vor dem 2. Jahrhundert nach Christus erbaut wurde. Denn als sich vom 2. bis zum 7. Jahrhundert die buddhistische Zivilisation in unserer Region ausbreitete, nahmen die Buddhisten den Bharat Mandir in Rishikesh in ihre Dienste. Zeugnis davon geben noch erhaltene buddhistische Statuen. Um 800 jedoch kam, wie gesagt, Shankara, der große Reformator des Hinduismus und Besieger des Buddhismus in Indien, hierher, ließ die buddhistischen Statuen entfernen und den zerbröckelnden Bharattempel restaurieren." Der Mahant des Tempels gewährt mir Einsicht in verschiedene archäologische und kunstgeschichtliche Gutachten, die er erstellen ließ.

„Es ist falsch", erklärte der gebildete Mönch, während wir den Tempel besichtigen, „den Bharat Mandir mit dem Bruder Ramas namens Bharat in Verbindung zu bringen. Die ganze Geschichte mit Rama und seinen Brüdern, die in Rishikesh Entsagung geübt haben sollen, ist nichts als eine fromme Legende. Bharat ist in unserem Fall einer der Namen von Gott Vishnu, dem der Tempel geweiht ist."

Was bedeutet der Name Rishikesh? So wahr es ist, daß Rishikesh seit Menschengedenken ein Lieblingsplatz der Rishis (Propheten) ist, so irrig ist es, sofern die Gelehrten recht haben, daß sich der Name der Stadt von dem Wort Rishi ableitet. Der Swami vom Bharat Mandir und andere lokale gelehrte Mönche und Pandits in den Ashrams behaupten, daß der Name Rishikesh auf „Hrishikesh" zurückzuführen sei.

Hrishik-esh heißt „Meister der Sinne".

Worauf bezieht sich das „Meister der Sinne"? Es gibt zwei Deutungen, die sich aber beide um einen Rishi namens Raibhya (auch Rybhia oder Raivya geschrieben) drehen, der im Kritayuga (Vollkommenes Weltzeitalter) hier gottergeben gelebt haben soll.

Von ihm ist im größten indischen Epos Mahabharata die Rede: „Lomasha sagte, o Sohn des Pandu. Dort ist die wundervolle Einsiedelei von Raibhya zu sehen. An demselben Platz kam der Weise Yavakrita, der Sohn des Bharadwaj, um."

Jener Weise Raibhya büßte und betete also zehntausend Jahre in seiner Einsiedelei am Ganges und lebte nur von Luft. Das gefiel Gott so, daß ihm Lord Vishnu unter dem Namen „Hrishikesh" (Meister der Sinne) erschien. Nach einer anderen Tradition verlieh Vishnu dem weisen Raibhya, dessen entsagungsvolles Leben würdigend, den Namen „Hrishikesh". Seither heißt der Ort, der früher „Raibhyashrama" (= Siedlung des Raibhya) genannt wurde, Rishikesh.

Ein anderer alter Name Rishikeshs war „Kubjamraka Kshetra" (= Ort des gebeugten Mangobaumes). Es wird nämlich im Kedarkhanda des Skandapuranas überliefert, daß in jener Zeit Gott Vishnu, erfreut über die Ergebenheit Raibhyas, dem Weisen auf dem Ast eines Mangobaumes erschien, der unter dem göttlichen Gewicht niedergedrückt wurde. Der sich dem Rishi Raibhya offenbarende Vishnu erklärte sich bereit, seinem Verehrer eine Gunst zu gewähren. Raibhya wünschte sich nichts anderes, als daß Vishnu und seine Gattin diesen Ort in alle Ewigkeit durch ihre Gegenwart segnen möchten. Der Gott erhörte sein Gebet: „Raibhya, solange es Menschen gibt, werde ich an dem Ort deiner Sinnenmeisterung, der als Hrishikesh berühmt werden wird, mit meiner Gemahlin Lakshmi leben."

Als Sitz Vishnus (Bharatas) ist Rishikesh der ideale Ort für die Meisterung der Sinne, für die Vervollkommnung. Rishikesh ist nach einer volkstümlichen heiligen Schrift „frei von den Fesseln der Welt“. Vyas, dem die Veden zugeschrieben werden, hat daher gelehrt, daß jemand, der unfähig ist, nach Badrinath zu pilgern, im selben Maße göttliche Gnaden gewinnen kann, wenn er am Tage der Eröffnung des Badrinathtempels 108mal den Bharat Mandir in Rishikesh betend umschreitet.

Wann Raibhya gelebt hat, sollte man lieber nicht fragen. Man sollte sich damit zufriedengeben, daß er im Vollkommenen Weltzeitalter gelebt hat. Meine Fragerei unter den Fachleuten und Gelehrten führte zu dem Ergebnis, daß Raibhya nach einer Version „vor zirka drei Millionen Jahren“ und nach einer anderen Version „um Christi Geburt“ gelebt habe.

Neben Raibhya hat im Vollkommenen Weltzeitalter der heilige Yogi Somesvara im heutigen Rishikesh die Gunst Gottes erworben. Somesvara: Tausend Jahre stand er auf einem Bein, die Hände zum Himmel erhoben, und tausend Jahre streckte er seine Beine aufwärts, alle Unbilden der Witterung ertragend. Zur Belohnung enthüllte ihm Vishnu die Herrlichkeit Gottes. Seither besteht der Glaube, daß dem, der in Rishikesh lebt und Buße tut, alle Wünsche in dieser und in jener Welt erfüllt werden.

Bevor Rishikesh „Kubjamraka Kshetra“ und „Raibhyashrama“ hieß, trug es der Legende nach den Namen „Tapobhumi“ (= Platz der Askese). Im Varaha Purana erfahren wir, daß sich vorzeiten der Brahmane Devadatta den einsamen und schönen Platz für seine Bußübungen ausgesucht hatte. Der vedische Gott Indra beschloß, dessen Standhaftigkeit durch eine tanzende Himmelsfee namens Pramloka zu prüfen, die den Asketen kraft ihrer Schönheit und Jugend umgarnen sollte. Sie brachte ihn durch ihre Reize zu Fall und kehrte, nachdem sie ihm eine Tochter Ruru geschenkt hatte, an den Hof Indras, des Königs der Götter, zurück. Ruru wurde, nachdem sie herangewachsen war, zur strengsten Asketin im Lande, die ihre Launen und Leidenschaften völlig abtötete und die Vollkommenheit erlangte. Daher erschien Shiva vor ihr und tat kund: „Ich bin entzückt von deiner Entsagung. Deine Gottesliebe ist von Erfolg gekrönt. Gesegnet ist dein Leben. Sage mir, was du wünschest, und ich werde dir alle Bitten erfüllen.“

Ruru warf sich zu Boden und berührte Shivas Füße: „O Gott der Götter, ich bin eine Büßerin und habe keinerlei Wünsche.“

Shiva erwiderte: „Selbst wenn du nichts für dich ersehnst, so erbitte irgend etwas für die Menschheit.“

Ruru sagte: „Allmächtiger, es herrscht auf der Erde ein Mangel an Plätzen, die für ein Büßerleben günstig sind. Mache diesen Ort hier für alle Ewigkeit zu einem Platz der Askese (= Tapobhumi) für die Heiligen der Zukunft.“ Shiva stimmte zu, und so wurde „Tapobhumi“, später unter dem Namen „Raibhyashrama“ und „Kubjamraka Kshetra“ und „Hrishikesh“, das Paradies der Mystiker und Yogis.

*

Vom Halbgeschichtlichen zurück zum Geschichtlichen. Aus der buddhistischen Periode, die in Rishikesh vom 2. bis zum 7. nachchristlichen Jahrhundert dauerte, kennen wir ein schriftliches Dokument eines chinesischen Pilgers, der das heilige Land Indien besucht hat. Hsüan Chang, der berühmte buddhistische „Meister des Gesetzes“ aus dem Reich der Mitte, verlor, vom religiösen Fluidum ergriffen, an den Ufern des oberen Ganges sein Herz. Glückselig küßte er den heiligen Boden und dankte überschwenglich: „Auf dieser Seite des Himalaja, in paradiesischer Bergeinsamkeit, ist es mir vergönnt gewesen, die Berührung von Himmel und Erde zu verspüren und das Geheimnis der transzendentalen Erleuchtung zu verstehen.“ Namentlich erwähnt Hsüan Chang, der von 629 bis 645 nach Christus Indien bereist hat, zu einer Zeit also, in der der Buddhismus schon im Verfall war, in seinem Bericht „Mye-ya-Lo“ (chinesische Bezeichnung). Experten vermuten, daß sich dahinter „Mayapura“ verbirgt, jener historische hochheilige Boden, der von Kankhal bei Hardwar bis nach Lakshman Jhoola in Rishikesh reicht. Hardwar im besonderen dürfte der chinesische Pilger vor Augen gehabt haben, wenn er von einem bevölkerungsreichen, blühenden Zentrum der Hindukultur spricht, das damals Tausende Pilger anzog. Hardwar war zu allen Zeiten als Stadt historisch bedeutsamer als Rishikesh. Alle 12 Jahre findet in Hardwar (= Tor zu Gott) die Kumbhamela statt, bei der jeweils Millionen Pilger aus ganz Indien zum sühnenden Bad in den Ganges tauchen. In Rishikesh und Hardwar ist das Gangeswasser am heiligsten. Der große Kaiser Akbar pflegte sich aus Hardwar Gangeswasser bringen zu lassen, das er zu Hause und auf Reisen trank, berichtet ein Chronist des 16. Jahrhunderts.

*

Das zeitlose Rishikesh erlag nicht dem Wandel und Wechsel der politischen Geschichte.

Rishikesh gehörte zum straff organisierten Großreich der Mauryas (321 bis 185 vor Christus), dem ersten historischen Kaiserreich Indiens, das seinen Höhepunkt unter dem glanzvollen Herrscher Ashoka (272 bis 232 vor Christus) erlebte. Während das Reich mit 600 000 Infanteristen, 30 000 Kavalleristen und 9000 Kampfwagen mit Kriegselefanten blutige Kriege führte, während die Regierung ein Berufsbeamtentum mit strengen Eignungsprüfungen einführte, eine Besoldungsordnung erstellte und sich den Kopf zerbrach, wieviel ein Schauspieler oder eine Prostituierte verdienen sollten, während Megasthenes, der hellenistische Gesandte am Mauryahofe von Pataliputra (heute Patna), in seinen Berichten dem Abendland Einblicke in das Wunderland Indien gab, während sich Ashoka vom genußfreudigen und zornmütigen Weltkind zum buddhistischen Heiligen wandelte, Edikte in Steine ritzen und in seinem Reich Brunnen bauen und Heilpflanzen anbauen ließ, blieb in Rishikesh alles beim alten: Weise und Heilige meditierten.

Rishikesh gehörte zum Reich der Gupta (4. bis 7. Jahrhundert nach Christus). Während das Herrscherhaus mit dem Machtzentrum in Magadha einen der prunkvollsten Höfe des Altertums unterhielt und Wissenschaft, Kunst und Literatur großzügig förderte, die zu üppiger Blüte gelangten – der Dichter Kalidas schrieb damals das uns schon vertraute Schauspiel „Shakuntala“ –, während sich unter den toleranten Guptas das sogenannte goldene oder klassische Zeitalter Indiens mit florierender Musik, Malerei, Architektur, Psychologie, Astronomie und ayurvedischer Medizin entfaltete, während chinesische Mönche und Nonnen als Pilger das teilweise buddhistische Indien besuchten, während das überzüchtete Gesellschaftsleben und der Luxus der oberen Zehntausend schon den Keim des Verfalls in sich trugen und das Kamasutra, das Lehrbuch der Liebestechnik und der Luststeigerung, verfaßt wurde, blieb in Rishikesh alles beim alten: Weise und Heilige meditierten.

Nach 700 begannen in Indien die Einfälle der Mohammedaner, die 1193 Delhi und Benares eroberten und nach und nach den Großteil der Halbinsel unter ihre Herrschaft brachten.

Um in jenen unsicheren Zeiten den einst brillanten Bharat Mandir in Rishikesh vor beutegierigen muslimischen Horden zu schützen, wurden die Mauern des Haupttempels hastig mit einem schäbigen Grau übertüncht, das den Glanz kaschierte.

Rishikesh gehörte zum Reich der Großmoguln (1526 bis 1857). Während Babur, ein Nachkomme Dschingis-Khans, mit 12 000 Streitern das neue Großreich begründete und sein Enkel Akbar der Große (1555 bis 1605) göttliche Unfehlbarkeit beanspruchte und eine Universalreligion mit islamischem, hinduistischem und christlichem Ideengut schaffen wollte, während Hardwar unter Akbar eine der 28 Städte war, in denen Kupfermünzen produziert wurden, während Jehangir 1619 mit den Engländern einen Handelsvertrag abschloß, während Shah Jahan in Agra die vielfach gerühmte Krone aller Paläste, den Taj Mahal, von 20 000 Arbeitern erbauen ließ, während der unduldsame Aurangzeb in horrend teuren Kriegszügen große Teile Südindiens unterwarf und die Macht der indischen Kaiser den Zenit erreichte, blieb in Rishikesh alles beim alten: Weise und Heilige meditierten.

1857 wurde Indien der britischen Krone unterstellt. Rishikesh blieb, was es war. Unter den meditierenden Weisen und Heiligen ragte im auslaufenden 19. Jahrhundert Kali Kamali Wala Baba hervor. Jahrzehnte später war Swami Sivananda der Spiritus rector der heiligen Stadt.

Die Geschichte erschöpfte sich hier in Anekdoten. Ein englischer General verirrte sich nach Muni-ki-Reti, dem heiligen Bezirk Rishikeshs, um – zu fischen. Denn es war weit und breit bekannt, daß sich hier im Ganges eine Überfülle von Fischen tummelte. Der General stellte seinen Wagen ab und begab sich mit der Angel zum Fluß. Er begegnete zufällig Swami Sivananda, dem großen Heiligen von Rishikesh. Der hemdsärmelige General tippte zum Gruß formlos mit den Fingern an seine Offizierskappe, während der Heilige sich nach indischer Sitte höflich verbeugte. Der Guru flehte den General an: „Angeln Sie bitte nicht in dem heiligen Wasser, Fische sind harmlose Lebewesen, sie tun uns nichts zuleide, wie können Sie es rechtfertigen, ihr Leben auszulöschen.“ Der hohe Offizier bellte den

Heiligen an: „Kümmern Sie sich um Ihre Angelegenheiten!" Der heilige Swami ließ sich das nicht zweimal sagen. Er wandte seinen kosmischen Willen an, so scheint es, und gebot über die Natur. Der General warf die Angel aus. Stunde um Stunde verrann, der General wurde müder und müder, aber nicht ein einziges Fischlein biß an. Zuerst war der Soldat der britischen Majestät erstaunt, dann war er enttäuscht, und schließlich war er erbost. Bei Einbruch der Dunkelheit, als er noch immer keine Beute an der Angel hatte, streckte er die Waffen. Er kehrte zum Auto zurück, wendete sich aber in plötzlichem Entschluß dem Sivananda Ashram zu und erklärte dem Meister mit trauriger Miene: „Lieber Swami, ich lebe schon lange Zeit in Indien. Ich kann daher an die Macht Ihres Willens und Ihrer Gedanken glauben. Sie ist stärker als meine Befehle und Wünsche. Ich nehme Ihnen Ihr Eingreifen, das meinen Fischfang vereitelt hat, nicht übel und kehre mit leeren Händen zurück."

Rishikesh machte also auf seine Art Geschichte.

*

Die Staatsgeschichte fand ohne Rishikesh statt, sogar die Heimatgeschichte nahm kaum Notiz von Rishikesh.

Rishikesh gehörte auf lokaler Ebene zum Herrschaftsbereich der Rajas (Fürsten) von Garhwal. Der Name Garhwal bedeutet „Land der Festungen", denn das Land wurde einstmals regiert von 52 Häuptlingen, von denen jeder seine eigene Festung (garh) besaß. Dem edlen Panwar-Geschlecht, das im Jahre 688 nach Garhwal gekommen war, gelang es unter Ajai Pal (1460 bis 1519), das Land der Festungen in einer Hand zu vereinigen. Hauptstadt wurde Srinagar (gut 100 Kilometer von Rishikesh entfernt, nicht zu verwechseln mit der gleichnamigen Hauptstadt Kaschmirs). Die Nachfolger dehnten ihre Macht bis nach Tibet aus und bekamen in Anerkennung ihrer Tapferkeit vom Großmogul, dem Kaiser von Indien, den Titel Shah (König) verliehen.

Im Jahre 1791 versuchten jedoch die Gurkhas, die Herrscher von Nepal, das Reich von Garhwal zu besetzen. Um den Ansturm der Nepalesen aufzuhalten, zeigte sich Pradyumna Shah (1787 bis 1804) bereit, ihnen jährlich einen Tribut von 25 000 Rupien zu leisten.

Doch im Jahre 1803 ließen sich die Gurkhas nicht mehr durch Geldabgaben zurückhalten: Sie überrannten und unterwarfen Garhwal. Einerseits waren die Gurkharegenten als im höchsten Maße habgierig, raffiniert, treulos, ungesittet, hinterhältig und ungläubig verschrien, anderseits ist nicht zu leugnen, daß sie im besetzten Gebiet Tempel errichteten oder renovierten, Straßen bauten und eine kostenlose Pilgerausspeisung einführten.

Die Herrschaft der Gurkhas in Garhwal währte nur zwölf Jahre. Die Briten besiegten und verjagten die Gurkhas in grausamen Gefechten und teilten 1815 Garhwal in das unabhängige Tehri-Garhwal und in das britische Pauri-Garhwal.

Im unabhängigen Tehri-Garhwal, zu dem Rishikesh gehörte, wurde durch die Ostindische Kompanie ein Herrscher aus der alten Dynastie eingesetzt: Raja Sudarshan Shah (1815 bis 1859), der die Hauptstadt seines Reiches nach Tehri (80 Kilometer von Rishikesh entfernt) verlegte. Später rückte die Hauptstadt näher an Rishikesh heran, als 1921 der Raja nach Narendranagar (16 Kilometer von Rishikesh entfernt) übersiedelte, das als neue Residenzstadt errichtet wurde.

Der Fürst von Tehri-Garhwal war, obwohl sein Reich vergleichsweise klein war, keineswegs der geringste unter den 108 indischen Fürsten, er hatte als Hüter der heiligen Wallfahrtszentren Kedarnath, Badrinath und Gangotri einen besonders ehrenvollen Rang inne, verbunden mit dem Titel „Hoheit".

1949 mußte Maharaja Manvendra Shah, der sechzigste und letzte Herrscher seiner Dynastie, die volle Jurisdiktionsgewalt, Macht und Autorität in seinem Land der zentralen Staatsregierung des inzwischen unabhängig gewordenen Indien abtreten. Damit war eine Dynastie entmachtet, die, abgesehen von der zwölfjährigen Periode der Gurkhaherrscher, nahezu 1300 Jahre ununterbrochen regiert hatte.

Heute gehört Rishikesh zum indischen Unionsstaat Uttar Pradesh, wobei die Verwaltungsgrenzen von nicht weniger als drei Distrikten den heiligen Ort zerteilen: die Stadt selber liegt im Distrikt Dehra Dun, Muni-ki-Reti (mit Kailas Ashram, Yog Niketan und Sivananda Ashram) im Distrikt Tehri-Garhwal und das linke Gangesufer (mit Purnananda Ashram, Yogant Akademie, Swarg Ashram, Pramarth Niketan, Ved Niketan und Maharishis Meditationsakademie) im Distrikt Pauri-Garhwal.

Unberührt von der großen und der kleinen politischen Geschichte, stand Rishikesh im Banne der Männer Gottes, die der Welt den Rücken gekehrt hatten.

In Rishikesh könnte der erleuchtete Sannyasi gelebt haben, den Rabindranath Tagore sagen läßt: „Für mich gibt es weder Tage noch Nächte, weder Monate noch Jahre. Für mich steht der Strom der Zeit still, auf dessen Wogen die Welt schaukelt wie Strohhalme und Zweige."

Noch vor einem halben Jahrhundert bekam ein Indien mit der Seele suchender europäischer Journalist, Paul Brunton, den Wink: „Gehen Sie aber an einen Ort wie Rishikesh, über den der mächtige Himalaja ewige Wache hält. Sie werden dort eine ganz andere Art von Menschen finden. Sie leben in einfachen Hütten und Höhlen, essen wenig und beten ständig zu Gott. Religion ist ihr ganzes Dasein, sie beschäftigt ihren Geist Tag und Nacht."

Für Abwechslung sorgte die Natur.

Ich sitze im Swiss Cottage einem Patriarchen mit weißem Rauschebart und buschigen Brauen gegenüber, Swami Jnanananda, der, obwohl er nicht mehr gehen kann, von einem unsagbar heiteren Wesen durchsonnt ist und dessen Augen wie Sterne funkeln, die von der Herrlichkeit Gottes künden. Einen glücklicheren Menschen habe ich in Rishikesh oder sonstwo nicht gefunden, obwohl sein Körper hinfällig geworden ist. Er verbringt seinen Lebensabend im Swiss Cottage in Rishikesh mit Meditation, außerdem spielt er mit den Hunden, besonders mit Puppy Soma, der Tochter von Rani, wie er liebevoll erklärt, und erteilt indischen Schülern Nachhilfeunterricht in Englisch. Die Westler, die im Swiss Cottage leben und in den künstlichen Himmel des Haschisch fliehen, gehen tagtäglich achtlos an ihm vorüber, an einem der letzten Weisen von Rishikesh.

Swami Jnanananda erinnert sich: 1920 kam er nach Rishikesh, das damals noch vom dichten Pelz des Dschungels umkleidet war, den Elefanten, Antilopen, Tiger, Leoparden, Bären, Wölfe und wilde Hunde bevölkerten. 26 Jahre durchzog Swami Jnanananda als Wandermönch das heilige Land des Himalaja, das Gefilde der Götter, bis hinauf zum heiligsten der heiligen Berge, dem Mount Kailas. Das Ereignis, das sich dem Gedächtnis des Swami am tiefsten eingeprägt hat, war 1924 die große Naturkatastrophe in Rishikesh. Das Hochwasser des

Ganges kam bei Nacht, riß den Lakshman Jhoola, die alte Hängebrücke, wie Kinderspielzeug weg und spülte die Hütten der Einsiedler fort. Zahlreiche Sadhus konnten sich nur retten, weil sie auf Bäume kletterten. Zum Schluß ragten an den Gangesufern nur mehr die Wipfel aus den Wassern. Drei Tage und Nächte mußten die Sadhus auf den Bäumen zubringen, einige konnten aus ihrer mißlichen Lage nur durch den Einsatz von gezähmten Elefanten befreit werden, die ein reicher Mann aus Dehra Dun anmarschieren ließ.

Sogar Swami Jnanananda in all seinem Glück kennt die Wehmut. „Rishikesh war seit Menschengedenken ein Ort des Tapas: der Askese, der Entsagung, des Verzichts", trauert er der Vergangenheit nach. „Heute jagen viele Gurus dem Geld nach."

Ist dies das Ende von Rishikesh? Rishikesh gibt es nur so lange, solange es „Meister der Sinne" gibt, und die ziehen sich allmählich in die höheren Regionen des Himalaja zurück und überlassen das Feld mehr und mehr den „Knechten der Sinne".

Schon im frühen 20. Jahrhundert scheint das Gespenst der Moderne im Schatten des Bharat Mandir umgegangen zu sein. Rishikesh drohte seine Unberührtheit zu verlieren. Swami Tapovanji, heiliger Himalajaweiser und Poet dazu, kam wie Jnanananda im Jahre 1920 zum ersten Mal nach Rishikesh. Er lebte dort ein Jahr lang in einer grasgedeckten Hütte, und seine Schüler und Gönner wollten ihm einen Ashram in Rishikesh bauen. „Doch Swami Tapovanji", schrieb einer seiner Bewunderer, „wollte sich nicht länger in Rishikesh aufhalten, denn mit der Zeit wurde der heilige Ort verschlungen von der aufsteigenden Flut der Weltlichkeit."

Den Anschluß an den Westen, der mitschuldig ist am spirituellen Niedergang Rishikeshs, vollzogen Swami Sivananda in den dreißiger Jahren und Maharishi Mahesh Yogi in den sechziger Jahren unseres Jahrhunderts.

Arzt des Leibes und der Seele

Der lebende Guru ist abwesend, und der tote sitzt mir in Überlebensgröße gegenüber. Ramswaroop, der persönliche Sekretär des Präsidenten des Sivananda Ashrams, Swami Chidananda, hat mich in dessen unmöbliertes Zimmer mit Blick auf den Ganges geführt. Swami Chidananda ist, wie üblich, auf Tournee. Ihn, die unumstrittene Nummer eins unter den lebenden Gurus weit und breit, habe ich noch nie in Rishikesh getroffen, seinerzeit nicht und diesmal nicht, wohl aber in Wien. Er ist selten im Lande, er ist stets und ständig unterwegs bis an die Grenzen der Erde als Apostel des 1963 verstorbenen Gründers des Sivananda Ashrams, Swami Sivananda, der in den dreißiger, vierziger und fünfziger Jahren unseres Jahrhunderts die Hauptattraktion Rishikeshs war. In jener Zeitspanne war Sivananda für Indien und für die Welt der Rishi von Rishikesh.

Im halbdunklen Zimmer Chidanandas bin ich versucht zu glauben, ich sitze einem auferstandenen Sivananda persönlich gegenüber, aber mein Visavis ist natürlich nicht aus Fleisch und Blut, sondern aus Karton. Es handelt sich um ein ausgeschnittenes, an einem Ständer befestigtes überdimensionales Colorfoto, das frappierend lebensgetreu den Gründer des Sivananda Ashrams zeigt, wie er auf einem Rotwildfell sitzt, königlich umkleidet mit einem rehbraunen, von einer Goldborte umsäumten Umhang, die Finger verschränkt, einen roten Punkt an der Nasenwurzel, drei weiße Querstreifen auf der Stirn, die ihn als Shivaanhänger ausweisen, obwohl er mit Vorliebe Krishna verehrte, und neben sich ein Wassergefäß. Sivananda ist äußerlich das glatte Gegenteil seines Nachfolgers. Er hatte eine bullige Elefantenstatur und war ein Fleischkoloß, während Chidananda ein ausgezehrter Knochenmann ist.

Der kanarienvogelgelb gewandete Ramswaroop bereitet gastfreundlich einen Instanttee zu, während ich mich in dem mehr oder weniger leeren Raum umsehe, von dem aus der Sivananda Ashram dirigiert wird. Der Ashram stellt heute eine Mammutorganisation dar, die rund 300 Zweigniederlassungen in allen Erdteilen besitzt, von Durban bis Kopenhagen, von Santiago de Chile bis Kuala Lumpur. Es schaut hier nicht aus

ie Ausspeisung der Mönche nd der Armen durch verchiedene Ashrams und Kshe-ras geht in Rishikesh auf den eiligen Büßer Kali Kamali Vala Baba zurück.

ali Kamali Wala Baba war or der Jahrhundertwende der roße Wundertäter und Sozialpostel in Rishikesh. Er besaß ichts als eine schwarze ecke.

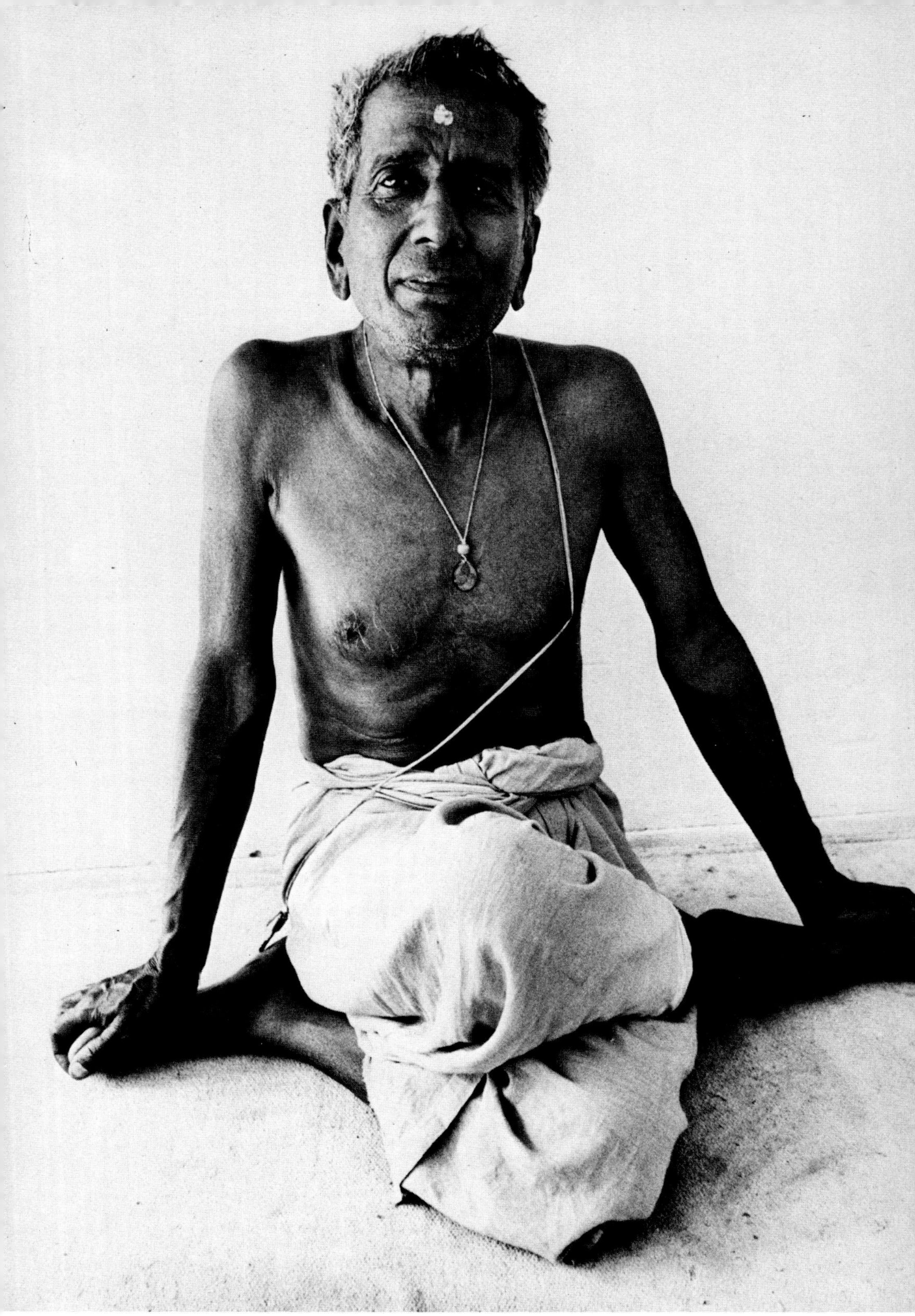

Dr. Indradeo Upadhyaya lehrt in Rishikesh Ajapa-Yoga, die angeblich 5000 Jahre alte Wissenschaft, das Selbst und Gott durch den Atem zu erfahren.

as linke Gangesufer in der Stadt der Heiligen ist wie geschaffen für die Me-
tation.

nardan Paramahans, der Guru Dr. Indra-
os, ist der lebende Meister des Ajapa-
ga.

Purnanand Paramahans hat die alte Ajapa-Technik der neuen Zeit übermittelt.

Der 93jährige Yogeshwaranan[d]
war schon 75 Jahre alt, als er si[ch]
entschloß, Mönch zu werden. D[er]
Guru des Yog Niketan ist einer d[er]
Spitzenyogis von Rishikesh.

Das Schlaf- und Sterbezimm[er]
Swami Sivanandas, der Rishikesh
aller Welt bekannt gemacht hat. [Si-]
vananda, Arzt des Leibes und d[er]
Seele, hat 300 Bücher geschrieben.

wie in einer Schalt- und Kommandozentrale, sondern wie in einem Studier- und Gebetsraum. Denn der Sivananda Ashram ist eine Stadt Gottes. Wo heute die zahlreichen Ashramgebäude an beiden Seiten der Straße zum Lakshman Jhoola stehen, war vor rund fünfzig Jahren ein aufgelassener verdreckter Kuhstall, den Sivananda 1934 bezog, umschlossen von dichten Dschungeln, in denen noch Tiger umherstreiften. Sivanandas Nachbarn waren damals nur Hunde, Affen, Skorpione, Schlangen, Pfaue und Papageien.

Ich bitte Ramswaroop, mir zu erlauben und zu helfen, den schwergewichtigen Sivananda auf die Terrasse zu transportieren, um ihn fotografieren zu können. Ich postiere den Guru seines Gurus so, daß im Hintergrund der Swarg Ashram zu sehen ist, denn im Swarg Ashram verwandelte sich einst der Arzt Doktor Kuppuswami Iyer in den Büßermönch Swami Sivananda.

Kuppuswami, am 8. September 1887 in Tamilnadu (Südindien) geboren, hatte schon als Knabe ein Bäuchlein, aber er war nicht unsportlich. Es wird erzählt, daß er von klein auf Bettler ausspeiste und Katzen, Hunde, Spatzen und Krähen fütterte. Der Jüngling wurde Schüler der Jesuiten, las fleißig die Bibel sowie christliche Mystiker und spielte auf der Schulbühne die Helena in Shakespeares Sommernachtstraum. Er galt als ausgesprochenes Bühnentalent, und es gibt ernst zu nehmende Leute, die noch im Sivananda der reifen und späten Jahre vorwiegend einen blendenden Theaterspieler sehen. Der Student Kuppuswami wird als energischer, furchtloser, stürmischer, abenteuerlustiger junger Mann geschildert, der für jeden unschuldigen Ulk zu haben war.

1905 verschrieb sich der Achtzehnjährige mit Leib und Seele der Medizin. Er war das Aushängeschild des Tanjore Medical Institute und durfte ausnahmsweise schon im ersten Jahr im Operationssaal den Chirurgen auf die Finger sehen, was im allgemeinen nur den älteren Semestern zugebilligt wurde.

Der Sproß einer sehr frommen Familie zergliederte den Bau des Menschenkörpers, er stieß auf Knochen, Gelenke, Bänder, Muskeln, Sehnen, Schleimbeutel, Magen, Darm, Leber, Lunge, Nieren, Blutgefäße, Lymphgefäße, Nerven und vieles mehr, aber das Wesentlichste im Menschen fand er nicht: den Atman, das göttliche Selbst. Das göttliche Selbst kommt erst in dem

Maße zum Vorschein, als das menschliche Ich abnimmt. Das ist die Lehre nicht der modernen Gelehrten, sondern der alten Weisen. Der beste Weg, das Ego aufzugeben, sagte sich der junge Mediziner, sei der uneigennützige Dienst, worauf der Sechsundzwanzigjährige sein Stethoskop und seine Doktortasche nahm und sich nach Malaysia einschiffte.

Dort fragte ihn ein gewisser A. G. Robins, der Manager einer Gummiplantagenorganisation, die ein Krankenhaus für ihre Beschäftigten unterhielt: „Können Sie allein ein Hospital führen?“ Kuppuswami, ein Mann ohne Selbstzweifel, erwiderte: „Ich kann, wenn Sie wollen, drei Spitäler leiten.“

Als Doktor der malaiischen Gummiplantagen verschrieb er den Kranken Medikamente – und Gebete. Im Gegensatz zu anderen Ärzten, die die reichen Patienten köderten und arm machten, behandelte er die Habenichtse. Er verlangte von ihnen nicht nur kein Geld, sondern spendierte ihnen von seinem Firmengehalt ein Taschengeld, damit sie sich die verschriebenen Arzneien kaufen konnten. In den Jahren in Malaysia spezialisierte er sich in Mikroskopie und Tropenmedizin.

Den drei Teufeln, die jeden Inder im Ausland versuchen, nämlich Wein, Frauen und Tabak, widersagte er. Sein wunder Punkt war die Gefallsucht. Seine Turbane trug er wie ein Rajputenfürst oder ein Maharadscha und seine Hüte wie ein englischer Lord. Er besaß Dutzende Anzüge aus Seide und Ringe für jeden seiner zehn Finger. Schmuck und Edelsteine, Gold, Silber und Sandelholz betörten ihn. Er legte sich außerdem zwei Schreibmaschinen, drei Grammophone und vier Harmonien zu. Nicht nur auf den Fotos, die ihn als gekkenhaften Jungarzt mit Fliege, Mittelscheitel, Gilet und weißer Nelke im Knopfloch zeigen, strahlt er Wichtigtuerei aus. Für meine Augen spiegeln noch die Fotos seiner Guruzeit seine hoheitsvolle Natur wider, die leicht als Arroganz oder Eitelkeit ausgelegt werden könnte.

Er war und blieb zeitlebens ein geselliger, umgänglicher Mensch. Schon in Malaysia sagten seine Freunde: „Stelle ihn in einen dichten Wald in einem unbekannten Land. Er wird im Nu Freundschaft schließen mit Tigern, Löwen und Bären.“

Der Tod war dem Mediziner kein Fremder, aber doch ein Unbekannter, gegen den er als Arzt des Leibes machtlos war. Ein Buch über Vedanta enthüllte ihm die Unsterblichkeit. Deshalb reifte in ihm der Entschluß heran, Arzt der Seele zu werden. Wohl hatte er Yoga praktiziert in Form der Konzentration auf einen mystischen Ton (Anahat Laya Yoga), begleitet von Asanas (Körperposituren) und Pranayama (Atemkontrolle), wohl hatte er regelmäßig in der Bibel und in der „Nachfolge Christi" des Thomas von Kempen gelesen, aber erst im Jahre 1923 explodierte etwas in ihm. Es ereignete sich ein Vulkanausbruch in seinem Herzen, und die Lavaglut drohte sein Ego zu verbrennen. Er verlor jeden Geschmack an der impotenten materialistischen Zivilisation, aller Reichtum erschien ihm wie Kehricht. Er warf seine Position, seine Titel, seinen Status, ja alle Last der Welt über Bord, als er mit dem Schiff nach Indien zurückkehrte und ein Jahr lang als namenloser Bettler seine Heimat durchwanderte, von Dorf zu Dorf, von Tempel zu Tempel, barfuß und barhaupt, gedemütigt, auf der Erde schlafend, von wilden Beeren und Feigen sich nährend. Er suchte einen Ort außerhalb der Welt, wohin sich jene zurückzogen, die nichts anderes mehr begehrten als den Verzicht. Und dieser Ort hieß Rishikesh. Unterwegs schenkte ihm ein Postmeister eine Fahrkarte nach Hardwar. Von Hardwar treckte er 25 Kilometer nach Rishikesh. Aus einer auf der holprigen Dschungelstraße vorbeiklappernden Kutsche warf ihm ein Pilger ein Almosen zu, doch er hob die blitzende Münze nicht auf. Besessen von der Idee, Gott zu verwirklichen, ließ sich der Wanderbettler Kuppuswami, der Hindisprache unkundig (seine Muttersprache war Tamil), 1924 in Rishikesh nieder, 37 Jahre alt. Er war überrascht von der Vielzahl der Heiligen an Ort und Stelle.

Im Armenhaus, das vordem von Kali Kamali Wala Baba gestiftet worden war, bekam er täglich seine Nahrung und zweimal monatlich eine freie Rasur.

Nach der Weihe zum Mönch stellte ihm der Swarg Ashram eine verfallene, von Skorpionen heimgesuchte Hütte und eine Wolldecke zur Verfügung. Das Domizil Sivanandas aus der asketischen Periode steht heute noch, der Hathayogalehrer des Sivananda Ashrams hat es mir gezeigt. Sivananda erhob sich um 4 Uhr früh von seinem harten Lager, tauchte in den Ganges und betete im Wasser, selbst wenn es eiskalt war, bis Sonnenaufgang den Rosenkranz. Erst nach dem Sonnengruß entstieg er dem Fluß und widmete sich in seiner von Kellerasseln mitbewohnten Hütte der Meditation. Er meditierte oft zehn Stunden am Tag und im Winter sogar sechzehn Stunden. Zehn Jahre lang übte er strengste Askese in dieser Kutir, wie eine Einsiedlerhütte genannt wird. Daneben vernachlässigte er das Studium nicht. Wenn er Zeit hatte, begab er sich nachmittags an das andere Gangesufer, um in der 1908 gegründeten Ram-Ashram-Bibliothek sein religiöses Wissen zu vertiefen.

Sein Arztauge sah den schlechten Gesundheitszustand vieler Sadhus, Swamis und Sannyasis, die an Unterernährung, Durchfall und allen möglichen Fieberkrankheiten litten. Er wanderte, Gottes Glorie singend, auf den Waldwegen bei Lakshman Jhoola und pflegte kranke Mönche gesund, besorgte für sie Medikamente von der Armenapotheke und Nahrungsmittel von der Armenausspeisung. Er brachte den Fiebernden Gerstensuppe, heiße Milch und Quark. Pilgern, die, unterwegs nach Badrinath oder Kedarnath, über den Lakshman Jhoola kamen, gab er Päckchen mit 7 oder 8 Medizinen mit auf den beschwerlichen langen Weg. Der hilfsbereite, liebevolle und lustige Swami Sivananda wurde bald der populärste Mann in der Mönchskolonie von Lakshman Jhoola. Wenn die anderen Mönche des Swarg Ashrams sich nicht in ihren Zellen aufhielten, etwa weil sie sich zur Toilette in den Busch oder zum Bad an den Ganges begeben hatten, pflegte er sich heimlich in ihre Hütten zu schleichen und den Fußboden zu fegen, die Sandalen zu reinigen, das Eßgeschirr zu spülen und die Wasserbehälter mit frischem Flußwasser zu füllen.

Unzählige Besucher fanden zu seinen Füßen Seelentrost und Lebenshilfe. Seine Antworten waren so gefragt, daß er sich entschloß, sie niederzuschreiben und vielen zugänglich zu machen. Auf diese Weise entstand sein erstes spirituelles Buch. Es hieß „Brahma Vidya“ (= Gotteserfahrung). Sein erstes Buch sollte nicht sein letztes sein. Sivananda, der eine leichte Feder hatte, schrieb bis zu seinem Lebensende nicht weniger als dreihundert Bücher. Seine Bücher liebte er wie ein Vater seine Kinder.

20 Jahre später wird ihn ein hartnäckiger Schmerz im rechten Arm plagen, der Arzt wird ihm nahelegen, mit dem Schreiben auszusetzen. Er wird nur erwidern: „Dann bin ich lebendig tot.“

„Ich kann nicht aufhören zu schreiben“, sagte er auf dem Höhepunkt seines Lebens einem Jünger. „Ich werde schreiben, bis ich blind bin. Wenn ich blind werde, werde ich diktieren, und irgendwer wird für mich schreiben. So werde ich meine Mission der Verbreitung des spirituellen Wissens bis zum Ende meines Lebens fortsetzen."

Damals in seiner Hütte im Swarg Ashram hatte Sivananda noch keine Füllfeder und keine Schreibmaschine und selten Papier und Tinte. Er suchte auf den Abfallhaufen von Rishikesh Papierschnitzel und Kuverts, die er auf der Innenseite beschrieb. Besaß er Papier und Tinte, fehlte ihm wieder Öl, und wenn er Öl in der Lampe hatte, fehlte ihm wieder ein Streichholz zum Entzünden. Sein Weg zum weltbekannten Schriftsteller war also nicht eben und gerade.

Sivananda war schon im Swarg Ashram ein spiritueller Magnet. Viele Mönche waren ohne Seelenführer. Die einen quälten ihren Körper zur Gewinnung übernatürlicher Kräfte, andere nahmen Rausch- und Reizmittel, um sich in den siebten Himmel emporzuschwingen, und die dritten spielten mit Affen und Hunden, um sich die Zeit zu vertreiben. Sie erkoren Sivananda zu ihrem Guru, der das Vertrauen der physisch und psychisch leidenden Mönche gewann. Er gründete 1933 den Swarg Ashram Sadhu Sangha, eine Vereinigung zur Entwicklung der Spiritualität der Sadhus.

1934 kehrte er dem Swarg Ashram den Rücken und übersiedelte als unabhängiger Swami mit einigen Jüngern auf das rechte Gangesufer. Sie zogen in einen verlassenen und verschmutzten Kuhstall ein wie in einen Palast. Sivananda nannte das neue Quartier „Ananda Kutir": Ort der Seligkeit. Er bekam eine Schreibmaschine, später noch eine sowie einen Vervielfältigungsapparat, und seine Jünger waren bis tief in die Nacht hinein damit beschäftigt, Sivanandas Drucksachen zu verpakken und zu versenden. Der Swami bettelte dem Maharadscha von Tehri-Garhwal ein Stück Land ab, auf dem ein Ashramgebäude nach dem anderen entstand. Sivananda war ein Mann, für den Denken handeln hieß.

Swami Vishnudevananda vom Kailas Ashram, der seinerzeit Sivananda zum Mönch geweiht hatte, wunderte sich: „Dieser Platz war vor ein paar Jahren nur Wald, von Tigern bevölkert. Sivananda hat einen ‚Jangal' (Dschungel) in einen ‚Mangal' (glückverheißender Platz) verwandelt."

1936 gründete Sivananda die „Divine Life Society" („Gesellschaft des Göttlichen Lebens") zur Verbreitung indischer Spiritualität in der ganzen Welt, und 1948 die „Yoga Vedanta Forest Academy".

Er zog als Volksmissionar durch die Lande, singend und tanzend, ein ekstatischer Troubadour Gottes. Höhepunkt seiner rastlosen Predigttätigkeit war 1954 die Wirbelwindtour, die er als 64jähriger durch ganz Indien und Ceylon unternahm. Er legte im Zug, im Flugzeug, im Dampfer, in der Pferdekutsche und im Ochsenwagen 8000 Meilen zurück und elektrisierte die Massen, die er tröstete, erquickte und ermutigte. Er verausgabte sich stets, aber er war nie erschöpft.

Seine Haupttätigkeit blieb das Schreiben. Er trug in der Regel mehrere gefüllte Federn bei sich, aber wenn ihm zum Beispiel Gedanken beim Baden im Ganges kamen und er kein Schreibgerät bei der Hand hatte, unterbrach er das Bad und jagte zu seinem Schreibpult. Er arbeitete meistens an drei, vier Büchern gleichzeitig.

Er fühlte sich, nach seinen eigenen Worten, als „brüllender Löwe des Vedanta", dessen Stimme bis an die Enden der Erde drang.

Er brach persönlich nie zu einem spirituellen Welteroberungsfeldzug auf. „Mein England, mein Deutschland, mein Amerika ist in Rishikesh", pflegte er zu sagen. Doch obwohl er nie in die Ferne ging, wanderte seine Botschaft um die Welt. „Ozeane und Berge", meint Swami Chidananda, „waren keine Barrieren für Sivananda, sie wurden unter den Flügeln seiner göttlichen Botschaft zu Pfützen und Maulwurfshügeln."

Erstens erreichten Sivanandas Bücher und Briefe alle Weltteile, zweitens sandte er ausgebildete Swamis als Missionare nach West und Ost, und drittens besuchten ihn Anhänger aus Amerika, Europa, Afrika und Australien in seiner Klause in Rishikesh. Das waren die Kanäle und Brücken, die ihn mit aller Welt verbanden. Täglich erreichten ihn in seinem Ashram die Echos seiner Botschaft.

Aus Wien (Österreich) schrieb Dr. Juliane Neubauer: „Sie haben mein Leben auf eine höhere Stufe gestellt. Versklavung ans Irdische, Ängste und Sorgen sind von mir abgefallen . . ."

Aus Goulburn (Australien) meldete Judith McLean: „Mein Leben ist erfüllter und klarer geworden, seit ich mit Swami Sivananda korrespondiere . . ."

Aus Edinburg (Schottland) teilte Elizabeth Clater mit: „Ich

fühle, daß ich durch die Befolgung der Lehre Sivanandas physisch wie spirituell profitiert habe. Das Rheuma, das mich scheußlich geplagt hatte, ist verschwunden. Ich fühle mich ruhiger, glücklicher und befähigt, es mit dem Leben aufzunehmen."

Aus Miami (Florida) bekundete der US-Bürger David Klatter: „Er hat von meinem Pfad Dornen, Stacheln, Nägel und Glassplitter entfernt und ersetzt durch duftende Rosen und eine belebende Brise."

Selbst hinter dem Eisernen Vorhang gewann Sivananda Jünger.

1949 tauchte in Rishikesh Dr. Frederick Spiegelberg auf, von der Stanford University (USA) beauftragt, zu erforschen, ob nicht inzwischen in Indien die uralte spirituelle Kultur ihren Geist aufgegeben hätte. Spiegelberg hatte zahlreiche Ashrams in allen Teilen Indiens besucht und die offiziellen Regierungsstellen kontaktiert. Im Ashram Sivanandas faßte er das Ergebnis seiner Erkundungsfahrt zusammen: „Der Geist der alten indischen Weisen lebt noch in den Ashrams, deren Herz ein lebender Meister ist, wie in diesem Ashram, aber er ist meist erloschen in den Regierungsbüros, politischen Lagern und öffentlichen Ämtern."

Privat vertraute Dr. Spiegelberg Meister Sivananda an: „Swamiji, ich habe auf meiner Tour viele Heilige kennengelernt. Aber was ich in hohem Maß an Ihnen bewundere, ist Ihr Witz. Sie haben einen befreienden Humor. Humor ist eine Sache, die den Philosophen und Heiligen oft fehlt. Das verdirbt alles und macht ihre Lehre zu trockener Pedanterie."

Journalisten aus aller Herren Länder schrieben Berichte über Sivananda. Ein Fernsehteam der Television Française filmte ihn, und am 3. Juli 1959 begegneten rund drei Millionen Zuschauer auf den Bildschirmen in Frankreich, Belgien und der Schweiz dem Heiligen von Rishikesh. Früher schon hatte das kanadische Fernsehen Filme über Sivananda gezeigt.

Es konnte nicht ausbleiben, daß irritierte westliche Psychologen in Rishikesh aufkreuzten, die den Heiligen verschiedenen genormten Tests unterzogen, zum Beispiel Dr. Maryse Choisy, Chefredakteurin von „Psyche" (Paris). Sie kam, sah und – verlor. In ihrer Vorstellung war ein Heiliger ein ziemlich langweiliger und trockener Patron, mit feierlichem Pathos, ohne Esprit und Humor, eine Schreckgestalt für Intellektuelle. Nach ihrer

Begegnung mit Sivananda schrieb sie: „Ich spürte sofort in ihm die Gegenwart dieser wirklichen Weisheit, nach der wir uns alle sehnen ... Swami Sivananda kennt all die Dinge, die man auf einer westlichen Universität lernen kann, und viele andere, die man dort nicht lernen kann. Der verstockteste Materialist muß diese Aura, diesen Magnetismus, diese Heiterkeit, diese Heiligkeit spüren, die Swami Sivanandaji umfließen. Was mir neu war und mich ergriff, ist die Art, wie er das Göttliche in jeden Augenblick des Lebens stellt ... Ob es Psychologie, Medizin, Philosophie oder Religion ist, Swami Sivananda hat uns immer etwas zu sagen. Ich darf bekennen, er ist im gegenwärtigen Jahrhundert einer der vollkommensten und vollständigsten Menschen, die ich je getroffen habe." Dr. Maryse Choisy hat sich aber bei ihrer Beurteilung nicht nur auf ihre Intuition verlassen, sie hat, wie es einer Superintellektuellen geziemt, den Heiligen wissenschaftlich geprüft, unter anderem durch den T. A. T. (Thematic Apperception Test). Der Schluß, den sie aus dem Ergebnis zog: „Er ist ein spiritueller Gigant."

Sivananda machte keine Bekehrungen. „Als ein Christ kann ich bestätigen, daß Swami Sivananda mich Jesus Christus nähergebracht hat", sagte Logan Wilshire aus Los Angeles. In der Miniaturwelt von Sivanandas Ashram lebten Hindus, Christen, Moslems, Buddhisten, Juden und Parsen wie eine Familie. Menschen aller Kasten, Konfessionen, Klassen und Rassen versöhnte er mit seiner Botschaft: „Vedanta sagt dir, daß das Wesen deines Seins das Wesen von jedermanns Sein ist. In diesem Wesen sind wir miteinander verbunden, nicht bloß als Brüder und Schwestern, sondern als das unteilbare Eine selbst. Das ist das Wissen, das alle Konflikte und Kriege beenden wird."

Auf die Verbreitung der Lehre Sivanandas im Westen kommen wir im 19. Kapitel noch einmal zu sprechen.

Sivananda war ein Mann Gottes, der seine Mitte gefunden hatte. Er war einfach, kindlich, spontan, naiv, offenherzig. Eine Heilige nannte ihn den Gott der Sympathie. Sein Babycharme war unbestreitbar. Er war ein Spaßvogel mit verblüffender Schlagfertigkeit. Einmal ließ einer seiner Jünger, der einem Besucher Kaffee servierte, eine Tasse fallen. Anhand der Scherben erklärte er schmunzelnd die Vedantalehre von der Nichtzweiheit (Advaita): „Am Anfang war Eines, und aus dem

Einen wurde vieles ..." Dem streng pünktlichen Menschen waren Formalitäten fremd. Gastfreundschaft war seine Religion, der Gast, ob Straßenkehrer oder Staatsoberhaupt, war Gott. Sivananda, der in der kalten Jahreszeit barfuß, aber mit einem geschenkten westlichen Wintermantel herumging („Das Kleid macht nicht den Mönch"), war im Grunde sehr unkonventionell.

In der ganzen religiösen Geschichte Indiens soll es keinen anderen Heiligen gegeben haben, der je so viele Mönchsweihen erteilt hatte wie Sivananda. Er gab das Ockerkleid Greisen und Backfischen, Frauen und Männern, Indern und Westlern. Sogar auf dem Postweg übermittelte er die Mönchsweihe. Die Gabe der Unterscheidung der Geister war ihm nicht geschenkt. Es ist also keineswegs verwunderlich, daß unter Sivanandas Mönchen auffallend viele im Lauf der Zeit Schiffbruch erlitten haben. So sind zum Beispiel Swami Omkarananda, der Hauptangeklagte des im Vorwort dargestellten Kriminalfalles, und Swami Kailashanand, der unrühmliche Held des ersten Kapitels, von Swami Sivananda persönlich ordinierte Mönche.

Sivananda teilte nie die Menschen in würdige und unwürdige ein. Er vertraute blind jedem Betrüger und erblickte selbst in einem Banditen Gott. Sein Ashram glich zeitweilig einem Asyl für Ausgestoßene und Wracks. Seine Güte wurde ausgenützt und mißbraucht. „Die Sünder von heute sind die Heiligen von morgen", beliebte er zu sagen.

Gegen sich selbst war er aber unnachsichtig. Wenn er mit Lobreden und Blumen überhäuft wurde, zog er sich manchmal in seine Kutir zurück und schlug sich selbst mit einem Besen, um sich zu prüfen, ob sein Geist und sein Körper gegen Lob und gegen Bestrafung gleichermaßen unempfindlich wären.

Wenn ihn die Pflicht rief, konnte ihn nicht einmal ein Hexenschuß zurückhalten. Er kroch dann auf allen vieren zu einer Zeremonie, zum Gaudium der Passanten und zum Leidwesen seiner Schüler.

Die Tiere behandelte er wie Menschen. Er half aber nicht nur Hunden oder Kühen, er rettete sogar Insekten vor dem Ertrinken im Ganges.

Sivananda trug, wenn er ausging, stets drei Taschen bei sich, die erste enthielt spirituelle Schriften, die zweite Süßigkeiten, die dritte Medikamente. Er war wie einer jener fernöstlichen Bodhisattvas, die hundert Hände zum Wohltatenspenden haben.

Der große Meister betonte in aller Bescheidenheit: „Ich bin ein durstender Student nur, die Schüler haben mich zum Lehrer gemacht."

Die Atmosphäre in Sivanandas Ashram war überwältigend. Dr. Judith Tyberg aus Los Angeles (USA) erklärte, sie fühle sich wie Alice im Wunderland, denn sie wäre hier „in einem absolut verschiedenen Reich des Bewußtseins, der Motivation und des Lebens, wo Gott greifbar ist und als die Triebkraft des Handelns wirkt".

Sivananda besaß ein phänomenales Gedächtnis und eine mächtige Stimme. Wenn man ihm ein Mikrofon reichte, legte er es weg, er konnte eine Zuhörerschaft von Tausenden ohne Lautsprecher erreichen. Er war zuckerkrank, machte aber gesundheitlich einen stabilen Eindruck. Zu seinem 68. Geburtstag gratulierte ihm eine Amerikanerin aus Indiana mit den Worten: „Sie schauen aus wie der Felsen von Gibraltar."

Ob er eine personlose Persönlichkeit war, also das höchste Ziel des Überbewußtseins je erreicht hatte, ist umstritten. Ich persönlich glaube es nicht. Die einen verehrten ihn als Avatar, als Herabstieg Shivas, andere schrieben seine Berühmtheit der Propaganda zu. Es gibt zweifellos in seinem Leben Verhaltensweisen, die es unwahrscheinlich erscheinen lassen, daß sein Ego nicht mehr im Spiel war. Ein Mann, der das Bad unterbricht, wenn ihm Gedanken kommen, oder der eine Taschenlampe neben sein Bett legt, um im Halbschlaf aufsteigende Ideen rasch niederschreiben zu können, ist nicht wie ein Erleuchteter eins mit seinem Tun. Ein Erleuchteter badet, wenn er badet, und schläft, wenn er schläft, oder wie die große heilige Theresia von Avila zu sagen pflegte: „Wenn Rebhuhn, dann Rebhuhn, wenn Buße, dann Buße." Ein Mann, der noch nicht sterben zu können glaubt, weil für ihn noch viel zu tun bleibt, wird noch vom Ego bewegt. Ein Lebend-erlöster ist nach strenger Yogiüberzeugung frei von Eigenaktion. Er ist tätig im Nichttun und untätig im Tun. Was Laotse vom Tao sagt, das gilt in gleicher Weise vom Brahman: Es tut nichts und läßt doch nichts ungetan.

Der letzte Satz, den der Autor von Hunderten Büchern diktierte, war: „Glück kommt, wenn das Individuum in Gott untertaucht.“

Sivananda war in Gott eingetaucht, aber noch nicht untergetaucht. Das ist meine unmaßgebliche Meinung.

Am 14. Juli 1963 starb er, der enthusiastische Heilige und rastlose Anwalt des spirituellen Lebens, der durch seine Feder Wunder gewirkt und Abertausende Menschen vor dem seelischen Bankrott gerettet hatte. Er wurde nicht nur in Rishikesh und in Indien betrauert, sondern in der ganzen Welt. Der indische Staatspräsident Radhakrishnan betonte in seinem Nachruf, daß der Ruhm Indiens nicht so sehr in Soldatenhelden oder Industriemagnaten oder politischen Genies liege, sondern in seinen Heiligen und Rishis, unter denen Sivananda ein Juwel war.

Florence Barker schrieb im Namen des Westens: „In einer Zeit, in der Filmstars, Gangster, Industriekapitäne, Prostituierte usw. die Schlagzeilen liefern, in einer Zeit, die hauptsächlich materialistische Apparate und selbstzerstörerische Waffen herstellt, brachte Sivananda das göttliche Leben auf diese unglückliche Erde herab und popularisierte den Heiligen.“

Daß das Bild, das ich jetzt von Sivananda gezeichnet habe, der Wirklichkeit entspricht, bezweifle ich selber. Aber es entspricht den zur Verfügung stehenden Quellen, die uns seine Schüler und Anhänger in Wort und Schrift erschlossen haben. Es gibt keinerlei unparteiische historische Forschungsarbeit über Sivananda.

Außerhalb seines Jünger- und Nachfolgerkreises lerne ich in Rishikesh zwei Männer kennen, die Sivananda persönlich noch gut gekannt haben.

Der eine ist der Schuldirektor Chandi Prasad Bahuguna vom Punjab-College in Rishikesh. Er ist seit 1936 in Rishikesh ansässig und schwärmt: „Sivananda war der größte aller Heiligen in Rishikesh.“

Doch der alte Swami X., ich will seinen Namen nicht nennen, um ihm Unannehmlichkeiten zu ersparen, spricht anders. Er war schon 1920, also vier Jahre vor Sivananda, nach Rishikesh gekommen und hatte später neben ihm am linken Gangesufer im Bereich des Swarg Ashrams gelebt. Er meint: „Sivananda war kein spiritueller Mensch.“ Ich lege meine Hand dafür ins Feuer, daß Swami X. nicht aus Neid oder Mißgunst so spricht, denn er ist der zufriedenste und abgeklärteste Mensch, den ich in Rishikesh kennengelernt habe. Er führt den Ruf Sivanandas auf Werbekunst zurück. Von Anfang an genoß Sivananda, weil er Arzt war, unter den Mönchen von Rishikesh eine Sonderstellung. Er bekam zum Beispiel als einziger Asket Milch. Der Mahant schickte die Pilger zu ihm, dem großen Mann, der sich die Namen und Adressen seiner Besucher geben ließ, um mit ihnen zu korrespondieren und sie um Geld anzubetteln. Das wurde selbst seinem Gönner, dem Mahant, zuviel, und er verbannte Sivananda aus dem Swarg Ashram. Sivananda, gezwungen, auf das rechte Gangesufer zu übersiedeln, beschlagnahmte widerrechtlich eine Behausung, stöberte in der Bibliothek des zur Erinnerung an Swami Ramtirth gegründeten Ram Ashrams, schrieb überall ein wenig ab und verfaßte so seine Bücher. Ein Freund aus Südindien, Redakteur, stellte in seiner Zeitschrift „Mein Magazin" Sivananda eine Seite für Yoga zur Verfügung. Das machte ihn nach und nach bekannt. Eines Tages im Jahre 1963 kam der Präsident der indischen Republik, Dr. Sarvapalli Radhakrishnan, des Weges, er pilgerte nach Badrinath. Sivananda lud ihn ein, in seinem Ashram eine Rastpause einzulegen und einen Tee einzunehmen. Den Zwischenstopp schlachtete die Propaganda Sivanandas als Besuch des indischen Staatspräsidenten beim Meister von Rishikesh aus. Wenn der grundehrliche Swami X. recht hat, ist also der heilige Ruf Sivanandas eine Schöpfung seines Geschäftsgeistes und seines untrüglichen Sinnes für Propaganda.

Einer, der 14 Jahre in der Gegenwart Sivanandas verbracht hat, ist Swami Nirmalananda, ein sympathischer alter Mönch des Sivanandaklosters, der sich meiner annimmt und mich geduldig durch das weitläufige, zur Straße und zum Fluß steil abfallende Ashramgelände führt. Nirmalananda lebt seit gut 30 Jahren hier. Seinen Stock schwingend, geht er mir stiegeauf, stiegeab voran. „Das ist kein Gehstock, wie ihn der alte Sivananda als Stütze in seiner Gebrechlichkeit gebraucht hat", klärt er mich auf. Er, Nirmalananda, bedürfe noch nicht des Haltes eines Spaziersteckens. Er benötige aber einen Stock, um zudringliche Affen zu verjagen, die den Gästen das Gepäck entreißen, es auf die Bäume zerren, nach Eßbarem durchsuchen und den Inhalt in alle Winde streuen. Das leuchtet mir ein, denn mit Affen habe ich schon meine bösen Erfahrungen gemacht. Einer hatte mich zweimal ungebeten in meinem Zimmer mitten in der Stadt Rishikesh besucht und mir meine Bananen und Äpfel geklaut. Eine Gegenwehr ohne Prügel ist nicht ratsam. Der Vorsicht Nirmalanandas verdanke ich es, daß die Objektive meiner Kamera und die Filme den Rundgang heil überlebt haben, denn wir hatten mehrmals aggressive Affen abzuwehren, die in meiner Fototasche, wie es scheint, Früchte vermuteten.

Dem religiösen Kult, sagt Swami Nirmalananda, dienen zwei Tempel: der Vishwanathschrein und der Samadhischrein. Der Vishwanathschrein ist ein Shivatempel, und der Samadhischrein ist das Grabmal Sivanandas.

Im zentral gelegenen Shivatempel werden täglich von 4.30 bis 6.30 Uhr, von 9 bis 10.30 Uhr und von 17 bis 19 Uhr vedische Riten zelebriert, Mantren gesungen und das Lingam mit Weihrauch und Wasser verehrt. Unter der Kuppel des Shivatempels hat aber nicht nur Shiva Platz. Neben seiner Statue finden wir die Abbilder Krishnas, Ramas, Sitas, Lakshmans, Hanumans, Parvatis und Ganeshs. Auf die Statuen Ganeshs und Hanumans deutend, sage ich: „Die Verehrung eines dickbäuchigen Elefantengottes und eines treuen und gelehrigen Affen verleitet westliche Menschen dazu, den Hindus vorzuwerfen, daß sie Tiere anbeten." Nirmalananda entgegnet: „Beten die Christen Schafe an, wenn sie das Lamm Gottes anrufen? Gott ist nur einer, aber göttliche Manifestationen sind deren viele."

Die Gruft Sivanandas – die sterbliche Hülle eines Heiligen wird nach alter Tradition nicht verbrannt – ist ein beliebtes Wallfahrtsziel geworden und dient dem Ashram als Versammlungs- und Meditationsraum.

Neben den beiden genannten Schreinen gibt es noch eine dritte Kultstätte, die ausschließlich dem Flammenopfer des Feuergottes gewidmet ist.

Dem Gebet und der Meditation dient die Bhajanhalle, in der seit Dezember 1943 ohne Unterbrechung, Tag und Nacht, jahraus, jahrein, der Name des Herrn gesungen wird:

„Hare Rama Hare Rama Rama Rama Hare Hare
Hare Krishna Hare Krishna Krishna Krishna Hare Hare."

Ein Ashramit singt jeweils eine Stunde lang den bekannten

Mantra, sitzend, stehend oder auf und ab gehend, und wenn die Stunde um ist, schlägt er eine Glocke, und der nächste kommt, ihn abzulösen. So geht es rund um die Uhr, seit vier Jahrzehnten. Der enthusiastische Gottessänger, der zur Stunde an der Reihe ist, ein Europäer oder Amerikaner, läßt sich nicht ablenken, als ich die Bhajanhalle betrete und als mir Swami Nirmalananda lautstark die Bilder an den Wänden erklärt. Es sind Bilder von Göttern und Heiligen der großen Religionen, darunter zwei Bilder von Christus, ein kitschiges Herz-Jesu-Bild und eine Darstellung des über Jerusalem weinenden Gottessohnes. Die beiden Hauptkunstwerke der Bhajanhalle, die Statuen der Weisheitsgöttin Saraswati und der göttlichen Zerstörerin Durga (der wir unter dem Namen Kali in einer schlaflosen Nacht schon begegnet sind), hat ein Fräulein aus Deutschland geschaffen: Rosi Schmitt, die im ersten Kapitel als Höhleneinsiedlerin und Hindunonne Uma Shankarananda vorgestellt worden ist. Damals, als Rosi Schülerin Sivanandas geworden ist, war sie, die Kunststudentin, dem Teenageralter noch kaum entwachsen. Sivananda bestellte für die junge deutsche Bildhauerin Gips und anderes Material und ließ sie die Statuen der Göttinnen formen, die seither die Prunkstücke der Bhajanhalle sind.

Wir lenken unsere Schritte zur Bibliothek des Ashrams, die 10 000 Bücher über Philosophie, Religion, indische Kultur, Yoga und Vedanta besitzt. In der Library Hall verbringe ich in den nächsten Wochen viele Stunden und Tage, um die zwischen Buchdeckeln verborgenen Weisheitsschätze auszugraben. Die Bibliothek hat von 11 bis 14 Uhr Mittagspause, aber der Bibliothekar, Mister Gobinath, ein freundlicher Keralese, kommt mir entgegen und sperrt mich jedesmal die drei Stunden in der Bücherhalle ein, so daß ich durcharbeiten kann. Ich hätte in der Ashramküche (= Annakshetra), die täglich 300 Bewohner und eine stark fluktuierende Zahl von Besuchern und Pilgern ausspeist, ein Mittagmahl bekommen, ziehe es aber vor, zwischen den Bücherstellagen eine Banane und einen Apfel zu verzehren.

In der Bibliothek, die um 8 Uhr öffnet und um 16 Uhr schließt, werden täglich morgens und abends Hathayogastunden abgehalten, die sich speziell unter den Westlern großer Beliebtheit erfreuen, weil als Lehrer stets Spitzenyogis zur Verfügung stehen. Daß die Leibesübungen in einer geheiligten Halle des Geistes stattfinden, ist kein Zufall, denn die Inder haben als erste das Ideal aufgestellt: ein gesunder Geist in einem gesunden Körper.

Unter der Bibliothek ist die neue Meditationshalle. Swami Nirmalananda führt mich anschließend durch die Setzerei, Druckerei und Buchbinderei. Hier schlägt das Herz des Ashrams, der sich seit Sivanandas Zeiten dem „dynamischen Yoga“ des Tippens, Edierens und Versendens von geistlicher Literatur widmet. Das Schreibmaschinengeklapper gehört zum Sivananda Ashram wie die Glockenschläge und die Mantrengesänge. Aus den altmodischen Druckmaschinen des Klosters ergießt sich eine endlose Papierflut in alle Kontinente. Der Ashram gibt zwei Monatsmagazine heraus, „The Divine Life“ in englisch und „Yoga-Vedant“ in Hindi, und ziemlich viele preiswerte Bücher, vor allem die hundertprozentig praktischen Schriften Sivanandas und die hundertprozentig theoretischen Schriften Krishnanandas, des Topphilosophen Rishikeshs, der mir persönlich sein eben erschienenes letztes Werk „The Ascent of the Spirit“ als Begrüßungsgeschenk überreicht.

In einem Museum werden Utensilien Sivanandas gezeigt, sein Wanderstab, sein Jutegewand, das er als Bettler trug, seine alten Sandalen, seine Trinkschale, sein Schreibzeug usw.

Wir, Nirmalananda und ich, gehen die breite Steintreppe zur Straße hinunter, die wir überqueren, lassen das Empfangsbüro links liegen und besichtigen die Buchhandlung und das Versandbüro des Ashrams. Hier kann man nicht nur die Bücher und Zeitschriften des Ashrams erwerben, sondern auch bunte Riesenposter, Originalfotos und sogar Aufkleber mit den Köpfen Sivanandas, Chidanandas oder Krishnanandas, den großen dreien, mit denen hochoffiziell ein üppiger Personenkult betrieben wird.

Zwischen Straße und Fluß befinden sich noch andere ashrameigene Lokalitäten, die Verband- und Pflegestation, also ein bescheidenes Krankenhaus, die ayurvedische Apotheke, die nach Rezepten der altindischen Medizin Arzneien aus Himalajakräutern herstellt und abgibt. Die idealistische Krankenbetreuung ist für einen Ashram, den ein ehemaliger Arzt gegründet hat, Ehrensache. Berühmt ist die Augenklinik des Ashrams und beispielhaft das Leprahilfswerk. Wöchentlich besuchen und betreuen Ashramiten die im Umkreis von fünf Kilometern liegenden Leprakolonien von Dhalwala, Lakshman Jhoola und Brahmapuri. Die Leprosen werden mit Medizinen, Lebensmitteln und Kleidern versorgt. In der Brahmapurisiedlung wurden eine Spinnerei und eine Weberei errichtet, so daß die Aussätzigen Teppiche, Wollpullover, Schals, Hemden, Blusen usw. erzeugen können.

Der Tag beginnt im Sivananda Ashram um 4 Uhr. Meditationsunterricht ist von 4.30 bis 5.30 Uhr. Von 6 bis 7 Uhr ist Hathayogastunde. Von 7 bis 8 Uhr werden die heiligen Schriften gelehrt, besonders die Bhagavadgita und die Upanishaden. Von 8 bis 11 Uhr und von 14 bis 16 Uhr ist selbstloser Dienst, das heißt, die Mönche und die Novizen arbeiten in der Druckerei, im Empfangsbüro (es kommen jährlich an die 5000 Besucher), in der Küche, in der Bibliothek, im Spital, in der Apotheke usw. Von 16 bis 17 Uhr finden Vorträge über Yoga und Vedanta statt, und von 18 bis 19 Uhr wird in der Meditationshalle Selbstversenkung praktiziert. Der Satsang von 19.30 bis 21.30 Uhr umfaßt Hymnengesang, Tänze, Gebete, Ansprachen und Musikvorführungen.

Nicht besichtige ich die ashrameigenen Kuhställe, die sich in der Stadt Rishikesh befinden und zirka 70 Kühe beherbergen, die pro Tag an die 80 Liter Milch liefern.

In einer Gedenksäule, die im Zentrum des Ashrams vor dem Shivatempel aufgestellt ist, sind eine kurze Biographie und die Essenz des Programms Sivanandas eingraviert: serve, love, meditate, realize – diene, liebe, meditiere, verwirkliche. Das sind die vier Pfeiler, auf denen der Ashram und die Botschaft Sivanandas ruhen.

Das Alpha und das Omega der Weisheit der Rishis, der uralten und der modernen, lauten: Innerhalb deines Herzens ist das Ewige Licht. Tauche nach innen!

Unter den lebenden Gurus von Rishikesh ist es wohl der Nachfolger Sivanandas, Swami Chidananda, der am tiefsten in das Ewige Licht Gottes getaucht ist, und dieses Licht umstrahlt den mageren Asketen, der der heilige Franziskus von Indien genannt wird.

Die Heiligkeit eines Menschen ist nicht abhängig davon, wie dick er sich mit Asche einreibt oder wie tief er sich in die Schneeregionen bzw. in den Urwald zurückzieht oder wie lang

annen und Pfannen für die Pilger verkauft der zwischen Messing, Alumium und Kupfer thronende Geschirrhändler in der Hauptbasar-Straße von shikesh.

Ob das Bildnis des Maharishi Mahesh Yogi den Verkauf des Gemüses steigert?

Gut und billig, aber brennscharf für unseren Gaumen sind die Speisen in dem Eßlokal an der Ecke Bahnhofstraße/Hardwarstraße.

Der emsige Schneider werkt, wohnt, ißt und schläft in seinem Kobel.

Kinder wohlhabender Bürger werden mit der Fahrradrikscha zur Schule gebracht.

Avadhut Paramahans Swami Sureshanand haust seit zwanzig Jahren auf einem Baum in Saptarishi.

Vashishta, der größte der sieben Großen Rishis. Die Höhle, in der er die Erleuchtung erlangt haben soll, kann bei Rishikesh besichtigt werden.

sein Schweigegelübde währt. Sie ist einzig und allein davon bestimmt, wieweit er seinen Egoismus entwurzelt hat. Mit diesem Maßstab gemessen, werden oft Riesen zu Zwergen. Man trifft im Himalaja zuweilen sogenannte große Yogis, die jede Beleidigung oder Kritik aus der Fassung bringt und die aufbrausen, wenn ihnen ihr Koch einmal das Mahl nicht pünktlich serviert. Die großen Seelen haben in ihren Einsiedeleien nicht selten einen Stab von freiwilligen Dienern um sich, die ihnen sogar die Hände waschen, wie ich es zum Beispiel bei Godiwala Baba erlebt habe, oder die sie füttern, wie es bei Mastram Baba der Fall ist. Die Gefahr, daß die hochverehrten Yogis ins Paschatum absinken, ist sehr groß, ebenso die Gefahr, daß die Glashausheiligkeit in rauher Weltluft nicht Bestand hat. Beiden Gefahren erlag, wie wir wissen, Swami Omkarananda, der Schüler Sivanandas, der in Lausanne zu 14 Jahren Kerker verurteilt worden ist. In Rishikesh war Swami Omkarananda als in jeder Hinsicht vorbildlicher Mönch bekannt, er war ein Musterjünger Sivanandas. Keiner, der ihn gekannt hat, innerhalb und außerhalb des Sivananda Ashrams, und ich habe in Rishikesh mehrere Leute zum Kriminalfall Omkarananda befragt, konnte sich vorstellen, daß er des Mordversuches und der Anstiftung zum Mord fähig wäre. Das hielten sie für ausgeschlossen. Die einzige mögliche Erklärung der Affäre war für sie die, daß die Richter in der Schweiz ihn in höherem Auftrag ausbooteten, um die Ausbreitung seiner Lehre abzuwürgen. Die in der Geborgenheit und sakralen Abgeschirmtheit des Himalajaklosters aufgeblühte Pflanze war dem profanen Klima nicht gewachsen. Der aus dem Nest gefallene Omkarananda versagte, als er auf sich allein gestellt war, vergöttert von Verehrerinnen und Verehrern.

Sein Meister Sivananda hat schon eine Warntafel aufgestellt, daß sich Heiligkeit nicht in der Flucht, sondern im Leben zu bewähren habe. Ein Eishöhlenyogi, meinte Sivananda, könne die Früchte seines Yogaweges nicht hinter den Bergen bei den sieben Zwergen testen, sondern erst in turbulenten Geschäftsstraßen wie Chowringhee in Kalkutta, Connaught Circus in Neu-Delhi und Mount Road in Madras. Wenn er dort im Gleichgewicht bleibt, ist er erfolgreich im Yoga.

Die Tauglichkeitsprüfung im Sinne Sivanandas glänzend bestanden hat Swami Chidananda, der seit zwanzig Jahren in der

Alten und Neuen Welt herumkurvt, aber überhaupt nichts eingebüßt hat von seiner leuchtenden Innerlichkeit und unstörbaren Ruhe. Er ist durch das viele Herumreisen nicht verflacht. Er ist der beste Zuhörer, den sie kennen, sagen alle, die mit ihm gesprochen haben. Er ist ganz absorbiert von dem, was er tut. Unberührt von den Strudeln und Wirbeln der Welt, ruht er im Zentrum seines Wesens und läßt sich nie an die Peripherie treiben oder drängen. Er lebt unverändert einfach und hält sich von kaum mehr als Milch und Fruchtsäften am Leben. Er ist ein offener, nein, ein durchscheinender Mensch. Es fehlt ihm völlig die Theatralik seines Meisters Sivananda. Die ungespielte Bescheidenheit und ungekünstelte Dienstfertigkeit Chidanandas lassen es nicht zu, daß seine Glaubwürdigkeit wie bei Sivananda angezweifelt wird. Warum reist er so viel? Er ist, obwohl er der Leiter des Ashrams ist, nur einen Bruchteil des Jahres zu Hause. Ist er doch in den Sog eines unsteten Aktivismus geraten? Ich glaube, daß das Gegenteil zutrifft: Gerade weil er ein Mystiker ist und kein Manager oder Macher, überläßt er anderen die Führung des zu einem Großunternehmen angewachsenen Ashrams. Er fühlt sich nicht zum Big Boß eines Konzerns berufen.

Swami Chidananda wurde als Sridhar Rao 1916 in Südindien als Sohn eines Großgrundbesitzers geboren, der mehrere Dörfer, ausgedehnte Ländereien und Paläste besaß. Im Alter von 8 Jahren erwachte in ihm der Wunsch, ein Rishi zu werden, als ihm ein Freund seines Großvaters Geschichten aus den großen Epen Ramayana und Mahabharata erzählte.

Er wurde in christlichen Schulen ausgebildet, namentlich im Loyola-College in Madras, das nur brillante Schüler aufnahm. Christus, die Apostel und die christlichen Heiligen beeindruckten und beeinflußten ihn stark. Von Jesu Liebe zu den Kranken, besonders zu den Aussätzigen, wurde er angespornt, auf dem Familienbesitz Hütten für Leprakranke zu errichten.

Die Welt verließ er 1943, 26 Jahre alt. Er trat in den Ashram Sivanandas in Rishikesh ein und übernahm die Armenapotheke. Bei der Eröffnung der Yoga Vedanta Forest Academy (1948) wurde er zum Professor für Rajayoga berufen. Sein Mönchsname Chidananda besagt: „Dessen Seligkeit das höchste Bewußtsein ist.“

1959 schickte ihn Sivananda als seinen Botschafter in den

Westen, er unternahm bis 1962 eine ausgedehnte Amerikatour mit Abstecher nach Europa. In Amerika predigte er nicht bloß in den USA, sondern ebenso in Montevideo und Buenos Aires. 1968 nahm er eine neue Globaltour auf sich. Chidananda ist wahrlich in der ganzen Welt zu Hause und doch nirgendwo. Das ist die Reifeprüfung eines Yogis.

Chidananda macht niemanden den christlichen Kirchen abspenstig. Er fordert die Christen auf, täglich in der Bibel zu lesen und sich immer und überall zu fragen, was Christus jetzt und hier an ihrer Stelle tun würde. „Jesus Christus ist dein Guru, er ist dir näher als dein eigener Atem“, sagt er dem Christen, der ihn selbst zum Guru wählen möchte. Mit seiner betonten Nächstenliebe verkörpert Chidananda eine Heiligkeit, die nicht bloß Indern, sondern ebenso Westlern einsichtig ist.

Der Sivananda Ashram hat einen sehr hohen intellektuellen Standard. Das ist in erster Linie Swami Krishnananda zu verdanken. Er ist neben Chidananda der zweite Guru des Ashrams und der Gesellschaft des Göttlichen Lebens, deren Generalsekretär er lange Jahre war. Er ist der große Metaphysiker, ein Karl Rahner des Hinduismus, obwohl Krishnananda überzeugt ist, jenseits jeder Religion zu stehen bzw. allen anzugehören. So befinden sich in seinem gangartigen Zimmer an den Wänden neben den Buntdrucken der Hindugötter ein Christusbild und ein Gebet des heiligen Franz von Assisi: „Gott, mach mich zu einem Werkzeug deines Friedens ...“ Rund zwanzig Leute hocken in der schmalen Kammer auf dem Boden und lauschen hingebungsvoll Krishnanandas Worten. Durch Zusammenrücken machen mir die Zuhörer Platz, als ich dazustoße. Krishnananda unterbricht seine Seelsorgestunde und wendet sich mir zu. Er fragt mich, was ich wünsche. Ich antworte. Er hält mir in sehr belehrendem Ton einen Kurzvortrag und erklärt abrupt, daß ich jetzt gewiß in mein Hotel zurückzukehren wünsche. Morgen stehe er mir um 9 Uhr zur Verfügung.

Ich bin am nächsten Tag pünktlich zur Stelle. Krishnananda steht Rede, spontan und präzise. Seine Antworten kommen wie Pfeile, schnell und gerade. So wie ich am Vortag die andächtige Versammlung gestört habe, so wird unsere Unterredung laufend unterbrochen durch Hereinkommende, die ihm Fragen, Akten oder Rechnungen vorlegen.

„Swami Sivananda und Swami Chidananda“, leite ich meine erste Frage ein, „sind entsprechend der traditionellen Karmalehre der Meinung, daß Krankheit, Schmerz, Unfall usw. Sühne für vergangene Taten (Karma) sind. Sie dienen also der karmischen Reinigung der Seele. Wenn der Mensch sein Karma abtragen muß, warum heilt eigentlich der Sivananda Ashram körperliche Leiden? Ist das nicht ein Widerspruch?“

Krishnananda: „Wenn der eine leidet, ist es Karma, wenn der andere hilft und heilt, ist es gleichfalls Karma.“

Frage: „D. S. Sarma meint in seinen Studien über die Wiedergeburt des Hinduismus, daß der soziale Dienst bestimmter Ashrams zurückzuführen sei auf ‚die durch die christlichen Missionen gegebenen Anschauungsstunden‘. Glauben Sie, daß das stimmt? Immerhin waren Sivananda und Chidananda Zöglinge christlicher Missionsschulen.“

Antwort: „Die Werke der Nächstenliebe sind authentische Früchte der Hindureligion, die lehrt, daß alles eins sei. Tat twam asi = Ich bin Es. Die Einheit alles Seins ist die Wurzel der Liebe zu Mensch und Tier. Dein Nächster ist in dir, du bist in deinem Nächsten.“

Frage: „Die ‚Karitas‘ ist also nicht christlich. Wie aber steht es mit der ‚Mission‘, die der Sivananda Ashram betreibt? Der bengalische Dichter Rabindranath Tagore hat einmal zwei wahrhaft große indische Weise und Heilige gefragt: ‚Warum predigt ihr nicht allen Menschen auf der Erde eure herrliche Lehre?‘ Sie hatten geantwortet: ‚Wer durstig ist, wird von selbst zum Fluß kommen.‘ Die organisierte Missionierung in Übersee entspringt doch wohl nicht hinduistischer Überlieferung?“

Antwort: „Die Vollkommenen bleiben an Ort und Stelle, das ist wahr, so wie die Blumen, die nicht umher wandern, sondern ihren Duft an alle verströmen, die herbeikommen. Doch die noch nicht Vollkommenen gehen auf Reisen und betreiben Mission.“

Ich bin nicht so boshaft, ihn zu fragen, ob er damit zum Ausdruck bringen wolle, daß sein „Chef“, Swami Chidananda, noch kein vollkommener Meister sei.

Frage: „Swami Omkarananda, einst Mitglied des Sivananda Ashrams, galt als gottverbundener Mensch. Wie kann ein Mensch, der mit Gott verbunden ist, Mordversuche unternehmen?“

Krishnananda ist der einzige, der sich nicht auf ein parteiisches Gericht ausredet. Er sagt: „Wenn ein Mensch irgendwen oder irgendwas nicht leiden kann, ist er nicht mit Gott verbunden.“

Ich beende meine Fragerei, denn vor der Tür warten schon alle jene, die Krishnananda für 9.30 Uhr bestellt hat. Er dürfte einerseits überbeschäftigt und anderseits schwer krank sein, so daß seinem ruppigen, kurz angebundenen Benehmen, das allgemein Anstoß erregt, mildernde Umstände zugebilligt werden müssen. Er ist grundehrlich, opferwillig, hoch gelehrt, und es nötigt einem Respekt ab, wenn ein Philosoph seines Formates seine Wäsche selber wäscht. Ist Chidananda ein musischer Mensch, so ist Krishnananda ein Intellektueller reinsten Wassers.

Sein Kern dürfte anders sein, als seine Schale es vermuten läßt. Schwester Vandana, die christliche Ashramitin von Rishikesh, kennt ihn schon seit mehreren Jahren und schätzt ihn als Guru hoch ein, gibt aber zu, daß gelegentliche Besucher oder jene, die ihn zum ersten Mal sehen, einen nicht so günstigen Eindruck von ihm bekommen mögen. „Seine schwache Gesundheit läßt ihn oft rastlos und grob erscheinen. Seine Schroffheit lästigen und fordernden Verehrern gegenüber und die Tatsache, daß er niemals von sich aus ein Gespräch anknüpfen wird, mögen einen ziemlich negativen Eindruck erwecken.“

Schwester Vandana weiß aber zu berichten, daß er sich mit zwei kleinen Buben, die ihn am Krankenlager besucht hatten, blendend über Television und Radiowellen unterhielt und daß die Kinder zu Hause von dem großen Denker Rishikeshs als von dem „lustigen alten Swami“ sprachen.

Als ihm, erzählt die katholische Ordensfrau, einmal zu Ohren kam, daß ein deutsches Mädchen, das den Verstand verloren hatte, brüllend und zerlumpt durch die Straßen von Rishikesh irrte, setzte er sich sofort mit der deutschen Botschaft in Delhi in Verbindung. Dann schickte er das irre Fräulein in Begleitung von zwei weiblichen Ashrammitgliedern mit dem Taxi in die indische Hauptstadt und bezahlte die Fahrtkosten, obwohl die Deutsche keineswegs im Sivananda Ashram gewohnt hatte.

Die quicke Dorothea, ein Backfisch aus Berlin, schwärmt von Krishnananda: „Er ist eine Seele von einem Menschen, ganz auf die anderen eingestellt. Selbst wenn er an seinen Asthmaanfällen fast erstickt, erfüllt er pünktlich seine Pflichten und erkundigt sich teilnahmsvoll nach den Wehwehs anderer." Dorothea, die Krishnananda an der Walduniversität als Lehrer hatte, bestickte zum Dank für ihn ein orangenes Tuch mit dem heiligen Sanskritzeichen OM. Bei der Überreichung des Geschenks bekam der große Philosoph gerührt feuchte Augen. Krishnananda dürfte also innerlich keineswegs der borstige Typ sein, der er äußerlich zu sein scheint.

Auf mich, der ich nur zu den gelegentlichen Besuchern Krishnanandas zähle, wirkt er nicht „beruhigend". Der große Mann verbreitet keine für mich wahrnehmbare Atmosphäre des Friedens wie beispielsweise Chidananda. Ich gewinne nicht den Eindruck, daß er ruht, sondern daß er immer auf dem Sprung ist.

Die meisten Europäer, Amerikaner und Australier, mit denen ich spreche, loben den Hathayogaunterricht im Sivananda Ashram, sonst nichts. Störend wird die Anonymität empfunden. Der australische Mathematikstudent David, der wohl regelmäßig die Bibliothek des Sivananda Ashrams besucht, aber im Yog Niketan wohnt, meint: „Der Sivananda Ashram ist wie ein Hotel, die Gäste sind nur Nummern." Ein deutsches Mädchen klagt: „Der Sivananda Ashram ist unpersönlich, wer niemanden dort kennt, ist verloren."

Ich will in Rishikesh einen befreundeten katholischen Priester, einen indischen Kapuziner aus Kerala, treffen, der die erste Septemberhälfte im Sivananda Ashram zu verbringen beabsichtigt. Eine Woche lang frage ich jeden Tag im Empfangsbüro, ob Father Devanand schon angekommen sei, und gebe seine Personalien an. Zudem ersuche ich drei Ashraminsassen, nach Pater Devanand Ausschau zu halten. Er ist unauffindbar. Wahrscheinlich ist ihm etwas dazwischen gekommen, denke ich. Um so überraschter bin ich, als ich nach meiner Rückkehr in die Heimat einen Brief von Pater Devanand aus Kerala bekomme mit der Anfrage, warum ich nicht in Rishikesh gewesen sei. Er habe mich vergeblich in den ersten beiden Septemberwochen im Sivananda Ashram erwartet.

Der Sivananda Ashram ist also in der Tat kein familiärer Betrieb.

Zweihundertprozentiges Leben

Vor mir sind, allerdings liegt das schon einige Zeit zurück, die vier Beatles John, Paul, George und Ringo mit ihren Frauen oder Freundinnen, begleitet von 800 Journalisten, sowie die Filmschauspielerinnen Mia Farrow und Shirley McLaine und zahlreiche andere prominente Jet-set-Pilger und namenlose Besucher aus dem Westen den breiten Uferweg über Sand und Stein gegangen mit dem Vorsatz, die Versenkungsübung à la Maharishi zu lernen. Mia Farrow offenbarte: „Rishikesh war wie eine Filmkulisse." Einer der Beatles, Ringo Starr, kam sich im Ashram Maharishis wie in einer „englischen Ganztagsschule" vor und lief nach zehn Tagen davon, entschuldigte sich aber: „Niemand sollte glauben, daß es mir in Rishikesh nicht gefallen hat, aber mir haben meine Kinder gefehlt."

Ich bin unterwegs zur Urzelle der TM-Bewegung (TM = Transzendentale Meditation), die heute weltweit 2 Millionen Anhänger haben soll.

Nach der Ära Sivanandas begann über Rishikesh ein neuer Stern bzw. Star aufzugehen: der „Maharishi" = der „Große Rishi", wie sich Mahesh Yogi nennen läßt.

1962 eröffnete der Maharishi einen Ashram in Rishikesh, die Meditationsakademie, zur Formung von TM-Lehrern. Gegenwärtig werden TM-Lehrer, es gibt global schon deren 10 000, überall auf der Welt ausgebildet, aber die Pioniere schwärmen noch von Rishikesh: „Glücklich preisen sich noch heute die Lehrer", schreibt Bernhard Müller-Elmau, „die dort an der Quelle der Weisheit schöpfen konnten, umgeben von einer unbeschreiblichen, unvergeßlichen Atmosphäre."

Ich habe 800 Rupien (das entspricht zwei Monatsgehältern eines indischen Lehrers) Kursbeitrag, ein blütenweißes Taschentuch sowie Obst und Blumen bei mir, denn ich möchte mich in Rishikesh in die TM einweihen lassen. Dazu werden neben der Gebühr nämlich als Eintrittskarte zur Initiationszeremonie (Diksha) sechs frische schöne Blumen, zwei süße Früchte und ein neues weißes Taschentuch gefordert, habe ich gehört.

Emil, Kundaliniyogi als Amateur und Antiquitätenhändler als Profi, ein seit 7 Jahren in Rishikesh ansässiger Berliner, hatte mir allerdings prophezeit: „Sie haben keine Chance, im Maharishi Ashram aufgenommen zu werden."

„Warum?" – „Maharishi läßt im Westen verbreiten, daß sich in seinem Ashram in Rishikesh zahlreiche Yogis befänden, die fliegen können. Er wird Ihnen gewiß nicht erlauben, ihm in die Karten zu schauen."

Hoffend, daß Emil nicht recht behält, steige ich durch dichte Vegetation den Hang empor zum Maharishi Ashram, dessen Bedeutung freilich stark gesunken ist, seit der Mahesh Yogi vom Himalaja in die Alpen übersiedelt ist und seine Residenz in Seelisberg am Vierwaldstättersee aufgeschlagen hat. Rishikesh besucht er nur noch selten. Rishikesh ist also nicht die Metropole des Zeitalters der Erleuchtung und der Sitz seiner Weltregierung, aber es ist immerhin das Hauptquartier der TM-Bewegung für Indien und den Fernen Osten, und der Leiter des Ashrams, Swami Sattyanand, ist der einzige Mann in der gesamten TM-Bewegung, der dem Maharishi auf gleicher Stufe begegnen kann, denn die beiden sind sogenannte Guru-Brüder, das heißt, sie hatten denselben Heilslehrer.

Im Ashram herrscht eine unindische ordentliche und saubere Atmosphäre: kieselgepflasterte Wege, Blumenbeete, geschnittene Hecken, ein gepflegter saftig grüner Rasen. Aber ein spirituelles Fluidum findet man hier ebensowenig wie im Schloßpark von Schönbrunn oder Versailles. Was ein mit Gewehr patrouillierender Polizist und ein Bankinstitut, das im zweiten Jahr des Zeitalters der Erleuchtung eröffnet worden ist, in einem Ashram zu suchen haben, wissen wahrscheinlich nur der Maharishi und sein Repräsentant Sattyanand.

Im Empfangsbüro weise ich stolz ein Schreiben mit goldenem Briefkopf vor, das mir die Ministerin für Information und Inspiration aus Seelisberg übersandt hat. Möglicherweise ist es manchen Zeitgenossen entgangen, daß es bereits seit 1976 eine Weltregierung gibt mit einer Ministerin für Bewußtseinsbildung, einem Minister für Natürliches Recht und Ordnung, einem Minister für Kulturelle Integrität, Unbesiegbarkeit und Weltharmonie, einem Minister für Erziehung und Erleuchtung, einem Minister und einer Ministerin für Festlichkeiten und Erfüllung, einer Ministerin für Wohlstand und Fortschritt, einer Ministerin für Information und Inspiration, einem Minister für alle Möglichkeiten, einem Minister für Residenzen des Zeitalters der Erleuchtung sowie einem Minister für Gesundheit und Unsterblichkeit.

Hätte ich nicht meinen goldenen Brief von der Weltregierung in den Händen, käme ich wahrscheinlich nicht über die Vorzimmerangestellten hinaus. So aber genieße ich die Gunst, daß Sattyanandji persönlich mit meinem Begehr befaßt wird. Er wird mich, läßt er mir ausrichten, in vier Stunden empfangen.

Im Reception Office herrscht ein reges Kommen und Gehen. Die Inder, die sich über die TM informieren wollen – es sind überwiegend wohlhabende Leute, was an den schönen Seidensaris und den modischen Anzügen, an den mitgetragenen Aktenköfferchen und Sturzhelmen abzulesen ist –, bekommen gelbe, grüne und rosafarbene Flugzettel. Der Schwerpunkt des Ashrams liegt aber nicht mehr in der Unterrichtung der TM-Technik, die, wie der gelbe Prospekt verrät, so alt ist wie die Menschheit, sondern in der Ausbildung von TM-Lehrern. Die Lehramtskandidaten brauchen im Gegensatz zu den Einweihungskandidaten kein Bargeld, sie können die Gebühr später abarbeiten.

„Im Mahesh Yogi Ashram“, sagte mir Emil, „werden aus indischen Arbeitslosen Meditationsmeister am Fließband fabriziert.“ Rudel von jungem Volk tummeln sich im Ashram, angehende TM-Lehrer. Maharishi Mahesh Yogi ist es gelungen, der Meditation jedes mystische Flair zu nehmen. Der Nachwuchs kommt zur Meditationslehrerausbildung wie bei uns die Jugend zum Fußballtraining, in den Tanzkurs oder in die Fahrschule. 62 werden derzeit hier zu TM-Erziehern ausgebildet. Wenn das die zukünftigen Meditationslehrer sind, muß der Slogan des Großen Rishi etwas auf sich haben: „TM ist so einfach wie das Zähneputzen“.

16 Uhr: Ich betrete den himmelblauen Bungalow und das rosarote Zimmer des Großmeisters Sattyanand. Im Yoga ist himmelblau jene Farbe, die Sammlung und Ruhe weckt, und rosarot jene Farbe, die Gestaltungs- und Schöpferkraft wachruft.

In der Überzeugung, daß es für mich als Europäer zu beschwerlich sei, mit gekreuzten Beinen auf dem Boden zu sitzen, klingelt Sattyanand seinem Diener und fordert ihn auf, mir ein Polster zu bringen. „Danke, ich kann mühelos eine Stunde im Yogasitz verbringen“, wehre ich ab. Sattyanand zuckt sichtlich zusammen: Eine Stunde will sich der Guru mit der Uhr auf dem Tischchen nicht mit mir abgeben.

„Derzeit führt unser Ashram ausschließlich Inder in die TM ein“, erklärt der Meister kategorisch. „Ich bin also nicht in der Lage, Sie einzuweihen.“

„Aber . . .“

„Kein aber.“

Schade, daß ich nur ein Empfehlungsschreiben der Ministerin für Information habe, ich bräuchte offenbar einen Brief des Ministers für Unbesiegbarkeit oder des Ministers für alle Möglichkeiten.

„Haben Sie in Ihrem Ashram Mitglieder, die fliegen können?“ bohre ich.

„Ja, sie sind jedoch unterwegs im ganzen Land und leiten Kurse.“

Sie sind also ausgeflogen, die des Schwebens Mächtigen, so daß sich die Frage erübrigt, ob ich deren Künste bestaunen darf.

Ich beäuge Sattyanandji, den Großmeister der TM in Indien. Er ist struppelig wie der Maharishi, sein Großer Bruder, unter dessen Bild er auf einem Antilopenfell thront. Er hat einen weißen Vollbart und spärliches langes Haupthaar. Seine in tiefen Höhlen verborgenen Augen sind zusätzlich durch Brillen verschleiert. Er war früher ein höherer Regierungsbeamter und schloß sich nach seiner Pensionierung 1966 dem Maharishi an, der denselben Guru wie er gehabt hatte, nämlich den Himalajaheiligen Swami Brahmananda Saraswati Maharaj. Auf dem Arbeitspult von Sattyanand stehen in einem Glas ohne Wasser verwelkte Blumen.

Sattyanand erläutert mir die TM, ausgehend von der Proklamation Maharishis: „Die Zeit ist gekommen, den Menschen die Botschaft zu bringen: Ihr seid für die größte Lebensfreude bestimmt, und diese Freude befindet sich in Euch – ‚das Himmelreich ist inwendig in Euch‘, in jedermann. Man muß nur den Anfang machen, es zu genießen.“

Einmal, so habe ich irgendwo gelesen, nahm ein Fräulein ihren Lippenstift und reichte ihn mangels einer Feder oder eines Bleistiftes dem Maharishi mit der Bitte um ein Autogramm. Der Meister verbeugte sich und schrieb: „Freue dich!“ Das ist die Quintessenz seines Programms.

„Die TM“, sagt Sattyanandji, „ist der Schlüssel zu Erfolg und Erfüllung“. Aber der Meister ist nicht bereit, mir den Schlüssel zum Himmelreich in mir auszuhändigen, damit ich mein Glück aus der Tiefe heben könnte.

Worin besteht die Entfaltung bzw. Selbstverwirklichung oder Selbstvervollkommnung?

Grundsätzlich geht es dem Maharishi darum, die naturgegebene Harmonie des Menschen zu entstören und die versperrte Schatzkammer der Seele zu öffnen, in der durchschnittlich 90 Prozent der Schöpferkraft des Menschen ungenutzt schlummern. Die TM schöpft den Reichtum der Seele aus. Die TM befreit alle blockierten und eingeklemmten Energien und führt uns in ein Paradies der Lebensfülle.

In der TM, wird gesagt, erweitert sich unser Bewußtsein zum Ganzheitsbewußtsein oder Kosmischen Bewußtsein, von Maharishi Transzendentales Bewußtsein genannt, das uns die Alleinheit erfahren läßt. Das ist die Entfaltung des Geistes.

Gleichzeitig führt die TM zur Entfaltung der Gesundheit. Der Meditierende erlebt eine gründliche Ruhe. Dr. Herbert Benson von der Harvard Medical School stellte aufgrund seiner wissenschaftlichen Untersuchungen über TM die Behauptung auf, daß eine zwanzigminütige Meditation nach der Maharishi-Methode eine tiefere Erholung bewirke als ein sechsstündiger Schlaf. TM-Praktizierende verlieren auf die Dauer ihre Ruhelosigkeit. Jhan Robbins, ein prominenter Journalist, der selbst TM übte, weil er ein Buch über TM schrieb, spürte am eigenen Leib das Schwinden der Unrast: „Früher konnte ich kaum hinter der Schreibmaschine sitzen bleiben. Ich erfand ständig neue Ausreden, um aufzustehen: Ich mußte ein wichtiges Telefongespräch führen, hatte plötzlich großen Hunger, mußte einen eiligen Brief aufgeben, eine unbedingt notwendige Fernsehsendung anschauen. Jetzt kann ich stundenlang ununterbrochen schreiben ...“

In dem TM-Buch, das Jhan Robbins gemeinsam mit dem Life-Reporter David Fischer schrieb, wird das Zeugnis eines Maharishijüngers abgedruckt, der die Ruhe selbst geworden ist: „Letzte Woche schüttete mir eine Kellnerin ein ganzes Tablett voll Heidelbeerkompott über das Jackett. Ich beruhigte sie ...“

TM hält den Unruhestifter Streß im Schach. Kettenrauchen,

Trinken, Rauschgiftkonsum sind zuweilen nichts anderes als Krücken, auf denen vom Streß gelähmte Menschen ihren Spannungen zu entfliehen trachten. Die entspannende TM kann sie vom Nikotinmißbrauch, Alkoholmißbrauch und Drogenmißbrauch abhalten. Wenn sie TM üben, können sie ihre Krücken wegwerfen.

In dem genannten TM-Buch der beiden amerikanischen Journalisten – „Glück in eigener Regie“ heißt der Titel – kommt ein Ehepaar zu Wort, das durch jahrelange Rauschgiftsucht am Ende war. Die Ärzte bezeichneten den Mann und die Frau als Fälle komplizierter Drogenanomie, sie selber nannten sich „Tote auf Urlaub“. Überzeugt, daß die TM sie gerettet hat, bekannte der Mann: „Als ich aufgenommen wurde, wußte ich, daß das die Erlösung war. Praktisch von diesem Zeitpunkt an gaben meine Frau und ich die Drogen auf. Wir sprachen nie darüber und trafen auch keine bewußte Entscheidung. Wir hatten es nicht geplant. Ich weiß nicht einmal, ob wir es überhaupt gewollt haben, aber es ergab sich einfach so ... Ob TM eine Entziehungskur ist? Was mich betrifft, ganz sicher.“

„Gebt mir eine Viertelstunde am Morgen und eine Viertelstunde am Abend, und ihr werdet euch wie neugeboren fühlen“, verheißt Maharishi.

Die durch die TM geschenkte Entspannung entzieht den psychosomatischen Krankheiten den Nährboden. Zudem belebt und verjüngt die vermehrte Energie. Es wachsen Wohlbefinden, Stabilität, Gelassenheit, Selbstsicherheit, Zufriedenheit, gute Laune, Reaktionsgeschwindigkeit, Anpassungsfähigkeit. Der TM-Mensch wird empfindsamer, aber unempfindlicher. Er lebt intensiver. Leistungsfähigkeit, Einfallsreichtum und Durchsetzungsvermögen steigen, das begünstigt die Berufskarriere und den gesellschaftlichen Erfolg. Maharishi verheißt uns ein zweihundertprozentiges Leben. Nur wer zu sich selbst gefunden hat, findet zu den anderen. Das Individuum, das mit sich ins reine gekommen ist, verbessert durch seine gewonnene Geselligkeit, Kontaktfreudigkeit, Umgänglichkeit, Toleranz, Lebhaftigkeit, Ungezwungenheit, Unbefangenheit und Spontaneität sein soziales Verhalten. Alles in allem steigert die TM also die Lebensqualität der Familie, der Gesellschaft, der Nation und der Welt.

1974 wurde der sogenannte Maharishi-Effekt entdeckt, informiert mich Sattyanand, ein Lebensgesetz, das darin besteht, daß sich die Lebensqualität einer Stadt sprunghaft verbessert, sobald wenigstens 1 Prozent der Bevölkerung TM ausübt.

Das ist mir nicht neu: In einer TM-Broschüre habe ich gelesen: „Wenn nur 1 Prozent der Bevölkerung eines Landes beginnt, in Übereinstimmung mit den Gesetzen der Natur zu leben, indem sie 15 Minuten morgens und abends die Technik der Transzendentalen Meditation ausübt, wird die Gesellschaft automatisch in eine ideale Gesellschaft übergehen – in eine Gesellschaft ohne Krankheiten, ohne Leiden, ohne Arbeitslosigkeit, ohne Inflation, ohne Unfälle, ohne Probleme – oder um es sehr vorsichtig auszudrücken: eine Gesellschaft mit sehr viel weniger Krankheit, sehr viel weniger Leiden, sehr viel weniger Arbeitslosigkeit, sehr viel weniger Inflation, sehr viel weniger Unfällen, sehr viel weniger Problemen – eine ideale Gesellschaft im Zeitalter der Erleuchtung."

Die TM-Zentrale bot Beweise an, hat aber wohl nicht damit gerechnet, daß jemand sie überprüfen könnte, was ein ehemaliger TM-Lehrer aus Bargteheide bei Hamburg getan hat, dessen Recherchen im Magazin „Stern" veröffentlicht worden sind.

● In der schleswig-holsteinschen Stadt Arnis soll laut TM-Propaganda die Kriminalität nachgelassen haben, seit dort 2 Prozent der Einwohner die Maharishi-Meditation praktizieren. Die darüber befragte Kriminalpolizeidirektion Nord in Schleswig stellte während dem in Frage stehenden Zeitraum eine Kriminalitätssteigerung um 180 Prozent fest.

● Desgleichen ging der abgesprungene Hamburger TM-Lehrer der Behauptung der TM-Zentrale nach, daß in Wellington (Neuseeland) Kriminalität, Unfälle und tödliche Krankheiten schlagartig abgeflaut seien, weil mehr als 1 Prozent der Bewohner täglich zweimal meditieren und daß sich die neuseeländische Regierung, von der Wirksamkeit der TM überwältigt, offiziell bei Maharishi erkundigt habe, was es kosten würde, dem ganzen Volk Neuseelands TM beizubringen.

Der Premierminister von Neuseeland, Robert D. Muldon, antwortete dem um Aufschluß bittenden Hamburger: „In den Bereichen Kriminalität, Unfälle und tödliche Krankheiten gab es in der fraglichen Zeit keine signifikanten Veränderungen."

Ich will die Nerven Sattyanands schonen und konfrontiere ihn nicht mit den Enthüllungen des Hamburgers, die den Maharishi-Effekt als Einbildung oder Lügenpropaganda erscheinen lassen. Mein Gesprächspartner kommt mir nämlich sehr reizbar vor. Er verkehrt mit seiner Gefolgschaft äußerst unfreundlich. Es erscheinen häufig Mitarbeiter, die ihm Dokumente, Rechnungen, Verträge und Briefe vorlegen. Sie küssen ihm die Füße und kuschen. Sattyanand ist kein Mann, der über den Dingen steht. Er ist mißmutig, ungeduldig und heftig.

Die TM-Lehrer, sagte Maharishi einmal, sind „ein Symbol der Wirkung, die TM erreicht: Sie sind voller Güte und Frieden". Wenn ich den Lehrer der Lehrer in Rishikesh betrachte, dann muß ich entweder annehmen, daß die TM Unwirschheit, Grimm und Verdrießlichkeit zeitigt, oder daß Sattyanandji schon lange Zeit nicht mehr meditiert hat. Ich nehme letzteres an. Denn ich zweifle grundsätzlich nicht daran, daß die Frucht der Meditation Selbstentfaltung ist.

Der Weg zur Selbstentfaltung ist in der TM zunächst kein anderer als der jedes Mantra- oder Japayogas: Ich tauche in mir hinab zur Quelle des Geistes, zum reinen Bewußtsein. Das Fahrzeug, das mich von der unruhigen Oberfläche des Geistesozeans zur stillen Tiefe befördert, ist der Mantra, eine Meditationssilbe. Wenn ich den Urgrund des Geistes erreiche, berühre ich das Absolute Sein und erlöse das Unbewußte.

Das ist alles, was Sattyanand mir zu sagen bereit ist. Er schweigt und putzt sich die Ohren. Über die Einweihung sagt er mir nichts, das ist keineswegs tragisch, zumal es genügend Lehrer und Schüler der TM gibt, die ihr Schweigen gebrochen haben, so daß sich die Uneingeweihten ein lückenloses Bild von der Einweihung machen können. Die Höhe der Gebühr entspricht im Westen in etwa dem Wocheneinkommen eines Kandidaten. Ursprünglich soll, wie die Werbeleute des Maharishi behaupten, der Meister kein Geld für die Unterweisung eingesteckt haben. Erst als er gewahr wurde, daß im Westen der Wert einer Sache an ihren Kosten gemessen wird, war er zögernd willens, hohe Gebühren zu kassieren.

Der Neuling findet sich, nachdem er bezahlt hat, mit den Symbolen des erblühten Lebens (Blumen), des Lebenssamens (Obst) und der Reinigung des Geistes (weißes Taschentuch) im TM-Zentrum ein. Die Gaben werden vor einem Altar mit dem Bild Brahmananda Saraswatis, des Gurus von Maharishi, in einem kultischen Vorgang geopfert, unter Anrufung hinduistischer Heiliger, gehüllt in eine weihevolle Atmosphäre von Kerzenlicht, süßlich duftender Räucherstäbchen und brennendem Kampfer, der das Licht des Lebens versinnbildlicht.

Die Liturgie klingt aus mit den Worten: „. . . Er, der fähig ist, die Wolke der Unwissenheit der Menschen zu vertreiben, der Verleiher der Glückseligkeit, der ruhmreiche Befreier, Brahmananda Saraswati, der höchste Lehrer, voll des Glanzes, Ihn bringe ich in mein Bewußtsein."

Mit Brahmananda Saraswati im Bewußtsein empfängt der Kandidat seinen Mantra. Der Mantra ist in der TM top secret. Der Lehrer übergibt dem Schüler einen angeblich individuellen Mantra, dessen Klangwellen, so Maharishi, dem vom Individuum ausgehenden Energieimpulsen entsprechen müssen. Der Mantra ist tabu, er darf niemandem verraten werden.

Ich verrate aber meinen, den ich nicht bekommen habe, aber bekommen hätte, wenn Sattyanandji bereit gewesen wäre, mich einzuweihen. Denn in Wirklichkeit werden die Mantren nicht individuell, sondern mechanisch nach Altersstufen vergeben, und meiner Altersstufe entspricht ein Mantra, dessen Klang in unserem Alphabet mit „kiring" wiedergegeben werden könnte. Zweimal am Tag muß ich also, je 15 bis 20 Minuten, entspannt dasitzen, die Augen geschlossen, und mich den Schwingungen des heiligen Sanskrit-Kürzels „kiring" überlassen, das den Meditierenden, um den Vergleich eines „Spiegel"-Redakteurs zu gebrauchen, wie ein seelischer Sessellift in andere Bewußtseinsregionen trägt.

Der Maharishi Ashram in Rishikesh hat auf seinem Gelände über hundert Rundhäuser für Einsiedler gebaut, Mietzins und Kostgeld der gut hundert Mönche sind ihr Gebet, das dem Ashram eine religiöse Weihe gibt. Umso verwunderter bin ich, daß mir Sattyanand verbietet, die originellen bienenkorbförmigen Eremitenkrale, im Parterre befinden sich Schlafkammer und Toilette, im ersten Stock ein Meditationsraum, zu fotografieren.

Das Fotografierverbot, das ich mit ruhigem Gewissen übertrete, ist mir völlig unerklärlich, und ich gebe keine Ruhe, bis ich den wahren Grund herausgefunden habe. Das ist er: In Indien ist alles Religion und Religion alles, so daß sich der Maharishi religiös gibt und Häuser für Heilige baut. Im Westen sitzt jedoch die Wissenschaft auf dem Thron der Anbetung, dort gibt sich Maharishi wissenschaftlich. Im wissenschaftlichen Westen will er die religiöse Seite der TM möglichst verbergen, schon um nicht den christlichen Kirchen den Fehdehandschuh hinzuwerfen. Deshalb begründet Sattyanand das Fotografierverbot: „Die Bilder könnten im Westen mißverstanden werden."

Maharishi empfiehlt seinen Propagandisten, jeweils jene Seite der TM hervorzukehren, die gefragt ist. Die TM kann also je nach Bedarf in religiösen, wirtschaftlichen, politischen oder wissenschaftlichen Begriffen gelehrt werden. In Europa und Amerika wird demnach die TM als „Wissenschaft der kreativen Intelligenz" etikettiert. Maharishi holte die Meditation in das Laboratorium.

Die medizinischen Meßinstrumente zeigen bei TM-Praktikanten an:

- Der Milchsäurespiegel im Blut sinkt, was auf ein geringeres Angstniveau hinweist.
- Der Hautwiderstand gegen elektrischen Schwachstrom, der aufgrund der Schweißabsonderung bei Streß, Furcht und Nervosität abnimmt, steigt bei TM-Meditierenden beträchtlich an, bis auf das Fünffache, während er sich bei Schlafenden nur auf das Zwei- bis Dreifache erhöht. Nach dem Streßindikator Hautwiderstand bietet also TM eine gründlichere Entspannung als der Tiefschlaf.
- Im Muster des Elektroenzephalogramms treten verstärkt Alphawellen auf, Gehirnstromkurven, die anzeigen, daß sich die Versuchsperson wohl fühlt. Die Häufigkeit der Alphawellen nimmt nämlich bei angenehmen Gefühlen zu.
- Die Stoffwechselrate vermindert sich: Der Sauerstoffverbrauch und die Kohlendioxydausscheidung nehmen ab. Das besagt, daß der Meditierende weniger Energie verbraucht. Die Energieeinsparung beträgt bis zu 20 Prozent, wie der Grundumsatz zeigt.
- Die Pulszahl sinkt um durchschnittlich 5 Schläge pro Minute.
- Die Herzfrequenz nimmt ab, d. h. das Herz wird entlastet, es braucht nicht soviel zu pumpen.
- Der Blutdruck normalisiert sich.
- Die Durchblutung verbessert sich.

Robert Keith Wallace und Herbert Benson, die im Labor die

physiologischen Begleiterscheinungen der TM untersuchten, stellten zusammenfassend fest: „Diese physiologischen Veränderungen bei Menschen, die die leicht erlernbare Technik der Transzendentalen Meditation ausübten, waren den Beobachtungen sehr ähnlich, die an besonders erfahrenen Yoga-Experten und Zen-Mönchen mit über fünfzehn- bis zwanzigjähriger Meditationspraxis gemacht wurden."

Als Hauptanwendungsgebiete der TM im klinischen Bereich zählt die deutsche Psychotherapeutin Christa Kniffki, gestützt auf zahlreiche empirische wissenschaftliche Untersuchungen, folgende Schwerpunkte auf: „Psychische Störungen (Phobien und Angstzustände, reaktive Depressionen, Schlaflosigkeit, nervöse Erschöpfungszustände), psychogen funktionelle Störungen (Hypertonie, Asthma bronchiale, Migräne, Kopfschmerzen, Angina pectoris), psychosomatische Krankheiten mit organ-pathologischen Veränderungen (Magengeschwür) und die Prophylaxe, Behandlung und Nachbehandlung bei Drogenkonsumenten."

Wer ist der weißgewandete Hohepriester aus Rishikesh, der Millionen in seinen Bann zieht? Gewiß, der zierliche und zottelige indische Mönch mit der hohen Stimme hat ein freundliches Wesen, Sinn für Humor und einen geraden durchdringenden Blick, aber was macht ihn zum Auserwählten, zum Messias?

Er ist der Sohn eines Steuerinspektors oder eines Forstbeamten, beide Versionen sind in Umlauf, und wurde in Jabalpur (Zentralindien) zwischen 1911 und 1918 geboren. Über sein Geburtsjahr, seine Jugend- und Studienzeit breitet Mahesh Prasad Varma den Mantel des Schweigens. Er glaubt offenbar, verschiedenes verbergen zu müssen, was seinen Nimbus ankratzen könnte. Der Sprößling der Kriegerkaste (Kshatriya) soll nach der offiziellen Biographie, sprich Heiligenlegende, 1941 an der Universität von Allahabad einen akademischen Grad in Mathematik und Physik erworben haben, er weicht aber jedem Gespräch über seine Studienfächer aus, wenn Naturwissenschaftsstudenten ihn in die Zange nehmen.

Der Universitätsabsolvent, der nach seinem Studium in einer Waffenfabrik arbeitete, sah eines Nachts im Scheinwerferlicht eines wendenden Lastwagens für Sekunden das aufleuchtende Antlitz eines meditierenden Meisters, das ihm die Göttlichkeit des Menschen enthüllte. Mahesh Prasad Varma warf blitzschnell alle Zukunftspläne über den Haufen und entschloß sich, allem zu entsagen und dem Gurudev (= göttlicher Lehrer) zu folgen. Er wollte kein Angestellter sein und nicht die Ehe eingehen, die seine Eltern schon arrangiert hatten. Er wollte sich dem Größten der Großen anschließen, Gurudev Swami Brahmananda Saraswati, der damals im Alter von 72 Jahren den „heiligen Thron des Shankaracharya von Jyotirmath" im Himalaja bestieg, nachdem er fünfzig Jahre als Einsiedler bei Löwen und Leoparden gelebt hatte.

Zwölf Jahre war Mahesh Yogi der Lieblingsschüler Swami Brahmananda Saraswatis, bis zum Tode Gurudevs im Jahre 1953. Der letzte Wille des Meisters war es, daß Mahesh Yogi eine leicht faßliche Methode der Meditation entwickeln sollte, die Herr und Frau Jedermann erlernen konnten. Mahesh Yogi verkroch sich zwei Jahre zur Sammlung in der Abgeschiedenheit von Uttarkashi, das ist das „Benares des Nordens", 150 Kilometer von Rishikesh entfernt in Richtung Gangesquelle. In einer inneren Eingebung wurde die Transzendentale Meditation (TM) geboren, eine der modernen Zeit angepaßte uralte Versenkungstechnik, die er schließlich ab 1955 in Südindien zu propagieren begann. 1958 entschloß er sich anläßlich einer Feier zum Gedächtnis des 89. Geburtstags Gurudevs, die Welt zu erneuern und zuerst den Westen anzusprechen. Er gründete eine geistige Erneuerungsbewegung: Spiritual Regeneration Movement (SRM).

Sein Hauptquartier schlug er in Rishikesh auf, wo er 1962 auf dem linken Gangesufer einen Ashram gründete. Er war in Rishikesh sehr darauf bedacht, unter allen Heiligen die größte Gloriole zu haben. Der indische Generalmajor Sujan Singh Uban erzählt ein sehr bezeichnendes Erlebnis. Maharishi Mahesh Yogi und Baba Sita Ram Das Onkarnath waren in Rishikesh damals Nachbarn. Letzterer lud ersteren zu einem Besuch ein. Der Maharishi sagte zu und versprach, um 20 Uhr zu kommen. Ein früherer Schüler Maharishis und jetziger Schüler Babas, so berichtete der gerade im Ashram Babas weilende Generalmajor, orakelte, daß der Maharishi auf keinen Fall um 20 Uhr kommen würde. Er meinte, der Maharishi käme erst nach Mitternacht, wenn alle schliefen und niemand sehen würde, daß er, der Größte, einen anderen Heiligen aufsuchte. Alle tadelten den Schüler, weil er so schlecht über einen großen

Yogi dachte. Zu seiner Rechtfertigung sagte der Student nur: „Wartet ab!“ Baba bat den Generalmajor, seinen Gast, sich um 20 Uhr am äußeren Ashramtor zu postieren und den Mahesh Yogi, wenn er mit dem Wagen vorführe, in das Empfangszimmer zu eskortieren. Der Generalmajor wartete mehr als vier Stunden. Kurz nach Mitternacht kam der Maharishi, und als er den Generalmajor erblickte, ließ er ihn gedemütigt stehen und flitzte in den Ashram. Er erwähnte mit keinem Wort den Grund für seine Verspätung.

Mahesh Yogi war der Herrgott von Rishikesh. Er hatte sogar das ungeschriebene Recht, als einziger im Auto den Lakshman Jhoola zu passieren.

Schon 1958 hatte Maharishi seine Weltreisen eröffnet, die ihm in der Presse den Beinamen „Jet-Yogi“ eintrugen. Den großen Durchbruch zur Weltberühmtheit verdankte er aber zweifellos den Beatles, die 1967 den damals noch ziemlich unbekannten Guru in einem Londoner Hotel sprechen hörten und ihm zur Einweihung nach Rishikesh folgten. Das verschaffte den stets von Blumen umgebenen Guru mit den ungekämmten, bis auf die Schultern fallenden Haaren und dem unschuldigsten Lächeln der Welt ein ungeheures Echo in der Weltpresse. Journalisten aus aller Welt begannen sich in den Jahren 1967 und 1968 mit dem seigneuralen Yogi aus Rishikesh und seiner TM zu beschäftigen.

Die steigende Teilnehmerzahl an den Kursen sprengte bald den Rahmen des Ashrams in Rishikesh, der ursprünglich als Weltzentrale mit installierten Fernsehkameras, mit Aircondition, Marmorbadewannen für die Hautevolee und allen Raffinessen der technischen Zivilisation geplant war. Dazu kam, daß in Rishikesh große spirituelle Meister leben, die ihren Schatten auf ihn warfen, während er selbst die Sonne von Rishikesh sein wollte. Das alles führte dazu, daß er seit 1970 meistens im Westen logiert.

In Rishikesh sitzt eines Tages in einem Eßlokal eine junge Italienerin aus Mailand neben mir, die sich im Gespräch als begeisterte Anhängerin Maharishis entpuppt. „Maharishi sagt . . ., Maharishi sagt . . .“, so geht es die ganze Zeit.

„Das Sagen und Sein“, halte ich dagegen, „stimmt aber bei Maharishi nicht überein. Mich stört, daß er der Macht und dem Mammon huldigt.“

„Maharishi ist ein Erleuchteter, und das Tun eines Erleuchteten ist für uns, die wir auf einer niedrigeren Bewußtseinsstufe stehen, nicht immer plausibel. Wenn Sie in einen Spiegel blikken, sehen Sie sich selbst. Maharishi ist wie ein Spiegel. Die Eigenschaften, die Sie an ihm zu bemerken glauben, sind Ihre eigenen. Ich selber habe Maharishi ein einziges Mal gesehen, mir ist bei seinem Anblick schrecklich übel geworden und ich habe stechende Kopfschmerzen bekommen. Damals wußte ich noch nicht, warum, er hat, wie mich ein TM-Experte aufklärte, meinen eigenen egoistischen Bewußtseinszustand reflektiert."

Mir tut die sensible Italienerin leid, deren Gewissen betäubt worden ist mit einer faschistoiden Ideologie, die alles für richtig erklärt, was immer der große Führer getan hat, tut oder tun wird.

„Kennen Sie Sattyanandji", fragt mich die sympathische Milanesin mit strahlenden Augen, „seinetwegen bin ich für eine Woche nach Indien gekommen."

„Ich habe mit ihm gestern gesprochen, er hat mir eine Stunde lang Fragen über TM beantwortet, war aber nicht gewillt, mich in einem viertägigen Kurs einzuweihen."

„Sie haben eben ein schlechtes Karma", sagt sie halb im Ernst, halb im Spaß. „Sattyanandji, haben mir Bekannte gesagt, ist der bedeutendste unter den gegenwärtig in Indien lebenden Gurus und eine Flugreise von 2mal 20 Stunden bzw. 2mal 10 000 Kilometer wert. Er kann mir weiterhelfen."

Nächsten Tag, gegen Abend, sehe ich sie unweit der Anlegestelle des Fährbootes am Ganges sitzen, mutterseelenallein, eine geknickte Blume. Sie ist sichtlich unbeschwingt: Ihre Hoffnung, daß ihr in Rishikesh Flügel wachsen würden, ist jäh entschwunden. Sie meditiert nicht, sie sinniert, in sich zusammengesunken, betroffen über ihr schlechtes Karma, oder ...? Der Maharishi Ashram hat, wie ich insgeheim befürchtet hatte, die TM-Praktikantin aus Italien abgewiesen. Sie hat ihren glorifizierten Sattyanandji nicht einmal zu Gesicht bekommen. Ist die Gläubige eine Zweiflerin geworden? Ich möchte ihr nicht auf den Zahn fühlen.

„Werden Sie in einen anderen Ashram gehen?"

„Nein, ich werde morgen abreisen und zurückfliegen."

Die TM ist kostspielig.

Was ist die TM aber wert?

Die Meditation mit einem Mantra hat nicht der Maharishi erfunden, sie ist erprobt in Jahrtausenden. Was er als Geheimnis verkündet gegen horrende Bezahlung, pfeifen in Rishikesh seit eh und je die Spatzen von den Dächern.

Wer sich auf einen Mantra, eine Silbe, konzentriert, hält seine Gedanken in Schach. Der Mantra absorbiert den Geist des Meditierenden. Der Stillstand der Denktätigkeit ist die Vorbedingung jeder Reise nach innen. Der menschliche Geist ist von Natur aus ein rastloser Wandervogel, und der Mantra ist sozusagen ein angenehmes und anregendes Plätzchen, auf dem sich der Wandervogel gerne niederläßt.

Für den Yogi, der sich auf seinen Mantra konzentriert, ist die Gipfelbezwingung eine regelrechte Kletterei, aber Maharishi behauptet, er habe eine Schnellstraße zum selben Ziel gebaut, eine Autobahn der Volksmeditation. Er hat nicht einmal so unrecht. Der menschliche Geist ist ein störrisches, unbändig herum galoppierendes Wildpferd. Wie kann er zur Ruhe gebracht werden? Die gewöhnlichen Mantrayogis, die sich anstrengen, den Mantra dauernd im Visier zu haben, gleichen jemandem, der mit dem Lasso hinter dem Pferd her ist, um es einzufangen und in einer Ecke anzubinden. Es wird revoltieren und davonrasen, wenn es losgebunden wird. Maharishi ist schlauer, er überlistet das Pferd und legt Futter an den Platz, wo er es festhalten will. So wird es allmählich zahm. Jede gewaltsame Willensanstrengung hemmt die Meditation. Der schlechteste Meditierer ist der, der sich „zusammennimmt". Das Geheimnis des Fortschritts in der Meditation ist die innere Lockerung und Lösung, die der Maharishi erreicht, indem er den Meditierenden einschärft, den Übungslaut nicht krampfhaft festzuhalten, sondern den Geist ungebunden und frei schweifen zu lassen, bis er sich zwanglos dem Klang überläßt, der ihn tiefer und tiefer führt. Die TM gebraucht, wie gesagt, kein Lasso. Das ist der Unterschied zum gewöhnlichen Mantrayoga. Sie erreicht auf einem Umweg, der paradoxerweise eine Abkürzung ist, dasselbe: nämlich die Zähmung der Gedanken.

Maharishi verpackt seinen Mantrayoga in einen geheimnisvollen Ritualismus, eigentlich in vollem Widerspruch zu der ideologiefreien, nüchternen naturwissenschaftlichen Note, die er seiner Bewegung zu geben sucht. Seine Weltplan-Center sind sachliche Tempel des Fortschritts, das Sanktissimum der Wissenschaft der Kreativen Intelligenz ist das Laboratorium, aber auf den indischen Weihrauch verzichtet die TM nicht. Ist doch der Mantrayoga, dem die TM entstammt, in Indien besonders unter dem Einfluß tantrischer Schulen vielfach in mystische Magie gehüllt, unter deren Hokuspokus die Mantren zu Codeworten für Götter werden. Maharishi besteht zum Beispiel darauf, daß die Lautbeschaffenheit des Mantra entscheidend ist und daß die Meditationssilbe geheimgehalten werden muß, um ihre Wirkung nicht einzubüßen. „Ich war damals überzeugt", bekennt ein inzwischen ausgestiegener TM-Schüler, „daß sich die Zauberkraft des Mantra gegen mich wenden würde, wenn ich nicht dichthielte." Was als mit göttlicher Potenz gefüllte Urformeln ausgegeben wird, sind schlicht und einfach Konzentrationsstützen. Es ist zweifellos richtig, daß die Tonwellen und Schwingungen bestimmter Sanskritsilben die Konzentration erleichtern, wesentlich sind sie keineswegs. Ein Mantrayogi, der sich an die Maharishi-Silbe „kiring" hält, kommt zu keinem anderen Ergebnis als einer, der beispielsweise das deutsche Wort „Vater" benutzt, oder, dem Rhythmus des Atmens folgend, von eins bis zehn zählt, oder sich auf das Ticken einer Uhr konzentriert.

Eines Tages, berichtet eine tibetanische Geschichte, kam ein frommer Tibeter zu einem indischen Himalajaguru, einen Mantra erbittend, der ihn zur Erleuchtung führt. Der Guru, der gerade keine Zeit hatte, jagte den Mann fort: „Hau ab!" Der Sanskritsprache unkundig, hielt der Tibeter das „Hau ab" für einen wunderbaren Mantra und wiederholte ihn mit ganzer Hingabe Monate und Jahre, bis der Meditierende, wie die Biene den Nektar der Blume, das göttliche Manna auf dem Grund seines Herzens fand.

Der Mantra ist nicht mehr und nicht weniger als ein Hilfsmittel, die tanzenden Affen der Gedanken zur Ruhe zu bringen, alles andere ist Brimborium.

Shri Ramana Maharishi – im Gegensatz zu Mahesh Yogi ein echter Maharishi –, Indiens größter spiritueller Meister der neueren Zeit, vergleicht einen Mantra mit einer Ufermauer, mit einem Damm, um den Wasserlauf der Gedanken, den geschwinden Strom voll Vorstellungen in die erwünschte Richtung zu lenken.

Entscheidend ist allein, sich in den Übungslaut zu versenken und mit ihm eins zu werden, so daß nichts anderes mehr im Bewußtsein Platz hat. Dann kann sich das Tor ins Unendliche öffnen – oder das Tor zur Nervenklinik.

Denn aller Yoga, inklusive Mantrayoga, entbindet gewaltige Kräfte, die einen unvorbereiteten, seelisch und sittlich nicht gefestigten Menschen umwerfen.

Darauf beziehen sich die Hauptvorwürfe zahlreicher Ärzte und Psychotherapeuten gegen die von Maharishi propagierte Jedermann-Meditation:

Erstens wird dem Maharishi vorgeworfen, daß die angeknacksten, labilen, übersensiblen, depressiven Menschen – und gerade diese scharen sich um Maharishi – nicht gegen den Ansturm der Kräfte aus der Tiefe gewappnet sind, wenn sich aus dem Unterbewußtsein, einer Schlangengrube, die giftigen Nattern und Vipern des Unerledigten ans Licht drängen.

„Professor Dr. Langen, Direktor der Klinik für Psychotherapie an der Universität Mainz", schreibt die Zeitschrift des Bayrischen Kultusministeriums „Schule und wir", „empfindet die Betreuung der TM-Schüler als viel zu dürftig. Er sieht in der TM-Methode Gefahren vor allem für Jugendliche und kennt aus seiner Praxis viele Beispiele: schwere vegetative Regulationsstörungen, Abweichungen von der normalen Persönlichkeitsentwicklung, wahrhafte Krankheitsbilder, die schließlich in psychische Heilbedürftigkeit einmünden."

Ein Psychotherapeut, der gleichzeitig Meditationsexperte ist, Dr. Klaus Thomas, beschuldigt den Maharishi: „Die TM-Organisation veröffentlicht Erfolgsberichte, kein Wort aber von der Zahl und den Leiden derer, die sich bitterlich enttäuscht oder gar innerlich geschädigt wieder von ihr abgewandt haben."

Maharishi, befragt, was er zu den TM-Geschädigten sagt, rechtfertigt sich damit, daß jeder Kandidat vor Beginn des Unterrichts eine verbindliche Erklärung über seinen körperlichen, seelischen und geistigen Gesundheitszustand abgeben müsse, und niemand zugelassen werde, der in die Hand eines Arztes gehöre.

Gegen den Maharishi wird im Zusammenhang mit der Gefährlichkeit der Meditation noch ein zweiter Vorwurf erhoben: Er erkläre frischfröhlich, niemand, der sich seinem Instant-

Yoga zuwende, brauche seinen Lebensstil zu ändern. Weil die Meditation nur einem charakterfesten, opferbereiten und selbstlosen Menschen zum Segen und Heil gereicht, ist es ein ehernes Gesetz der hinduistischen wie der buddhistischen Meditationsschulen, daß sie von ihren Anhängern eine ungeheure Disziplin verlangen. Der klassische Yoga zum Beispiel fordert von den Aspiranten, sich den fünf Yamas (gemeinnützigen Geboten) zu unterwerfen: 1. Gewaltlosigkeit, 2. Wahrhaftigkeit, 3. Nichtstehlen, 4. Keuschheit, 5. Genügsamkeit, und den fünf Niyamas (persönlichen Geboten): 1. Sauberkeit, 2. Gleichmut, 3. Selbstkontrolle, 4. Selbsterforschung und Studium der heiligen Schriften, 5. Gottesliebe.

Maharishi indessen beruhigt die TM-Interessenten, sie müßten ihre Gewohnheiten nicht ändern. Zum Teil trifft der in dieser Hinsicht gegen Maharishi erhobene Vorwurf sicher ins Leere. Denn Maharishis Taktik ist schlau: Er verlangt keine erzwungene Änderung der Lebensweise, wissend, daß sich die Lebensweise eines Meditierenden automatisch von Grund auf ändert. Wir haben die Beichte eines „Toten auf Urlaub" gehört, die TM hat ihn von der Rauschgiftsucht erlöst: „Es ergab sich einfach so." Die Abhängigkeit von Drogen, Schlafmitteln, Nikotin, Alkohol usw. läßt allmählich nach, die Ernährungsweise ändert sich von selbst, jeder Meditierende weiß, wie er sich unwillkürlich mit der Zeit umstellt und mehr und mehr Geschmack an allem Natürlichen und Bekömmlichen findet.

Im Rahmen des Normalen ist nichts gegen Maharishis Methode einzuwenden, und einem Gesunden oder einem Dickhäuter wird sie zum Nutzen, einem Menschen mit verdeckten krankhaften Anlagen kann sie aber zum Schaden gereichen, wenn sein TM-Lehrer, wie es in der Regel der Fall ist, kein erfahrener Seelenführer ist, sondern ein „Schalterbeamter", dessen Selbstverwirklichung nur gespielt oder geglaubt ist.

Auf dem Erlösungstrip

Bestrebt, möglichst mit jedem Europäer, Amerikaner oder Australier, der mir in Rishikesh über den Weg läuft, ins Gespräch zu kommen, hatte ich gleich am ersten Tag eine originelle Begegnung im Restaurant des Kailashanand-Hotels Luxman Jhula. Der Salon, ausgestattet mit Kristallustern, bienenwabenförmiger Goldreliefdecke und barockisierten Wandleuchten, scheint eine Oase für Yogis aus Fernwest zu sein. Aus der Kassette ertönt in deutscher Sprache der Schlager „Rosamunde ..."

Eine allein am Nebentisch sitzende junge Weiße fällt mir auf, die sich eine Kleinigkeit bestellt hat und im übrigen ihr Mahl selbst aus Mitgebrachtem auf einem Hotelteller zubereitet, ganz versunken in ihr Tun, langsam in ihren Bewegungen. Sie zelebriert andächtig ihr einfaches Essen und Trinken wie eine Japanerin ihren Teekult. Sie hat kurzgeschorene Haare, ist in ein grünliches Leinen gekleidet und trägt eine Gebetskette um den Hals.

Nach Beendigung ihrer weihevollen Eßriten, als sie sich eine Zigarette ansteckt, frage ich sie, woher sie komme. „Aus Washington oder aus San Franzisko, wie Sie wollen. Geboren bin ich im Schatten des Weißen Hauses, aber das Zentrum unserer Yogabewegung ist in Frisko."

Gail ist ihr amerikanischer Name im Paß, aber sie nennt sich Pema Nyinje. Sie ist erst gestern in Rishikesh angekommen wie ich. Sie ist Kundschafterin einer amerikanischen Yogakommune, die in der Umgegend von Rishikesh einen Ashram errichten will. Gails Mission ist es, einen geeigneten Platz dafür ausfindig zu machen. Die achtzehnköpfige Kommune besteht aus 3 Männern und 9 Frauen, die in Gemeinschaftsehe leben, sowie 6 Kindern. Eine Deutsche ist dabei, sonst sind alle Mitglieder Amerikaner. Sie nennen sich selbst Harijans (= Kinder Gottes) und ihren sinnenfreudigen tantrischen Yogapfad: „Baby-Yoga". Ich kenne ein Dutzend Yogaarten, aber ein Babyyoga ist mir bisher noch nie untergekommen. Das ist trotz seines Namens kein Yoga für Kleinstkinder, sondern für Erwachsene.

Warum möchte sich die Kommune in Rishikesh niederlassen?

„Indien ist eine bessere Mutter für unsere Kinder als Amerika. Die Kinder sind unser Kostbarstes. Denken Sie an die Worte Jesu: ‚Wer einem von diesen Kleinen Ärgernis gibt, für den wäre es besser, wenn er mit einem Mühlstein um den Hals im tiefen Meer versenkt würde'."

Gail alias Pema Nyinje macht einen Zug an ihrer Zigarette.

„Die Kinder sind unser Vorbild", erklärt sie. „Darum nennen wir unseren Yoga ‚Baby-Yoga', eingedenk des Christuswortes: ‚Wenn ihr nicht werdet wie die Kinder, werdet ihr nicht in das Himmelreich eingehen.' Die Kinder sind also unser Lehrmeister, unser Guru."

Unter dem Zwang der technischen Zivilisation sei es genau umgekehrt, sagt sie. Da würden nicht die Erwachsenen wie die Kinder, sondern die Kinder wie Miniaturerwachsene. In der Konsumgesellschaft seien die Kinder nichts anderes als Verbraucherrekruten.

Mir fällt zu dem Thema ein, daß der Psychologe Max Wertheimer den Erwachsenen ein „entartetes Kind" nennt. Das ist der Babyyogini aus der Seele gesprochen. Der Yoga aller Spielarten ist letzten Endes ein Zurückkehren zur Quelle, ein Heimkommen, ein Wiederfinden des Verlorenen.

Was wir verloren haben, können wir an den Kindern sehen: das Urvertrauen, die Unmittelbarkeit, das schöpferische Spiel, die Offenheit, das volle Leben im Gegenwärtigen, das Sichvergessenkönnen und vieles mehr.

Gail ist in ihrer Begeisterungsfähigkeit schon wie ein Kind geworden, sie ist Feuer und Flamme für ihre Idee, es fehlt ihr aber jeder engstirnige Fanatismus. Beschwingt und gelöst – die Babyyogis pflegen den Tanz zur inneren Befreiung – hängt sie ihre Trommel und ihren Brotsack um, ergreift ihren Regenschirm und geht leichtfüßig ihres Weges. Das ist ihr ganzes Reisegepäck für Wochen. Ich komme mir mit meinem 20-Kilo-Koffer wie ein lächerlicher Möchtegern-Yogi vor.

Als erwählte Gottheit verehren die Babyyogis Shiva, den göttlichen Tänzer des ewigen kosmischen Tanzes, der den Wandel des Werdens und Vergehens hervorruft, und in den nächsten Tagen ist in den kleinen Shivatempeln in Rishikesh die Amerikanerin Gail zu finden, unbeschwert trommelnd und tanzend, singend und betend: „Om Namah Sivaya, Om Namah Sivaya, Om Namah Sivaya . . ."

Eine Woche später treffe ich die amerikanische Babyyogini zufällig auf dem Lakshman Jhoola. Nein, sie hat noch keinen Platz für einen Ashram gefunden. Sie macht einen geschwächten Eindruck und ist zu Fuß unterwegs zum gut 6 Kilometer entfernten Bahnhof von Rishikesh in dem Vorhaben, mit ihrem letzten Geld eine Eisenbahnfahrkarte für den Nachtzug nach Delhi zu erstehen und in der Hauptstadt ein Krankenhaus aufzusuchen. Sie glaubt die Tropenruhr zu haben. Sie hat schmerzhaften Durchfall mit Blut und Eiter im Stuhl. Ashrams haben ihr fürs Übernachten fast alles Geld abgeknöpft. „No spirit", klagt sie, „die Seele der Ashrams ist das Geld." Sie wünscht Jesus herbei, daß er die Geldwechsler und Händler, die die Gebetshäuser zu Räuberhöhlen machen, aus den Tempeln und Ashrams verjage. Ich bringe die kranke amerikanische Yogini mit dem Taxi zur Zugstation und wünsche ihr baldige Genesung. In den nächsten Wochen habe ich sie nicht mehr in Rishikesh erblickt.

*

Die einen halten ihn für einen Heiligen, der ein Yogaforschungszentrum, „Botschaft der Wahrheit", unterhält, die anderen für einen Abenteurer, der nach Uran sucht, die dritten für einen Geschäftsmann, der mit Antiquitäten handelt, und die vierten für einen Spion im Dienst Pakistans, der im Kriegsfall den Lakshman Jhoola in die Luft zu sprengen hat. Ich spreche von Emil, einem seit 7 Jahren in Rishikesh ansässigen Berliner. Er heißt nicht Emil, aber ich nenne ihn so, weil ich ihm versprochen habe, seinen richtigen Namen nicht an die große Glocke zu hängen, um ihm nicht weitere Journalisten und Touristen auf den Hals zu hetzen. Zuerst halte ich seine Publicityscheu – kein Foto! keinen Namen! – für eine Masche, hinter der sich Selbstgefälligkeit verbirgt. Doch Pharisäer ist Emil keiner, wirklich nicht. Ein frommer Schelm und Schalk, ein wohltätiger und hilfsbereiter Spekulant, ein wahrheitsliebender Märchenerzähler, ein Parzifal, der über sich selbst lachen kann, eine Berliner Schnauze mit Pariser Esprit, ein der Ruhe pflegender Himmelstürmer, ein nüchterner Phantast ist er, kurzum ein Unikum.

Das Zweite Deutsche Fernsehen war schon hinter ihm her,

deutsche Neckermänner standen schon vor seiner Tür. Er ließ sie abblitzen. Nichts ist ihm unangenehmer, als bekannt oder berühmt zu werden.

Daß er aber in Rishikesh jemand ist, ist ihm nicht unlieb. Er spricht fließend Hindi. Honoratioren der Stadt katzbuckeln vor ihm, ich habe es mit eigenen Augen gesehen. Ich bin selbst einmal Nutznießer seiner einflußreichen Position, als ich einen Wagen nach Delhi brauche. Der Berliner schickt mich zu einem Reisebüro und setzt selbst den Preis fest, der unter der Hälfte des durchschnittlichen Fuhrlohnes liegt. „Sagen Sie dem Chef, Emil besteht auf diesem Preis", lächelt der Berliner, so daß ich unsicher bin, ob er im Ernst oder im Spaß spricht. Der Touristikagent erfüllt aber ohne jeden Widerspruch den Wunsch, nein den Befehl Emils.

Der Berliner Junge hatte sich eines Tages gesagt: Emil, deine Heimat ist das Meer. Er wurde in Hamburg Schiffsjunge und Seemann und durchkreuzte die Weltmeere auf Bananendampfern, Öltankern und Passagierschiffen. Er war zu Hause in Afrika, Südamerika, USA, Japan, besonders in den Hafenkneipen aller Herren Länder. Mit 19 wurde er Steward. Plötzlich empfand Emil: Seemann, deine Heimat ist Gott.

Er warf den Seemannsberuf über Bord und wurde – Nachtklubbesitzer in Berlin. Er schloß das Nachtlokal und eröffnete ein Teehaus, „Katmandu" benannt. Um die Quadratköpfe fernzuhalten, wie er sich ausdrückt, verlangte er von den Gästen, daß sie sich die Schuhe auszogen. Stühle gab es keine in seinem exotischen Teehaus, nur Matratzen.

Vor seinen Augen aber stand nach wie vor Gott, der sich nicht mehr abschütteln ließ und ihm schlaflose Nächte bereitete: „Mann", sagte Gott zu ihm, „die Welt, die dir böse erscheint, änderst du nicht, ändere dich selbst." Deshalb entschloß er sich, Hobbyyogi und Berufsantiquitätenhändler in Rishikesh zu werden. „Yoga", sagt er, „ist eine Leine von Gott durch das Universum zurück zu Gott."

Bei allem bleibt Emil ein Lebemann, der sich mit schönen Dingen umgibt und moderne Errungenschaften schätzt wie zum Beispiel seine Stereoanlage, die uns in Diskothekenlautstärke Protestlieder eintrichtert. Sein Yoga ist der der Lebenskunst.

„Wie andere Fußball, Roy Black, die Kirche, Weinbergschnecken, Pferderennen, Briefmarken, Vogelzucht, Billard oder Halali lieben oder einfach Bier saufen oder in die Klotze gucken, so liebe ich Yoga.“ Wenn er Yoga sagt, meint er Kundaliniyoga. Das ist ein Geheimyoga. Emil ist durch und durch Esoteriker. Die größte lebende indische Heilige Anandamayee Ma, der wir noch begegnen werden, habe ihm die Einweihung erteilt, sagt er. Über seine Ekstasen und Visionen verliert er nicht ein einziges Wort. „Der innere Yoga“, entschuldigt er sich, „ist nicht beschreibbar, nur erfahrbar.“

Er warnt davor, ahnungslos Yoga zu üben. Selbst im Hathayoga, meint er, sind bestimmte Körperübungen nur eine Vorbereitung für Kundaliniyoga zur Weckung der schlummernden Energien. Ohne echten Guru ist es besser, Mitglied eines Turnklubs als eines Yogavereins zu werden. Sonst könnte es einem ergehen wie dem Zauberlehrling, der verzweifelte: „Die ich rief, die Geister, werd’ ich nun nicht los!“

„Ich kenne einen Bankbeamten, der privat Yoga übte und dadurch die Gabe des Hellsehens erlangte. Er konnte die Zukunft voraussehen und -sagen. Das machte ihn halb und schließlich ganz verrückt, weil er die entfesselten Gewalten und Mächte seiner Seele nicht mehr eindämmen konnte. Darum, liebe Freunde, lest Goethe. Dort steht’s: ‚Denn als Geister ruft euch nur zu seinem Zwecke erst hervor der alte Meister!‘“

Ob der Yoga sein Hobby und der Antiquitätenhandel sein Beruf ist, wie er behauptet, oder umgekehrt, wie ich meine, was tut’s. Er ist beides mit gleicher Hingabe. Zusammen mit seinem Yogabruder Anton, einem bayrischen Künstler, restauriert er in seinem Ashram/Atelier sorgfältig die alten Kostbarkeiten, die er im Himalaya erwirbt und in Deutschland an seine Kunden verkauft. Sein derzeitiges Prunkstück ist ein silberner tibetanischer Reliquienschrein. Im Augenblick restauriert er die Arme des Gottes des Reichtums, Kubera, einer Statue aus dem 12. Jahrhundert, wie er angibt. Jedem Liebhaber exotischer Altertümer schlägt das Herz höher beim Anblick seiner Schätze: eines Shivas aus dem Himalaja des 15. Jahrhunderts, einer Lakshmi-Narayan-Plastik aus dem Südindien des 10. Jahrhunderts oder eines duftenden magischen Amberrings eines Fürsten.

Man kann mit ihm über alles sprechen, über das tibetanische Totenbuch, über den islamischen Himmel – oder über mein

Yogabuch, das er kennt, aber nicht schätzt, weil es nur den „äußeren Yoga“ behandelt.

„Ist Ihnen nie die Idee gekommen, im Christentum Gott zu suchen?“ frage ich Emil.

„Die christlichen Kirchenmänner zerbrechen sich bloß den Kopf darüber, ob sie ‚Vater unser‘ oder ‚Unser Vater‘ beten sollen. Ob Vati oder Papi, er will geliebt und gelobt werden.“

„Sie halten demnach nicht viel von den Priestern als Männer Gottes?“

„Ich halte von den Priestern das, was Jesus Christus von den Hohepriestern und Theologen gehalten hat. Sie sind blinde Wegweiser. In der Bibel ist sein Urteil nachzulesen: ‚Wehe euch, ihr Heuchler, ihr gleicht übertünchten Gräbern, die außen zwar schön aussehen, inwendig aber voll von Totengebein und Fäulnis sind . . .‘ Nähere Einzelheiten siehe etwa Matthäus 23, 1-33.“

„Meiner Erfahrung nach beschäftigen sich die Pfarrer und Pastoren mit allem möglichen, nur nicht mit Gott“, eröffnet Emil und verfällt in einen Ton beißender Ironie: „Gehen Sie einmal zu einem Priester und sagen Sie ihm: Ich suche seit Jahren Gott, ich kann ihn nicht finden. Der Priester wird Ihnen antworten: Mensch, willst du mich auf die Schippe nehmen. Das kannst du mit mir nicht machen, ich bin doch Priester!“

Wenn jemand schon 7 Jahre in Rishikesh lebt wie Emil, bin ich natürlich gespannt, wie er Rishikesh als Stadt der Heiligen bewertet.

„Ich lebe nicht in Rishikesh“, weicht er aus, „ich lebe in meiner kleinen verschrobenen Welt.“

Ich lasse nicht locker: „Wie viele perfekte Meister, wie viele Erleuchtete leben heute in Rishikesh?“

„Nur beim Vater im Himmel gibt es lauter Heilige. Rishikesh ist nicht der Himmel, es gibt keine Engel hier. Es soll hier Heilige geben, habe ich gehört, doch getroffen habe ich bisher nur Menschen.“

*

David, der Australier, ist wohl der einzige, bei dem die Mathematik schuld ist, daß es ihn nach Rishikesh verschlagen hat. Er schaltet in seinem Zimmer im Yog Niketan den Windpropeller ein, sich meiner erbarmend, als er den strömenden Schweiß auf meiner Stirn bemerkt. Er selbst ist nach zweieinhalb Jahren Indien akklimatisiert.

David ist ein Sonderfall. Er ist kein Zivilisationsverweigerer, kein Weggetretener. Er ist seiner Heimat Australien nicht überdrüssig und rebelliert nicht gegen die Industrialisierung, wenngleich er meint, daß der westliche Mensch unterdrückt sei durch den Exzeß an Freiheit.

Ihn hat die höhere Mathematik dem Yoga in die Arme getrieben. Er machte in reiner Mathematik sein Doktorat und stieß dabei auf ein für ihn intellektuell unlösbares Problem. Er wußte aus der Geschichte, daß zahlreiche Entdeckungen auf dem Gebiet der Naturwissenschaft oder der Technik nicht das Ergebnis eines exakten Denkprozesses, sondern der Intuition waren. Vielleicht, sagte er sich, könnte er seine mathematische Nuß durch gefühlsmäßige Erkenntnis knacken? Darum ging er nach Indien, um durch Yoga seinen Spürsinn zu wecken und zu entwickeln. Zwar hat er die mathematische Lösung noch nicht gefunden, aber er hat die Hoffnung nicht verloren, sie eines Tages zu finden. Doch nach der zweieinhalbjährigen Yogaschulung, die er unternommen hatte, um seine Empfänglichkeit für innere Eingebung zu schärfen, ist die Mathematik nicht mehr die Ambition des blassen Australiers. Er hat inzwischen mystische Erfahrungen gehabt, die ihm, wenn er auf dem Yogaweg fortschreitet, Entfaltung und Erfüllung verheißen. Sein Ziel ist heute die Harmonie, er spricht von „Integration“. Er will vorerst in Indien bleiben, weil die Bedingungen für einen spirituellen Pfadfinder günstiger als in Australien sind.

Er hat vielerlei Meditationspraktiken auf seinen Wanderungen kreuz und quer durch Indien erlernt und ist auf der Suche nach einem Guru, der ihn auf dem Weg der Wandlung zum Samadhi, zur glückseligen Einheit mit dem Göttlichen, führt. In Südindien fielen ihm einmal zwei Bücher eines Himalajayogis in die Hände. Es waren die Bücher „Science of Soul“ (= Wissenschaft der Seele) und „First steps to higher Yoga“ (= Erste Stufen zum höheren Yoga) aus der Feder eines gewissen Swami Yogeshwarananda aus Rishikesh. Bei der Lektüre gewann er den Eindruck, hier spräche ein authentischer, selbstverwirklichter Yogi. Und David machte sich auf den Weg nach Rishikesh und lebt jetzt schon eine Weile im Yog Niketan. Den

92jährigen Yogeshwarananda hat er bislang aber noch nicht persönlich kennenlernen können. Der Guru wird erst in ein paar Monaten in den Ashram zurückkehren. Der Australier will auf ihn warten.

Zu Rishikesh meint David: „Es gibt hier ungeheuer viele Leute aus dem Westen. Doch in der Regel sind es Menschen, die Yoga als Modeerscheinung mitmachen. Die tiefer am Yoga Interessierten bevorzugen andere Plätze in Indien. In Rishikesh ist alles oder fast alles kommerzialisiert. Als Yogaort ist Rishikesh seit fünfzehn Jahren passé. Die echten Yogis haben sich in die höheren Regionen des Himalaya zurückgezogen."

*

Hans heißt eigentlich Dieter, aber Hans(a) heißt auf Sanskrit „Schwan" und Paramahans(a) „Höchster Schwan". Der Schwan ist im Yoga das Sinnbild der Mystik. Deshalb nennen ihn die Europäer und Amerikaner Hans oder Paramahans. Er gilt unter Westlern als eine Art Guru.

Ich sei immer zu Gesprächen willkommen, sagt er, ausgenommen kurz vor Sonnenuntergang, denn um diese Zeit pflege er im Wald Brennholz zu sammeln.

Er west in einer beton- und kunststoffreien Welt nur mit den Elementen Wasser, Luft, Erde und Feuer, mit anderen Worten: Er wohnt direkt am Ganges in einer offenen Höhle, die ihm seit kurzem ein furchteinflößender Yogi, dessen shivaitische Kosmetik an eine Kriegsbemalung und dessen Dreizack an eine Mistgabel gemahnt, streitig macht. Trotz der Naturverbundenheit lebt der junge Deutsche im Lendenschurz nicht gesund, er klagt über Rheuma und Nierenbeschwerden sowie einen durch Kalkmangel bedingten Zahnausfall.

Er könnte sich vorstellen, am Rhein in einer Höhle zu hausen, aber die deutschen Ordnungshüter würden ihn wohl verjagen. Zudem: Das Rheinwasser könne er im Gegensatz zum Gangeswasser nicht trinken. Nein, der jetzt Einunddreißigjährige möchte doch gerne am Ganges sterben, nicht in seiner Heimat Deutschland unter den Kugeln eines rabiaten Polizisten oder unter den Rädern eines besoffenen Wohlstandsbürgers.

Hans hält seine Höhle peinlich sauber. In seinem Hygienebedürfnis wurzelt seine tiefe Abneigung gegen die Hippies. Sie seien schmutzig, das habe er in Goa erlebt. Wenn man in Indien nicht mehr sauber sei, könne man sich der Krankheiten nicht mehr erwehren. Ich ziehe meine Sandalen aus und nehme in seinem Erdloch Platz.

Der blondhaarige und -bärtige Deutsche aus der Oberpfalz übergießt mit Gangeswasser das Shivalingam in seiner mit einer gelben Blumenkette geschmückten Höhle und murmelt das Stoßgebet Hari Om. Räucherstäbchen sind entzündet, eine Kerze brennt. An der Wand hängt ein Papier, in das er mit glosenden Räucherstäbchen kunstvoll das Sanskritzeichen Om gebrannt hat. Auf dem Boden liegen, geordnet um das Shivasymbol, Gurken, Tomaten und Kartoffel. Geld hat er keines. Nur eine Bhagavadgita, den Gesang des Erhabenen. Nicht einmal einen Paß besitzt er mehr, den hat eine heilige Kuh aufgefressen.

Seit drei Jahren ist er in Indien, seit zweieinhalb Jahren in Rishikesh und seit einem halben Jahr in der Höhle. Früher war er Dekorateur, Maler, Keramiker.

Er verdammt nicht den Westen, wirft ihm aber vor, daß er den Menschen von klein auf das Leistungsdenken und das Konkurrenzdenken einimpft: Schon dein Nachbar auf der Schulbank ist dein Konkurrent. Das ist pervers. 70 Millionen Deutsche in der BRD liefern einander einen Wettkampf auf Biegen und Brechen, jeder will den anderen übertreffen. Es fehlt die Zusammenarbeit, die Ein- und die Unterordnung. Im Kindergarten mußt du schon die Nummer eins sein. Niemand will dienen und freiwillig Nummer 2, 3, 4 oder 5 sein.

Ein zweites ist Hans ein Dorn im Auge: Der Materialist, ob er Kapitalist oder Kommunist ist, kann mit der Erde nicht umgehen. Er macht sie sich nicht untertan. Er macht sie kaputt. Nur der spirituelle Mensch kann sie fruchtbar machen. In Indien, sagt Hans, hat er gelernt, daß er selbst ein Teil der Erde ist, hat er gelernt, sich einzufügen. Die Jugendlichen, die aus dem Westen kommen, haben Angst vor dem Wettrüsten, vor der Umweltzerstörung, vor der Arbeitslosigkeit.

Der erste Schritt auf dem spirituellen Weg sei es, auf alles Geld zu verzichten. „Ich habe nichts mehr zu verlieren“, sagt Hans, „möchte aber mit keinem König tauschen. Wenn du kein Geld mehr hast, mußt du demütig die Hände falten. Die Inder begreifen nicht, daß ein Mann aus dem reichen Deutschland in

Rishikesh bettelt. Sie denken, der lügt, wenn er sagt, er habe kein Geld."

Monatelang hat er vom Swarg Ashram Essen bezogen, wenn nach der Ausspeisung der Sadhus die Bettler bekamen, was übrig geblieben war. Später haben ihn die Essensverteiler fortgejagt, und er lebte wie ein Hund. „Ich dachte", erinnert sich Hans, „oft an die satten Menschen in Deutschland, die nur aus Langeweile essen. Wenn ich den Bettlern in die Augen gesehen habe, ist mir eine Welt aufgegangen. Die Bettler sind Gott näher als die Sadhus. Wenn du drei Tage nichts gegessen hast und einer schenkt dir Linsen, weißt du, daß das eine Gottesgabe ist."

„Fühlen Sie sich als Hindu?" frage ich.

„Ich bin geborener Christ und betrachte einen Religionswechsel als Unsinn. Es gibt einen Gott, der uns alle beschützt, ob wir Christen, Hindus oder Moslems sind."

„Ihr Gottesdienst ist aber die Verehrung des Lingam, wie ich an dem Stein auf dem Boden und an der Zeichnung an der Wand ersehe, und Ihr Gebet wendet sich an Krishna und Rama, wie ich mit eigenen Ohren höre. Sie vollziehen wie ein orthodoxer Hindu rituelle Waschungen in der Ganga und rauchen Haschisch. Ist das in Ihren Augen der Weg der Nachfolge Christi?"

„Hätte ich ein Kruzifix, würde ich dieses in meiner Höhle aufstellen. Meine indischen Weihehandlungen haben keinen anderen Zweck, als den göttlichen Kräften, die an einem so heiligen Ort am Ganges wirksam sind, meinen Tribut zu zollen. Ich sichere mir dadurch den Frieden."

„Dogmen berühren Sie also nicht?" – „Nein, nicht sonderlich."

„Vom Gebot Christi her könnte das Christentum den Hindus und den Moslems Vorbild sein. In ihm ist die Nächstenliebe am deutlichsten ausgeprägt, aber den Kirchen ist die Nächstenliebe abhanden gekommen wie noch vieles andere, zum Beispiel das Gefühl. Es triumphiert in der Kirche der Rationalismus."

Haschischkonsum ist unter den jugendlichen Morgenlandfahrern gang und gäbe, aber in Rishikesh nicht die Regel. Die primär an Rauschgift interessierten Indienpilger gehen nach Goa. Der Rauschgiftgenuß hat in Indien in bestimmten Yogaschulen seit eh und je einen religiösen Charakter, was den Jugendlichen entgegenkommt. Denn ihr Drogenkult ist im tiefsten eine Ersatzreligion, die ihnen helfen soll, ihre Erdgebundenheit zu überwinden. Ein Mädchen erklärte auf die Frage, warum sie und ihresgleichen zu Rauschgift greifen: „Wir möchten Gott von Angesicht zu Angesicht sehen." „Religion – Opium des Volkes", sagte einst Karl Marx. Die Jugendlichen stellen sein Wort auf den Kopf und sagen: „Opium – Religion für das Volk". Die Wunderkur der trockenen Trunkenheit schafft einen künstlichen Himmel, ein Nirwana. Haschisch wird daher angepriesen als „Schlüssel zum Paradies". Die Jugendlichen möchten vorstoßen zu den fundamentalen Wirklichkeiten des Universums und lassen sich durch Haschisch hinauf katapultieren in eine lichtere Welt.

So ist es zu verstehen, wenn Hans verzückt erklärt: „Wenn ich in einer Vollmondnacht an der silbrig schimmernden Ganga mein Haschisch rauche, erkenne ich, daß der Mensch ein Ebenbild Gottes ist."

Wenn Sadhus oder Sucher aus dem Westen in Rishikesh Haschisch rauchen, preisen sie Shiva. Denn Shiva hat angeblich den bewußtseinserweiternden Haschischgenuß auf die Erde gebracht. Sie wissen nicht oder wollen nicht wissen, daß der Hauptwirkstoff im Haschisch, 1-trans-Delta-9-THC, Störungen der Hirnwellen verursacht und nach einer Woche noch zur Hälfte im Körper ist.

„Kommt aus Indien das Licht?" frage ich.

„Mir ist in Indien das Licht aufgegangen, daß das Licht in jedem Menschen ist."

Wie lange er noch in Rishikesh bleibt, weiß Hans nicht. Er betrachtet sich als geführt. Er ergötzt sich am unerschöpflichen Spiel der Eidechsen und der Schmetterlinge und betet zu Gott, daß er ihn vor Skorpionen behüte. Und manchmal denkt er an seine Mutter und an seine achtjährige Tochter in Deutschland.

Über Rishikesh weiß er nichts, sagt er. Wenn er mit den Sadhus spricht, reden sie über Gott oder über das Essen. Eines kann er aber bezeugen, Rishikesh ist einer der heiligsten Plätze, an dem er die göttliche Macht, er verwendet das englische Wort „Power", spürt. Wer Ohren hat zu hören, dem flüstert der Wind aus Tibet manches zu.

*

Gail, Emil, David, Hans: vier Namen und vier verschiedene Gründe, warum sie in Rishikesh gelandet sind. Ich habe eine beachtliche Anzahl von Westlern in ihrem Unterschlupf aufgespürt und ausgefragt, warum sie ihrer Heimat den Rücken kehren und ihren Himmel am Himalaja suchen.

Nur einige wenige leben in Höhlen wie Hans oder Uma Shankarananda. In der Regel wohnen sie in Ashrams an beiden Ufern des Ganges, im Tourist Bungalow in Muni-ki-Reti, der eine Bettenkapazität von 145 hat, in diversen Hotels und Rasthäusern sowie im Swiss Cottage, das Platz für 15 Gäste hat und sehr begehrt ist, erstens weil die Miete pro Tag nur 2 Rupien beträgt und last not least weil es als Haschisch- und Sexsiedlung der Westler durch Mundpropaganda bekannt geworden ist. So konnte ein alter weiser Inder, der die Westler nur aus der Perspektive des Swiss Cottage kennt, aus ehrlicher Überzeugung die Meinung vertreten, daß die jungen Leute zu 99 Prozent nach Rishikesh kommen, um Haschisch und Sex zu genießen. Das restliche eine Prozent interessiert sich vielleicht für die Erlernung eines indischen Musikinstruments, aber daß sich einer für Spiritualität interessiert, nein, das habe er noch nicht erlebt. Dabei wurde das Swiss Cottage, worauf der Name hinweist, von einer wohltätigen Schweizerin, Maria S., für spirituelle Zwecke errichtet. Die Anlage befindet sich in der beruhigenden Atmosphäre des Dschungelgrüns jenseits des Chandrabhagaflusses und wurde dem Swami Brahmananda übereignet, einem guten, freundlichen und intelligenten Mönch, der aber offensichtlich nicht das Durchsetzungsvermögen aufbringt, das erforderlich wäre, um die Haschhütten in einen Ashram zu verwandeln. Die jeweils 15 Leute, die im Swiss Cottage wohnen, sind aber keineswegs typisch für die jugendlichen Westler in Rishikesh.

Überall wo Westler wohnen, taucht Baba Amar Giriji auf, ein fleißiger Swami, der aus Stoffresten Taschen näht, die er mit selbstgedrehtem Garn bestickt. Seine Umhängtaschen, deren Eigenart es ist, daß sie eine Vielzahl von Fächern besitzen, bis zu 36, verkauft er um 50 bis 200 Rupien an die Yogaaspiranten aus Europa und Amerika. Er ist, nicht nur aus Geschäftssinn, ein überaus gastfreundlicher Mönch, so daß sich in seiner Hütte am Lakshman Jhoola zuweilen Diskussionsrunden zusammenfinden, für die der Baba Tee und Zigaretten spendet. Bei solchen Gesprächen erfahre ich auch vieles über die Hintergründe des Unbehagens der Umsteiger.

Was sind, alles in allem, die Beweggründe, warum die Vaganten Reißaus nehmen? Wenn ich ihre Motive, die mir zig europäische, amerikanische und australische Rishikeshpilger verrieten, ordne, reichen trotz der Vielfalt der Gründe drei Sortierkörbe aus. Der erste trägt das Etikett „Leben ohne Glauben", der zweite „Leben ohne Hoffnung" und der dritte „Leben ohne Liebe". Darin wurzelt summa summarum das Unbehagen:

Die technische Zivilisation ist glaubensleer: Die im Maschinenzeitalter geborene technische Zivilisation kennt kein anderes Heilsziel als die „Versorgung" der Menschen. Die Befriedigung der Bedürfnisse (und Begierden) ist ihr ein und ihr alles. Wenn der maximale Konsum das Ziel ist, ist die maximale Produktion der Weg. Das Goldene Kalb, um das getanzt wird, ist die Zuwachsrate des Bruttosozialproduktes. „Ich sehe meinen Daseinszweck nicht darin, die Produktion aufrechtzuerhalten", bekennt Michel aus Panama (Mittelamerika) und macht einen tiefen Zug aus der Haschischpfeife, um in sein Traumland zu entfliehen.

Der Wirtschaftstheoretiker E. F. Schumacher legt den Finger auf den wunden Punkt, wenn er sagt: „Die Wirtschaft als Lebensinhalt ist eine tödliche Krankheit."

Anne aus Frankfurt, Sozialpädagogikstudentin, der, als sie mit Gelbsucht im Bett liegt, meine Töchter Kräutertee, Seife und Jerry Cotton bringen, klagt: „Zu Hause dreht sich alles um Sicherheit und Vorsorge." Die Kinder der Überflußgesellschaft sind allergisch gegen Worte wie Karriere, Prestige, Reichtum, Ruhm, Einfluß, Profit, Konsum, Wohlstand, Fortschritt, Geld, Leistung, Wirtschaftswachstum, Wettbewerb. Sie befürchten, daß der Mensch zum Wirtschaftstier verkümmert, wenn er sich nur mit Aktien, Zinsen, Devisen, Dividenden, Diskont, Schecks und dergleichen beschäftigt. Sie verabscheuen eine Welt, in der die Habgier eine Tugend ist und in der jeder jeden, der mehr hat als er, beneidet, und jeden, der weniger hat als er, fürchtet. Sie verleiben sich alles ein, die vom Besitz Besessenen, Prestigekarossen, Farbfernseher, Urlaube auf den Bahamas, Titel ...

Die ahnungslosen Konsumideologen wundern sich, daß Jugendliche, deren Bäuche gefüllt sind, plötzlich undankbar fragen: Was hat das alles für einen Sinn?

Jean-Marie, ein Franzose mit dicken Brillen, legt mir dar: „Ich bin nicht gegen Technik und Fortschritt, ich bejahe voll und ganz die Naturwissenschaft, aber ich werfe dem Westen vor, daß er zwar den Mond erkundet, aber nicht die Menschenseele. Ich habe an Universitäten die Wissenschaften vom Menschen studiert: Philosophie, Psychologie und Soziologie. Ich habe viel gelernt und doch überhaupt nichts. Die akademischen Philosophen, Soziologen, Psychologen, Psychiater und Ärzte im Westen kennen sich nicht selber, sie haben keinen Schimmer, was der Mensch ist. Die Gelehrten und Wissenschaftler des Westens müssen mit dem Dichter sagen: ‚Ich kenne alles, bis auf Punkt und Strich, ich kenn nur einen nicht, und der bin ich.' Wer bin ich? Das ist die Frage der Fragen. Sartre etwa weiß darüber nichts, nullkommanull. Ich werde nicht mehr in den Westen zurückkehren. Hier in Indien geht mir der Sinn des Lebens auf."

Ihr Magen ist voll, aber ihr Herz ist leer. Sie haben alles im Überfluß und entbehren das Lebensnotwendigste: den Sinn. Wer bin ich? Woher komme ich? Wohin gehe ich? Die Versorgungswelt mit ihrem reibungslosen Lebensgenuß kann ihren Glaubenshunger nicht stillen. So sagen sie mit Hermann Hesse: „Wohlan denn, Herz, nimm Abschied und gesunde!"

Die technische Zivilisation ist h o f f n u n g s l e e r: Der Technik-Enthusiasmus ist einer Weltuntergangsstimmung gewichen. Das Überleben der Menschheit wird in Frage gestellt.

Es ist noch nicht lange her, daß die Zukunftsforscher prophezeiten, daß das Schlaraffenland auf uns zukommt. Das Paradies der Freizeit. Die Menschen würden nur mehr auf Tasten und Knöpfe drücken, die Arbeiten nähmen ihnen im Zeitalter der Elektronengehirne und Denkautomaten vielarmige Stahlknechte ab.

Noch 1970 (!) entwarf die Weltausstellung in Osaka (Japan), unter dem bezeichnenden Motto „Harmonie und Fortschritt für die Menschheit", in einer atemberaubenden Vision ein Bild des 21. Jahrhunderts. Ich erlebte damals persönlich als Zeitungskorrespondent auf dem technologischen Festival der

Expo die Zukunft als Gegenwart. Die Zukunft, die uns die Expo '70 versprach:

In der Zukunftsstadt wird es keine Fußgänger mehr geben. In wind- und wettergeschützten, klimatisierten, durchsichtigen Kunststoffrohren befördern Rollteppiche die Menschen. Der Autoverkehr ist computerkontrolliert. Ein Computerwagen ist gefeit gegen Zusammenstöße. Er stoppt automatisch, wenn ihm ein anderes Auto zu nahe kommt. Drei Signale auf dem Schaltbrett eines Computer-Cars zeigen dem Fahrer die Richtung an, die für den Verkehr offen ist. So kann er Verkehrsstauungen ausweichen.

Die Städte der Zukunft bauen sich geradlinig entlang einer Achse auf: Alle Schlüsselfunktionen der Zukunftsstadt werden längs der Zentralachse aufgereiht. Die Straßen mit 12 Fahrbahnen, auf Pfeilern ruhenden Hängebrücken gleich, verlaufen hoch über dem Häusermeer in drei Ebenen. Die Straßen der unteren Ebene, die für Fahrzeuge mit einer Geschwindigkeit von 60 km/h bestimmt sind, besitzen alle Kilometer einen Anschluß an die zentrale Achse. Die Straßen der mittleren Ebene (für Fahrzeuge mit 90 km/h) besitzen alle drei Kilometer einen Anschluß, und die Straßen der höchsten Ebene (für Fahrzeuge mit 120 km/h) alle 9 Kilometer. So können sich an einem Tag 5 Millionen Menschen auf der Stadtachse bewegen. Das neuartige Schnellstraßensystem ermöglicht einen Verkehrsfluß von 200 000 Autos in der Stunde.

Die U-Bahn-Station ist in der ersten Etage eines Warenhauses, das mit Ausnahme von Särgen alles führt, vom Hundefutter bis zum Motorboot. Am Eingang heißt uns ein Roboter willkommen, er verneigt sich und schüttelt uns die Hand. Bekleidungsabteilung: Die Kunden teilen einem Roboter ihre Wünsche mit, der als Modezeichner das Kleid ihrer Träume im Nu entwirft. An der Kassa brauchen die Kunden keinen Schein und keinen Scheck. Sie sagen einfach ihren Namen. Das genügt. Denn ein Computer der Bank erkennt die Kunden an ihrer Stimme und belastet deren Konto.

Roboter leisten als „Landwirte" die Feldarbeit, vom Bauern zu Hause auf einem Fernsehschirm überwacht. Roboter bestimmen als „Psychologen" den Charakter eines Menschen. Roboter untersuchen als „elektronische Krankenschwestern" gleichzeitig 300 Patienten.

In der Welt der Zukunft donnert es aus Tausenden Lautsprechern und blitzt es aus Tausenden Bildwerfern. Überall dröhnt und hallt es, überall zuckt und flimmert es. Doch ist für die Erholung der malträtierten Nerven natürlich vorgesorgt. Die sogenannte Lebenskapsel, eine Erholungszelle, bietet den geschockten Menschen Zuflucht. Sie ist schall- und lichtdicht abgeschlossen, ausgerüstet unter anderem mit einem Bett, das durch Knopfdruck in einen Lehnstuhl oder in einen Massagetisch verwandelt werden kann. Der Erholung dient überdies eine Badekapsel, gleichsam eine vollautomatische Waschmaschine für den Menschen. Er wird von unsichtbaren Heinzelmännchen gewaschen, massiert und getrocknet. Natürlich funktioniert das Zukunftsbad nicht mit altmodischem Wasser, sondern mit Ultraschall, der bisher bereits zur Reinigung chirurgischer Instrumente verwendet wurde.

Das auf der Expo '70 zum Leben erweckte perfektionistische 21. Jahrhundert konnte selbst manche Fortschrittsgläubige und Zivilisationsfanatiker das Gruseln lehren.

Das Wahrzeichen der Weltausstellung von Osaka war der sogenannte Turm der Sonne, der einen als Weltwunder gepriesenen Baldachin aus Kunststoff himmelwärts durchstach. Aber: War nicht der Wunsch der Vater des Gedankens, wenn die Japaner diesen Sonnenturm als den Supermenschen deuteten, der aus der durch die Expo verkörperten materialistischen und technischen Zivilisation ausbricht?

Kehren wir von Osaka nach Rishikesh, aus der vergangenen Zukunft in die gegenwärtige Vergangenheit zurück. Die in bunten Zirkuskleidern barfuß herumlaufenden, räucherstäbchenabbrennenden, zum Teil zum Höhlendasein zurückkehrenden, das Wunderbare höher als das Meßbare und Zählbare schätzenden Kinder des aufgeklärten wissenschaftlichen Zeitalters sind Repräsentanten des Ausbruchs und der Umkehr. Ernstzunehmende Psychologen behaupten, daß sie nicht einfach als Außenseiter abgestempelt werden können, sondern stellvertretend für eine große Zahl von Jugendlichen handeln.

Ende oder Wende: Der sich durch die Technik allmächtig und durch die Wissenschaft allwissend dünkende neue Mensch ist plötzlich vom Verlust der Zukunft bedroht, wenn er nicht umkehrt. Die hochmütige Zuversicht des Glaubens an einen Fortschritt ohne Ende ist geschwunden. Wir erleben unsere

Grenzen. Gift ist in unserem Wasser, Gift in unserer Luft, Gift in unseren Nahrungsmitteln. Die Reserven der nichtregenerierbaren Rohstoffe schrumpfen. Die Berge des Schutts und Abfalls der Wegwerfgesellschaft wachsen. Die Lebensraumzerstörung belastet die Jugendlichen enorm. Sie fühlen sich in der technischen Zivilisation bedroht durch Radioaktivität, Blei, Quecksilber, Herbizide, Pestizide, Lärm, anonyme Machtapparate und Superstrukturen.

Der Club of Rome prophezeit eine globale Katastrophe, wenn die Menschen ihre Grundwerte und ihre Einstellung zur Natur nicht radikal ändern. Die westlichen Jugendlichen in Rishikesh gehören zu jenen, die ihre Gesinnung fundamental zu ändern im Begriffe sind, um die Hoffnung zurückzugewinnen, die die technische Zivilisation verspielt hat.

Die technische Zivilisation ist liebeleer: Sie entzieht ihren Bürgern die Geborgenheit, den Schutz. So fühlen sich die Menschen unbehaust, das ist etwas anderes als obdachlos. Beheimatet fühlt sich der Mensch nämlich nur in der Ganzheit und Einheit. Heilwerden heißt nichts anderes als Ganzwerden. Das Unheil in der industriellen Gesellschaft ist also unter anderem bedingt durch die Zersplitterung (Spezialisierung), Begrenzung und Verengung des Lebens, durch Trennung und Absonderung, durch die Überbetonung des Rationalen, Mentalen und Analytischen zum Schaden des ganzheitlichen Bewußtseins. Wir leben in einer Zeit, die das Ewige bestiehlt. Die Idee der anderen Welt, das Jenseits, wird durch einen seichten Diesseitshumanismus verdrängt. Deshalb suchen die Jugendlichen in Rishikesh die Integration auf allen Ebenen bis zur Verbundenheit mit dem Kosmos in dem, was Aurobindo das Überbewußtsein nennt.

Eine liebeleere Umwelt begegnet dem modernen Menschen ferner im Leistungsdruck (Schulstreß inbegriffen) und im Lebenstempo. Wir leben in einer Diktatur der Uhren und Terminkalender. Zeit ist Geld! Die feindliche Umwelt begegnet uns in zahllosen Verboten und Beschränkungen: Verboten ist das Betreten des Rasens, das Radfahren, das Ballspielen. Die feindliche Umwelt begegnet uns darin, daß wir vorprogrammiert und fremdgesteuert sind, so daß unsere Eigentätigkeit allmählich erlahmt. Wir leben aus zweiter Hand. Das Fernsehen und die Zeitung denken und fühlen für uns. Das Reisebüro plant unsere

Ferien. Wer sich nur unterhalten läßt, wird zur Marionette der Vergnügungsindustrie. Die Abhängigkeiten wachsen derart, daß wir bald hin und her geschobenen Schachfiguren gleichen werden. Jutta aus Köln, mit Nasenring und rosenroter Pumphose mit Gilet, bedauert, daß zu Hause alles von selber gelaufen sei und daß sie alles laufen lassen habe. Sie besuchte die Universität, nicht weil sie wollte, sondern weil es sich so ergeben hat. Indien hat ihr geholfen, ihr eigenes Leben zu gestalten, und zeigt ihr den Weg, frei zu sein. Die Leute hier in Rishikesh besitzen nicht viel, ein Stück Stoff als Kleid, keine Sozialversicherung, keine Krankenkasse, keine Rente, sagt Jutta, aber sie leben freier als wir im Westen.

Feindlich ist überdies unsere künstliche Umwelt, die die Erde und das Gras unter Beton und Teer begräbt, die den Himmel durch Dunst, Rauch und Staub abschirmt, die die Sterne im Kunstlichtschein auslöscht.

Sicherheitsverlust wurzelt im Geborgenheitsverlust: Lebensangst provoziert Aggression und Destruktion. Dazu kommt, daß wir im Leben die Übersicht verlieren durch ein Überangebot an Waren und Informationen, und daß wir besonders in den Ballungsräumen in Anonymität und Isolierung verfallen. Die Kontaktarmut ist ein Panzer zum Schutz gegen die anderen. Die persönliche Verbundenheit von Mensch zu Mensch wird zunehmend ersetzt durch die unpersönlichen Kommunikationsmittel, vom Telefon bis zur Television.

Das sind, systematisiert, die Haupteinwände der westlichen Rishikeshpilger gegen unsere Gesellschaft. Zusammenfassend können wir sagen: Unsere fortschrittlichen Schlaraffenländer des Westens, behaupten die jugendlichen „Ausreißer", forcieren mit dem Luxus der Konsumgesellschaft, den Zerstreuungen der Vergnügungsindustrie, der von Raubtierinstinkten geleiteten Profitwirtschaft, dem einseitigen Intellektualismus, der herzlosen Technokratie, der atemlosen Hektik eine Seelenschrumpfung. Die Pilger aus dem Westen haben Sehnsucht nach voller Menschwerdung, sie wollen sich, wie sie sagen, nicht verkrüppeln lassen zu unermüdlich papierproduzierenden Bürokraten, zu Maschinenmenschen unter Menschenmaschinen, zu in stumpfsinniger Fron schaffenden Fließbandarbeitern, zu Konferenzmenschen, die ständig das kleine und das große Blablabla im Munde führen.

Sie verkörpern gewiß das Heimweh unserer Zeit nach einem Leben vor dem Tod. Das Lebendigsein vor dem Tod ist heute mehr in Frage gestellt als das Lebendigsein nach dem Tod. Das ungelebte Leben schreit nach Erfüllung.

So suchen die Europäer, Amerikaner und Australier in Rishikesh im Grunde das verlorene Paradies, das Paradies des erfüllten, des vollen Lebens, aus dem die westliche Gesellschaft und Zivilisation die Menschen vertrieben hat. Sie möchten einfach leben und einfach leben.

Eine mystische Idee erfüllt sie: daß der ideale Mensch eigentlich einem Schmetterling gleicht, der sich vom Erdboden erhebt. Doch die Durchschnittsmenschen kriechen ein Leben lang mühsam im Staub wie Raupen, die sich nicht entpuppt haben, gleichsam als Unvollendete.

Die auf dem Erlösungstrip nach Rishikesh strömenden Westler suchen Weise und Heilige, Gurus, die sie in das Geheimnis einweihen, wie sich die verkümmerten Menschen zu Vollmenschen entfalten können, die das Leben nicht versäumen. Wir werden im folgenden auf verschiedenen Ebenen zeigen, was die Westler in Rishikesh suchen und finden. Das spirituelle Gold liegt, wie wir gesehen haben, nicht einmal in Rishikesh auf der Straße. Doch die Schätze der Rishis – Chidananda nennt sie die Kronjuwelen des Königs der Könige – werden, heißt es, in Rishikesh noch aufbewahrt, in Büchern und Herzen.

Christus war ein Yogi

Warum schweifen die jugendlichen Sinnsucher in die Ferne? Bieten die christlichen Kirchen keine Heilmittel? Der Tenor lautet: Nein! Die Begründungen können wir nur schlagwortartig aufzählen:

● „Das Christentum ist sehr gut", beteuert der Franzose Jean-Marie, „aber die Pfarrer und Theologen, die das Christentum predigen, verstehen leider selber ganz und gar nicht, was das Christentum ist. Es gibt Yogis, die Gott erfahren haben, sie kennen vermutlich die Bibel nicht, stehen aber Christus näher als die Theologen und Pfarrer bei uns."

Die „lebendigen Wasser", von denen Christus sprach, sind in den Brunnen der Kirchen versiegt. Die Kirchen können deshalb den Dürstenden nichts anderes anbieten als die dürre chemische bzw. theologische Formel H_2O. Sie beschäftigen sich mit dem theologischen Schachspiel, während die enttäuschten Jugendlichen in der Religion das Gotteserlebnis suchen. Das Christentum ließ sich also selber vom Rationalismus der Gesellschaft anstecken. Einer der Jugendlichen nennt die Religion des Westens eine verkrustete Mumie, aus der das Leben gewichen ist. Die Kirche ist kein Tempel des Lebens, sondern eine Gruft lebendig Toter.

● Hinter der Fassade der spirituellen Lippenbekenntnisse verhalten sich die Kirchenmänner im Leben nicht anders als Manager oder Makler. Sie sind Krämer im Tauschhandel zwischen Gott und Mensch. Sie stellen sich nicht dem Willen Gottes anheim, sondern spannen Gott vor ihren eigenen Karren. Heilig sind ihnen Profit und Eigentum. Ihre Bedürfnislosigkeit ist Schein. „Das Christentum handelt wie eine Firma", behauptet der wie ein Nazarenerchristus aussehende Adi aus Graz. Adi hat Betriebswirtschaft studiert und muß also wissen, wie eine Firma handelt. Ein Christentum, das Kapital anlegt, anstatt die Armut zu lieben und zu leben, hat den Geist aufgegeben. Der Materialismus der Gesellschaft ist also in das Christentum eingedrungen.

● Die etablierten christlichen Kirchen sind Komplizen der Machthaber, sie lassen sich nicht mehr kreuzigen wie ihr Meister, der ein Verbündeter der Unterdrückten war. Die Priester sind Funktionäre, keine Heiligen, Kultbeamte, keine Propheten. Sie sind dem Wohlstand und dem Komfort verfallen wie jedermann. „Was über ihre Lippen kommt, stammt nicht aus ihrem Herzen", kritisiert die Frankfurterin Anne, und sie beteuert, in Indien das Christentum besser verstehen gelernt und die Bibel neu entdeckt zu haben. Die „Macher" haben in der Kirche wie in der Gesellschaft das Wort. Als die besten Priester gelten die Unruhegeister, die dauernd fieberhaft irgend etwas dafür oder dagegen unternehmen, irgend etwas retten zu müssen glauben, damit die Welt nicht zum Teufel geht. Der Pragmatismus und der Bürokratismus der Gesellschaft haben also auf das Christentum abgefärbt.

Ob all die Vorwürfe zu Recht oder zu Unrecht erhoben werden, ist hier nicht die Frage. In unserem Zusammenhang ist nur von Belang, daß junge Menschen von ihrer Richtigkeit überzeugt sind und sich daher im Osten nach einem Ausweg aus dem Unheil umsehen.

*

Indien, das Mutterland der Kontemplation, hält dem Christentum schonungslos den Spiegel vors Gesicht. Im Spiegel der indischen Spiritualität erscheinen die katholischen Missionare, die Priester und Schwestern wie Weltlinge, die den Komfort und die Sicherheit schätzen, die ihr Herz an Vergängliches hängen, die ihre Erdenpilgerschaft verleugnen und sich hienieden wie für alle Ewigkeit häuslich einrichten und in irdischer Geschäftigkeit versinken. Ihr Lebensstil – sie schlafen in weichen Betten, nicht auf Holzplanken, sie genießen Fleisch, Alkohol sowie Zigaretten und gebrauchen Luxusgüter wie Socken oder Löffel und Gabel – wird von den Hindus vielfach als Verweichlichung betrachtet.

Unter den Kirchenmännern und -frauen in Indien, die, erschrocken über ihr Spiegelbild, ihr Leben von Grund auf änderten, sind zwei Ordensschwestern, die in Rishikesh einen Ashram gegründet haben: die Inderin Vandana (= Gotteslob) und die Engländerin Ishpriya (= Geliebte des Herrn).

Was ist die Triebkraft der christlichen Ashrambewegung in Indien?

Die Kirche, die in Indien möglicherweise auf den heiligen

Apostel Thomas zurückgeht, also nahezu 2000 Jahre alt ist, erweckt in Indien nur ein schwaches religiöses Echo. Obwohl die Kirche in Indien älter ist als beispielsweise in Mitteleuropa, gehören im religiösesten Land der Erde heute von 700 Millionen Einwohnern nur 14 Millionen einer christlichen Kirche an, das sind 2 Prozent. Dazu kommt, daß sich fast die Hälfte der Christen Indiens in Kerala und Goa zusammendrängen. In der Diözese Meerut, dem 36 000 Quadratkilometer großen Kirchensprengel, in dem Rishikesh liegt, beträgt die Zahl der Katholiken 0,1 Prozent.

Die Kirche wird vom indischen Volk verwechselt mit einer weltweiten reichen Sozialfürsorgeorganisation, der die wirtschaftliche und zivilisatorische Entwicklung der Menschheit am Herzen liegt.

In der Tat ist die christliche Mission und Kirche in Indien bahnbrechend auf dem sozialen und auf dem schulischen Sektor. Die Werke der Nächstenliebe, Spitäler, Armenapotheken, Waisenhäuser, Altersheime, Kindergärten, Leprosenbetreuung usw., werden geschätzt und bewundert und haben nachweisbar das soziale Bewußtsein des Hinduismus gehoben. In Rishikesh ist der Sivananda Ashram ein beweiskräftiges Beispiel dafür. Die schon zu Lebzeiten legendäre Mutter Teresa von Kalkutta, die 1979 den Friedensnobelpreis erhielt, ist nur eine unter zahlreichen selbstlosen christlichen Pionieren, die im schrankenlosen sozialen Dienst Indiens aufgehen.

Die Schulen und anderen Bildungseinrichtungen der christlichen Kirchen sind hoch angesehen. Bei meinem ersten Rishikesh-Aufenthalt habe ich mich gewundert, als mir ein Taxiunternehmer, dessen Dienste ich in Anspruch nahm, anvertraute, daß er, den ich als tieffrommen Hindu kennengelernt hatte, den Herzenswunsch hegte, seinen Sohn auf die Schule einer katholischen Missionsgesellschaft nach Delhi zu schikken. Liebäugelte er doch mit dem Christentum? Keineswegs. Jene christliche Schule, erklärte er, unterrichte das beste Englisch in Indien.

Der Charakter der Missionare gilt in Indien als vorbildlich, die Priester und Schwestern werden allgemein als ehrliche, tüchtige, gerechte und disziplinierte Respektspersonen anerkannt.

Der Einfluß der Kirchen im Religiösen ist aber dürftig.

Denn die frommen Hindus tun das Christentum als „religiös unterentwickelt" ab und stufen die Missionare in erster Linie als rührige Organisatoren, Verwaltungsfachleute und Schulmeister ein, die mustergültige Werke der Erziehung, der Gesundheitsfürsorge und des sozialen Beistandes schufen. Christliche Missionare sind in den Augen vieler Hindus vor allem Manager mit Priesterweihe, deren Innerlichkeit verkümmert ist, keinesfalls aber prophetische Männer und Frauen Gottes, nicht Männer und Frauen des Gebetes.

In Rishikesh war unlängst eine Gruppe aus Europa im Sivananda Ashram zu Gast. Swami Krishnananda sprach zu dem kleinen Kreis über das spirituelle Leben. Einer der Herren aus dem Westen hatte einen Einwand: Eine Stunde am Morgen und eine Stunde am Abend meditieren und beten, das mag einem Einsiedler in Rishikesh an den Ufern des Ganges möglich sein, nicht aber den Männern und Frauen des Westens, die mitten im Leben stehen. Er jedenfalls brächte so viel Zeit für Meditation nicht auf. „Was sind Sie von Beruf?" fragte der Hindugelehrte. „Katholischer Pfarrer", rechtfertigte sich stolz der Vielbeschäftigte. Das ist keine gut erfundene Anekdote, sondern eine verbürgt wahre Begebenheit.

Dazu kommt, daß die Kirche in Indien mit dem Christentum einen Europäismus predigte, der sich nicht um die ehrwürdigen Kulturwerte Indiens kümmerte. P. Robert Antoine, Jesuit, prangerte die Indienmission an: „Ein Inder, der tief in seiner Kultur verwurzelt ist, kann sich in unseren Kirchen nur schwer zu Hause fühlen. Die Gebäude, der Schmuck, die Haltungen und Gesten, alles ist ihm fremd. Muß ein Inder mit der Annahme des Christentums wirklich ein solches Maß an Entfremdung seiner eigenen Kultur gegenüber auf sich nehmen?"

„Ganz Indien läge euch morgen zu Füßen, wenn ihr wie Christus lebtet", sagte einmal ein indischer Lehrer zu katholischen Priestern und Missionaren, die, wie ihm schien, sich in Äußerlichkeiten verzetteln und die Kirche in betriebsamer, geschäftiger Manier „organisieren" und „aktivieren".

Der Inder mit seiner mystischen Seele und seiner beschaulichen Geistigkeit und Weisheit „verlangt nach einem Gottesdienst, der nicht in pausenlosem Ablauf von Wort und Gesang die eigentliche Stille, nach der er sich sehnt, unmöglich macht" (W. Freytag).

Für den religiösen indischen Christen ist die angespannte römische Liturgie mit dem rastlosen Fortgang der Aktion eine niedrige Stufe der Frömmigkeit. Er strebt nach innerem Schweigen, nach Seelenruhe. Er erlebt die „Leere“ als Fülle.

„Rede du nicht immer zu Gott“, sagte ein indischer Geistesmann, „sondern sei still und warte und laß ihn zu dir reden. Ein Wort von Gott ist mehr als tausend Worte von dir.“

Von einer nicht minderwertigen Form der Liturgie erwarten die Inder also vor allem Einkehr und Besinnung. Meditation ist in Indien der Gipfel des geistlichen Lebens.

Das von Religion durchtränkte Indien hat eine vieltausendjährige asketische Tradition des Verzichts und der Armut. Entsagung ist in Indien der Schlüssel zur Heiligkeit. „Du gewinnst, indem du fortgibst“, sagen die heiligen Schriften der Upanishaden. Eine christliche Frömmigkeit ohne Armut und Demut ist in Indien eine Farce.

Besonders das Leben der Bischöfe, Priester und Ordensschwestern müßte also herb und einfach sein.

„Fangen wir an der Spitze an“, schlug ein alter, weiser indischer Christ vor, „mit unseren verehrten Prälaten. Laßt sie herabsteigen von ihren erhabenen Gipfeln und sich ihrer scharlachroten Roben, ihrer goldenen Ketten und Kreuze, ihrer kostbaren Ringe, ihrer roten Knöpfe und breiten Schärpen entledigen. Diese Dinge passen ganz sicher nicht in die indische Kultur. Sie sehen zu sehr nach den Mantelquasten der Schriftgelehrten und Pharisäer aus ...“

Immerhin haben zehn, zwanzig oder dreißig geistliche Männer und Frauen unter den 60 000 katholischen Priestern, Schwestern und Ordensbrüdern in Indien angefangen, als Nachfolger Christi das Armutsideal nicht dem westlichen Lebensstandard zu opfern, vielmehr versagen sie sich in radikalem, kompromißlosem Verzicht jede Behaglichkeit und verkörpern als Verwirklicher der Bergpredigt ein Christentum, das nicht an Macht und Besitztum gekettet ist. Kurzum: Sie führen als Christusyogis ein Ashramleben nach uralter indischer Tradition, als Männer und Frauen der Innerlichkeit, als Weltüberwinder, die nicht mehr mit Buchhaltern und Managern verwechselt werden können.

Zweien davon sitze ich in Rishikesh in ihrem Ashram gegenüber: Vandana und Ishpriya. Ihnen kann der fanatischste

Hindu nicht vorwerfen, was zuweilen christlichen Missionaren vorgeworfen wird: daß sie die Religion auf die Stufe eines Basars herabzerren, indem sie durch soziale Dienste die Leute anlocken. Vandana und Ishpriya machen den Armen nicht Geschenke, sondern teilen deren Armut.

„War Christus ein Yogi?" frage ich.

„Er war der größte Yogi, der je über die Erde ging", antwortet Vandana Mataji prompt. „Er praktizierte zwar weder Asanas (Körperstellungen) noch Pranayama (Atemkontrolle), aber er war der Jnana-, Bhakti- und Karmayogi schlechthin. Wer kann schon wie Christus sprechen: ‚Ich und der Vater sind eins.' Einssein mit Gott, das und nichts anderes ist die Fülle des Yoga."

„Warum haben Sie ausgerechnet Rishikesh als Ort für Ihren Ashram gewählt?"

„Rishikesh ist für mich *die* Quelle der indischen Spiritualität, der Gnadenort, wo die Rishis oder Seher ihre Kunst der Kontemplation durch die Sinnenkontrolle gemeistert haben."

Die westlichen Jugendlichen, die den christlichen Ashram, der vom Lakshman Jhoola auf einem Feldweg in kaum fünf Minuten zu erreichen ist, kennen, sind begeistert und loben ihn in höchsten Tönen. Den erst 1979 eröffneten Ashram nennen die Schwestern „Jeevan Dhara", auf deutsch: „Lebendige Wasser" oder „Lebensstrom", in Anspielung auf den vorbeifließenden heiligen Gangesfluß und vor allem auf das Versprechen Christi am Jakobsbrunnen, er könne „lebendiges Wasser" spenden, das ewiges Leben schenkt und nie wieder Durst aufkommen läßt. Im Meditationsraum des Ashrams hängt ein Gemälde des bedeutendsten zeitgenössischen christlichen Malers Indiens, Jyoti Sahi, der eigens für die Ashramkapelle der Schwestern in Rishikesh das Bild schuf: Es zeigt den im Lotossitz auf einem Felsen thronenden Christus, aus dessen Herzen sich der Lebensstrom ergießt, der alle nach dem Lebenssinn Dürstenden erquickt; neben Christus ist noch die Frau am Jakobsbrunnen dargestellt, die sich beim Wasserschöpfen aus dem Herzen Jesu selbst in einen Lebensstrom verwandelt.

„Wie verstehen Sie Ihre Rolle als die einzigen Christen in Rishikesh?"

Beide Schwestern erheben gleichzeitig ihre Zeigefinger und

weisen auf ein Foto, das sie an der Außenmauer des Gebäudes befestigt haben. Das Bild drückt die Begegnung des Christentums und des Hinduismus aus, eindrucksvoller als es Worte vermögen. Papst Paul VI. und Swami Chidananda, der geistliche König von Rishikesh, reichen einander fest die Hand, und ihre in der Seele zusammentreffenden Blicke gleichen einem spirituellen Brückenschlag über alle Trenngräben der Glaubensunterschiede hinweg.

Die beiden Yoginis mit dem Kreuz auf der Brust verstehen sich als Hilfsarbeiter an dem Brückenbau zwischen Christentum und Hinduismus. Ihr Christus ist nicht der „Gott der Europäer".

Vandana Mataji ist kein Neuling im Dialog mit den Hindus. Sie, G. Dhalla, in Bombay geboren, gehörte ursprünglich der Religion des Zarathustra (Parsismus) an, bekehrte sich im Alter von 18 Jahren zum Christentum, angezogen von dem menschlichen Aspekt des Göttlichen in Christus, und wurde drei Jahre später Klosterschwester. Ihr Orden, die Kongregation vom Heiligsten Herzen Jesu, widmet sich speziell der weiblichen Erziehung. Sie wurde 1954 Professorin für Geschichte und Politische Wissenschaft, 18 Jahre lang war sie Lehrerin.

1972 formierte sich in Poona der Christa Prema Seva Ashram (Ashram christusähnlicher Liebe und christusähnlichen Dienens) aus 7 katholischen und 3 anglikanischen Schwestern. Vandana wurde die Oberin bzw. der Acharya (Guru). Doch ab 1973/74 zog es sie nach Rishikesh, die seit Jahrtausenden gesegnete Stätte der Gotteserfahrung. 1979 endlich konnte sie gemeinsam mit Ishpriya dank der Hilfe Swami Chidanandas und Swami Krishnanandas in der Zitadelle des Hinduismus einen christlichen Ashram eröffnen, der einer neuen Kirche Geburtshilfe leistet. Es soll eine Kirche sein, die die Hindus ebenso wie die westlichen Ex-Christen in Rishikesh verstehen können: eine Kirche, die gotterfüllte Zeugin des Ewigen ist, in der Welt, aber nicht von der Welt. Es soll eine dienende, betende, fastende, meditierende, schweigende Kirche sein, einfach und sorglos im Lebensstil, eine Kirche der Gotteserfahrung und des Christuserlebnisses, eine Kirche, deren Glieder als Söhne im Sohn eins mit dem Vater sind.

„Ich habe einmal gelesen", wende ich mich an Vandana, „daß die katholischen Bischöfe Indiens einen Managerkurs absolviert haben. Ist das nicht ein Schildbürgerstreich? Die Bischöfe, anerkannte Manager, hätten einen Meditationskurs besuchen sollen."

Vandana: „Das haben sie inzwischen getan." Zu meiner Verblüffung erfahre ich, daß Vandana selbst und Ishpriya, die beiden christlichen Yoginis von Rishikesh, 1978 zur Asiatischen Bischofskonferenz in Kalkutta eingeladen worden waren, um die katholischen Oberhirten in indische Meditationsmethoden einzuführen.

Das Tagewerk im christlichen Ashram in Rishikesh beginnt um 4.15 Uhr mit Asanas (Körperübungen), Pranayama (Atemkontrolle) und Meditation und umfaßt Gotteslob, Kontemplation, Studium und Handarbeit. Zwei Gästezimmer stehen ernsthaften Suchern aus Ost und West zur Verfügung. Vandana, die 1978 in einem Londoner Verlag das Buch „Gurus, Ashrams and Christians" veröffentlicht hat, arbeitet gegenwärtig an ihrem zweiten Buch. Thema: Jesusgebet und Mantragebet. Ishpriya vollendet eine Doktordissertation über die psychophysiologischen Auswirkungen der Meditation (Rajayoga). Sechs Monate im Jahr führen die beiden Schwestern ein Ashramleben in Rishikesh, die übrigen sechs Monate leiten sie Meditationskurse und Seminare in aller Welt: 1976 unterrichteten sie in England und Frankreich, ebenso 1979; 1978 in Japan und Taiwan; 1980 in Australien, Neuseeland, Taiwan. 1981 stehen die USA und Kanada auf dem Programm. Die Kurse helfen ihnen zudem, sich ihren Lebensunterhalt selbst zu verdienen.

Mag es im Vatikan Kurienexzellenzen geben, die die beiden Ordensschwestern in Rishikesh, die Bräute Christi, fälschlich verdächtigen, mit dem Hinduismus zu flirten, Vandana und Ishpriya werden nicht irre an ihrer Berufung.

Autorität für Antiautoritäre

Im Juli 1973 streifte in Rishikesh einen französischen Benediktinermönch der Tod, dem er im darauffolgenden Dezember erlag. Der katholische Ordensmann hieß Pater Henri Le Saux oder Swami Abhishiktananda (= Dessen Seligkeit der Gesalbte ist). Er hatte den letzten Abschnitt seiner 25jährigen indischen Pilgerfahrt als christlicher Himalajayogi im Hinterland von Rishikesh in der Asketensiedlung Uttarkashi am Ganges verbracht. Unter allen christlichen Yogapionieren war er derjenige, der am tiefsten in das Herz des Hinduismus eingedrungen war und der in seiner Brust den christlichen Glauben mit dem Vedanta versöhnt hatte. Der begnadete west-östliche Mystiker – den übrigens Schwester Vandana, die katholische Yogini von Rishikesh, als ihren Guru betrachtet – war schon 1948 als Achtunddreißigjähriger nach Indien gekommen. Er schilderte seine eigene erste Begegnung mit seinem Guru, die zum eigentlichen Wendepunkt seines Lebens wurde, wie folgt in der dritten Person: „Der Benediktinermönch war auf diesen Menschen beinahe wie ein Tourist gestoßen, und Jnanananda hatte doch wie im Sturm von seinem Wesen Besitz ergriffen. Bisher hatte er niemandem freiwillig seine Ergebung, seine Hingabe erwiesen, doch jetzt schien sie wie von selbst Jnanananda zu gehören. Er hatte oft von Gurus gehört und der geradezu unvernünftigen Zuneigung, die ihre Schüler für sie empfinden, von ihrer völligen Selbstaufgabe für den Guru – was ihm so unsinnig vorgekommen war, ihm, dem Europäer, dem Erben griechischer Vernünftigkeit. Und nun war es tatsächlich an ihm selbst Wirklichkeit geworden, es war eine Erfahrung, die ihn sich selbst entriß. Dieser kurzbeinige Mann mit struppigem Bart, der kaum mehr als einen Lendenschurz trug, dieser Mann, der so plötzlich in sein Leben eingedrungen war, hätte jetzt alles von ihm verlangen können, sogar nackt und auf ewig stumm über die Landstraßen zu wandern, und er hätte nicht einmal daran gedacht, von ihm die geringste Erklärung zu fordern."

Dieses ergreifende Bekenntnis von Henri Le Saux, des damals gut 40 Jahre alten Benediktiners aus der Bretagne und Nachkommen eines Seemannsgeschlechtes, läßt etwas ahnen vom „Mysterium des Guru". Pater Le Saux alias Swami Abhishiktananda kannte allerdings nur zu gut die Ohnmacht der Worte, wenn es darum geht, das Geheimnis des Guru zu entschleiern. Noch 1970 schrieb er in einem Brief: „Um das Geheimnis des Guru zu kennen, muß man ihm begegnet sein, von ihm gefangen sein.“

Rishikesh gilt als Hochburg der Gurus, von denen sich freilich allzu viele bei näherem Hinsehen als Marktschreier der indischen Spiritualität verraten. Die Westler suchen in Rishikesh dieses oder jenes, aber alle suchen einen Guru. Piero aus Lanusei (Sardinien), ein herzensguter junger Mann im Piratenlook und mit Dschingis-Khan-Bart, spricht allen aus den Herzen, wenn er gesteht: „Ich halte in Rishikesh Ausschau nach einem Weisen, der mir nicht aufgrund seiner Meinung, sondern kraft seiner Erfahrung des Absoluten sagen kann: ‚So ist es‘.“

Einer der international bekanntesten Mönche des Sivananda Ashrams in Rishikesh, Swami Venkatesananda, trommelt den Westlern ein: „Du kannst eine lebendige Bibliothek sein. Du weißt jedoch nichts, bevor du nicht einem Heiligen begegnet bist, bei ihm gelebt hast und ihm gefolgt bist. Nur dann wirst du erkennen, daß alles Buchwissen nur eine intellektuelle Last ist. Die wirkliche Weisheit liegt im Selbstgewahrsein.“

Zu keinem anderen Zweck sind die westlichen Sucher nach Rishikesh gekommen. Sie kehren sich ab von einer Welt, in der die Wissenschaftler viel zu „reden“ haben, und wenden sich einer Welt zu, in der die Weisen viel zu „sagen“ haben. Der Vorwurf, daß sie sich im Westen antiautoritär gebärdet hätten, während sie sich im Osten blind der Autorität eines Gurus unterwürfen, trifft sie nicht, sondern erweist sich als Bumerang. Autoritär sein und Autorität sein, entgegnen sie, sei zweierlei: „Der Guru im Osten ist Autorität, der Amtsträger im Westen hat Autorität.“

In der Theorie stimmt das wohl, aber in der Praxis? Shri Samartha Ramdas machte im „Bhavan's Journal“ (Bombay) dem indischen Unbehagen angesichts des Mißbrauchs des Guruideals Luft: „Es gibt unzählige Gurus. Männer mit Mantras, mystischen Kräften, Männer, deren Geist überquillt von Begierden, Zauberer, Gauner mit beweglichen Zungen. Was kann schon Gutes von ihnen kommen. Mit Sicherheit geben sie uns keine Befreiung. Der eine bringt uns aus der Fassung, weil er nach unserem Geld greift, der andere macht sich über die Menschen lustig oder ist neugierig, wieder einer besitzt keine Frömmigkeit, oder er ist ein Feuerkopf, ein anderer ist vergnügungssüchtig und zänkisch. Diese Menschen können uns nicht geistig erheben. Gurus, deren Weltentsagung nur oberflächlich ist, die unkontrollierte Begierden in sich bergen, die ohne eigene Übung Vedanta lehren, auch solche Gurus sind nichts wert. Der Guru, dessen Worte und Taten übereinstimmen, ist der richtige. Der wahrhaft Fromme, der erleuchtete, urteilsfähige, leidenschaftslose, gelehrte, feinsinnige Mann, nur ein solcher Guru kann dich geistig erheben und zur Selbstverwirklichung führen."

Ob all die mehr oder weniger jugendlichen Westler, die auf den Pilgerstraßen des Himalaja und in Rishikesh im knirschenden Ufersand des Ganges wandeln, die scheinheiligen Betrüger und die dünkelhaften Selbstbetrüger zu entlarven vermögen? Oder lassen sie sich bluffen von klingenden Titeln wie Yogacharya (Meister des Yoga), Yogishwara (Herr der Yogis), Bhagavan (Herrgott), Yogiraj (Yogafürst), Mahatma (Große Seele), Maharishi (Großer Prophet) oder Paramahansa (Höchster Schwan), hinter denen sich zuweilen clevere Geschäftsmänner verstecken.

Wer hinter den Gurus herläuft – mit der Gurusuche beginnt in Indien das spirituelle Leben –, möge sich des Prüfsteins bedienen, den ein bedeutender Religionsphilosoph (sein Pseudonym: Bankey Bihari) nach langwierigem Studium der Mystik und nach langjährigem Einsiedlerleben im Himalaja geschaffen hat. Er fordert von einem echten und wahren Guru folgende unverzichtbare Merkmale:

- Er gibt sich nicht als Gott aus, aber er lebt immer in Gott.
- Er dient keinem König außer Gott und bekämpft keinen Feind außer den Teufel.
- Er gründet keine Organisation.
- Er beteiligt sich nicht an Wahlkämpfen.
- Er nimmt kein Amt an.
- Er ist kein Sklave des Gaumens und gibt dem Drang des Fleisches nie nach.
- Er hat kein Geschlechtsbewußtsein, wird nie von Leidenschaft erfaßt und heiratet nicht.
- Er sieht nicht einmal in seinen Träumen die Welt.
- Er ist im Urzustand vollkommenen Gleichgewichts.

- Er ist einfach wie ein Kind.
- Er ist stets willens, die Leiden des Nächsten zu lindern.
- Er liebt alle Religionen und deren Anhänger.
- Er steht über allen Religionen und Sekten.
- Er ist sanftmütig.
- Er ist bescheiden und demütig.
- Er lebt, was er predigt.
- Er berührt kein Geld, das er wie einen Skorpion meidet und scheut.
- Er redet Reichen und Mächtigen nicht zu Gefallen.
- Er hält keine Vorträge und Vorlesungen.

Wenn wir die berühmtesten Gurus in und um Rishikesh Revue passieren lassen, etwa Harihar Tirth, Vidyanand Giri, Yogeshwarananda, Rampyari Mataji, Chidananda, Krishnananda, Mastram Baba, Balyogi Premvarni, Nirwan Baba, Rajrishi Brahmdas, Vishwa Guru, Sattyanand und schließlich Anandamayee Ma, wie viele von ihnen erfüllen alle oder die meisten Kriterien eines Sat-Guru, eines Meisters der Wahrheit und Wirklichkeit?

Von den Gurus, die sich im Westen niedergelassen haben, wüßte ich nicht einen einzigen, der die Grundbedingung erfüllte, einfach, bescheiden und arm zu leben.

Das Gurutum ist das Rückgrat des Hinduismus. Vivekananda bezeichnete die Institution des Guru, das Meister-Jünger-Verhältnis, als Gradmesser der Spiritualität eines Volkes oder einer Religion: „In Nationen und Kirchen, in denen diese Beziehung zwischen Meister und Schüler nicht mehr besteht, ist Spiritualität eine unbekannte Größe.“

Guru bedeutet wörtlich „schwer“. Ein Guru ist demnach in der indischen Tradition ein „gewichtiger“ Mensch in geistiger Hinsicht.

Ursprünglich hatte der Guru in der indischen Gesellschaft die Aufgabe, die jungen Brahmanen in die Religion und in das Gesetz einzuweisen, kurzum ein geistlicher Führer der Brahmacharis zu sein – das ist, erinnern wir uns, die erste Stufe der vier Ashramas.

Der Guru weihte also einst den Studenten (Brahmachari) in die religiösen Geheimnisse der Veden, in die Mantren, die Opferriten und heiligen Gesänge ein. Der Brahmachari seinerseits diente dem Guru zur Übung der Selbstdisziplin: Er sammelte

Brennholz, hütete das Feuer im Hause des Meisters, schöpfte Wasser im Fluß, deckte mit Palmblättern das Dach der Ashramhütte usw. Für seine Erziehertätigkeit erhielt der Guru schließlich ein Grundstück, Geld oder Vieh.

Der Guru begann also bescheiden als Lehrer der jungen Brahmanen. Mehr und mehr kristallisierte sich aber in den Upanishaden die eigentliche Rolle des Gurus heraus, er wurde zum Vermittler der Gotteserfahrung. Das konnte nur einer erfüllen, der selbst die Befreiung erlangt hatte und der Gottesschau teilhaftig geworden war. Seit jenen Tagen versteht man unter einem Guru einen Selbstverwirklichten, einen charismatischen Erleuchteten, der sich klar unterscheidet vom Pujari (Kultpriester), der gleichsam der religiöse Zeremonienmeister im Hinduismus ist, und ebenso vom Pandit (Schriftgelehrter, „Theologieprofessor"), der die überlieferten Lehrformeln doziert. Vivekananda verglich die Pandite mit Eseln, die Sandelholz transportieren, aber nur das Gewicht und nicht die kostbare Eigenschaft des Holzes kennen. Der Guru hingegen ist kein Schulmeister. Er teilt seinem Studenten nicht das Bücherwissen mit, sondern das unvergängliche Wissen der Höchsten Wirklichkeit (Brahman), die er selbst erfahren hat. Der gotterfahrene Guru wurzelt im Absoluten. Er selbst ist die verkörperte Wahrheit und macht den Schüler ihm selbst gleich. Er ist gleichsam die Erscheinung des unsichtbaren Gottes und macht dadurch dem Schüler die Gotteserfahrung menschlich erreichbarer.

„Der Guru", so definierte der christliche Himalajayogi Pater Le Saux OSB = Swami Abhishiktananda, „ist nicht irgendein Meister oder ein Lehrer oder ein Prediger, auch kein Seelenführer, der aus Büchern oder von anderen Menschen gelernt hat, was er seinerseits lehrt. Der Guru ist im Gegenteil jemand, der selbst in die göttliche Wirklichkeit eingedrungen ist und aus persönlicher Erfahrung den Weg kennt, der zu ihr führt; er ist jemand, der fähig ist, von Grund auf den Schüler auf diesen Weg einzuweisen und unmittelbar die unaussprechliche Erfahrung, die er selbst besitzt, im Herzen seines Schülers zu wecken: dieses durch und durch transparente, so reine und klare Bewußtsein, ganz einfach, daß ‚er ist'. Ist das Mysterium des Guru nicht genaugenommen das Mysterium des Seelengrundes? Wer dem Guru gegenübersteht, steht der nicht seinem eigenen

‚Selbst' gegenüber, sieht der nicht in die verborgenen Kammern seines eigenen Wesens?"

Es gibt in der hinduistischen Überlieferung im Grunde zweierlei Auffassungen über die Göttlichkeit des Gurus. Die einen sagen: Der Guru ist Gott. Swami Sivananda, der Heilige von Rishikesh, schrieb: „Der Guru ist Gott selbst, der sich in persönlicher Form manifestiert, um die Aspiranten zu führen." Ein anderes Sivananda-Zitat: „Der Satguru ist Brahman selbst." Der Nachfolger Sivanandas, Swami Chidananda, stellt fest: „Alle heiligen Wallfahrtsorte und alle Gottheiten befinden sich im Guru."

Die anderen sagen: Der Guru ist nicht Gott selber, aber er ist wie Gott. Das ist der Standpunkt der Yogis des Bhaktiweges, die den Guru aber nichtsdestoweniger wie Gott oder sogar mehr als Gott verehren, weil er es ist, der ihnen Gott entschleiert. Der große Mystiker Kabir berührte zuerst die Füße des Gurus und dann erst jene Gottes, denn der Guru ist Mittler zwischen Mensch und Gott, Wegbereiter göttlicher Liebe und Gnade.

Jedenfalls muß der heilige Meister unbedingt einen Befehl von Gott haben. Der lebende Guru ist jeweils das letzte Glied einer Nachfolgekette von Gurus, die in ununterbrochener Folge von einem Meister auf den anderen die Kraft übermitteln und den Geist übertragen, so daß der Guruschüler an die Quelle der lebendigen Wasser angeschlossen ist. Im Guru nimmt also für den Schüler Gott sichtbare, menschliche Gestalt an. Der Guru ist im Sinne des Hinduismus gleichsam Miterlöser.

Das Anliegen der westlichen Sinnsucher in Rishikesh gleicht haargenau dem des Schülers Narada, von dem die Upanishaden berichten. Vor Tausenden Jahren kam Narada zu einem Guru und sagte etwa: „Meister, ich kenne die vier Veden, die Grammatik, die Arithmetik, das Manu-Gesetz, die Mantik, die Götterlehre, die Geisterlehre, die Politik, die Kriegswissenschaft, den Schlangenzauber und die Künste der Musen, aber ich kenne nicht das Selbst (Atman), ich kenne mich nicht."

Wer denkt dabei nicht sofort an Goethes Faust, der erkennen will, „was die Welt im Innersten zusammenhält", und seufzt:

„Habe nun, ach! Philosophie,
Juristerei und Medizin,

Und leider auch Theologie
Durchaus studiert, mit heißem Bemühen.
Da steh' ich nun, ich armer Tor!
Und bin so klug als wie zuvor."

Vollgestopft mit Wissen aus der Technik, Mathematik, Chemie, Physik, Medizin, Soziologie, Pädagogik und dergleichen kommen die westlichen jungen Leute, nicht selten Universitätsstudenten, nach Rishikesh. Sie können wortwörtlich wiederholen, was einst der Schüler Narada seinen erwählten Guru bat: „Man hat mir gesagt, Meister, daß die Menschen, die sich selbst kennen, von allem Leid befreit sind. Ich leide und bin friedlos, zeige mir darum, wie ich das Leid überwinden kann."

Und sein Guru Sanatkumara antwortete lange vor Christi Geburt das gleiche, was die Gurus an der Schwelle zum 21. nachchristlichen Jahrhundert antworten: „Alles, was du bis jetzt gelernt hast, sind bloße Worte."

Das Wissen des Gurus indessen ist der Reichweite der Worte enthoben. Der Guru öffnet dem Schüler das innere Auge, wie Vivekananda sagt.

Herbert Tichy berichtet in seinem Buch „Die Wandlung des Lotos" von einem ihn faszinierenden Himalajameister in Badrinath, in dessen Nähe sich der Forschungsreisende glücklich fühlte. Tichy bat ihn einmal: „Unterrichte mich." Wie reagierte der Weise? Tichy schildert:

„Er sah mich so überrascht an, als hätte ich ein unsinniges Verlangen an ihn gestellt.

‚Du mußt den Weg selbst finden', sagte er.

‚Ich brauche einen Lehrer', beharrte ich.

‚Ich bin ein unwürdiger Lehrer', lehnte er ab und fügte lächelnd hinzu: ‚Aber du bist auch ein unwürdiger Schüler.'"

Die Suche nach dem wahren und echten Guru darf also nur ein wahrer und echter Schüler wagen. Wer für die Pilgerfahrt zum Ewigen reif und bereit ist, findet seinen Guru. Das ist die indische Lebenserfahrung.

„Ich möchte einen perfekten Guru finden", sagte einst ein junger Mann zu Swami Sivananda von Rishikesh.

„Sind Sie ein perfekter Schüler?" erwiderte Sivananda.

„Nein, Swamiji, ich bin noch voll von Defekten."

„Dann können Sie keinen perfekten Guru finden. In Ihrem Zustand ist jeder für sie gut genug. Für einen kleinen Jungen reicht die Dorfschule, und für einen Halbwüchsigen das Stadtcollege. Es sind so viele Mahatmas hier in Rishikesh. Gehen Sie zu einem von ihnen. Dienen Sie ihm und lernen Sie."

Im Klartext heißt das: Jeder findet jenen Guru, dessen er würdig ist. Sei demütig und ernsthaft!

„Wenn dich der Herr einmal zu den Füßen eines Heiligen führt", rät Swami Venkatesananda von Rishikesh, ein Schüler Sivanandas, „so verhalte dich wie ein weiser Schneider – nimm die Maße des Guru! Bring ihm keinen Mantel und verlange nicht von ihm, daß er hineinpaßt. Halte deine Augen und Ohren, dein Herz und deinen Geist offen: und deinen Mund geschlossen. Laß all deine Vorstellungen vom Guru, vom spirituellen Leben und von Gott hinter dir, bevor du in seine Gegenwart eintrittst."

Bin ich Gott?

„Mutter kommt!" freut sich der Berliner Emil, der sich als ihr Schüler fühlt.

„Mutter wird erwartet", sagt der Bayer Anton, verschwindet daraufhin und kehrt mit einem Album zurück, das eine einmalige Fotodokumentation der illustren Lady enthält, Lichtbilder aus ihrer Jugendzeit, als sie eine rassige Schönheit war, aus ihrer Lebensmitte und aus ihren alten Tagen, in denen das Äußere verwelkt. Arthur Koestler, der namhafte Schriftsteller, ist ihr vor gut zwanzig Jahren einmal begegnet. Damals schrieb er: „Obwohl sie dreiundsechzig Jahre alt war, als ich sie aufsuchte, machte sie den Eindruck einer schönen Zigeunerin über Vierzig. Auf ihren früheren Fotografien sieht man ein dunkles, schlankes, bezauberndes Mädchen mit der Grazie einer Wildkatze und einem Gesicht, das den heiligen Antonius hätte in Versuchung führen können." Koestler entdeckte an der über Sechzigjährigen „Kokett-Schalkhaftes", „trotzige und schmachtende Augen" und „katzenartige Verspieltheit". Ihr gebieterischer Blick wirkte auf den vielgelesenen Schriftsteller etwas einschüchternd. Heute ist sie 84.

„Mutter trifft demnächst ein", signalisiert der Höhlenbewohner Hans.

„Mutter möchte ich treffen", erklärt mir Anne aus Frankfurt, die den Rat einer heiligen Frau sucht, nachdem sie die Erfahrung gemacht hat, daß die mehr oder weniger heiligen Männer Frauen gegenüber entweder verschlossen oder zudringlich sind. Es kam bei Anne vor, daß Yogis ihr zu nahe traten und hinter ihrem Körper her waren wie der Teufel hinter einer Seele.

Der Besuch der alten Dame ist für die nächsten Tage angekündigt. Die Nachricht verbreitet sich wie ein Lauffeuer: Mutter wird in ihrem Ashram in Kankhal/Hardwar erscheinen. Sie ist seit 1926 ununterbrochen auf Wanderschaft in Indien und hat in der Nachbarschaft Rishikeshs zwei Ashrams, den einen in Kankhal/Hardwar und den anderen in Dehra Dun.

Alle nennen sie nur „Ma", Mutter. Es ist die Rede von Anandamayee Ma, der Mutter der Ewigen Freude. Die „Glückselige Mutter" ist Indiens Königin der Herzen. Ihr Königreich ist die Spiritualität. Sie ist, im Jargon der Jugendlichen aus Fernwest, die Top-Yogini. In der Schar der Heiligen unter dem Himmel Indiens ist sie die Favoritin. Sie gilt allgemein als die Vollendete schlechthin, als eine zu Lebzeiten Erlöste (Jivanmukta). Millionen und Abermillionen, darunter Minister, Universitätsprofessoren und Yogaberühmtheiten, halten sie nicht bloß für die größte indische Heilige, sondern für eine Göttin in Menschengestalt, für die herabgestiegene Kali oder Saraswati oder Radha. Sie wird verehrt als Manifestation des Unendlichen oder als Inkarnation der Gott-Mutter, die das Universum regiert. Arthur Koestler erhielt seinerzeit eine schroffe Abfuhr, als er der Dolmetscherin die Frage vorlegte: „Ist Mutter mit dem einverstanden, was über sie geschrieben wurde, nämlich mit der Behauptung, daß sie göttlicher Abstammung ist?" Mutter fuhr ihn, wie Koestler bemerkte, „mit allen Zeichen höchster Ungeduld an: ‚Jeder sieht in mir, was er will!'" Damit war der gelehrte Schreiber für die Heilige erledigt.

Eine Heilige oder eine Göttin ist kein Interviewpartner, das weiß ich, aber für mich ist es ein Muß, Anandamayee Ma kennenzulernen. Alle hundert oder tausend Wege der indischen Spiritualität führen zu einem einzigen Gipfel, nämlich zur Vereinigung mit dem Höchsten Wesen. Anandamayee Ma ist, nach dem Glauben der Hindus, schon am Ziel. Am Endziel. Ich bin in Indien bereits einer Reihe von Heiligen begegnet, die in hohen und höchsten Regionen wandelten, aber noch keinem Gipfelsieger, keinem Lebend-Erlösten. Wie komme ich an die Unsterbliche heran, die, wo sie steht und geht, umdrängt ist von Tausenden und Abertausenden Gläubigen, die alle einen Gnadenstrahl in einem Wort oder einem Blick von ihr erhaschen möchten?

Einmal mehr scheint mein Freund Shyamal, der in Kankhal/Hardwar nur einen Katzensprung von ihrem Ashram entfernt wohnt, mein Retter in der Not zu sein. Nicht weil er sozusagen in ihrer Nachbarschaft daheim ist, sondern weil sein Onkel zur ständigen Begleitmannschaft der reiselustigen heiligen Dame zählt. Er versucht seinen Oheim anzurufen, doch – Unglück im Glück – er ist diesmal nicht unter den Trabanten der Heiligen. Ich habe also niemanden, der ein Wort für mich einlegen könnte und begebe mich, in Begleitung von Shyamal, der dieselbe Muttersprache wie Anandamayee Ma hat, nämlich Bengali, auf gut Glück zu abendlicher Stunde nach Kankhal. Ich sehe die Felle wegschwimmen, als ich der Menschenmassen ansichtig werde, die sich in den Straßen vor dem Ashram angesammelt haben. Die Heilige der Heiligen Indiens scheint nicht gerade auf mich zu warten. Verloren im Volksauflauf harre ich, wie alle anderen, der Dinge, die da kommen sollen. Plötzlich betupft mich jemand, ich drehe mich um, und vor mir steht eine etwas erregte Westlerin, die ich nie zuvor gesehen habe, und sagt auf deutsch: „Sind Sie der Journalist aus Wien, der mit Ma sprechen möchte?“ Mit meiner Fototasche bin ich allenfalls als Reporter erkennbar, aber alles andere bleibt mir schleierhaft. Ich frage indes nicht lange, sondern klammere mich sofort an den Strohhalm und sage: „Ja, der bin ich.“

Sie bahnt mir einen Weg in den Hof und zeigt auf ein erleuchtetes Fenster im ersten Stock, hinter dem silhouettenartig das Profil der Heiligen sichtbar ist, die offensichtlich in ein lebhaftes Gespräch verwickelt ist. Sie spricht mit einem hohen Swami, klärt mich meine Pilotin auf, die für mich ein Engel ist, den mir der Himmel schickt. Der Engel ist eine deutsche Schriftstellerin, Melita Maschmann mit Namen, und gehört zum engsten Stab der Heiligen. Ob die Chance bestehe, daß Ma mich empfange, könne sie allerdings nicht sagen, denn als Lebend-Erlöste handle die Heilige spontan, nichts sei geplant oder vorbereitet. Jede ihrer Aktionen sei unpersönlich, besser gesagt personlos, und entspringe nicht ihrer eigenen Initiative. Sie sei frei von ichhaftem Wollen und Zweckdenken. Sie sei bloß Instrument der großen Macht, die hinter ihr stehe, Werkzeug des Universalen Willens.

Falls mich Ma aber empfangen sollte, bereitet mich Frau Maschmann vor, müßte aus meiner Frage ein echtes spirituelles Anliegen spürbar sein. Wenn ich bloß aus Neugierde oder Interesse eine Frage stellte, dafür habe sie eine feine Nase, würde sie mich unbemäntelt abblitzen lassen. Sie durchschaut angeblich sofort, ob jemand ein heftiges Verlangen nach Gott hat wie der Ertrinkende nach dem festen Boden, oder ob er nur aus Wißbegierde fragt.

„Daß in Anandamayee Ma das Göttliche durchscheint“, frage ich meinen weiblichen Lotsen, „ist das für Sie eine Frage des Glaubens oder . . .“

„Nein, das ist eine Frage des Erfahrens“, erwidert sie ohne Zögern. „Glauben Sie, daß ich 17 Jahre mit Ma durch die

Lande gezogen wäre, wenn ich nicht erlebte, daß sie in die alle Unterschiede, Trennungen und Widersprüche auflösende Einheit mit Gott eingegangen ist?"

„17 Jahre sind Sie schon ihre Jüngerin?"

„Das ist keine Ewigkeit", entgegnet Frau Maschmann, „Atmananda, eine 75 Jahre alte Österreicherin, begleitet Ma seit 40 (!) Jahren. Sie ist verantwortlich für alle englischsprachigen Publikationen über Ma."

„Wie viele Ausländer gehören eigentlich derzeit zum Gefolge von Anandamayee Ma?"

„Anhänger im Westen hat sie unzählige, viele Tausende. Manche kommen von Zeit zu Zeit."

„Ich meine, wie viele Nichtinder zählen zu ihrem unmittelbaren Apostelkreis, der sie ständig umgibt?"

„Fünf insgesamt. Außer Atmananda und mir . . ."

Ich unterbreche: „Wie lautet Ihr indischer Name?"

„Ich nehme bewußt keinen indischen Namen an und kleide mich nicht in die heiligen Farben des Landes. Ich bin eine Berlinerin, eine Deutsche – meine Familie lebt in Darmstadt –, und ich habe keine Ursache, Inderin zu werden. Um Ihre erste Frage zu beantworten: Neben Atmananda und mir gehört noch eine Schweizer Krankenschwester, die sich Krishna Priya (Geliebte Krishnas) nennt, seit sieben Jahren dem Kreis der Ma an, außerdem haben sich ihr zwei junge amerikanische Brahmacharis angeschlossen, der eine nennt sich Rama, der andere Gadadhar [das ist der Kindheitsname Ramakrishnas]."

Vor mir steht wie angewurzelt einer der beiden amerikanischen Jünger, starr wie eine Wachsfigur, seinen Blick versenkt in das Fenster der Mutter. Er ist unansprechbar. Weil ich erfahren habe, daß er die Szene von Rishikesh gut kennt, frage ich ihn, wer nach seinem Urteil die größten Heiligen von Rishikesh sind. Er antwortet, ohne ein einziges Mal den Blick von Mutter ab- und mir als Fragendem zuzuwenden: „Chidananda, Harihar Tirth und Mastram Baba" und bleibt fortan auf weitere Fragen stumm. Die Konzentration auf Mutter ist seine Meditation, in der er nicht gestört werden will. Wer Augen hat zu sehen, der sehe! Ihm entschleiert sich unverkennbar die Göttlichkeit der Mutter.

Gevatter Schneider und Schuster, Hinz und Kunz, Lahme und Gelehrte, Krüppel und Politiker bilden eine anonyme

Herde, die sich unruhig unter das erleuchtete Fenster drängt, von der Zauberhand der Hirtin zusammengeführt. Der große Haufe ist wie elektrisiert, er steht unter knisternder Hochspannung.

Für den Fall des Falles installiere ich mein Blitzgerät.

Ich stehe im Hof neben dem Tempel des Ashrams, und das Gebäude im Hintergrund ist, wie mir Melita Maschmann erklärt, der Samadhi (Grabmal) der Mutter von Anandamayee Ma. Die Gruft der Mutter der Mutter ist der Grund, warum Anandamayee Ma unter allen ihren rund 20 indischen Ashrams den von Kankhal/Hardwar bevorzugt.

Melita Maschmann hat eine deutschsprachige Biographie von Anandamayee Ma geschrieben, die 1966 unter dem Titel „Der Tiger singt Kirtan“ erschienen und seit langem vergriffen ist. Sie kennt wie nur wenige den irdischen Lebenslauf der Heiligen, der in dem kleinen bengalischen Dorf Khedra begann. Nirmala nannten die Eltern das 1896 geborene Mädchen: die Makellose. Sie erhielt nicht einmal eine abgeschlossene Elementarschulbildung und lernte kaum notdürftig schreiben und lesen. Sie sprach zu Pflanzen und unsichtbaren Wesen, sah schon im Alter von drei Jahren in Ekstasen und Visionen Shiva aus dem Lingamstein des Tempels steigen und tanzen und verlor ihr äußeres Bewußtsein, wenn im Kirtan (religiöse Versammlung, bei der alle singen und tanzen) die ewige Flöte Krishnas erklang. 1909, die Makellose war noch nicht 13, wurde der Körper, in den sie hinein geboren wurde, wie sie sich ausdrückt, mit Shri Ramani Mohan Chukravati vermählt. Wenn der Gatte ihr des Nachts nahe kommen wollte, wurde er von einem blendenden Glanz, der ihren geheiligten Leib umstrahlte, zurückgehalten. Ihr Ehemann, von Scheu ergriffen, nahm Abstand davon, sie als Gattin zu behandeln, so daß sie eine Kumari (keusche Jungfrau) blieb. Überwältigt von ihrer Göttlichkeit, wurde er ihr ehrfürchtiger Schüler. Im Alter von 30 Jahren brach sie, damals eine Filmschönheit, zu einem Wanderleben auf, das sie als 84jährige noch heute führt. Sie ist immer in Bewegung und bleibt nur kurz an einem Platz. Unaufhörlich wandert sie von Ort zu Ort.

Das Phänomenale an Anandamayee Ma ist, daß sie Gott erreicht hat, ohne je einen Guru gehabt zu haben, der sie eingeweiht hätte, und ohne regelmäßig eine spezielle geistliche Dis-

Die profane Stadt scheint nur aus Lokalen und Läden zu bestehen. Sie lebt von der Pilgerversorgung.

„Hari Om, Bakshish!" betteln tagaus, tagein zwei Kinder, als Gott Shiva und Göttin Parvati verkleidet.

Überlebensgroß zeigt das Colorporträt den populärsten Heiligen, den 1963 verstorbenen Swami Sivananda. War Sivananda ein spiritueller Gigant?

Der Bharat Mandir, ein Vishnu-Tempel, ist Rishikeshs ältestes Bauwerk.

Saptarishi: Ein junger Mönch sammelt Geist und Gemüt auf das Selbst.

e Holz- und Nervensäge vor meinem Fenster. Das Werk liegt an der Bahn-
fstraße. Rishikesh ist eine Kleinstadt mit 40 000 Einwohnern.

Swami Sattyanand ist der Statthalter des Maharishi Mahesh Yogi im Fernen Osten. Maharishis Ashram in Rishikesh ist die Keimzelle der Bewegung der Transzendentalen Meditation.

„Embryo im Schoß" (= Garbha Pinda) wird die Körperstellung genannt, die der Yogaexperte L. Jayapal demonstriert.

ziplin (Sadhana) geübt zu haben. Beides ist auf dem indischen Heilsweg normalerweise unerläßlich. Für den gläubigen Inder gibt es dafür keine andere Erklärung als die, daß Anandamayee Ma entweder in ihrem vorherigen Leben die geistliche Disziplin unter einem Guru abgeschlossen hat und im jetzigen Leben ihren Geburtenkreislauf vollendet, oder daß sie ein Avatar (eine Herabkunft Gottes) ist. Ihr selbst ist es, wie wir aus der Antwort an Arthur Koestler ersehen konnten, gleichgültig, wofür die Leute sie halten. Sie beliebt zu sagen: „Ich bin, was ich war und was ich sein werde", oder: „Ich bin das, als was Ihr mich betrachtet – nicht mehr und nicht weniger." Ihre Anhängerschaft ist ins Unermeßliche gewachsen, auffallend viele ihrer Gefolgsleute gehören höheren und gebildeten Schichten an. Sie übt großen Einfluß auf die indische Gesellschaft aus.

Ihre Schüler gründeten 1950 eine eingetragene Gesellschaft „Shri Anandamayee Sangha", die die in Mutters Namen ins Leben gerufenen Ashrams, Tempel, Erziehungsstätten, Bibliotheken, Armenkliniken, Kinderhilfswerke und anderen Wohlfahrtseinrichtungen beaufsichtigt und ihre erleuchteten Aussprüche sammelt und herausgibt. Der heiligen Dame werden ein gesunder Menschenverstand und ein respektables Organisationstalent nachgerühmt.

Endlich formiert sich die Ansammlung zu einer Prozession, und im Gänsemarsch betritt ein Anhänger nach dem anderen das Haus.

„Erschöpft der nie endende Ansturm die Mutter nicht?" frage ich Melita Maschmann.

„Manchmal wirkt sie wie 100, manchmal wie 30, wenn es dem Heiligen Geist gefällt, ihre Falten auszufüllen", sagt die Deutsche. „Dem Temperament nach ist Ma ein junges Mädchen."

Die Menschenschlange der Huldigenden, die sich von der Straße durch den Hof und das Treppenhaus in das Zimmer der Anandamayee Ma schlängelt, bewegt sich nur überaus langsam vorwärts.

Werde ich geblendet sein von der Aura des himmlischen Lichtes, die sie umhüllt? Oder werden meine profanen Augen gehalten sein? Es soll vorkommen, daß Menschen beim bloßen Anblick der Heiligen die Erleuchtung zuteil wird, andere fallen in Ohnmacht, wenn sie den Saum ihres Saris berühren.

Ich betrete den Raum der Heiligen, ein gangartiges Zimmer. Auf einem breiten Sofa sitzt Nirmala, die Makellose, die Unbefleckte, die Reine, Anandamayee Ma, die Verkörperung der Weltenmutter in einem blütenweißen Sari, die edelste Blume im spirituellen Garten Indiens. Reglos sitzt sie, wunderbar friedlich, unberührt von dem Getue der Menschen um sie herum, eine Königin fürwahr.

Ihre Anhänger und Bewunderer werfen sich einer nach dem anderen vor ihr nieder und opfern Gaben. Ich trete, bevor ich drankomme, aus der Reihe und stelle mich, vier, fünf Meter von Mutter entfernt, an die Wand, um die Heiligenverehrung mit Augen und Ohren und mit dem Herzen wahrzunehmen.

Sie sitzt und sitzt und sitzt, ruhig und schweigend. Berühmt sind ihre graziösen Bewegungen, aber sie bewegt sich nicht, nur einmal dreht sie ihren Kopf und blickt auf die unten im Hof wartenden Verehrer. Mir scheint, daß sie einen im Rollstuhl sitzenden Mann ins Auge faßt. Berühmt ist ihr Lachen, aber sie lacht nicht. Und ebenso berühmt ist ihre zeitweilige Geistesabwesenheit, deren Zeuge ich werde.

Ihr Körper, sie selbst nennt ihn „diesen Lehmklumpen", ist unter uns, aber ihr Bewußtsein ist aus dem Körper in eine unendliche Ferne fortgezogen. Ihr Geist weilt augenblicklich nicht in dieser Welt, obwohl feststeht, daß sie in der Begegnung mit der Umwelt einer ungeteilten und alles absorbierenden Aufmerksamkeit und Anteilnahme fähig ist, die jedes Menschenmaß sprengt.

Ihr Lächeln, das sie uns jetzt vorenthält, ist landauf, landab bekannt wie das der Mona Lisa, nur ist es offener. Sie kann kichern und hellauf lachen. Zuweilen wird sie von stundenlangen Lachanfällen geschüttelt. „Wir sind Kinder der Freude", lehrt die Mutter der Immerwährenden Glückseligkeit. „Lacht soviel ihr könnt! Euer Lachen muß aus der Tiefe eures Körpers hervorquellen. Es muß euch vom Kopf bis zu den Füßen schütteln. Wenn eure Seele schläfrig ist, wird euer Lachen nur auf euren Lippen liegen. Ich möchte euch aber mit dem Mund, mit dem Herzen, mit dem Atem eures Lebens lachen sehen."

Sie selbst kann mit allen Fasern ihres Wesens lachen, das ist hundertfach bezeugt. Sie verströmt Licht und Lachen, darin ist unter anderem ihre göttliche Faszination begründet.

Für unsereins ist es nicht leicht, einer Heiligen wie Anandamayee Ma gerecht zu werden. Man kann es sich natürlich bequem machen wie Arthur Koestler, der Anandamayee Ma und Indien durch die Brille seiner rationalistischen Geisteshaltung beäugt und alle Irrationalität der inneren Welt haßt oder fürchtet (wie ihm Carl Gustav Jung indirekt vorgeworfen hat). Wenn ich eine rationalistische Brille aufsetze, sehe ich in der Tat im Moment nichts anderes als eine faltige, kränkliche Greisin, die gelangweilt auf dem Sofa hockt und die Verehrung eines abergläubischen Volkes über sich ergehen läßt. Ich habe jedoch als Nur-Rationalist bereits Schwierigkeiten bei der Beantwortung der Frage: Warum sitzt sie da, inmitten des Geschiebes und Geraufes, stundenlang, tagelang, wochenlang, monatelang, jahrelang, jahrzehntelang? Nicht einmal der eingefleischteste Rationalist wird, wenn er sie unter die Lupe nimmt und ehrlich ist, zu der Erklärung greifen: Sie sonnt sich im Ruhm.

Sie bietet das Bild absoluter Selbstentäußerung. Da ist kein Hauch mehr von Selbstgefälligkeit, Ehrgeiz oder Hochmut.

Damit haben wir den Kern der Gottverwirklichung erreicht, die Ichlosigkeit.

Als Melita Maschmann vor 17 Jahren in Kankhal/Hardwar Anandamayee Ma zum ersten Mal traf, was war es da, das sie in den Bann der Heiligen zog? Die deutsche Schriftstellerin bekennt, was sie nicht mehr los ließ: „Sie ist ichlos wie Mutter Ganga oder Vater Himalaja". Nur wer frei ist von der Ich-Zentriertheit, und das ist in der Mystik unter Ichlosigkeit gemeint, kann die Überfülle Gottes empfangen.

Die Ichlosigkeit ist nicht bloß das Kennzeichen der Gottverwirklichung im Hinduismus, sondern der Gottverwirklichung in der Mystik aller Religionen. Denken wir nur an den Apostel Paulus, der gestand: „Nicht mehr ich lebe, sondern Christus lebt in mir." Das ist für den Mystiker keine symbolische Phrase.

Selbstaufgabe ist Selbstgewinn: das ist das Geheimnis der Mystik. „Wer etwas Besonderes vorstellen will", sagt Johannes Müller, „wird nie etwas Ganzes."

„Wenn das Weizenkorn nicht in die Erde fällt und stirbt", sagt die Bibel, „bringt es keine Frucht." Der „mystische Tod" ist die Vorbedingung für die Auferstehung eines strahlenden Ichs (Selbst) schon in dieser Welt. Nur wer sich in Gott verliert, wird von ihm verwandelt.

Die Gottverwirklichung ist das Hochziel aller indischen Spiritualität, und unter den europäischen und amerikanischen Yogajüngern in Rishikesh ist zwar nicht ein Run auf den höchsten Gipfel ausgebrochen, aber einige wenige, darunter der Australier David und der Franzose Jean-Marie, scheuen sich nicht, den an halsbrecherischen Abgründen vorbeiführenden Höhenweg der indischen Mystik zu beschreiten: Sie wollen die Erfahrung des Absoluten ins Auge fassen, an das Seil eines geistlichen Reiseführers geklammert, der schon vorher den Gipfel bezwungen hat und die Schwierigkeiten und Strapazen der Expedition aus eigenem Erleben kennt.

Am Beispiel der Anandamayee Ma erkennen wir, daß die „Ichlosigkeit" das Tor zur Gottverwirklichung, die identisch ist mit der Selbstverwirklichung, aufstößt, und daß die Wirkung eine überquellende Seligkeit ist. Wer zu Lebzeiten Gott erreicht, ist beglückt mit unerschütterlicher Ruhe, mit untrübbarer Heiterkeit, mit verzücktem Seelenfrieden, kurzum mit „Ananda": Wonne.

Der Mystiker ist hinsichtlich seiner Erfahrung sprachlos. Sein Jubel ist stumm. Auf alle Fragen über seine Erlebnisse antwortet der Verwirklichte, der seiner Gottesnatur innegeworden ist, sinngemäß:

„Miß mit Worten nicht,
Was unermeßlich, nicht mit Denken steig
Ins Unergründliche: es irrt, wer fragt,
Und wer erwidert. Schweig!"

*

Die mystischen Erfahrungen als solche unterscheiden sich nicht grundlegend, ob sie einem Hindu oder einem Christen oder wem immer zuteil geworden sind. Unterschiedlich ist nur die Deutung der Erlebnisse, die sich am jeweiligen Glaubensgut orientiert. So steht die hinduistische Spiritualität in der Deutung im Rahmen der Seelenwanderungs- und der Karmalehre.

Die Karmalehre besagt, daß der Mensch sein Schicksal vorausbestimmt durch sein Handeln. Jede Tat ist gleichsam ein Same, der aufkeimt und Frucht bringt. Im jetzigen Leben kosten wir die süßen und die sauren Früchte unserer im früheren Leben begangenen guten und bösen Taten aus. Und aus den

Taten unseres jetzigen Lebens erwachsen die Freuden und Leiden unseres zukünftigen Lebens.

Ein frommer Hindu wundert sich also nicht über die (angeblichen) Ungerechtigkeiten in der Welt. Gute, denen es schlecht geht, büßen ihre Sünden aus früheren Leben, Böse, denen es gut geht, genießen ihre Verdienste aus früheren Leben. Für den Hindu ist es klar, daß die Menschen n i c h t gleich sind. Die Karmalehre entschlüsselt die Lebensrätsel. Warum ein Kind verkrüppelt geboren worden ist? Keiner leidet unschuldig. Das Gebrechen des Neugeborenen enthüllt das Karma seines Vorlebens. Niemand erntet, was er nicht gesät hat.

Beladen mit restlichem Karma aus dem Vorleben wird der Mensch geboren, und sein Leben lang stapelt er, sooft er denkt, fühlt, wünscht, redet oder werkt, frisches Karma auf, das ausgetragen werden muß. Die dem Menschen angeschriebenen karmischen Schulden sind voll zu bezahlen auf Heller und Pfennig, nichts wird erlassen. Nach dem Tod ist die Summe der guten und bösen Taten, das unausgeschöpfte Karma, der Keim für das nächste Leben. Das nichtverzehrte Karma treibt die Seele zwangsläufig von Existenz zu Existenz.

Die Seelenwanderung ist für den Hindu also ein Läuterungsweg, auf dem sich die Seele, von Stufe zu Stufe steigend, vervollkommnen kann, bis sie rein und reif ist, in Gott einzugehen.

„Wie könnt ihr glauben", sagten Hindus ärgerlich zu dem Christen René Girault, „daß alle Menschen, deren Mittelmäßigkeit und Unvollkommenheit in die Augen springen, so, wie sie sind, vor Gott erscheinen werden, um sich mit ihm zu vereinigen?"

Tausende und Millionen Leben reichen allenfalls zur Vollendung, aber doch nicht ein einziges Leben! Deshalb werden die „unfertigen" Seelen zur Entschlackung unablässig zurückgeworfen in den Kreislauf der Geburten und Tode. In unzähligen Leben bekommen sie neue Gelegenheiten, Fortschritte zu erzielen in der Selbstheiligung.

Erlöst zu werden von dem endlosen Wandern durch die Welt, Überwelt und Unterwelt ist das Sehnsuchtsziel des Hindus. Alle Wege der Spiritualität münden in die Befreiung, die darin besteht, daß sich die Seele nicht mehr neu einkörpert, sondern sich mit Gott oder der Weltseele vereinigt.

Der Heilszustand, der mit dem *letzten* Tod eintritt, wird im Hinduismus unterschiedlich beschrieben, als Aufgehen in der Weltseele oder als Eingehen in Gott.

● Das Aufgehen in der Weltseele ist unpersönlich.

„Wie die Ströme, die ins Weltmeer fließen,
Sich von Name und Gestalt befrein,
Geht gestalt- und namenlos der Weise
Zu dem göttlich-höchsten Geiste ein."

Atman löst sich in Brahman auf, wie Indiens Philosophen sagen. Die philosophische Alleinheitslehre des Vedanta läßt die Seele restlos in der Überseele untergehen und ihr Sonderdasein verlieren. Wie der Tropfen im Ozean, so zerfließt das Ich im göttlichen Es, dem Urgrund der Welt. Das ist die Allseligkeit, die sich die Weisen wünschen.

● Das Eingehen in Gott ist jedoch persönliche Unsterblichkeit. Indiens religiöse Massen ersehnen nicht das anonyme Versinken im Weltgeist, sondern die endgültige Vereinigung mit dem persönlichen höchsten Gott, Ishwara, die, so innig sie sein mag, das Einzeldasein nicht auslöscht. In der seligen Verbundenheit mit dem Weltherrn verschmilzt die Seele gleichsam unzertrennlich mit Gott. Die Seele mischt sich mit Gott wie das Salz mit dem Wasser im Meer, als wären beide eins. In ihrer „Zweieinigkeit" sind Seele und Gott nicht mehr geschieden, aber doch verschieden. Die Shivaiten und Vishnuiten sind sich einig, daß die erlöste Seele Gott „gleicht", aber sich nicht in Gott verwandelt. Gott saugt die Seele nicht vollkommen auf. Die Gottliebenden glauben also an ein verklärtes persönliches Fortleben in der Einheit mit Gott. „Ich will nicht Zucker werden, sondern fortgesetzt Zucker schmecken", sagte Ramakrishna namens aller Gottliebenden, die wissen, daß die Zweiheit Vorbedingung ist für ein Liebesverhältnis. Die Erlösten, die Nimmerwiederkehrer, leben also in ungestörter Gemeinschaft mit Gott.

Der Deutungsrahmen des Karma- und Seelenwanderungsglaubens ist für Christen durchaus abtrennbar vom Wesen der indischen Mystik. Allerdings kann ich in Rishikesh feststellen, daß ein Teil der Westler den hinduistischen Glauben an die Wiedergeburt dem christlichen Glauben an das Fegefeuer als Läuterungsweg vorzieht – Leute wie sie stimmen mit dem belgischen Dichter Maeterlinck überein, der in der Karmalehre, im

Tatvergeltungsgesetz, „das erhabenste, das gerechteste und das unanfechtbarste aller möglichen moralischen Prinzipien" erblickt.

*

Die Erlösung zu Lebzeiten, wie Anandamayee Ma sie angeblich erreicht hat, besteht im Sinne des Hindudogmas darin, daß die Karmaproduktion und damit der Zwang zur Wiedergeburt gestoppt ist. Anandamayee Ma hat als Lebend-Erlöste gleichsam dem Karma den Nährboden entzogen.

Die Lehre von der Erlösung zu Lebzeiten ist schon in den Upanishaden angedeutet:

„Wenn alle Leidenschaft schwindet,
die nistet in des Menschen Herz,
dann wird, wer sterblich, unsterblich,
schon hier erlangt das Brahman er."

Wie sich die Töpferscheibe nach der Fertigstellung des Topfes noch eine Zeitlang automatisch weiterdreht, bis die Schwungkraft nach und nach erschöpft ist, so läuft das Erdenleben eines Vollendeten noch eine Weile fort. Doch ein Lebend-Erlöster ist, obwohl er noch unter uns weilt, atmend, essend, schlafend, bereits drüben angekommen.

Er kann mit dem erleuchteten Buddha kraft göttlicher Autorität sprechen:

„Alles habe ich überwunden, alles weiß ich,
Von allen Dingen bin ich unberührt,
Alles habe ich fahrengelassen, durstlos bin ich erlöst!
Aus mir selber habe ich begriffen das Heil, wem sollt ich es danken!
Keinen Lehrer habe ich, meinesgleichen gibt es nicht,
In der Welt samt Göttern bin ich ohnegleichen.
Ich bin der Heilige in der Welt, ich bin der unübertreffliche Lehrer.
Ich allein bin der vollkommen Erleuchtete, gelassen bin ich, verloschen."

So spricht einer, der zu Lebzeiten das Nirwana bzw. den Samadhi erreicht hat. Sind das nicht blasphemische Worte, die jeder ichlosen Demut hohnsprechen? Gewiß, wenn sie Alexander dem Großen, Napoleon oder Hitler über die Lippen gekommen wären. Doch Buddha spricht die Sprache der Mystik. Es ist nicht mehr der Fürstensohn Siddharta Gautama, der spricht, sondern Buddha, der Erwachte. Nicht das kleine Ego Siddharta Gautamas wählt die Worte in unermeßlich aufgeblähtem Größenwahn, sondern das neue Ich Buddhas in göttlichem Selbstbewußtsein, das neue Ich, das zum Sprachrohr des Absoluten geworden ist.

Mein Blick ruht auf Anandamayee Ma. Ich kann es nicht beurteilen, ob sie eine Vollerwachte ist. Die Inder, die ihr in endlos scheinender Prozession huldigen, zweifeln nicht daran. Wenn kein Funke auf mich überspringt, liegt das vielleicht wirklich an mir. Man müsse, sagen die Inder, wenn man ihr gegenübertrete, ein selbstloser Zeuge sein, der alle seine Meinungen und Urteilsbildungen vergesse und völlig leer und offen sei, sonst habe man von ihren spirituellen Vibrationen, die in alle Richtungen gleich wogen, keinen großen Nutzen. Ihre Gnade finde keinen Platz in der Herzenshöhle eines Menschen, wenn diese eine Rumpelkammer des Geistes sei, vollgestopft mit Ideen, Empfindungen, Eindrücken, Wahrnehmungen, Vorstellungen usw. Deshalb müsse der innere Tempel zuerst gereinigt werden. Die Inder wissen, daß sie, wenn sie zur Audienz einer Königin der Spiritualität kommen, ihr im Herzen einen Thron bereiten müssen.

„Die Quelle der göttlichen Gnade sprudelt", sagt Anandamayee Ma, „und sie ist bereit, eure Becher zu füllen, wenn ihr die Öffnung eurer Gefäße nicht nach unten haltet. Jeder bekommt nur soviel, wofür er bereit ist."

Plötzlich wird der Strom der Verehrer gestoppt und zurückgedrängt, und ich werde eingeladen, zu Füßen der Heiligen Platz zu nehmen.

Ich weiß, daß sie nie über sich selbst und ihre persönlichen Erfahrungen spricht, sondern nur eine konkrete Lebensfrage eines spirituellen Suchers beantwortet.

Ananadamayee Ma hat einmal gesagt: „Es gibt auf der nicht bewußten Ebene des Geistes so viele ungeahnte verborgene Schätze. Versenkt euch ohne Vorbehalt in diese geheimnisvollen Tiefen und sucht diese verborgenen Wahrheiten zu entdekken. Erhellt euch selbst und die Welt mit der brennenden Flamme des inneren Lebens."

Daran anknüpfend frage ich die Heilige: „Wenn ich – und

ich spreche im Namen der durchschnittlichen Bürger im Westen – Zugang finden will zum inneren Reichtum der Seele, was ist der erste Schritt auf dem Weg nach innen?“

Dem Irdischen entrückt, sitzt sie da, und meine Frage holt sie aus dem Unendlichen zurück. Sie spricht nur mit den Lippen und flüstert unhörbar für mich der Dolmetscherin ihre Antworten zu. Sie hat eine dickgeschwollene Zunge, wie ich nachher hintenherum erfahre.

„Tun Sie, was die Rishis (Propheten) sagen. Und was die Rishis sagen, das erfragen Sie bei den Mahatmas (Große Seelen).“ Punkt. Schluß.

Das ist sicher nicht unweise, aber in meiner konkreten Situation empfinde ich das als billigen Orakelspruch, mit dem ich mich nicht abfertigen lasse. Ich möchte ihren Ratschlag hören und erwidere: „Ich betrachte Mutter als Mahatma, daher soll sie mir sagen, was die Rishis von mir verlangen.“

Sie antwortet: „Zügeln Sie Ihre Wünsche, bescheiden Sie sich, verzichten Sie auf Luxus. Wenn Sie mehr wissen wollen, kommen Sie im November zu unserer Meditationswoche.“

Wer von einem Heiligen, einem durchgöttlichten Menschen, weltbewegende Enthüllungen erwartet, spitzfindige Bemerkungen, hochstilisierte Sinnsprüche, philosophische Bonmots, sprühende Geistesblitze oder emphatische Parolen, und von der Einfachheit seiner Aussagen enttäuscht ist, verkennt, daß das wahrhaft Große nicht das Gigantische ist. Die Wahrheit ist nicht kolossal, sie ist unscheinbar. Die Heiligen sagen nichts Neues.

Die Übersetzerin fügt aus eigenem Antrieb hinzu, daß ich ein Buch über Rishikesh und die Spiritualität der Himalajaweisen schreibe und daß das der Grund sei, warum ich die Privataudienz erbeten habe.

Dazu erklärt die Mutter: „Mit Büchern habe ich nichts zu tun.“

Das ist bekannt. Sie hat schon in der Schule das Alphabet nicht gemocht. Der tiefste Grund dafür ist, daß sie weiß, daß die Weisheit nicht aus Buchstaben besteht. Melita Maschmann, ihre Jüngerin, die eine Biographie über die Heilige geschrieben hat, erwähnte mir gegenüber, daß Ma ihr Buch noch nie in die Hand genommen, geschweige denn sich für den Inhalt interessiert hätte. Mutter ist absolut immun gegen Schmeichelei oder Verriß. Sie begehrt nicht und verabscheut nicht.

Eine Gruppe von Quäkern hatte einmal Swami Sivananda in Rishikesh gefragt: „Wie können wir wissen, ob unser Wille im Einklang steht mit dem Willen Gottes oder nicht." Swamiji antwortete: „Indem wir selbst Gott werden. Wenn wir nicht göttlich werden, sind alle unsere Gespräche über den Willen Gottes bloßes Basargeschwätz."

Das ist die Sprache der Mystik. Gott werden, göttlich werden, das sind Reizworte für christliche Theologen. Zu Unrecht. Wir Christen haben es „schriftlich", daß der Mensch ein „Bild Gottes" ist. Für den Christen ist der Mensch an dem einen Pol ein hinfälliger Erdgeborener, Staub, der wieder zu Staub werden wird, an dem anderen Pol aber ein Widerschein Gottes. Ein Ebenbild Gottes. Das steht in jedem Katechismus. Der 1973 verstorbene französische Benediktinerpater Henri Le Saux, der 38jährig im Jahre 1948 nach Indien gekommen war und zuletzt unter dem Namen Swami Abhishiktananda als christlicher Einsiedleryogi oberhalb von Rishikesh auf dem Weg zur Gangesquelle lebte, sagte über den Weg nach innen aus der Sicht des Christen: „Der Mensch steigt hinab in die Tiefe seines Selbst, wo er nichts anderes ist als ein Gleichnis Gottes."

Der Christ erlebt sich also in der tiefsten Selbsterfahrung als Abbild Gottes. In der christlichen Mystik geht es wie in der Mystik aller Religionen, im Yoga (Hinduismus), im Zen (Buddhismus), im Wu-Wei (Taoismus), im Sufismus (Islam), im Chassidismus (Judentum) darum, in der Selbstversenkung sein Wesen und seine Wesenswurzel, von den einen Gott, von den anderen das Absolute genannt, zu erfahren und zu berühren.

Die Juden hoben Steine auf, um Jesus zu steinigen. Bei Johannes 10, 33–34 heißt es: „Wir steinigen dich nicht wegen eines guten Werkes, sondern wegen Gotteslästerung; denn du bist nur ein Mensch und machst dich selbst zu Gott. Jesus erwiderte ihnen: Heißt es nicht in eurem Gesetz: ‚Ich habe gesagt: Götter seid ihr?'" Jesus bezog sich auf Psalm 82, 6 im Alten Testament.

Der Evangelist Matthäus (5, 48) fordert die Christen auf: „Ihr sollt also vollkommen sein, wie es euer himmlischer Vater ist."

Der Evangelist Lukas (17, 21) betont: „Das Reich Gottes ist schon mitten unter euch." Esoteriker übersetzen die Stelle anders: „Das Reich Gottes ist inwendig in euch." Das ist übrigens die Übertragung Martin Luthers.

Den Apostel Paulus haben wir schon zitiert: „Nicht mehr ich lebe, sondern Christus lebt in mir."

Die Alleinheitslehre der indischen Mystik, zu Unrecht als Pantheismus verketzert, ist den Christen ein Dorn im Auge, obwohl sie ihnen aus der christlichen Mystik nicht fremd sein sollte. Ich habe von Hinduweisen nie anderes gehört als von Paulus: „Ein Gott und Vater aller, der über allem und durch alles und in allem ist." (Brief an die Epheser: 4, 6.)

Warum befürchten also kleingläubige christliche Theologen bei westlichen Yogapraktikanten eine „Selbstauflösung im Indischen Ozean"?

*

Der Wege zur Gottvereinigung sind viele: Rajayoga, Jnanayoga, Karmayoga, Bhaktiyoga (das ist der Pfad der Anandamayee Ma), Hathayoga, Layayoga, Kundaliniyoga, Mantrayoga, Agniyoga, Tantrayoga usw. Was ist ihr gemeinsamer Nenner? Anandamayee Ma: „Jedem wird nur in dem Maß gegeben, wie er verzichtet hat. Das ist das Gesetz der Spiritualität."

Meine Frage, ob ich Mutter fotografieren dürfe, wird ohne Widerstand und ohne Interesse bejaht. Die Heilige zupft nicht an ihren Sarifalten herum, sie setzt kein fotogenes Lächeln auf. Sie ist die, die sie war und sein wird. Sie zwinkert nicht einmal im aufblitzenden Licht der Kamera. Was auf den Film gebannt wird, ist nicht Anandamayee Ma, die Heilige, sondern nur ihr vergessener, zurückgelassener Körper, den sie eine Puppe nennt.

Als ich meinen Rückzug antrete, geht die unterdessen gestoppte Huldigungsprozession weiter. Ich erwerbe unten noch Broschüren mit den Aussprüchen der Mutter und kehre zu nächtlicher Stunde mit dem Taxi nach Rishikesh zurück. Zum Abschied gibt mir Melita Maschmann, die Rishikesh so gut kennt wie ihre eigene Tasche, einen Rat mit auf den Weg: „Rechnen Sie ab mit den Pseudogurus am linken Gangesufer von Rishikesh." Sie klammert die Ashrams des rechten Ufers, den Kailas Ashram, den Yog Niketan und den Sivananda Ashram, aus, die sie schätzt.

Hexenkessel im Keller

Die verborgen im Menschen schlummernden Seelenkräfte zu befreien, den Geist zu regenerieren, den Körper zu vitalisieren, um Herzensfrieden, Wohlbefinden und Lebensfreude zu gewinnen: das ist das Ziel der meisten Europäer, Amerikaner und Australier, die ich in Rishikesh treffe. Die Mehrzahl sucht nicht direkt die Erfahrung des Absoluten, sondern Frieden, Freude und Freiheit der Seele. Mit anderen, mit westlichen Worten: Yoga ist für die westlichen Sucher nur indirekt Religion, unmittelbar ist er Psychologie bzw. Psychotherapie.

Die Außenwelt ist eine Domäne des Okzidents, der sogar nach den Sternen greift, die Innenwelt ist aber eine Domäne des Orients, namentlich Indiens und besonders des Himalajas, der seit eh und je das Paradies der Innenforscher ist. Und Rishikesh ist gleichsam die heimliche Metropole jenes Paradieses, in der es zahlreiche erfahrene Führer für die abenteuerliche Reise auf den Pfaden der labyrinthischen Innenwelt gegeben hat und noch geben soll. Die Westler suchen also in Rishikesh eine Karte und einen Kompaß, mit denen sie sich im Dschungel der unerforschten Tiefen ihrer Seele orientieren können.

Wer bin ich? bleibt ihre Grundfrage.

Swami Narayanananda, Philosoph und Psychologe aus Rishikesh, unterscheidet: „Ich bin nicht dieser Körper, nicht diese Sinne, nicht dieses Ego, nicht dieser Wille, nicht die Wünsche, nicht der Geist, nicht der Prana, und ich bin nicht einmal dieser Intellekt. Nein. Ich bin nichts von diesen Dingen. Diese Dinge sind immerzu wechselvoll und unbeständig. Diese Dinge haben einen Beginn und ein Ende. Ich bin jenes Höchste Brahman. Ich bin jener Höchste Geist, der keine Geburt, kein Wachstum, keinen Niedergang, keine Krankheit, keinen Tod, kein Geschlecht, keine Kaste, kein Glaubensbekenntnis und keine Hautfarbe hat. Das Schwert kann Mich nicht entzweischlagen, die Lanze kann Mich nicht durchbohren, der Wind kann Mich nicht dörren und das Wasser Mich nicht netzen. Das Feuer kann Mich nicht verbrennen noch die Sonne Mich versengen. Ich bin allzeit rein, heilig und vollkommen. Ich bin ungeboren, unverrückbar, unveränderlich, unbegrenzt, alles erfüllend und durchdringend. Ich bin der Höchste Atman, das ewig Seiende, Eines ohne ein Zweites."

Wer bin ich?

Swami Chidananda, der Meister der lebenden Meister von Rishikesh, der in seinem Herzen das reine Erbe der Rishis erworben hat und besitzt, antwortet darauf:

„Die Menschen sagen: Ich bin Meier oder Müller, ich bin eine Frau oder ein Mann, ich bin ein Deutscher oder ein Österreicher, ich bin ein Salzburger oder ein Wiener, ich bin ein Katholik oder ein Protestant, ich bin ein Sozialist oder ein Freiheitlicher. Sie sagen: Ich bin dick oder dünn, ich bin schwer oder leicht, ich bin groß oder klein, ich bin jung oder alt, ich bin blond oder dunkel usw. Wer sich aber mit Namen und Gestalt identifiziert, vergißt sein wahres Wesen."

Swami Chidananda bringt Vergleiche aus der Natur:

Da ist eine unscheinbare Knospe, alle Kraft der Erde und der Sonne nutzend, lebt sie in ungeheurer Dynamik auf. Sie öffnet sich zur strahlenden Blüte, zur Blume mit Samtblättern, im Farbenzauber erglühend, Duft verströmend, schenkt sie in ihrer Schönheit Freude allen Herzen. Die vitale Kraft lebt bereits in der Knospe, deren Bestimmung es ist, daß sich die schlummernden Kräfte zur vollen Pracht entfalten.

Da ist an dem Zweig eines Obstbaumes ein grüner harter Knopf, kraft desselben Gesetzes der Evolution reift er heran zu einer köstlichen Frucht, voll Saft und Süße, deren Geschmack Freude und Genuß bereitet. Unausgedrückt anwesend ist die Fülle schon im Keim.

Da liegt im Nest ein kleines Ei, aus dem eines Tages ein Vogel ausbricht, der sich in die Lüfte erhebt, bestechend in seinem vollendeten Körperbau, und wenn es eine Nachtigall ist, wird sie einen wunderbar flötenden Gesang anstimmen.

Und der Mensch?

„Selbst wenn er seinen Leib entfaltet zu der ebenmäßigen Gestalt eines griechischen Apolls oder einer Aphrodite und seinen Geist entwickelt zur Höhe eines Philosophen oder eines Wissenschaftlers, ja Nobelpreisträgers, ist das wahre Wesen des Menschen noch nicht erblüht", betont Swami Chidananda. „Es sind die großen Mystiker, die Erleuchteten aller Zeiten und Zonen, die das wahre Wesen des Menschen erfahren haben und es uns entschleiern, damit wir nicht in Selbstunwissenheit leben und sterben." Was ist das wahre Wesen des Menschen, das die Mystiker entdeckt haben?

Chidananda spricht im Namen der Rishis und seines eigenen Erlebens: „Ich bin das Ebenbild Gottes. Ich bin ein ewiges, unsterbliches Wesen, unveränderlich, ohne Geburt und ohne Tod, überschreitend den Körper, den Geist und den Intellekt, unterschieden vom momentanen, vorübergehenden Ego. Ich bin die ungeborene und unzerstörbare Seele. Ich bin Sein (Sat), Bewußtsein (Chid) und Wonne (Ananda). Ich bin ohne Form und ohne Namen. Ich bin in meinem Wesen das Licht der Lichter, die Wahrheit der Wahrheiten, die Schönheit der Schönheiten. Ich bin ohne Sünde. Ich bin makellos rein. Ich bin unbeschränkt frei. Wie immer der Körper sich verändern mag, wie immer die Zustände des Geistes und des Intellektes wechseln mögen, ich bin die vollkommene und unwandelbare Wirklichkeit selbst. Das ist die Perle ohne Preis. Die indischen Mystiker nennen sie Atman, das heißt auf deutsch: das Selbst. Wie in der Knospe die Farbe, der Duft und die Form der Blume, wie im Knopf am Zweig der Saft, die Süße und der Geschmack der reifen Frucht und wie im Ei die Freiheit, die Schönheit und die Musik der Nachtigall schlummern, so wohnt dem Menschen bereits die Fülle inne. Die Vollkommenheit. Der Mensch ist schlafende Göttlichkeit."

Der radiohörende, fernsehende, opernbesuchende, zeitunglesende, cocktailnippende, fußballeranfeuernde, schreibmaschinentippende, warenverfertigende oder -verkaufende und lohnempfangende Mensch ist sich jedoch dessen nicht bewußt!

Chidananda: „Der Durchschnittsmensch lebt im Dunkel der Selbstunwissenheit wie in der finsteren Zelle eines Gefängnisses. Das begrenzte Bewußtsein, als sei er bloß Körper und Geist, ist in der Tat ein Käfig. Daher rufen die Mystiker immer das selbe: Mensch, werde wesentlich! Erhebe dich zur Freiheit des unbegrenzten Bewußtseins!"

Swami Chidananda, in meiner Sicht der idealste der zeitgenössischen Gurus von Rishikesh, sieht in der Lebensverfehlung die Wurzel aller menschlichen Probleme und Konflikte: „Die Evolution der verborgenen Göttlichkeit zur vollen Blüte ist der erste und der letzte Zweck des Lebens. Das ist die Bestimmung des Menschen. Für den, der sie erreicht, ist alles Freude, alles Friede, alles Freiheit, alles Furchtlosigkeit. Für den, der sie verfehlt, gibt es Probleme ohne Ende. Und kein Psychiater kann ihm helfen, kein Psychoanalytiker kann ihm helfen, kein Lebensberater kann ihm helfen und kein Arzt kann ihm helfen. Denn diese kennen selbst nicht die eigentliche innere Ursache der Schwierigkeiten, die darin besteht, daß das unterdrückte, gefesselte Leben revoltiert. Solange der Mensch nicht sein wahres Selbst befreit, solange hat er noch nicht zu leben begonnen! Wenn jemand in einen Dorn tritt, besteht die angemessene Behandlung nicht darin, dem Leidenden Mozartmusik auf der Geige vorzuspielen oder eine Pizza zum Essen oder Gefrorenes zum Schlecken zu geben, sondern den Stachel zu entfernen. Die Ursache aller menschlichen Probleme ist die Selbstverfehlung. Sie muß gleich dem Dorn beseitigt werden. Das einzige taugliche Heilmittel ist deshalb die spirituelle Wiedergeburt: die Selbstverwirklichung."

Der Schweizer Psychiater Medard Boss, der einer der wenigen westlichen Seelenärzte und -forscher ist, die wissen, was Yoga ist, bestätigt, daß die indischen Religionen und Philosophien im Grunde Psychotherapien sind, das heißt Rezepte gegen das menschliche Leid seelischer, geistiger oder körperlicher Art.

Medard Boss ist wohl der kompetenteste Mann, Yoga aus der Sicht der westlichen Psychotherapie zu beurteilen. Deshalb sei es gestattet, ein paar markante Äußerungen aus seinem bedeutsamen Buch „Indienfahrt eines Psychiaters" zu zitieren. Medard Boss hat den Mut und die Demut besessen, sich als renommierter Wissenschaftler wie ein Schuljunge zu Füßen der Weisen zu setzen, im Bewußtsein „des gewaltigen Vorsprunges, den die Menschenkunde Indiens unserer jungen Wissenschaft der Psychologie und Psychopathologie gegenüber innehält. Denn Indiens beste Geister besinnen sich doch schon seit vier und mehr Jahrtausenden in ungebrochener Überlieferung auf das Grundwesen des Menschen und seiner Welt. Sie haben auf dessen Erkennen unvergleichlich mehr Zeit und Konzentration verwandt, als die westliche Wissenschaft der Erforschung der äußeren Naturdinge zukommen ließ."

Medard Boss hat in langen Aufenthalten in Indien echte Heilige und Weise kennengelernt und bekennt: „Ich mußte zu der Überzeugung kommen, daß es bei ihnen überhaupt nichts Böses, Begehrliches, Zerstörerisches, Angstvolles, Schuldhaftes, Dunkles mehr wissentlich zu zügeln oder unwissentlich in der Verdrängung zu halten gibt. So sehr ich das wache Leben der

Heiligen beobachtete, so bereitwillig sie mir Auskunft über ihre Träume gaben, ich vermochte bei den Besten von ihnen weder eine Spur einer selbstsüchtigen Handlung, noch irgendwelche verdrängte oder wissentlich geheim gehaltene Schattenseiten zu entdecken. Es war mir, als bestünden sie aus reiner Liebe, die schon längst alles Hassen und Begehren in ihnen getilgt hat." Das sind die Worte eines gereiften, nüchternen, skeptischen Wissenschaftlers, nicht die eines schwärmerischen und haltsuchenden Twens.

An anderer Stelle schreibt der Psychiater über die Begegnung mit einem Guru, in dessen Ashram er gelebt hat: „Das ganze Wesen dieses Meisters war unverkennbar zu einer vollkommenen Selbstlosigkeit und alles umfassenden Liebe geläutert. Kein Wort, kein Blick, keine Gebärde, keine Handlung verrieten mir während der vollen vierzehn Tage, die ich so nahe um ihn sein durfte, auch nur die leiseste Befangenheit in egoistischen Bedürfnissen, so unablässig und kritisch ich auch sein Verhalten ständig beobachtete. Auch war nicht zu übersehen, daß dieser Geist eine Kraft der Ausstrahlung besaß, die in den Menschen um ihn herum, wie ganz von selbst, alle kleinlichen Geltungsbedürfnisse und ehrgeizigen Rivalitäten, alle selbstsüchtigen Antriebe überhaupt zum Schweigen brachte. Sogar die verschiedene Geschlechtlichkeit seiner Jünger und Jüngerinnen sank in der Welt dieses Ashrams zu völliger Problemlosigkeit herab. Alles bange Sorgen um die Zukunft löste sich vor dem Wissen um letzte und tiefste Geheimnisse, das seine von innen heraus leuchtenden Augen verrieten und zugleich an sich hielten, in eine unbezwingbare Heiterkeit und Beschwingtheit auf."

Wie kann aber ein Mensch, den der Alltag zwingt, hundertmal mit seinem Namen zu unterschreiben und anzugeben, wie viele Kilo er wiegt und wie viele Zentimeter er mißt, der seinen Taufschein, sein Parteibuch, seinen Staatsbürgerschaftsnachweis und seinen Paß vorweisen muß und in jedem Formular gefragt wird, ob er weiblichen oder männlichen Geschlechts ist, seine wahre Identität finden, die jenseits des kleinen Ichs ist?

Swami Chidananda, der Meister von Rishikesh, eine hagere Gandhigestalt, hat in unzähligen Satsangs und Vorträgen in allen Weltteilen darauf geantwortet. Das ist das Thema seiner Themen. Es ist ein Erlebnis, ihm zuzuhören. Er schöpft aus

Anandamayee Ma, Indiens Königin der Herzen. Sie gilt als „Lebend-Erlöste".

Peter, Student aus Kassel, hat eine reiche Indien- und Meditationserfahrung.

„Einfach leben" ist die Parole der westlichen Sinnsucher in Rishikesh.

Dieter, der in Rishikesh Hans genannt wird, verehrt die Ganga (Bild links) und in seiner Höhle das Lingam, Shivas Symbol (Bild oben).

Pilgerrast: Rishikesh ist das Basislager für Wallfahrten in das Königreich der Götter.

dem vollen. Über seine Lippen fließen keine toten Buchstaben, sondern Worte des Lebens. Er spricht stundenlang frei, streng geordnet, in unglaublicher Zucht und Konzentration, so daß er sich nie verspricht. Der Wohlklang seiner kräftigen Stimme und seine Botschaft vom göttlichen Selbst lassen keinen Überdruß in den Zuhörern aufkommen. Er selbst ermüdet nicht, aber dem Sitzfleisch und dem Speichervermögen des Publikums sind Grenzen gesetzt. Es kommt vor, daß er nach zwei, drei Stunden des Sprechens schmunzelnd erklärt: „Ich breite vor ihnen die Weisheit von zehntausend Jahren aus, das kann ich nicht in einer Minute tun. Swamiji spricht lange, das ist eine der Schwächen in seiner Persönlichkeit, daß er sich nicht kurz fassen kann."

*

Swami Chidananda lehrt und lebt den klassischen Königsyoga: den Rajayoga, wenngleich er als Allround-Yogi ebenso den Jnanayoga, den Karmayoga und den Bhaktiyoga ausführt. Doch der Rajayoga ist die systematische Wissenschaft der Seele und der Selbstverwirklichung. Bevor Swami Chidananda der Präsident des Sivananda Ashrams und der Gesellschaft des Göttlichen Lebens wurde, war er Professor für Rajayoga an der Yoga-Vedanta-Walduniversität in Rishikesh. Der Rajayoga, dessen uralte Grundwahrheiten von dem Weisen Patanjali vor mehr als zweitausend Jahren in 195 Sutren (Leitfäden) gegliedert wurden, ist auch unter dem Namen Astanga Yoga (Achtstufen-Yoga) bekannt, denn der Praktikant steigt, ausgehend vom begrenzten Ichbewußtsein, in acht Stufen zum Universellen Bewußtsein empor, einen Zustand, in dem die Seele ihr Einssein mit dem höchsten Wesen erfaßt.

„Eine plötzliche Befreiung der unsterblichen Seele aus ihrer Gebundenheit wäre nicht ungefährlich", warnt Chidananda und empfiehlt die acht Stufen Patanjalis, die unbedingt nacheinander beschritten werden müssen.

Erste Stufe (Yama): Der Rajayogi legt die fünf Gelübde ab, keinem Wesen wissentlich zu schaden, wahrhaftig zu sein, seine fleischlichen Gelüste zu beherrschen, nicht zu stehlen und anspruchslos zu leben. Die erste Stufe hat also den Zweck, den Charakter zu veredeln.

Zweite Stufe (Niyama): Wenn das Verhalten des Yogi auf der ersten Stufe ein gemeinnütziges geworden ist, so richtet er auf der zweiten Stufe seine Persönlichkeit auf Gott aus durch fünf Übungen des täglichen Lebens. Reinheit: Der Yogi ist bestrebt, außen und innen auf Sauberkeit zu achten, in der Kleidung, in der Nahrung, in der Lektüre, in der Umgebung, in der Freundeswahl, ebenso wie in den Gedanken und Gefühlen. Optimismus: Der Yogi ist zufrieden unter allen Bedingungen, er ist wunschlos glücklich, er grübelt nicht, murrt nicht, lamentiert nicht. Einschränkung: Der Yogi lernt Hitze und Kälte ertragen, die Zunge zügeln, Emotionen meistern, er schläft auf einem harten Bett, er hält sich beim Essen und Schlafen zurück, fallweise fastet er und wacht er. Studium der heiligen Schriften: Die spirituelle Nahrung der Yogis ist die Bibel, die Bhagavadgita, der Koran, die buddhistischen Schriften und alle erhebenden und erbaulichen geistlichen Bücher. Gottergebung: Der Yogi liefert sich dem Innengott (Ishwara) aus.

Die Befolgung der sogenannten Zehn Gebote des Yoga (Yama und Niyama), schärft Swami Chidananda seinen Zuhörern in West und Ost ein, ist eine unerläßliche Vorbedingung des spirituellen Aufstiegs zum göttlichen Bewußtsein. Wer nicht durch die Einhaltung der zehn Yogagebote ein solides Fundament legt, baut auf Sand, und die Einsturzgefahr ist groß.

Dritte Stufe (Asana): Wer seinen Alltag spiritualisiert hat, steigt eine Stufe höher zur Körperübung, die im Rajayoga keinen anderen Sinn hat, als den Leib an der Gottsuche zu beteiligen. Der Rajayogi bringt den Körper durch eine stabile und angenehme aufrechte Sitzhaltung ins Gleichgewicht. Wenn jede künstliche, gezwungene Steifheit und jede Spannung gewichen sind, erlangt der ausgeglichene Körper eine schwebende Leichtigkeit, so daß der Rajayogi sein Körperbewußtsein allmählich verliert.

Vierte Stufe (Pranayama): Durch sachgemäße Atemübung wird die Körperübung ergänzt. Die Atmung muß vor allem weich sein. Wenn der lockere Körper und der harmonisierte Atem beruhigend auf den Geist einwirken, steigt dessen Fähigkeit zur Konzentration.

Fünfte Stufe (Pratyahara): Der Rajayogi ruft den auswärts herumstreifenden wandersüchtigen Geist heim, er zieht die sich verlaufenden Sinne ein wie eine Schildkröte ihre Glieder, indem er dem Geist zu verstehen gibt, daß das unerschöpfliche Glück, das er vergeblich in der Fremde sucht, zu Hause schon vorhanden ist im inneren Heiligtum.

Doch der von der Außenwelt abgezogene Geist beschäftigt sich selbst in der Innenwelt noch mit den im Gedächtnis gespeicherten Eindrücken der Außenwelt.

Sechste Stufe (Dharana): Der Rajayogi sammelt daher durch Konzentration den Geist in einem Punkt.

„Lerne die Konzentration im alltäglichen Leben", rät Swami Chidananda. „Was immer du tust, tu es mit voller Aufmerksamkeit. Wenn du die Fingernägel schneidest, wenn du einen Bleistift spitzt, wenn du einen Schluck Wasser trinkst, geh in jeder deiner Handlungen auf. Laß dich nicht ablenken."

Wertvolle Konzentrationsübungsmethoden sind nach Swami Chidananda ebenso die Fixierung des Geistes auf einen Stern am Nachthimmel, auf eine Blume im Zimmer oder auf die Flamme einer Kerze. Letztlich konzentriert sich der Rajayogi auf den Lichtpunkt in seiner göttlichen Seele.

Siebte Stufe (Dhyana): Die ununterbrochene Konzentration auf sein Innergöttliches nennt der Rajayogi Meditation.

Achte Stufe (Samadhi): Wenn der Meditierende in tiefer Langzeitversenkung sein Ichbewußtsein verliert, tritt er, erhellt von einem Blitz der Erleuchtung, in einen Zustand des Überbewußtseins. Das begrenzte Persönlichkeitsbewußtsein erweitert sich zum Universellen Bewußtsein. Im Samadhi kehrt gleichsam der verlorene Sohn heim ins Vaterhaus. Der Erleuchtete erfährt sich als Gottdurchdrungener, als eins mit dem höchsten Wesen.

„Der Erleuchtete", schließt Chidananda seine Ausführungen über den Rajayoga, „ist befreit aus dem Netz der Unwissenheit. Keine Sorge mehr wird ihn berühren, keine Angst mehr, kein Zweifel mehr. Nichts kann seinen Frieden trüben. Er ist die Wonne selbst. Alles in ihm tanzt. Das ist die Frucht des Yoga. Solcherart ist also deine wesentliche Natur, solcherart ist die dir eingeborene Wirklichkeit. Im Augenblick ist dein Wesen noch überschattet durch deine Identifizierung mit dem Nicht-Selbst, mit den wechselhaften physischen, vitalen, mentalen und intellektuellen Hüllen und Schalen. Doch du bist der Meister deines Schicksals. Kind der Unsterblichkeit, Gott ist mit dir und in dir. Kröne dein Leben mit der Verwirklichung deiner göttlichen ewigen Natur."

Ihm glaubt man, er selbst hat die Verheißung wahr gemacht, Chidananda, der das Leben in Fülle hat und ein „Mann ohne Schatten" ist.

Neben dem Rajayoga, den jeder der großen Drei von Rishikesh (Chidananda, Yogeshwarananda und Balyogi) als der Weisheit letzten Schluß unterrichtet, können in den verschiedenen Ashrams die Verstandesmenschen den Jnanayoga, die Tatmenschen den Karmayoga und die Gefühlsmenschen den Bhaktiyoga erlernen, die andere Zugänge zur Erfahrung der Freude, des Friedens, der Freiheit und der Furchtlosigkeit in der Gottverbundenheit eröffnen.

*

Der Jnanayoga oder der Pfad des Wissens ist eine spekulative Erkundungsreise durch die Vielheit zur Einheit. In Rishikesh ist der Jnanayoga eindeutig die Domäne des Kailas Ashrams, obgleich der gegenwärtig bedeutendste Jnanayogi Rishikeshs, Swami Krishnananda, dem Sivananda Ashram angehört.

„Ist es nicht die ungeheuerlichste Lästerung Gottes, wider die Vernunft zu glauben?" empörte sich der moderne Pionier des Jnanayoga, Swami Vivekananda, der damit verriet, daß er ein Musterschüler im Kailas Ashram in Rishikesh gewesen ist, denn von seinem Meister Ramakrishna hat er die Verherrlichung des Verstandes sicher nicht gelernt. Nomen est omen: Vivekananda heißt auf deutsch „Dessen Seligkeit die Unterscheidung ist".

Im Jnanayoga ist also der Verstand die Leiter zum Höchsten und Letzten. Der Jnanayogi benützt Intellekt, Logik und Philosophie, um auf der Suche nach dem Absoluten aus dem Bannkreis der Relativität auszubrechen. Er grenzt, fortschreitend analysierend und reduzierend, das jeweils Wesenlose (Maya) vom Wesen ab. Er unterscheidet und trennt das Endliche und das Unendliche, das Wandelbare und das Unwandelbare. Er entdeckt hinter aller Scheinwirklichkeit schließlich die letzte Realität, hinter aller Wandlung die totale Wesenheit: Atman (das Selbst) und Brahman (der Weltgrund) und, von der äußeren zur inneren Erkenntnis vorstoßend, die Einheit von Atman und Brahman. Ich bin Es, das höchste Selbst. Während also der normale Sterbliche das Nicht-Selbst mit dem Selbst verwechselt, vom Anschein an der Nase herumgeführt, erhebt sich der Jnanayogi durch den Aufschwung des Geistes aus der erdgebundenen Wahrheit, die er als knechtende Falschheit (Illusion) entlarvt, zur höheren Wahrheit, die frei macht.

*

Der Karmayoga oder der Pfad des Handelns ist laut Swami Chidananda aus Rishikesh für den westlichen Menschen die geeignetste Annäherungsweise an die „Wirklichkeit, Wahrheit und Wonne“ (Sat-Chid-Ananda). Er ist der Weg für den aktiven und praktischen Menschentyp, der, seinen weltlichen Verpflichtungen obliegend, seinen Arbeitstag im Geschäft, in der Werkstätte, in der Fabrik, in der Schule oder im Büro verbringt, von der einfachen Schreibkraft bis zum Generaldirektor, vom Schüler bis zum Oberlehrer, vom Hilfsarbeiter bis zum Ingenieur, von der Verkäuferin bis zum Konzernchef.

Der Karmayogi handelt uneigennützig und entwurzelt dadurch den Egoismus – die Loslösung vom falschen Ich ist auf allen Yogapfaden der springende Punkt. Das Streben des Karmayogis ist frei von Persönlichem. Er erfüllt die ihm auferlegte Pflicht, wie sie sich aus der Natur ergibt, um ihrer selbst willen, ohne Hintergedanken an Macht, Ruhm oder Geld.

Er handelt also nicht aus eigenem Willen, sondern, in rückhaltloser Dienstwilligkeit und treuer Herzenshingabe dem universalen Zweck ausgeliefert, als Instrument des Großen Wesens. Er verzichtet auf die Früchte seines Tuns, unberührt von Erfolg oder Mißerfolg, frei von Erwartungen. Fremd ist ihm daher Enttäuschung. Im Yoga ist ein großer Egoist, wer Gutes tut in der Absicht, etwas Verdienstvolles zu vollbringen. Das Tun des Karmayogis hat nichts zu schaffen mit diesseitigem oder jenseitigem Lohn. Der Karmayogi handelt wunschlos um des Höchsten willen, das heißt, er handelt überpersönlich, wodurch die Verganzheitlichung fortschreitet. Selbst-Erfüllung krönt das ichleere Werk. Der Karmayogi wird auf Erden ein Bürger des Himmels.

Die Bibel des Karmayoga ist die Bhagavadgita, die das Wirken ohne Bindung folgendermaßen beschreibt:

„Das Werk zu tun sei dein Beruf,
Nicht kümmere dich's, ob es gelang,
Begehre nie der Taten Frucht,
Doch fröne nicht dem Müßiggang."

„Ergebungsvoll tu jedes Werk
Und frei von irdischer Begier,
Ob gut, ob schlecht der Ausgang sei,
Bewahre stets den Gleichmut dir."

„Die Weisen, die entsagungsvoll
Sich von der Sucht nach Lohn befrein
Die gehn, erlöst von Wiederkehr,
Zur leidentrückten Stätte ein."

(Bhagavadgita II, 47, 48 und 51.)

*

Der Bhaktiyoga oder der Pfad der Hingabe ist die innige Gottesliebe, das Sehnen nach Gott.

Vivekananda betonte: „Christus hat gesagt: ‚Bittet, und euch wird gegeben werden! Suchet, und ihr werdet finden! Klopfet an, und man wird euch auftun!' Das ist buchstäblich wahr. Aber wer hat Sehnsucht nach Gott?"

Wer aber Sehnsucht nach Gott hat, wie der Bhaktiyogi, der Gott inbrünstig und einfältig liebt, verehrt, anbetet, preist und verherrlicht, der sich Gott demutsvoll weiht, schenkt, ausliefert, ergibt, unterwirft, der wird von Gottbewußtsein durchtränkt, nachdem sein Ichbewußtsein zerschmolzen ist in der Glut der Hingabe. Wer sich Gott schenkt, erwirbt ihn, „der bleibt mit mir wie ich mit ihm vereint", wie der Herr in der Bhagavadgita (IX, 29) verspricht. In der Liebe überschreitet der Bhaktiyogi die menschliche Begrenzung, er fließt in den Weltgeist, der Weltgeist fließt in ihn, er erkennt Gott in sich und sich in Gott. Das ist das innere Wachstum zum ewigen Selbst auf dem Pfad der Hingabe, den die Bhagavadgita so zusammenfaßt:

„Verehre mich, gedenke mein,
Stets huldige und opfere mir,
Dann gehst du sicher zu mir ein,
Als Freund versprech ich es dir." (XVIII, 65.)

Swami Chidananda, Rishikeshs lebender Rishi, empfiehlt dem Westen den Bhaktiyoga als wirksamstes Heilmittel gegen Neurosen, die im Unerwünschtsein oder im Nichtgebrauchtwerden wurzeln. „Der Bhaktiyoga“, erklärt Chidananda, „hat die Heilsbotschaft: Du bist nicht ungeliebt. Gott ist deine Mutter, dein Vater, dein Freund. Ihm bist du unendlich wertvoll. Wer im Herzen begriffen hat, daß Christus mit ihm und in ihm ist, braucht keinen Psychiater mehr.“

„Yoga ist keine Religion“, bekräftigt Chidananda, „sondern eine überreligiöse Technik der Heilung (sprich Ganzwerdung), deshalb wird der Bhaktiyogi in Europa oder Amerika beispielsweise eine Kerze und nicht ein Weihrauchstäbchen entzünden, den Rosenkranz beten statt Mantras zu murmeln sowie Maria oder das Jesuskind oder das Herz-Jesu verehren und nicht Rama oder Krishna oder Shiva. Die katholische Religion ist zu neunzig Prozent Bhaktiyoga.“

Das sind also die „vier Evangelien“ Indiens, wie Vivekananda sie nennt: Rajayoga, Jnanayoga, Karmayoga und Bhaktiyoga. Sie sind, wie gesagt, im Grunde Pfade der Psychotherapie, wenn es gestattet ist, einer so uralten Wissenschaft, wie es Yoga ist, ein vergleichsweise ultramodernes Namensschild aufzukleben. Es geht im Yoga um die Eroberung des inneren Weltraumes. Die in den Ashrams in Rishikesh propagierten Disziplinen des Rajayoga, Jnanayoga, Karmayoga und Bhaktiyoga sind die erprobten Reiserouten, die durch den inneren Urwald zur Herzenshöhle führen, in der der größte Reichtum der Welt liegt, der Schatz der Lebensfülle.

Den einen oder anderen Vollmenschen kann man in der Legion der Mönche, der Swamis und Sadhus in Rishikesh finden.

*

„Wie unzulänglich kamen mir dem Sagen und Verhalten dieser Meister gegenüber die Mittel und Ziele unserer westlichen Psychotherapie vor“, schreibt Medard Boss in „Indienfahrt eines Psychiaters“.

„Die Inder“, sagte der bekannte Indologe Heinrich Zimmer, „haben vom Unbewußten mehr in Erfahrung gebracht als der Westen bislang, wohl mehr als andere irgendwo – darin liegt ihre Leistung.“ Das ist unbestreitbar und unbestritten.

Ist also im Yoga das Heilmittel für den zivilisationskranken Westen gefunden? Etwa für die eine Million seelisch labiler Menschen, die sich in der Bundesrepublik Deutschland jährlich einer psychiatrischen Behandlung unterziehen? Medard Boss jedenfalls ist kein Hurrafürsprecher eines Yoga für den Westen. Warum nicht?

● „Schon vor meiner Indienreise hatte ich des öfteren Patienten zu sehen bekommen, die ihre Bekanntschaft mit indischem Geistesgut mit einer schweren seelischen Erkrankung hatten bezahlen müssen. Ihre Versuche, sich nach indischer Weise zu versenken und im Brahman aufzugehen, hatte bei ihnen einen schizophrenen Prozeß ausgelöst."

● „In Indien selbst", schreibt Medard Boss, „traf ich insgesamt acht europäische und amerikanische Menschen, die sich auf einen der indischen Heilswege begeben hatten. Sie lebten entweder in einer Einsiedelei in den Bergen oder hatten sich dem Ashram eines Heiligen angeschlossen und sich das indische Mönchs- oder Nonnengewand mitsamt den entsprechenden Verpflichtungen zur Askese übergeworfen. Mit einer Ausnahme waren sie jedoch in der Tiefe ihres Herzens eigensinnige, eifersüchtige und unduldsame Westler geblieben. Sie hatten nur ihre sehr begrenzte Ichhaftigkeit statt mit der Geldmasse eines großen Bankkontos oder anderen Machtmitteln mit indischen Weisheitsformeln aufgebläht."

Ein anderer Tiefenpsychologe, der mehr noch als Medard Boss Yoga selbst praktiziert, ist Hans Jacobs. Er ist nicht so vorsichtig und entgegnet in seinem Buch „Indische Weisheit und westliche Psychotherapie" den Schwarzsehern: „Bei näherer Prüfung habe ich stets gefunden, daß diese freundlichen Warner Personen ohne irgendwelche unmittelbaren (yogischen) Erfahrungen waren ... Es ist äußerst einfach zu konstatieren, jemand sei geisteskrank geworden ‚nach Aufnahme von Yogapraktiken'. Weshalb hat er sie aufgenommen? Häufig weil er fühlte, daß etwas mit ihm nicht in bester Ordnung ist."

Das ist sicher eine wichtige Korrektur, die Jacobs anbringt. Aber es ist wohl alles in allem nicht zu leugnen, daß die Yogawege nicht nur zu seelischem, geistigem und körperlichem Aufstieg führen können, sondern ebenso zu seelischem, geistigem und körperlichem Absturz, gerade bei westlichen Menschen, denen die starke Identifikation mit dem vordergründigen Ich, dem Nicht-Selbst im Yoga, zur Falle wird. Der Integrationsprozeß, der Risse in uns verheilt, wird nur in Gang gesetzt, wenn das Oberflächen-Ich abdankt zugunsten der Herrschaft des Tiefen-Selbst, andernfalls können neue Klüfte aufbrechen und alte Spalten sich vertiefen.

Vor mir liegt eine Illustriertenreklame für Lippenstift, die die Damen auffordert, ihr „wahres Selbst" durch Farbtöne zur Geltung zu bringen: Rottöne entsprechen einem abenteuerlichen, ideenreichen, Brauntöne einem zielstrebigen und stilsicheren, Rosatöne einem romantischen und idealistischen und Orangetöne einem schöpferischen und spontanen Selbst. Wer das „wahre Selbst" mit einem Lippenstift in Verbindung bringt, den wird Yoga unbedingt in eine heillose Verwirrung stürzen.

Im Westen ist das Menschen-Ich maßlos überdehnt. Das Ich, das ist: Hochmut, Selbstherrlichkeit, Arroganz, Hoffart, Überheblichkeit, Eigensinn, Wichtigtuerei, Besserwisserei, Unversöhnlichkeit, Ruhmsucht, Rechthaberei, Geltungsbedürfnis, Leistungsstolz und dergleichen mehr.

Solange das Ich Regie führt und der Mensch sich als Kaiser von eigener Gnade fühlt, ist die Couch des Psychoanalytikers der beste Platz für ihn, falls er mit seinen geistig-seelischen Gebrechen nicht mehr fertig wird. Yoga wird ihm mehr schaden als nützen. Yoga wird ihn nicht einen, sondern zerreißen.

In der fortgeschrittenen Meditation wird nämlich im tiefen Keller des Menschen, im Unterbewußtsein, das nach Erlösung drängt, eine Spukwelt lebendig mit Teufeln und Engeln, wilden Tieren, Stimmen, Monstern, Feuerwerken, Visionen. Wenn der Meditierende noch im Ichwahn befangen ist und keinen echten Guru hat, wird er sich unweigerlich mit den Phantomen des aufgerührten Hexenkessels identifizieren, er wird eingeschüchtert seinen Halluzinationen zum Opfer fallen. Er wird eine Beute des Unbewußten. Nur das geläuterte, reine Herz ist gegen den Ansturm aus der Tiefe gewappnet. Der reife, vorbereitete Meditierende weiß: Alle Bilder, die dir erscheinen, sind nichts als Spiegelbilder deines eigenen Geistes. Sie sind Geschöpfe deiner Seele, substanzlose Illusionen, ein Echo, eine Fata Morgana, „luftige Nichtigkeiten, in Träume verwoben" (Evans-Wentz). Durchschaue die Schemen als leere Trugbilder deines noch befleckten Bewußtseins! Nur der gefestigte Mensch hat die Kraft, die Erscheinungen als Projektionen der eigenen Seele zurückzunehmen und aufzulösen, also das Bewußtsein zu entschlacken. Der ichverhaftete und uneingeweihte Mensch hingegen ist unfähig, die Geistererscheinungen als Gespinste seiner Neigungen, als eigene Herz- und Hirnimpulse zu entlarven, und läuft Gefahr, geistig zugrunde zu gehen, um so mehr, wenn er innerlich angeschlagen ist.

Zudem entfesselt Yoga ungeahnte höhere Energien, die für die Verwandlung des Menschen frei werden, aber vom ichzentrierten, neurotischen Menschen nicht unter Kontrolle gebracht werden können. Darin besteht die Gefahr von Meditationsmassenbewegungen wie der von Maharishi Mahesh Yogi.

Wer einen der Yogawege betritt, muß also von Anfang an seinen ichhaften Größenwahn ablegen, die Sucht, alles, was nicht Ich ist, sich zu unterwerfen, sich einzuverleiben. Das selbstherrliche Ich möchte am liebsten die ganze Welt verschlingen und sich alles Getier, Gewächs und Gestein untertan machen. Sogar von der Wahrheit möchte es Besitz ergreifen, anstatt sich von ihr ergreifen zu lassen.

Die Ichbefangenheit zu überwinden, ist also das oberste Yogagebot, betont Swami Chidananda. Darin liegt er ganz auf der Linie seines Meisters Sivananda, der seinen Schülern in Ost und West wie ein Schulmeister kleinlich anmutende spirituelle Vorschriften gab, um den Alltag in den Griff zu bekommen und das Ich abzubauen, mit dem Erfolg, daß Professor Jean Herbert seinerzeit bei einem Satsang im Sivananda Ashram in Rishikesh erklären konnte: „Ich habe persönlich eine große Zahl von Leuten gekannt, und wenn ich sage eine große Zahl, dann meine ich mehrere Dutzend, die durch Praktiken von Hathayoga und Rajayoga geisteskrank geworden sind oder ihre Gesundheit total ruiniert haben, weil sie die ethischen Vorbedingungen nicht gekannt hatten. Das ist der Grund, warum ich äußerst glücklich bin, daß Swami Sivananda ausführlichst und nachdrücklichst auf die sittlichen Bedingungen eingeht, die die tragende Grundlage sind, auf der jedweder Yoga aufbaut. Ich habe viele Leute in Europa getroffen, die unter den Einfluß von Swami Sivananda gekommen sind, durch seine Schriften und möglicherweise durch Briefwechsel, und ich habe bis jetzt unter seinen Schülern keinen einzigen Fall entdeckt, daß jemand seine geistige oder körperliche Gesundheit verloren hätte."

Im Yoga ist das Ego „Heizmaterial im Dienste höherer Zwecke“ (Franz Heske), im Dienste des ewigen Selbst und der einenden Gotteserkenntnis.

*

Wer einmal einen echten indischen Weisen erlebt hat und dann bei Vorträgen oder Fernsehdiskussionen unsere prominenten Psychiater und Tiefenpsychologen beobachtet, wie sie sitzen, wie (nicht was) sie reden, wie sie blicken, wie sie gestikulieren, dem geht zuinnerst auf, daß sie selber keinen Boden unter den Füßen haben, mit ganz wenigen Ausnahmen. Es tut mir leid um unsere Seelenärzte und Analytiker, aber sie können nicht bestehen neben echten Yogis. Der tiefste Grund ist der, daß sie existentiell keinen Zugang haben zum ewigen Sinn. Der Mystiker des Ostens würde dem Psychotherapeuten des Westens mit Laotse sagen: „Der Sinn, den man ersinnen kann, ist nicht der ewige Sinn.“

Selbst Carl Gustav Jung, an sich dem Yoga sehr aufgeschlossen, ist einer möglichen persönlichen Begegnung mit dem größten Yogi seiner Zeit, Shri Ramana Maharishi, ausgewichen. Er wurde zurückgehalten von einer Scheu, wenn nicht Angst, und seine Begründungen hören sich an wie das Gestammel fauler Schülerausreden bei unentschuldigtem Fernbleiben vom Unterricht. Das Genie C. G. Jung ahnte wohl, daß eine Konfrontation mit einem indischen Weisen vom Format Ramana Maharishis all seine Wissenschaft auf den Kopf gestellt hätte.

Ein Fazit der Indienreisen des Seelenforschers Medard Boss war „die Gewißheit, daß unserer Psychotherapie allem voran ein Wandel der Psychotherapeuten not tut“.

Was ist sachlich der Unterschied zwischen Yoga und Psychotherapie? Ernst Kretschmer, der deutsche Seelenkundler, der unter anderem durch seine Typenlehre berühmt geworden ist, meint: „Bei der Meditation wird ein geringer Wert auf die Analyse des Krankhaften gelegt. Die Betonung des Analytischen ist ja offensichtlich Ausdruck unserer geistigen Zeitlage. Vielmehr wird bei der Meditation auf die Aktivierung der gesunden Heiltendenzen der Seele abgezielt. Die Orientierung ist synthetisch.“

● Erstens: Yoga geht davon aus, daß der Mensch im Kern,

im Eigentlichen, nicht krank ist und daß er an sein kerngesundes Wesen wieder angeschlossen werden muß, um geheilt zu werden. Besteht doch die Wurzel allen Leids in nichts anderem als gerade in der Trennung des Menschen von seinem heilen Urgrund.

● Zweitens: Im Yoga ist also die Heilung eine Sache der Natur. Es werden alle Hilfsquellen der Natur mobilisiert. In der Yogameditation lassen wir die Naturkräfte ungehindert schalten und walten. Der Therapeut im Yoga ist inwendig, der „Meister in uns" schließt uns an die Tiefenschichten an. Wer seiner Gottesnatur inne wird, hört mit Sicherheit zu stottern auf.

● Drittens: „Der Ansatzpunkt der westlichen Seelenkunde und Psychologie ist nicht gut gewählt", sagte ein weiser Yogi dem Psychologen Medard Boss. „Er war und ist immer ‚draußen'." Der Yogi vergleicht den mit begrifflichem Denken operierenden westlichen Psychiater mit einem Chirurgen, der zwischen dem Zeigefinger und dem Daumen der rechten Hand eine Pinzette hält und mit dem Instrument ebendieselben Finger, die die Pinzette halten, greifen will. Yoga indessen überbrückt in der Meditation die Subjekt-Objekt-Spaltung. Darin erfüllt sich ja die Meditation, daß Erkennender, Erkanntes und Erkenntnisvorgang verschmelzen. Wer in der Versenkung seinem Selbst innewohnt, dem enthüllt sich der Wahrnehmende, das Wahrgenommene und die Wahrnehmung als Eines.

Große Yogis, die mit der westlichen Psychotherapie vertraut sind, lassen deren Methoden bestenfalls als Vorbehandlung gelten. Zur Heilung des Menschen halten sie jedoch die Psychoanalyse mit ihrem gedanklichen Zergliedern von Seelenproblemen nicht für befähigt. Shri Aurobindo, einer der indischen Menschheitslehrer, der Begründer des Integralen Yoga, der wie wohl kaum ein zweiter das Wissensgut der westlichen und der indischen Psychologie und Philosophie in seiner Person vereinte, nennt die in den Spuren Freuds entstandene Psychoanalyse eine infantile Wissenschaft, deren Teilwahrheiten zu gefährlichen Lügen werden. Die Psychoanalytiker mit ihrem Halbwissen erscheinen Aurobindo wie Kinder, die mit flakkernden Glimmbirnchen die ewige und unendliche Natur des Menschen erforschen möchten. Sinnbild des reinen Selbst, des Grundwesens des Menschen, ist im Osten der Lotos, und Shri Aurobindo kleidet daher seinen Vorwurf an die Psychoanalyse in den Vergleich: „Das Geheimnis des Lotos ist keineswegs zu ergründen, indem man die Zusammensetzung des Schlammes, aus dem sie emporwächst, analysiert.“

*

Aber es wissen wohl kaum alle Westler, die sich dem Yoga verschreiben, daß die indischen Wege der Selbstverwirklichung die heroische Bereitschaft erfordern, ihre ichhafte Verkrampfung zu lösen, die Eigenmächtigkeit abzustreifen und sich dem im Lotos ihres Herzens wohnenden Gott zu überantworten im Sinne der Vaterunserbitte: Dein Wille geschehe. Dann, und nur dann, vollzieht sich mühelos von selbst die Verwandlung durch die innere Schöpferkraft zum neuen und höheren Menschen, und die Erfüllung im Ganzen, die sich die Europäer und Amerikaner und Australier – und Inder in Rishikesh erträumen.

Nandi und der Stierkampf

Der Meistergeiger Yehudi Menuhin schreibt im Geleitwort zu dem Standardwerk „Licht auf Yoga“: „Die Übung des Yoga gibt ein entscheidendes Gefühl für Maß und Proportion. Auf unseren Körper bezogen, bedeutet dies, daß wir unser wichtigstes Instrument zu spielen und die größte Resonanz und Harmonie daraus zu ziehen lernen. Mit unermüdlicher Geduld verfeinern und beseelen wir jede Zelle, wenn wir täglich zum Angriff übergehen, um die sonst brach liegenden und zur Erstarrung verurteilten Fähigkeiten zu erschließen und wieder lebendig zu machen.“

Yehudi Menuhin, der seit dreißig Jahren Yoga praktiziert, ist gewiß der bessere Geiger, aber Shri L. Jayapal ist entschieden der bessere Yogi. Gemeinsam haben die beiden eines: Sie sind Yogaschüler des großen Guru B. K. S. Iyengar.

L. Jayapal, der Schüler Iyengars, ist heute selbst ein Meister. Swami Chidananda hat ihm den Titel „Yogaexperte“ verliehen. Ich lerne Mister Jayapal in Rishikesh kennen, wo er tagtäglich früh und abends von jeweils 6 bis 7 Uhr im Sivananda Ashram Hathayoga unterrichtet. Ich bin wohl in Indien schon berühmteren Hathayogis begegnet, aber noch keinem so perfekten wie L. Jayapal, der sich sofort bereit erklärt, an mehreren Tagen im Sand des Gangesufers Asanas (Yoga-Stellungen) für meine Farbdias zu demonstrieren. Einmal frage ich ihn, ob er bereit wäre, mir vierzehn Tage intensiven Privatunterricht in Hathayoga zu erteilen und wieviel er dafür verlangen würde. Er ist tief betroffen über die Unterstellung, daß er mit Yoga Geld machen könnte. Es sei für ihn eine Ehre, mich gratis zu schulen.

L. Jayapal, 1945 geboren, ist Südinder, aus einer Weberfamilie stammend. Er trainiert selbst täglich 4 Stunden Asanas. Jayapal ist verheiratet und gehört nicht als Mönch dem Sivananda Ashram an, steht aber gegen Kost und Logis in dessen Diensten. Er vermittelt allen Interessierten aus West und Ost unentgeltlich seine Künste. Die Yogaklassen L. Jayapals im Sivananda Ashram sind ständig überlaufen.

Einmal kann ich Mister Jayapal mit Mühe überreden, nach einer fotografierten Asanavorführung meiner Einladung zu einem Essen in einem Restaurant zu folgen. Er ist geradezu bestürzt über meine sündige Verschwendungssucht, daß ich bereit bin, für sein und mein Essen und Trinken insgesamt 20 Rupien (35 Schilling oder 5 DM) auszugeben, eine Summe, mit der er einen Monat lang alle seine Ausgaben bestreiten kann.

L. Jayapal selbst überzeugt wortlos alle seine Schüler vom Wert des Hathayoga: Krankheit ist ihm fremd. Hathayoga ist die indische Disziplin zur Ertüchtigung des Körpers, von der praktisch alle westlichen Rishikeshpilger profitieren wollen.

Der Hinduismus hat überhaupt eine andere Einstellung zum Leib als das Christentum. Medard Boss, der schon mehrmals zitierte Schweizer Seelenarzt, schreibt in seinem Buch „Indienfahrt eines Psychiaters": „Wohl spricht auch die christliche Bibel vom Leib als vom Tempel der Seele, und ausdrücklich steht im Römerbrief geschrieben: ‚Ich weiß und bin im Herrn Jesus Christus überzeugt, daß nichts an und für sich unrein ist, sondern nur für den, der meint, es sei etwas unrein, für den ist es unrein.' Die maßgeblich gewordene christliche Moral des Westens stempelt indessen die Leiblichkeit und Sinnlichkeit des Menschen für gewöhnlich zu einem Bereich, der als etwas von Grund auf Schuldhaftes, Sündiges, Teuflisches, Nicht-sein-sollendes anzusehen ist."

Medard Boss meint, daß die unterschiedliche Bewertung des Leibes im Christentum und im Hinduismus sich im Symbol des Stieres widerspiegle.

Für Boss als Tiefenpsychologen ist der Stierkampf in besonders christlichen Ländern eine symbolträchtige Handlung: Der Stier, der die Bestie des Körpers, das Tierhafte im Menschen versinnbildlicht, wird unter dem Schutz der heiligen Madonna besiegt und abgestochen. Der Körper wird im traditionellen Christentum geknechtet und im Frontalangriff niedergezwungen.

In Indien hingegen ist der Bulle Nandi der Diener und Kamerad des Gottes Shiva wie der Körper der Freund, Helfer und Bundesgenosse des Geistes ist. Der Hindu unternimmt im allgemeinen seine Heiligung mit dem Leib und nicht gegen den Leib wie der Christ. „In den Biographien der Heiligen", erklärt der Abt des christlichen Kurisumala Ashrams, Francis Acharya, der den Osten und Westen in seiner Brust vereint, „lesen wir so oft von ihren Krankheiten und körperlichen Gebrechlichkeiten, als sei körperliches Leid ein notwendiges Mittel zur Heiligkeit. Im Gegenteil, es ist geradezu wunderbar, daß diese Menschen trotz – und nicht wegen – ihres schwachen und kranken Körpers ein intensives spirituelles Leben führen konnten. Die indischen Meister haben immer wieder verlangt: Halte deinen Körper gesund! Sie wissen nämlich, daß Körper, Seele und Geist in einer viel tieferen Schicht verbunden sind als der Westen trotz Tiefenpsychologie ahnt.“

Die indischen Meister machen den Körper ausdauernd und gesund, damit er die Seele und den Geist unterstützen kann.

Das Ziel ist für den Hindu wie für den Christen die Überwindung des Körpers.

In diesem Sinne ist für L. Jayapal und dessen Guru Iyengar Hathayoga nur eine Stufe des Rajayoga: „Yoga ist die Methode, durch die der unruhige Geist beruhigt und die Energie in schöpferische Bahnen gelenkt wird. So wie ein mächtiger Fluß, der durch Dämme und Kanäle in rechter Weise eingedämmt wird, ein großes Wasserreservoir bildet, vor Hungersnot schützt und genügend Elektrizitätskraft für die Industrie bereitstellt, so schaffen auch die Gedanken, wenn sie in Zucht gehalten werden, einen Behälter für Frieden und eine Fülle von Energie für die Höherentwicklung des Menschen“, zitiert Mister Jayapal aus dem Buch seines Meisters, „Licht auf Yoga“, das seine Bibel ist, die er ständig mit sich trägt.

Oben haben wir gesagt: Hathayoga ist die indische Disziplin zur Ertüchtigung des Körpers. Wir müssen also ergänzen: ... zur Ertüchtigung des Körpers im Dienst des Geistes.

Anandamayee Ma, die „lebend-erlöste“ Heilige, sie gewährte uns, wie wir uns erinnern, in Kankhal/Hardwar eine Privataudienz, urteilt über Hathayoga: „Wenn die körperliche Fitness, die aus der Übung des Hathayoga erwächst, als Hilfe für spirituelle Bemühung genützt wird, ist sie Yoga, ansonsten ist sie Bhoga.“ Bhoga ist in Indien das Gegenteil von Yoga: nämlich Vergnügen. „Wenn Hathayoga nicht auf das Ewige abzielt, ist er bloße Gymnastik“, ergänzt Anandamayee Ma.

Unabhängig davon, ob Hathayoga im Dienste der Spiritualität oder bloß der Gesundheit steht – es gibt in Indien sogar das eine oder andere reine Yogaspital –, die Frucht ist in jedem Fall die Ertüchtigung des Körpers. Hathayoga verhindert, lindert oder heilt vielerlei Leiden, von Einschlafstörungen bis zur

Verstopfung, von Asthma bis zu Hämorrhoiden, von Durchblutungsstörungen bis zu Rheuma.

Jayapals Meister gibt in seiner Fibel heilende Asanas unter anderem an für: Tuberkulose, Blutarmut, Arthritis, Blähungen, Plattfüße, Krampfadern, Magengeschwür, Hexenschuß, Impotenz, Diabetes, Epilepsie, Bronchitis, Leistenbruch, Buckel, Sterilität, Schüttelfrost, hohen und niedrigen Blutdruck, Schlaflosigkeit, Ruhr, Schnupfen, Mandelentzündung, Mundgeruch, Gastritis, Gedächtnisschwäche, Wassersucht, Lungenentzündung sowie Zuckerkrankheit.

Was bewirkt alles in allem der Körperyoga? Swami Chidananda von Rishikesh, der selbst schwierigste Asanas meistert und der höchstpersönlich Jayapal als Hathayoga-Lehrer des Sivananda Ashrams berufen hat, faßt zusammen: „Wohlbefinden, Vitalität, Schönheit, Verjüngung, Langlebigkeit, Selbstvertrauen, Nervenruhe, Ausdauer, Stärke, Geschmeidigkeit, Ausgewogenheit, Widerstandsfähigkeit, Ausstrahlung und Schwung, alles zusammen weckt die Lebensfreude.“

Die Yogis haben in Jahrtausenden eine der Natur abgelauschte umfassende Disziplin mit Entspannungsmethoden, Atemkontrollen, Körperstellungen und Reinigungsprozeduren entwickelt, die den Körper in Höchstform bringt.

*

Entspannungsmethoden: Aller Yoga beginnt und endet mit Entspannung. Der Mensch, das weiß der Yogi aus eigener Erfahrung, hat in seiner Natur heilende Energien, Kräfte zur Selbstheilung. Die sprudelnden inneren Kraft- und Energiequellen, die ständig den Menschen regenerieren, werden aber blockiert, sobald wir verspannt, verkrampft und festgefahren sind. In der Beklemmung, im Schock, in der Aufregung, in der Überarbeitung ist unser Wiederaufbau unterbrochen. „Übermäßige Anspannung ist Altern, Entspannung ist Verjüngung“, sagen die Yogis.

Der permanent abgehetzte Gegenwartsmensch, der nur mit Höchstgeschwindigkeit durchs Leben rast, tankt also nicht mehr auf. Seine Spritquelle ist verstopft. Er verbraucht sich. Wenn die erschöpften Nervenbatterien sich nicht mehr aufladen, kommt es zu zahllosen psychosomatischen Krankheiten, die die Geißel unserer Zeit sind. In einem der indischen Yogaspitäler wurde, um nur ein Beispiel anzuführen, empirisch nachgewiesen, daß die schädlichen Giftstoffe, die sich im Blut ansammeln, in der Tiefenentspannung ausgeschieden werden, so daß das saubere Blut zum verjüngenden Lebenselixier wird.

Dem neuen Kräftesammeln dient besonders der Schlaf, aber nur entspannte Menschen genießen einen erquickenden Schlaf. Yogis sind keine Schlafforscher wie westliche Psychologen und Mediziner, aber sie sind Meisterschläfer. Sie schlafen nicht lang, aber dafür tief. Und sie können nach Belieben schlafen.

Die Hauptursache der modernen Schlaflosigkeit ist nach den Yogis vom Himalaja die Unfähigkeit zur Entspannung. Wohl entsteht abends die Anspannung oft durch Krimis im Fernsehen, durch die Anregungsmittel Kaffee, Tabak und Tee sowie durch erregte Diskussionen vor dem Schlafengehen, aber im letzten und tiefsten wurzelt die Schlaflosigkeit, lasse ich mir von den Yogis in Rishikesh sagen, darin, daß sich der moderne Mensch nicht loslassen kann. In seinem Selbsterhaltungstrieb und in seiner Todesangst klammert er sich verzweifelt an sein kleines Ich, er krallt sich förmlich an seinem Ego fest. Der nur an der Oberfläche seines Wesens lebende Mensch, der keinen Kontakt mit seinem höheren Selbst im eigenen Seelengrund hat, fürchtet panisch, sich zu verlieren, sich hinter sich zu lassen, sich aufzugeben. Doch das Tor in das Zauberreich des Schlafes ist das Loslassenkönnen, das der Hathayoga lehrt. Wer die Kunst der Entspannung beherrscht, braucht nicht in die Arme des chemischen Schlafes zu flüchten, der ihn betäubt, aber nicht labt wie der natürliche.

Die verschütteten inneren Kraftquellen, die den frischen Treibstoff für die Selbstregulation der Organe spenden, werden in der Tiefenentspannung des Yoga befreit.

*

A t e m k o n t r o l l e n : Wenn es bei den yogischen Entspannungsmethoden primär darum geht, das im Menschen grundgelegte Selbstheilungspotential zu entfalten, so geht es bei den Atemkontrollen ergänzend darum, den verschwenderischen Energieverbrauch einzudämmen. Es nützt nicht viel, wenn unsere Natur Energie produziert, wir sie aber maßlos vergeuden.

Ärger, Sorge, Neid, Wut, Gram, Furcht, kurzum alle Gemütswallungen, klären mich die Yogis auf, sind Energiediebe. Wir haben nicht nur verlernt, in der Entspannung aufzutanken, wir haben ebenfalls verlernt, durch die Atemkontrollen Kraftstoff einzusparen. Durch die Vernachlässigung der Atmung vergeudet der Organismus seine Kraftreserven.

Die moderne Physiologie hat einen Kampf-, Flucht-, Verteidigungs- oder Alarmreflex des Menschen entdeckt: Das Nachrichtensystem der Nerven mobilisiert bei Gefahr eine Vielzahl von physiologischen Abwehrreaktionen, zum Beispiel die Erhöhung des Blutdrucks, der Pulsfrequenz, des Sauerstoffverbrauches, des Blutzuflusses zu den Muskeln. Alle gespeicherten Energievorräte werden entbunden und eingesetzt. Das ist eine weise Einrichtung der Natur zum Schutz des Menschen bei echter Gefahr.

Der Streß des modernen Menschen, der andauernd auf vollen Touren läuft, führt aber leider dazu, daß das erregte Nervensystem den Organismus am laufenden Band in Alarm- und Abwehrbereitschaft versetzt, wodurch alle Energien und Kräfte verpraßt werden. Die ununterbrochene „Habt-acht!"-Haltung, die sich unter anderem in verengten Gefäßen, gepanzerten Muskeln und erhöhtem Herzschlag äußert, verkraftet der Mensch nicht. Es kommt zur Erschöpfung und zu pathologischen Organveränderungen. Der Mensch muß also mit der Energie haushalten lernen: durch Atemlockerung.

Der Yogi weiß intuitiv um den Zusammenhang zwischen Atmung und Nervensystem, für ihn ist der Atem der Mittler zwischen Leib und Seele. Der gestreßte Mensch ist kurzatmig, atemlos. Die flache, hastige Atemweise ist die Folge des überreizten Nervensystems – und die Ursache. Der Yogi beruhigt, reinigt und stärkt die Nerven mittels des Heilatems. Die Atemschulung ist also für die jugendlichen Europäer und Amerikaner in Rishikesh vielleicht das wichtigste Hilfsmittel, um den Streß in den Griff zu bekommen, ihre nervliche Verfassung zu verbessern und aus dem Teufelskreis der Zivilisationskrankheiten auszubrechen. Die Erregtheit, den Yogis zufolge die häufigste Krankheit der Seele, löst sich in der Voll- und Tiefatmung auf, die die Nerven- und Herzfunktionen harmonisiert.

Atem ist Leben. Schon die vedischen Inder verehrten den Atem als die göttliche kosmische Kraft: „Wir huldigen dem

Atem des Lebens, denn dieses ganze Universum gehorcht ihm. Er ist der Herr aller Dinge geworden, alles hat in ihm seinen Ursprung."

Die wahrscheinlich in den Himalajawäldern niedergeschriebenen Upanishaden erzählen folgende Geschichte: „Die Sinne stritten sich um den Vorrang. Sie gingen zu Brahma und sagten: ‚Wer von uns ist der wichtigste?' Er antwortete: ‚Der, den der Körper am wenigsten entbehren kann, der ist der wichtigste.' Da ging die Zunge fort, blieb ein Jahr aus, und als sie zurückkam, sagte sie: ‚Wie habt ihr ohne mich leben können?' Sie erwiderten: ‚Wie Stumme, die nicht mit der Zunge sprechen, aber mit dem Atem atmen, mit dem Auge sehen, mit dem Ohr hören, mit dem Verstand erkennen und mit dem Samen zeugen. So haben wir gelebt.' Da nahm die Zunge ihren Platz wieder ein. Das Auge ging fort, blieb ein Jahr aus, und als es zurückkam, fragte es: ‚Wie habt ihr ohne mich leben können?' Sie entgegneten: ‚Wie Blinde, die nicht mit dem Auge sehen, aber mit dem Atem atmen, mit der Zunge sprechen, mit dem Ohr hören, mit dem Verstand erkennen und mit dem Samen zeugen. So haben wir gelebt.' Da nahm das Auge seinen Platz wieder ein. Das Ohr ging fort, blieb ein Jahr aus und als es zurückkehrte, fragte es: ‚Wie habt ihr ohne mich leben können?' Sie antworteten: ‚Wie Taube, die nicht mit dem Ohr hören, aber mit dem Atem atmen, mit der Zunge sprechen, mit dem Auge sehen, mit dem Verstand erkennen und mit dem Samen zeugen. So haben wir gelebt.' Da nahm das Ohr seinen Platz wieder ein. Der Verstand ging fort, blieb ein Jahr aus, und als er zurückkam, sagte er: ‚Wie habt ihr ohne mich leben können?' Sie erwiderten: ‚Wie Toren, die nichts mit dem Verstand erkennen, aber mit dem Atem atmen, mit der Zunge sprechen, mit dem Auge sehen, mit dem Ohr hören und mit dem Samen zeugen. So haben wir gelebt.' Da nahm der Verstand seinen Platz wieder ein. Der Samen ging fort, blieb ein Jahr aus, und als er zurückkehrte, sagte er: ‚Wie habt ihr ohne mich leben können?' Sie antworteten: ‚Wie Zeugungsunfähige, die nicht mit dem Samen zeugen, aber mit dem Atem atmen, mit der Zunge sprechen, mit dem Auge sehen, mit dem Ohr hören und mit dem Verstand erkennen. So haben wir gelebt.' Da nahm der Samen wieder seinen Platz ein. Nun war der Atem an der Reihe. Als er sich anschickte fortzugehen, riß er die anderen Sinne auseinander. Da flehten sie: ‚Herr und Meister, verlasse uns nicht. Ohne dich können wir nicht leben!'"

Atmen ist für den Yogi seit Anbeginn mehr als Sauerstoffgewinn. Er spricht bei den Yogamethoden der Atmung von „Pranayama": Kontrolle des Prana. Der atmende Yogi schöpft nicht Luft, sondern Prana. Das ist die kosmische Energie, der göttliche Odem des Lebens, den der Schöpfer dem Menschen einhauchte, vergleichbar mit dem „pneuma" der Griechen oder mit der „ruah" der Hebräer. Prana ist nach Carl Friedrich von Weizsäcker, dem westlichen Naturwissenschaftler und Philosophen, „etwas wie die allgegenwärtige Energie der höchsten kosmischen Intelligenz."

Um die lebenspendende, schöpferische universelle Energie geht es also bei den sogenannten Atemkontrollen des Yoga, nicht bloß um das chemische Element Oxygenium.

Ein mit Prana vollgepumpter Mensch ist nicht mehr fahrig, er kaut nicht Fingernägel, er trommelt nicht mit den Fingern, er rutscht nicht auf dem Sessel herum, es schnürt ihm nicht die Kehle zu – er ist vollkommen immun gegen Nervenzerrüttung.

*

Körperstellungen: Shiva, der Yogishwara (Herr der Yogis), hat der Menschheit, je nach Quelle, 8 400 000 oder 840 000 oder 84 000 Asanas (Körperstellungen) geoffenbart, die darauf abgestimmt sind, dem Yogi einen vollkommenen Körper zu verleihen, unverwundbar durch Krankheiten oder Erschütterungen. Die Körperstellungen wurden auf 84 klassische Asanas reduziert, die angeblich zur Vervollkommnung des Menschen genügen.

Das Interesse der Hathayogis gilt nicht so sehr der Bekämpfung eines Schnupfens oder der Menstruationsbeschwerden oder der Plattfüße, sondern der Festigung und Regulierung des gesamten Organismus, ja letztlich der Erreichung des körperlichen, moralischen und seelischen Gleichgewichtes.

Niemand weiß besser als ein Yogi, daß keine Körperpartie unabhängig von einer anderen und jede nur ein Teil eines Ganzen ist. Ihm geht es um das Ganze. Die Asanas ergänzen einander, und das Gesamt der grundlegenden Asanas behebt von zahllosen Ansatzpunkten aus die Schäden, die der Mensch sich selbst zufügt. Die Körperstellungen halten den gesamten Haushalt des Körpers in Ordnung.

Die Asanas erhalten erstens die Gelenke und besonders die Wirbelsäule beweglich. Die Flexibilität des Rückgrates und nicht die kalendermäßige Bejahrtheit ist im Yoga der Maßstab für die Lebenserwartung. Steifheit ist Alter, Biegsamkeit ist Jugend.

Die Asanas bewahren zweitens Muskeln, Sehnen und Bänder vor Verhärtung und Erstarrung, ihre Geschmeidigkeit ist von höchstem gesundheitlichen Wert.

Die Asanas erhalten drittens die Blutgefäße spannkräftig, dadurch wird der Blutdruck stabilisiert sowie der Kreislauf günstig beeinflußt.

Die Asanas stärken viertens die sogenannten Drüsen mit innerer Sekretion, so daß sie nicht zuviel und nicht zuwenig Wirkstoffe (Hormone) absondern. Überfunktion oder Unterfunktion von endokrinen Drüsen bringt unter anderem das Stoffwechselgeschehen und die Nervenfunktionen durcheinander und stört das Gefühlsleben empfindlich. Das Hormondrüsensystem wird daher durch eine Reihe von Körperstellungen zur Normalfunktion zurückgeführt.

Die Asanas beleben fünftens die Zellen und Gewebe, indem sie dafür sorgen, daß dieselben durch das Blut optimal ernährt und mit den körperaufbauenden Stoffen versorgt werden können.

Die Asanas massieren sechstens sanft die inneren Organe, so daß diese gekräftigt und angeregt werden.

Die Asanas lösen siebtens die Ablagerungen an den Gelenken auf.

Und die Asanas verbessern achtens die Durchblutung in stagnierenden Körperteilen und bewirken eine gleichmäßige Verteilung des Lebenssaftes Blut im gesamten Körper.

Mit derartigen Begriffen, die der modernen naturwissenschaftlichen Medizin entlehnt sind, operieren freilich nur jene Gurus, die bei westlich Gebildeten ankommen wollen. Die traditionellen Meister lehnen es ab, den Yoga in das viel zu enge Korsett der westlichen Medizin oder Psychologie zu pressen. Yoga ist an und für sich eine Erfahrungsheilkunde, deren Laboratorium das Leben ist. Der Yogi benötigt also für seine Wissenschaft der Gesundheit kein Mikroskop und kein Reagenzglas wie der Schulmediziner.

*

R e i n i g u n g s p r o z e d u r e n : André van Lysebeth, ein europäischer Yogapionier, der in Rishikesh in der Yoga-Vedanta-Walduniversität Sivanandas das Diplom im Hathayoga erworben hat und wie kaum ein zweiter Westler die yogischen Praktiken der inneren Reinigung beherrscht, vergleicht den westlichen Zivilisationsmenschen mit einem übertünchten Grab: „Er glaubt sich sauber, weil er täglich ein Bad nimmt, sich die Zähne putzt und die Wäsche wechselt, sobald sie schmutzig ist. Tatsächlich jedoch ist er ein wandelnder Sarg. Er trägt in seinem Innern Tierkadaver mit sich herum, also hoch verwesliche Stoffe."

Die Yogis reinigen nicht nur ihre Zähne, sondern zudem die Zunge, die Ohren, die Nase, die Augen und vor allem den Verdauungstrakt von der Speiseröhre bis zum After. Sie haben für die innere Säuberung äußerst wirksame Methoden entwickelt.

Die Nasendusche, Jal Neti, habe ich erlernt. Sie bewährt sich in der Tat vorzüglich bei Schnupfen. Die Technik ist leicht. Man neigt den Kopf einmal auf die eine und einmal auf die andere Seite und gießt jeweils in das obere Nasenloch lauwarmes gesalzenes Wasser, das beim unteren Nasenloch herausrinnt. So werden die Nasengänge gründlich durchgespült.

Die sechs yogischen Grundreinigungsarten, Dhauti, Basti, Neti, Nauli, Tratak und Kapalabhati, gliedern sich in eine Überfülle von Klassen und Unterklassen.

Besonders eindrucksvoll ist die Reinigung der Speiseröhre und des Magens mittels einer rund 5 Meter langen feuchten Mullbinde, die der Yogi bei leerem Magen langsam schluckt und nach zwei Minuten zurückzieht. Die Tuchreinigung ist zusammen mit der Magenspülung durch lauwarmes Wasser, das durch Bewegung der Unterleibsmuskeln den Magen wäscht und schließlich erbrochen wird, in der Lage, die Rückstände im Magensack zu beseitigen und die verklebten Drüsen an den Magenwänden zu putzen.

Den gesamten Verdauungskanal, einen zirka neun Meter langen Schlauch, vor Verschmutzung zu bewahren, hält der Hathayogi für den Schlüssel zur Gesundheit. Die Darmreinigung im besonderen ist das Kernstück der yogischen inneren Säuberung. Ohne die komplizierten biophysikalischen und biochemischen Vorgänge in den Eingeweiden zu kennen, hat der Yogi seit Jahrtausenden das intuitive Wissen, daß die Selbstvergiftung des Körpers vom verschlackten Darm ausgeht.

Selbst bei regelmäßigem Stuhlgang und erst recht bei Verstopfung lagert sich, wie inzwischen unsere naturwissenschaftliche Medizin erkannt hat, in den Ausbuchtungen und Falten der Eingeweide allmählich enormer Unrat ab, so daß sich die Schleimhäute mehr und mehr verkrusten. Die Darmverkrustung wird aber zur Hauptgiftquelle im Körper. Die durch den Stuhl nicht ausgeschiedenen Giftstoffe sickern nämlich ins Blut ein und verbreiten sich auf lange Sicht im ganzen Organismus. Die rückgestauten Schlacken lagern sich durch eine weise Einrichtung der Natur zunächst in den weniger lebenswichtigen Körperpartien wie Muskeln, Bindegeweben, Bändern, Sehnen und Gelenken ab und entwickeln chronische Leiden, zum Beispiel Muskel- oder Gelenksrheumatismus.

Wenn aber fortgesetzt nichtausgeschiedene Giftstoffe den Körper überfluten und die überladenen Lagerungsstätten in den Geweben usw. nicht mehr ausreichen, greifen die Schadstoffe in letzter Not schließlich die lebenswichtigen Organe an, etwa das Herz, die Drüsen, das Nervensystem.

Die Langzeitfolgen der Darmverkrustung reichen von der Zuckerkrankheit zu Herz- und Kreislaufkrankheiten, von Drüsenstörungen zu Anämie, von Herzinfarkt bis zu Nierensteinen und -koliken. Es kann also passieren, daß jemand zum Beispiel Magengeschwüre, Depressionen, Hautausschlag, Bluthochdruck, Gallensteine, Hämorrhoiden, Leberschrumpfung oder Krampfadern behandelt, aber keinerlei Erfolg erzielt, weil sich die Behandlung an die falsche Adresse wendet. Es müßte der kotverkrustete Darm saniert werden.

Was der österreichische Arzt Dr. Franz Xaver Mayr (1875 bis 1965) in unserer Zeit in seinem bahnbrechenden Forschungs- und Lebenswerk bewiesen hat, daß der gesunde saubere Darm die Wurzel der Gesundheit ist, haben die Yogis in genialer Intuition längst vor vielen Jahrhunderten erkannt. Sie beugen der Verunreinigung des Darms im besonderen und des Verdauungsapparates im allgemeinen, der Quelle der Selbstvergiftung schlechthin, die alle Zellen und Organe schädigt, durch eine Reihe von Entschlackungsmaßnahmen vor. Die Prozeduren der inneren Säuberung – die Asanas reichen für die Entschlackung der Verdauungsorgane nicht aus – sind also ein integraler Bestandteil des Hathayoga, was sich freilich im Westen noch nicht herumgesprochen hat. Ein Pionier wie André van Lysebeth, der in Rishikesh diplomierte Hathayogi aus Belgien, ist einer der wenigen westlichen Yogalehrer, die die den Organismus entgiftenden yogischen Reinigungsübungen unterrichten; mit besonderem Nachdruck weist er auf die Übung Varisara oder Shank Prakshalana hin, die selbst den Dünndarm in die Reinigung einbezieht.

*

Wohl sind die drei klassischen technischen Handbücher des Hathayoga, die Hatha Yoga Pradipika, die Gheranda Samhita und die Shiva Samhita erst ein paar Jahrhunderte alt, aber sie fußen auf uralten Traditionen.

Wir wissen, ein Sportler mit Muskelpaketen kann ein Nervenbündel sein. Yoga ist keine Sportart und kein Bodybuilding-Programm, sondern eine Disziplin zur Harmonierung und Integrierung des Körpers.

Die westlichen Yogakandidaten in Rishikesh begrüßen das. Ich habe kein Mädchen getroffen, das durch Hathayoga nur ihren Gang verbessern oder ihren Teint verschönern wollte, und keinen jungen Mann, der nur seinen Haarwuchs zu kräftigen im Sinn hatte, obwohl die Gesundheitshilfe des Yoga von allen gerne in Anspruch genommen wird. Anne, die Frankfurterin, zum Beispiel überwindet ihre Gelbsucht mit Hilfe bestimmter Yogasanas. Sie hat sogar einen privaten Yogalehrer, den Bibliothekar des Sivananda Ashrams, er lehrt sie Yoga, sie lehrt ihn Deutsch.

Die Segnungen des Hathayoga, der die heilenden Energien entfaltet, könnten und sollten ihren Platz in der Medizin des Westens finden, meinen die jungen Leute aus dem Westen, die sich in Rishikesh das Rüstzeug zur Lebensbewältigung holen, zu der die Körperschulung der erste Schritt ist.

„Yoga“, stimmt Chefarzt Dr. O. Hammer, ein deutscher Facharzt für innere Medizin, zu, „ist eine Therapie, die in die Ganzheitsmedizin und psychosomatische Heilkunde eingebaut werden kann, da im Yoga Körper, Bewußtsein, Seele und Verhaltensweise als eine Einheit angesehen werden.“ Interessanterweise scheint sich bisher die sowjetische medizinische Forschung mehr als jede andere für Hathayoga zu interessieren.

In Rishikesh läuft niemand Gefahr, Hathayoga mit Gymnastik, Athletik oder Akrobatik zu verwechseln. „Der Hathayogi ist ein gesundes Tier, nichts sonst“, hat Swami Vivekananda den als Selbstzweck geübten yogischen Körperkult angeprangert. Keinen einzigen namhaften Körperyogi in Rishikesh trifft die bissige Kritik des Geistesyogi Vivekananda. Jeder Hathayogameister in Rishikesh betrachtet seinen Erdenkörper gemäß der Bhagavadgita als Spielgrund des Göttlichen. Wie die Hathayogis in Rishikesh ihre Körperkultur verstanden wissen wollen, faßt Swami Venkatesananda vom Sivananda Ashram sehr gut so zusammen: „Der Körper umschließt den göttlichen Funken. Für die Entfaltung des göttlichen Funkens ist der Körper notwendig. Willst du dies wirksam und schnell erreichen, so muß der Körper bei guter Gesundheit erhalten werden. Daher betonte mein Guru Swami Sivananda bei jeder Gelegenheit, daß man täglich Asanas und Pranayama üben sollte. Diese Yogatechniken sind eine Reihe solch wunderbarer Übungen, daß sie dir unmittelbar und wie durch ein Wunder ihren Nutzen schenken, auch wenn du ihren spirituellen Wert nicht anerkennst. Sie haben jedoch einen wunderbaren spirituellen Nutzen, den du bald durch Übung erkennen wirst. Sie üben einen machtvollen, beruhigenden Einfluß auf die Nerven und den Geist aus. Sie lassen deinen Intellekt klar werden und erhöhen deine mentalen und intellektuellen Fähigkeiten. Sie bewirken, daß du dich dauernder Jugendlichkeit, Behendigkeit und scharfer Intelligenz erfreust.“

Für die Hathayogis von Rishikesh ist der Körper der Retter der Seele. Das Ideal ist nicht der beschwerdenfreie strahlende Gesundheitsprotz, sondern der selbstverwirklichte, der volle und ganze Mensch.

Majestät ist der Patient

Bei der Besichtigung des modernen Lakshmi-Narayan-Tempels in Neu-Delhi entdeckte ich unter den unzähligen braunen Gesichtern zwei weiße, die mir bekannt vorkommen. Natürlich, die junge Dame und der junge Mann sind mit mir im selben Flugzeug in der indischen Hauptstadt angekommen. Ich spreche die beiden an: „Wie lange bleiben Sie in Indien?"

„Ein Jahr, zwei Jahre, drei Jahre ... Das hängt allein von den indischen Behörden ab, die für die Aufenthaltsbewilligungen zuständig sind. Wir sind keine Touristen."

„Sondern?"

„Wir sind Medizinstudenten aus den Staaten. Wir wollen in Indien ein paar Semester Ayurveda studieren." Meine Ahnungslosigkeit bemerkend, ergänzt die Studentin: „Das ist die altindische, die hinduistische Medizin."

Sehen die beiden modernen Scholare aus den USA etwa in der ayurvedischen Medizin ein Heilmittel für das kranke Gesundheitswesen im Westen?

„Die altchinesische Heilkunst, speziell die Akupunktur, hat schon ihren Siegeszug um die Welt angetreten und fordert unsere Schulmedizin heraus. Die altindische Heilkunst birgt ebenso kostbare Schätze für die Menschheit in sich wie die altchinesische", erläutert der amerikanische Medizinstudent, der sich, seiner Begeisterung nach zu schließen, offenbar in Indien als Schatzsucher fühlt. „Die hochstehende östliche Heilkunst, die indische wie die chinesische, hat sich seit eh und je erfolgreich gegen die Gefahr gewehrt, ihren Blick auf einzelne Organe einzuengen. Sie hat seit Jahrtausenden bis zum heutigen Tag den gesamten Organismus im Auge."

Ich denke bei diesen Worten sofort an die Gepflogenheit in unseren Spitälern, daß mancher Primarius gerne seine Patienten den „Magen" auf Zimmer 20 oder die „Galle" und den „Nierenstein" auf Station X oder Y nennt. Der Mensch, der zum Magen, zur Galle oder zum Nierenstein gehört, scheint kaum Bedeutung zu haben.

Die Tonbandtempelmusik, die im Heiligtum der Glücksgöttin Lakshmi und ihres Gemahls, des Welterhalters Vishnu (Beiname Narayan), spielt, untermalt unser folgendes Gespräch.

Die Studentin sagt: „Die Ayurveda-Praktiker sehen im Gegensatz zu unseren Schulmedizinern den Menschen als ein Ganzes, als Einheit von Leib, Geist und Seele in unlöslicher Verbindung mit dem Kosmos."

„Ein bekannter Chirurg", hakt der junge Amerikaner ein, „hielt einmal der Schulmedizin den Spiegel vors Gesicht, indem er eine alte orientalische Geschichte erzählte. Verschiedene Leute sollten, so die Geschichte, das Aussehen eines Elefanten beschreiben, den Inder in einem stockfinsteren Raum ausgestellt hatten. Dabei kam es zu erheblichen Meinungsverschiedenheiten. Der eine Besucher behauptete, das Äußere des Tieres gliche einer Wasserpfeife, ein zweiter verglich die Gestalt des Tieres mit einer Säule, ein dritter mit einem Fächer, ein vierter mit einem Thron, je nachdem, welchen Körperteil jeder zufällig betastet hatte, den Rüssel, das Bein, das Ohr oder den Rücken. Sie hätten nur eine Kerze anzünden brauchen. Wir Ärzte benehmen uns nicht anders als die Elefantenbeschreiber in dieser Geschichte, meinte der genannte Chirurg, wir untersuchen einzelne Teile und können unsere Teilerfahrung nicht in den Zusammenhang des Ganzen einordnen. Das ist die Schwäche aller Spezialisten, während die Generalisten eine Kerze anzünden, um die Teilaspekte im Lichte des Ganzen zu sehen."

„Der Ayurveda-Arzt", unterstreiche ich, „scheint also dem Gärtner zu gleichen, der nicht ein einzelnes welkes Blatt gießt, sondern den ganzen Wurzelstock."

Die beiden Amerikaner freuen sich, daß ich kapiert habe.

„Weil ein Ayurveda-Arzt ganzheitlich denkt", erklärt die Studentin, „wird es ihm nie einfallen, ein Medikament mit schädlichen Nebenwirkungen zu verabreichen, was bei uns gang und gäbe ist."

Ich nicke und erinnere mich an ein dickes Buch über „Arzneimittelnebenwirkungen", bei dessen Lektüre mir angst und bange geworden ist. Zahlreiche der Heilmittel unserer pharmazeutischen Industrie sind gleichzeitig schwere Schädigungsmittel. In der Bundesrepublik Deutschland, behauptet Chefarzt Dr. F. Wiedemann, wurde statistisch nachgewiesen, daß jährlich durch Medikamente 200 000 Menschen erkranken und 17 000 sterben.

„Die Schulmedizin nimmt medikamentöse Schädigungen in

Kauf, weil sie in der Regel nur das Krankheitssymptom zu beseitigen trachtet", doziert der amerikanische Studiosus. „Der Ayurveda hingegen ist bestrebt, nicht nur die Krankheit, sondern den Patienten als Ganzes zu heilen."

„Demnach ist ein heiler, ein gesunder Mensch für den Westen nicht dasselbe wie für den Osten?" bohre ich.

„Das ist der springende Punkt", schaltet sich die Lady ein. „Wenn Ihnen westliche Labortests bescheinigen, daß Ihnen nichts fehlt, sind Sie im Sinne der ayurvedischen Medizin noch lange nicht gesund. Ein gesunder Mensch ist fröhlich und glücklich, gut aufgelegt selbst in unangenehmen Situationen, er kann Spannungen ertragen, ist selbstbewußt, offen, unternehmungslustig, reaktionsschnell, geistesgegenwärtig, hat ein gutes Gedächtnis, ein strahlendes Aussehen, eine frische Haut, eine klangvolle Stimme, erwacht morgens wie neugeboren. Krank ist also beispielsweise jeder Pessimist, jeder Zauderer, jeder Morgenmuffel..." Die ayurvedischen Ärzte können anscheinend mehr als nur von Giftschlangen Gebissene kurieren.

Meine Neugier ist geweckt. Ich nehme die Fährte der ayurvedischen Medizin auf. In wissenschaftlichen Bibliotheken spüre ich der Entstehung der altindischen Heilkunde nach. Was dabei zutage tritt, setzt mich in Erstaunen.

Für die Abendländer gilt der Grieche Hippokrates (460 bis 375 vor Christus), ein Zeitgenosse des Sokrates und des Plato, als Begründer der wissenschaftlichen Heilkunde. Nach dieser Idealfigur eines Arztes wurde das Gelöbnis benannt, das die Ärzte zu höchstem ethischen Verantwortungsbewußtsein verpflichtet. Der „Vater der Medizin", Hippokrates, war das tragende Fundament der Medizin des Mittelalters und der Neuzeit bis ins 19. Jahrhundert.

Aller Wahrscheinlichkeit nach hat die alte hinduistische Medizin bereits in den unter seinem Namen überlieferten Schriften, bekannt als „Corpus Hippocraticum", Spuren hinterlassen. Denn um die Mitte des ersten vorchristlichen Jahrtausends begegneten einander am Hof des großen Perserreiches griechische und indische Mediziner.

Daß Alexander der Große (356 bis 323 vor Christus), der das Perserreich unterwarf und bis nach Ägypten und Indien vorstieß, großen Respekt vor der ayurvedischen Medizin hatte, ist geschichtlich belegt.

„Zur Zeit Alexanders des Großen", stellt J. Garrison fest, „erfreuten sich die indischen Ärzte und Chirurgen einer wohlverdienten Autorität, sie übertrafen in Theorie und Praxis alle anderen, und etliche Forscher meinen, daß auch Aristoteles ihnen Dank schuldete."

Der berühmte Kalif Harun-al-Raschid (765 bis 809 nach Christus), in „1001 Nacht" als gerechter und weiser Fürst verherrlicht, ein Zeitgenosse Karls des Großen, residierte in Bagdad mit der Macht und der Pracht eines orientalischen Herrschers und förderte in hohem Maß Wissenschaft und Kultur. Sein Hof war Sammelpunkt von Dichtern, Künstlern, Gelehrten. In der Medizin gab Harun-al-Raschid der indischen Schule den Vorzug. Er besetzte die leitenden Posten in den Krankenhäusern und an den medizinischen Hochschulen mit Ayurveda-Autoritäten aus dem Indusland.

Natürlich ist jeder fromme Hindu überzeugt, daß der Ayurveda ein Geschenk des Himmels ist. Urgott Brahma, so lehren die Mythen, hat die indische Medizin geschaffen und das heilige Wissen schließlich Gott Indra erschlossen. Um die Menschheit von den Gebrechen des Leibes und Geistes zu befreien, versammelten sich einst die Weisen (Rishis) im Himalaja, um Indra zu bitten, ihnen die göttliche Heilkunst zu offenbaren.

Der Rishi Bharadwaj war ihr Sprecher: „O Herr, Krankheiten erheben sich allerorten zum Schrecken der Menschen. Was sollen wir tun?" Indra teilte ihm in Kürze die Wissenschaft des Ayurveda mit, um der leidenden Menschheit zu helfen.

Einer anderen Sage zufolge hat Indra den Arzt der Götter, Dhanvantari, auf die Erde gesandt, um die Menschheit in die Geheimnisse der Gesundheit und Langlebigkeit einzuweihen. Es gibt Inder, die der indischen Medizin ein phantastisches Alter von 25 000 Jahren zuschreiben.

Die Historiker vermuten jedoch, daß der Ayurveda eine Ergänzung des Atharvaveda ist. Der Atharvaveda ist der jüngste der vier Veden, die von 1200 bis 1000 vor Christus niedergeschrieben wurden.

Die Veden (sechsmal so umfangreich wie die Bibel) bilden den Kern der heiligen Schriften, der göttlichen Offenbarung der Hindus, und sind die älteste Literatur Indiens.

Der Atharvaveda, als dessen Anhang der Ayurveda vielfach

angesehen wird, ist eine um 1000 vor Christus abgefaßte Sammlung von Zauber- und Beschwörungsworten, die im Munde des Magiers, der damals Opferpriester, Astrologe und Arzt in einer Person war, Krankheiten und Dämonen abwehren sowie Liebesgunst, Kriegsglück und Wettersegen erzwingen sollten. Die vedischen Wunschformeln erinnern an den verwandten altdeutschen Heilzauber, wie er etwa in den bekannten Merseburger Zaubersprüchen, mit denen sich jeder Gymnasiast in Literaturgeschichte herumplagt, zum Ausdruck kommt: „.. ben zi bena, bluot zi bluoda, lid zi geliden, sose gelimida sin!" (... Bein zu Bein, Blut zu Blut, Glied zu Gliedern, als ob sie geleimt wären!)

Die indische Heilkunst, deren Ursprung wir also in den Veden finden, beansprucht den Ruhm, das älteste medizinische Lehrgebäude der Menschheit zu sein. Früh schon löste sich in Indien der Arzt vom Priester.

Drei Namen der indischen Medizingeschichte müssen mit goldenen Lettern geschrieben werden: Charaka, Sushruta und Vagbhata. Mit ihren Namen sind die klassischen medizinischen Lehrbücher Altindiens verknüpft. Exakte Datierungen sind nicht die Stärke der Inder, sie interessieren sich in erster Linie nicht für die historischen Denkerpersönlichkeiten, sondern für ihre Werke. Die Kodifizierung der umfangreichen wunderärztlichen Sammelwerke Charakas, Sushrutas und Vagbhatas dürfte um 500 nach Christus erfolgt sein, ihre Lehrtexte sind jedoch bei weitem älter.

Sushruta zum Beispiel, der der begabteste Schüler des legendären Heilgottes Dhanvantari und Professor an der Universität von Benares gewesen sein soll, siedeln manche Forscher bereits im fünften vorchristlichen Jahrhundert an. Wie dem auch sei, Sushruta ist der Vater der Chirurgie überhaupt, er beherrschte unter anderem Amputationen, Einrichten von Brüchen, Entfernung von Harnsteinen, Abtreibungen, Starstechen, Kaiserschnitt, Blasenoperation, Hauttransplantation, plastische Nasenchirurgie. Er bediente sich 127 verschiedener chirurgischer Instrumente wie Zangen, Sonden, Spiegel für Mastdarm- und Scheidenuntersuchungen, Horchgeräte, Katheter und Lanzetten. Er kannte die Desinfektion durch reinigende Dämpfe.

Charaka, seine Lehrtexte entstanden wohl im 2. Jahrhundert unserer Zeitrechnung, kannte mehr als zweitausend Pflanzenstoffe für Heilzwecke. Dieser Super-Mességué Altindiens gewann seine Arzneien – Lösungen, Aufgüße, Absude, Destillate, Tinkturen, Pulver, Pasten, Zäpfchen, Salben – aus den Samen, den Säften, den Blüten, den Blättern, den Früchten, den Rinden und den Wurzeln der Pflanzen bzw. Bäume. Die Ärzte dürften ursprünglich die Anwendung der pflanzlichen Heildrogen, das bekundet der uralte Atharvaveda ebenso wie die modernste Medizinforschung, den Tieren abgeschaut haben.

Vagbhata (7. Jahrhundert?), sein Lehrbuch „Astangahrdaya Samhita"(= Kompendium der Quintessenz der acht Teile der Medizin) wurde sogar gemeinsam von einer Ärztin und einem Indologen 1941 ins Deutsche übersetzt, faßte systematisch die gesamte klassische indische Medizin zusammen, die aus acht Zweigen bestand: 1. Allgemeinmedizin, 2. Chirurgie, 3. Hals-, Nasen-, Ohren-, Mund- und Augenheilkunde, 4. Psychiatrie, 5. Kinderheilkunde, 6. Kunde von den Giften und Vergiftungen (Toxikologie), 7. Kunde von den Lebenselixieren und 8. Kunde von den Aphrodisiaka.

In Rishikesh habe ich die Spitzen der ayurvedischen Medizin ausgefragt und den bedeutendsten Gelehrten und Ärzten der altindischen Heilkunde auf die Finger gesehen.

Der über 80jährige Chefarzt Shri Balak Ram Shukla Ji, der Rektor des ayurvedischen College in Rishikesh, das in fünfjährigem Studium und Training „Vaidyas" (= Seher), wie die Ärzte der altüberlieferten indischen Medizin genannt werden, heranbildet, ordiniert im Hof der „Baba Kali Kamali Wala"-Ambulanz, unentgeltlich, wie sich versteht.

Er stützt sich bei der Untersuchung seiner Patienten nicht auf Elektrodiagnostik, er kennt kein Kardiogramm (EKG), kein Enzephalogramm (EEG) und kein Myogramm (EMG), ebensowenig auf Röntgendiagnostik wie der Schulmediziner des Westens, dem heute schon die Computer-Tomographie (Schichtaufnahmeverfahren) zur Verfügung steht, die gleichsam ein dreidimensionales Röntgenbild vom Körperinneren liefert. Er weiß ebensowenig mit mikroskopischen oder chemischen Labortests anzufangen.

Shri Balak Ram Shukla Ji fühlt in erster Linie den Puls. Das ist das Hauptmittel der Diagnostik.

Medizinische Instrumente und Apparate braucht der Chefarzt der altindischen Heilkunde in Rishikesh jedenfalls keine.

Er benützt zur Diagnose seine Augen, seine Hände, seine Nase, seine Ohren. Er beäugt von der Körperbehaarung bis zum Urin vielerlei, er tastet und klopft den ganzen Körper ab, er beriecht den Körper, und er nimmt die Geräusche in den Gedärmen, in den Gelenken, in der Herzgegend und in der Lunge wahr. Wenn ein ayurvedischer Arzt beispielsweise feststellen will, ob das Blut seines Patienten gesund ist, gibt er eine Kostprobe davon einem Hund oder einer Krähe, die gesundes Blut naschen und krankes Blut verschmähen.

Den Vaidya interessiert, welche Vorlieben und Hobbys sein Patient hat, ob er Musik, Jagd, Diskussionen bei Versammlungen oder die Wissenschaft liebt, wie er auf Frauen wirkt, ob er von Bäumen, vom Himmel, von den Bergen, von Gold, von der Sonne, von hellem Feuer, von Vögeln, Girlanden oder Wolken träumt, welches Haar er hat, schütteres, borstiges, gespaltenes, weiches, gelocktes, vorzeitig ergrautes, dichtes, glänzendes oder glattes, ob er leicht erregbar, furchtsam, intolerant, prahlerisch, draufgängerisch, gottesfürchtig, zaudernd, mildtätig und zuverlässig ist, ob seine Haut trocken, rauh, fett, weich, glatt, voller Sommersprossen, Muttermale und Pickel ist, ob er gerne süß, sauer, salzig, scharf, bitter ißt . . .

Hundert und mehr Dinge beobachtet der ayurvedische Arzt sorgfältig wie jener arabische Reisende, dem auf seiner Wanderung nicht entging, daß von den Hufspuren, die ein Kamel in der Erde hinterlassen hatte, drei jeweils fest und die vierte nur schwach im Boden eingedrückt waren und daß nur auf der linken Seite des Weges zuweilen Blätter von den Büschen abgerupft waren. Ebenso fiel dem Reisenden auf, daß es an verschiedenen Stellen von schwarzen Ameisen wimmelte. Unterwegs begegnete er einem Händler, der verzweifelt sein verlorenes Kamel suchte. „Nein", sagte der Reisende, „ich bin keinem Kamel begegnet, aber wenn das Tier, das du suchst, lahmt, auf einem Auge blind ist und auf dem Rücken Zucker trägt, kannst du es entlang des Weges, den ich gekommen bin, finden." Der Händler war verblüfft über die zutreffende Beschreibung seines Kamels, das der Fremdling nicht gesehen hatte, von dem er sich aber dank scharfer Beobachtung ein klares Bild machen konnte.

„Die ayurvedische Medizin ist also eine Beobachtungsmedizin", fasse ich zusammen. „Was folgert der Vaidya aus seinen hundertfältigen Beobachtungen?"

„Der Arzt stellt fest, ob der Patient ein Vayu-, ein Kapha- oder ein Pitta-Typ ist", antwortet der gelehrteste Vaidya von Rishikesh. „Vayu, Kapha und Pitta, die drei Säfte (Tridosha) des menschlichen Körpers, sind das Um und Auf der ayurvedischen Theorie. Die drei Grundsäfte des Menschen regulieren die Körperfunktionen. Wenn die Tridoshas im natürlichen Gleichgewicht sind, ist der Mensch gesund, wenn sie unausgeglichen sind, ist das körperliche, seelische und geistige Wohlbefinden gestört."

Ich kann der Versuchung nicht widerstehen, dem Chefarzt und Rektor einen Arm hinzustrecken, mit der Bitte, meinen Aderschlag zu fühlen und mir zu sagen, was mir fehle. Wird er allein aufgrund des Pulses meine derzeitigen Beschwerden diagnostizieren können?

Shri Balak Ram Shukla Ji drückt drei Finger, die dem Vayu, dem Pitta und dem Kapha zugeordnet sind, auf meine Pulsader links sowie rechts und stellt kurz und bündig fest: „Vayu überwiegt."

„Wie erkennen Sie das?"

„Wenn der Puls zick-zack geht wie eine sich schlängelnde Natter, dominiert Vayu, wenn er schnell geht wie ein hüpfender Frosch, dominiert Pitta, wenn er langsam ist wie der Gang eines Schwans, einer Taube oder eines Elefanten, dominiert Kapha."

Mich als Laien stellt die Diagnose, daß ich ein Vayu-Typ bin, noch nicht restlos zufrieden. „Könnten Sie mir nicht aufgrund des Pulsfühlens die Wehwehchen sagen, die gegenwärtig mein Wohlbefinden stören?"

„Schlafstörungen, Blähungen und ein Darmkatarrh machen Ihnen etwas zu schaffen."

Ich bin perplex. Das sind in der Tat in jenen Tagen alle meine gesundheitlichen Probleme.

Die drei Doshas (Säfte) sollen ausgeglichen sein. Die Aufgabe des ayurvedischen Arztes ist es also, darüber zu wachen, daß kein Dosha sich übermäßig vermehrt oder vermindert. Jeder Mensch wird aber von der Zeugung an von einem bestimmten Dosha dominiert und der Arzt muß herausbekommen, welchen Konstitutionstyp er vor sich hat. Denn jeder der drei Typen reagiert unterschiedlich auf bestimmte Arzneien, er kann einem Vayu-, einem Kapha- und einem Pitta-Typ, wenngleich sie an derselben Krankheit leiden, nicht die gleichen Medikamente verabreichen.

Der Arzt muß durch sein Medikament das Zuwenig oder Zuviel eines Doshas ausgleichen. Er weiß zum Beispiel, daß Vayu in der Regenzeit, im Alter und am Abend, Kapha im Frühjahr, in der Kindheit und am Vormittag, und Pitta im Herbst, im mittleren Lebensalter und zur Mittagsstunde anschwellen. Besonders die Kleidung und die Ernährung des Menschen beeinflussen die Zu- bzw. Abnahme bestimmter Doshas. Die Lebensweise im allgemeinen wirkt auf die Doshas ein, bei Überanstrengung, Angst oder Ärger etwa dehnt sich Vayu aus, bei überwiegend sitzender Tätigkeit Kapha, bei langem Sonnenbad Pitta.

Ob die moderne naturwissenschaftliche Medizin die Tridosha-Lehre als primitive Vorstellung mitleidig belächelt, weiß ich nicht. Beeindrucken würde mich das keineswegs. Denn die Schulmedizin hat auch die Annahme der alten Chinesen, daß der Mensch von Lebensenergie durchpulst ist, die von sogenannten Meridianen transportiert wird, als blühenden Unsinn abgetan. Der chinesische Akupunkturarzt glaubt, daß diese Meridiane genannten Energiekanäle an bestimmten Punkten bis zur Hautoberfläche gelangen und daß durch Reizung der betreffenden Punkte mittels Nadeln der Energiestrom je nach Bedarf geschwächt, gestärkt, konzentriert oder umgeleitet werden kann, um das Energiegleichgewicht in Ordnung zu halten, was die Gesundheit garantiert.

Natürlich ist es leicht möglich, daß die Meridiane nur in der Einbildung der Chinesen und die Doshas nur in der Einbildung der Inder existieren. Vielleicht war zuerst das praktische Erfahrungswissen, was heilsam ist, vorhanden, das die Chinesen bzw. Inder im nachhinein theoretisch zu deuten versuchten. Die Fachwelt soll sich den Kopf zerbrechen über die unentschleierten Geheimnisse der altchinesischen und altindischen Medizin. Ob die Ärzte eine plausible Erklärung für Akupunktur oder Ayurveda finden oder nicht, wer heilt, hat recht.

Die ayurvedische Behandlung hat zum Ziel, die Lebensenergie anzuregen, die Selbsthilfe des Körpers voll zu entfalten, das Regenerationsvermögen der Natur zu unterstützen.

Der Ayurveda hat eine Unmenge von Stärkungsmitteln erprobt. Das bevorzugteste ist Cyawanaprasawaleh = „Speise des Cyawana“. Der Prophet Cyawana soll sich nämlich durch das seinen Namen tragende Elixier verjüngt haben. Cyawanaprasawaleh ist ein Tonikum, das der Vaidya besonders gegen Husten, Heiserkeit und Brustkrankheiten verordnet. Doch die Speise des Cyawana hemmt außerdem Rheuma. Sie vitalisiert den Menschen und gewährleistet blühendes Aussehen, reine Haut, scharfe Sinne, gutes Gedächtnis, regelmäßige Verdauung, weitgehende Immunität gegen Krankheiten, und nicht zuletzt Liebesfreuden.

Bevor eine Behandlung mit Elixieren und Medikamenten einsetzt, erklärt mir Chefarzt und Rektor Balak Ram Shukla, wird in der Regel der Körper des Patienten von allen Schlakken gereinigt. Charaka verwies schon darauf, daß beim Färben eines Stoffes dieser zuerst gereinigt werden müßte, weil ein schmutziger Stoff die Farbe nur schlecht annehme. Ähnlich verhalte es sich mit einem verschlackten, vergifteten Körper. Der Körper verwerte die Arznei nicht richtig, wenn er nicht zuvor gründlich gesäubert worden sei. Als „Putzmittel“ des Leibes hat der Ayurveda eine breite Palette von Schwitzmitteln, Brechmitteln, Abführmitteln, Niesmitteln und Klistiermethoden zur Hand. Die beliebteste Körperreinigung im Ayurveda ist aber seit eh und je die Fastenkur.

Schon der buddhistische Chinese Hsüan Chang, der im 7. Jahrhundert in einer unglaublichen Überlandreise nach Indien pilgerte - wir haben ihn in Mayapura getroffen –, wußte zu berichten: „Jeder, der von einer Krankheit befallen wird, muß seine Nahrungsaufnahme sieben Tage unterbrechen. In diesem Zeitraum erholt sich der Patient meist, aber wenn danach seine Gesundheit noch nicht wiederhergestellt ist, bekommt er Medikamente.“

„Der ayurvedischen Naturmedizin“, schaltet sich Vaidya Ram Babu Pathak in unser Gespräch im Hof der „Baba Kali Kamali Wala“-Ambulanz ein, „geht es primär um Gesunderhaltung, erst sekundär um Heilung.“ R. B. Pathak, der die allmählich aussterbende traditionelle Haartracht der Hindus trägt, einen Zopf am Hinterkopf, ist der Vizerektor des ayurvedischen College in Rishikesh, das augenblicklich 200 Medizinstudenten zählt. Er gewährt mir bereitwillig Einblick in seine Vorlesungsskripten.

„Ayur“, heißt Leben, und „Veda“ heißt Wissen. Die „Lebenskunde", nichts anderes bedeutet also Ayurveda, versteht sich demnach als die Kunst, gesund zu leben. Krankheit gibt es im Grunde nur eine, sie heißt: falsche Lebensweise.

„Gesundheit ist dein Naturrecht", sagte einst Swami Sivananda. Mit der richtigen Diät und Hygiene wird der Mensch hundert Jahre alt. „Ein disziplinierter Mensch, der ihm zuträgliche Nahrung ißt, lebt 36 000 Nächte lang", versprechen die alten medizinischen Klassiker Indiens.

Unsere Arznei sei die Nahrung! Im Goldenen Zeitalter Indiens überwachten die Ärzte die Küche des Königs.

An der Spitze der Todesursachen in der westlichen Welt stehen ernährungsbedingte Krankheiten. Die Rishikeshpilger aus Europa und Amerika interessieren sich daher nicht zuletzt für Ayurveda und yogagemäße Ernährung.

Es gibt nach altindischer Lehre drei Arten von Kost, die sattwische, die den Menschen rein und ruhig macht, die rajasische, die die Leidenschaften erregt, und die tamasische, die den Menschen dumpf, behäbig, schwerfällig, unempfindlich, teilnahmslos und trübsinnig macht.

Der Yogi ißt sattwisch: Milch, Butter, Quark, Honig, Früchte, Nüsse, Gemüse, Kartoffel, Weizen, Gerste, Reis. Milch ist die Idealnahrung für Yogapraktikanten. Rajasische Nahrungsmittel (Fisch, Eier, Fleisch, Feingebäck, Schokolade, Kaffee, Tee zum Beispiel) und tamasische Nahrungsmittel (wie Wein, Knoblauch, Zwiebel sowie alle abgestandenen und aufgewärmten Gerichte) sind zu meiden.

Die indische Hygiene ist umfassender als die unsrige, denken wir an die Reinigungsprozeduren der Eingeweide. Zur Hygiene gehören im Ayurveda noch Bäder, Massagen, Einreibungen, aber auch der Gebrauch von Riechwässern.

Wer gesund bleiben will, postuliert der Ayurveda, darf sich in keiner Weise übernehmen. Schon der gute Vagbhata schärfte allen ein: „Die Tätigkeit von Körper, Stimme oder Geist breche man ab, b e v o r man ermattet ist."

Äußerst gesundheitsschädlich ist es nach dem Ayurveda, natürliche Regungen zurückzuhalten. Der Mensch soll husten, gähnen, erbrechen, niesen, Tränen vergießen, urinieren, defäkieren, Darmwinde entweichen lassen, trinken, essen, schlafen, schnaufen usw., wenn es ihn danach drängt. Wer die natürlichen Bedürfnisse, vom Aufstoßen bis zur Samenentleerung, zu unterdrücken pflegt, wird auf die Dauer mit einer Reihe von Krankheiten geschlagen werden.

Die psychosomatische Medizin, im Westen als allerneueste Errungenschaft gepriesen, ist in Indien dreitausend Jahre alt. Der Schweizer Seelenarzt Medard Boss bekannte in seinem Buch „Indienfahrt eines Psychiaters", nachdem er Einblick genommen hatte in die klassische medizinische Literatur Altindiens: „Am meisten überraschte mich an diesen Schriften die erstaunlich zahlreichen Hinweise auf leib-seelische Zusammenhänge, die wir modernen Psychotherapeuten eben wieder mit viel Mühe herauszuarbeiten im Begriffe sind."

Die körperliche Krankheit hat in soundsovielen Fällen ihre Wurzeln in der Seele, das hat der Ayurveda nie vergessen. Es ist also in Indien seit alters die ureigenste Rolle des Arztes, dem ja die Verhütung der Krankheit am Herzen liegt, darauf zu drängen, daß der Mensch mit seinem Schöpfer und seiner Umwelt in Ordnung lebt. So empfiehlt der ayurvedische Altmeister Vagbhata, die Krankheitserreger Neid, Habsucht, Eifersucht, Haß, Verleumdung, Zorn usw. abzutöten und sich nach Kräften der Kranken, Armen und Traurigen anzunehmen, ja selbst Feinden gegenüber hilfsbereit zu sein. Das sind, gemäß der indischen Kenntnis der Gesetze des Lebens, die besten vorbeugenden medizinischen Maßnahmen. Das Geheimnis eines langen, befriedigenden, gesunden Lebens ist also „die Kunst, kein Egoist zu sein".

Die Lehre von den Aphrodisiaka, den Mitteln zur Stärkung der Sexualkraft, ist einer der acht Zweige der klassischen indischen Medizin. Zwei Strömungen laufen im Hinduismus nebeneinander, der asketische Weg der Keuschheit und der sinnenfreudige Weg der mystischen Erotik. Es ist also für Indien, wiewohl es in diesem Land zugleich starke Strömungen der Prüderie und der Verleugnung der Sexualität gibt, keineswegs anstoßerregend, wenn ein klassischer ayurvedischer Arzt zur Gesundheitspflege ungeniert empfiehlt, sich im kalten Winter mit einer drallen, leidenschaftlichen Frau, die üppige Formen hat und sich mit Paste aus Aloeholz gesalbt hat, ins Bett zu legen und die Nacht in Umarmungen zu verbringen.

Das ethische Verhalten der altindischen Ärzte steht dem des Hippokrates in keiner Weise nach. Charaka fordert von den Heilkundigen: „Man darf seine Patienten nicht um des Geldes willen noch um eines anderen irdischen Gutes willen behandeln. Darin übertrifft ein Arzt alle anderen Berufsgruppen." Der Arzt soll zu seinem Patienten gütiger, liebenswürdiger und feinfühliger sein, als selbst dessen Kinder oder Eltern zu ihm sind.

Vom ayurvedischen Arzt wird seit alters Zurückhaltung und Demut verlangt. Die Vorschriften warnen ihn vor Hochmut und Eigendünkel. „Übe Bescheidenheit in deiner Lebensweise, deinem Benehmen, stelle nicht dein Wissen heraus und betone nicht, mehr als andere zu wissen; deine Rede sei stets klar, wahr, unaufdringlich." – „Wenn ein Zweifel auftaucht, wende dich freundschaftlich an einen anderen Arzt und bitte ihn um Rat." Der Ayurveda-Medikus nimmt selbst von einem Schäfer oder Kuhhirten dankbar Kenntnisse der Heilkunde an. Der Arzt hat zwar die Anweisung, stets saubere Kleidung zu tragen, aber er ist nie ein „Gott in Weiß". Der Hinduarzt fühlt sich nicht als Herr über Leben und Tod. Sein Selbstverständnis fördert keinen unheilbaren Größenwahn. Im Ayurveda ist der Patient die Majestät.

Von einem östlichen Arzt wird weiters verlangt, daß er selbst gesund ist. Ein kranker Arzt ist unglaubwürdig wie ein Habenichts, der gute Ratschläge erteilt, wie man materiell reich wird.

Ein Arzt unterscheidet sich im Ayurveda von einem Quacksalber darin, daß er in der Theorie wie in der Praxis der Medizin erfahren ist („sonst gleicht er einem Vogel mit nur einem Flügel") und daß er Anatom, Physiologe, Chirurg, Internist, Hals-, Nasen-, Ohren-, Augenarzt, Gynäkologe usw. in einer Person ist, also sich sämtliche Zweige der Medizin allseitig aneignet. Die alten medizinischen Abhandlungen rieten den angehenden Ärzten eindringlich, sich dem diesbezüglichen Verbot der Priester zu widersetzen und Leichen zu sezieren, was für die Ausbildung eines Arztes unumgänglich notwendig wäre.

Daß der Ayurveda-Heiler peinlich darauf bedacht ist, kein „unreines" Medikament, das Schaden anrichtet, zu verabfolgen, wissen wir bereits. Dr. Thakkur, der mit der östlichen und westlichen Medizin vertraut ist, warnt: „Es liegt auf der Hand: Falls ein Mittel, das selbst wieder Krankheit erzeugt, angewendet wird, ist das Ende einer Behandlung nicht mehr abzusehen, weil mit jeder geheilten Krankheit sogleich eine neue aufbricht, die wiederum mit einem Medikament bekämpft wird, das seinerseits unerwünschte Nebenwirkungen nach sich zieht. Manchmal kann man sich des Eindrucks nicht erwehren, daß Medikamente gefährlicher als die Krankheit selbst sind. Diese Gefahren kennt die Behandlungsmethode des Ayurveda nicht."

Es hat im Lauf der Zeiten immer wieder „Rufer in der Wüste" gegeben, die dem Westen das Studium des Ayurveda anempfohlen haben, durch Wort und Tat.

Mit feierlichem Pathos verkündete der renommierte Medizinhistoriker Henry Sigerist: „Der Ayurveda hat der Welt eine Botschaft preiszugeben; und wenn wir diese Botschaft nicht verstehen, wird die Welt zerbrechen."

Besonders sticht dem Westen natürlich die indische Heilkräuterkunde ins Auge. Ein deutscher Forstingenieur, der 1936 mehrere Monate unweit von Rishikesh in den Vorbergen des Himalaja als Berater des Radscha (Fürst) von Tehri-Garhwal tätig war, schrieb aus eigener Erfahrung: „Die Wälder Indiens sind reich an Kräutern, Sträuchern und Früchten von anerkannter Heilkraft. Viele dieser Medizinalpflanzen werden allerdings bisher nur von den Eingeborenen in ihrer meist uralten Heilkunst verwendet, einige haben aber ihren Weg seit langem auch in die europäische Pharmazie gefunden. Zweifellos erschließt sich hier noch ein weites Gebiet für chemische und botanische Forschung, wenn man uralte Erfahrungen der Eingeborenenmedizin, statt achtlos an ihnen vorbeizugehen, nachprüfen, untersuchen und zur Bereicherung unseres Wissens und Könnens heranziehen will." Daran hat sich seither nichts geändert.

Der Sivananda Ashram in Rishikesh hat schon 1945 ein pharmazeutisches Werk ins Leben gerufen, das reine Himalajapflanzen sammelt und hygienisch zu ayurvedischen Heilmitteln verarbeitet. Der Ashram betreibt zum Verkauf seiner Produkte eigene ayurvedische Apotheken in Rishikesh. Der Leiter des ayurvedischen pharmazeutischen Werkes des Sivananda Ashrams, Shri Satchidananda Maithani, selber ein renommierter Arzt und Acharya, ist so beschäftigt, daß er mit den Minuten geizen muß, die er mir widmen kann, um mich über die volkstümliche Arzneikunde Indiens zu informieren. Im Sivananda Ashram werden zur Zeit fünfzehn Hauptprodukte der ayurvedischen Pharmazie hergestellt, darunter das „Sivananda-Zahnpulver", das Zähne und Zahnfleisch gesund erhält, ein

Haaröl, das nicht nur den Haarwuchs kräftigt, sondern gleichzeitig das Nervensystem stärkt, das Gedächtnis verbessert und einen erholsamen Schlaf schenkt, sowie das berühmte, mit der schon erwähnten „Speise des Cyawana“ (Cyawanaprasawaleh) angereicherte Cyawanabrabha, ein allgemeines Stärkungsmittel, das Energie spendet und von Verdauungsstörungen bis Asthma alles kuriert, falls die Angaben der Hersteller stimmen.

Unbeschränkt Zeit, mich in die Geheimnisse der ayurvedischen Pharmakologie und Medizin einzuweihen, haben zu meinem Glück aber der Rektor und der Vizerektor des ayurvedischen College.

R. B. Pathak: „Neben Pflanzen und Kräutern werden in der ayurvedischen Heilkunst Metalle und Minerale zur Herstellung von Arzneien verwendet, z. B. Glimmer, Gold, Silber, Eisen, Kupfer, Zinn und Quecksilber.“

„Wie viele ayurvedische Colleges zur Ausbildung von Vaidyas gibt es in ganz Indien?“ frage ich den Leiter des ayurvedischen College in Rishikesh und seinen Stellvertreter.

„98.“

„Wie groß ist unter den in Indien tätigen Ärzten der Prozentsatz jener, die die volkstümliche Heilkunde des Ayurveda praktizieren?“

„80 Prozent der Ärzte unseres Landes gehen nach dem Verfahren des Ayurveda und 20 Prozent nach den Regeln der westlichen Allopathie vor.“

„Wie viele ayurvedische Ärzte gibt es in Indien?“

„Eine halbe Million.“

Wenngleich die ayurvedische Medizin, die schon in vorchristlicher Zeit etwa den Blutkreislauf vom Herzen durch den Körper beschrieben, die Impfung praktiziert oder die Funktion der Verdauungssäfte gekannt hat, seit dem 16. Jahrhundert in ihrer Fortentwicklung mehr oder weniger stockt, könnte das Heilwissen der Hindus dennoch für den Westen gerade in unserer Zeit, die der altindischen Medizin sehr entgegenzukommen scheint, von ungeheurem Nutzen sein.

Die „Barfußdoktoren“ können die Weißkittel und Apparatmediziner in den Hochglanzkliniken durchaus einiges lehren. 1979 begegneten auf einem internationalen Kongreß in Canberra (Australien) einander zum ersten Mal westliche naturwissenschaftliche Schulmediziner und Klinikärzte sowie Vertreter der volkstümlichen Heilkunde, namentlich des hinduistischen Ayurveda, des islamischen Unani und der chinesischen Akupunktur. Das deutsche Nachrichtenmagazin „Der Spiegel“ faßte in fetten Lettern zusammen: „Fazit des Meetings: Die naturnahe ‚traditionelle Medizin‘ ist auf vielen Gebieten überlegen.“

Wer sich heute über die jüngste Strömung in der amerikanischen Medizin informiert, über die sogenannte „holistische Medizin“, die das moderne Gesundheitswesen aufschreckt, wird zu seinem Erstaunen gewahr, daß hier eine Richtung eingeschlagen wird, die die ayurvedische Heilkunst seit drei Jahrtausenden verfolgt. Die Anklänge an die altindische Medizin sind aber kein Zufall, denn das Programm der holistischen (= ganzheitlichen) Medizin lehnt sich ausdrücklich an die östliche Heilkunde an.

Die holistische Medizin versteht sich als Widerpart zur derzeit üblichen mechanistischen Medizin, derzufolge der Mensch einer Maschine und der Arzt einem Mechaniker gleicht. Die holistische Medizin besteht darauf, daß der Mensch mehr ist als die Summe seiner Einzelbestandteile, in die die Naturwissenschaft ihn zerlegt. Sie lehnt nach dem Vorbild der östlichen Heilkunde die künstliche Zerteilung des Menschen ab, bei der der Gesamtzusammenhang und die harmonische Beziehung zum Kosmos auf der Strecke bleiben.

Dr. med. Harold M. Bloomfield (Kalifornien), einer der bekanntesten Fürsprecher der holistischen Medizin – er übt übrigens selber zweimal am Tag Yoga und transzendentale Meditation – verficht die Grundsätze ganzheitlicher Gesundheit selbst auf den Bildschirmen des amerikanischen Fernsehens. Das erste Gebot der Holistic fordert, und das ist uns sehr vertraut aus dem Ayurveda, die körpereigenen Abwehrkräfte, sozusagen die inneren Gesundheitspolizisten, einsatzfähig zu machen.

„Die vielfältigen Sicherheits- und Reservesysteme, die in unserem Körper zur Verhinderung oder Bekämpfung von Krankheiten wirken, stellen die Sicherheitssysteme, die in unsere fortschrittlichsten technischen Wunderwerke (wie zum Beispiel die bemannten Raumkapseln) eingebaut sind, glatt in den Schatten“, betont Dr. Bloomfield. „Beim Studium der körpereigenen Abwehrmechanismen gegen Krankheiten – vom Hustenreflex über das Leberentgiftungssystem, über das Immunsystem bis hin zu den molekularen Aktivitäten in den Zellen und an den Zellmembranen – wundern sich die Medizinstudenten in den ersten Semestern häufig, wie Menschen überhaupt krank werden können."

Das zweite Gebot der holistischen Gesundheit, das dem ersten gleich ist, fordert auf dem Hintergrund der Wechselwirkung zwischen körperlicher und seelischer Krankheit von uns „spirituelles Wachstum". Das ist in unseren Breiten sonst eine Domäne der Religion. Wir müssen uns bemühen, negative Gefühle, die krank machen, auszumerzen. Wenn ein Mensch beispielsweise nicht verzeihen könne, selbst wenn das Ärgernis erregende Geschehen zwanzig oder mehr Jahre zurückliege, sagt Marcus McCausland, ein anderer Pionier der holistischen Medizin, so sei das nicht selten Ursache körperlicher Krankheiten.

Dr. Bloomfield glaubt, daß der holistischen Medizin die Zukunft gehört: „Das wachsende öffentliche Interesse an Fitneß, biologischen Nahrungsmitteln, Ernährung an sich, Akupunktur und östlicher Medizin, natürlichen Geburtsmethoden, einer Humanisierung des Sterbens, Meditation, einem erfüllteren Sexualleben und emotionalem Wachstum – zusammengenommen sind das alles Anzeichen dafür, daß die holistische Gesundheit eine Idee ist, für die die Zeit reif ist." (Zitate Bloomfield und McCausland, esotera 5/6/1979.)

Unsere zwei amerikanischen Bekannten aus dem Flugzeug bzw. aus dem Lakshmi-Narayan-Tempel in New Delhi, die sich dem Ayurvedastudium in Indien verschreiben, werden also vermutlich nach der Rückkehr in ihre Heimat ein reiches Betätigungsfeld vorfinden.

Sakrament der Sinnlichkeit

Vielleicht haben sie, die westlichen Indienpilger, das Kamasutra gelesen, das indische Standardwerk der Liebeswissenschaft. Das Kamasutra wurde um 400 nach Christus von dem Weisen Vatsyayana unter den Guptakaisern verfaßt als Lehrbuch der Umarmungen, des Küssens, der Nägelmale („Wird die Leidenschaft heftig, dann ist das Drücken oder Kratzen mit den Fingernägeln am Platz"), des Liebesbisses („Alle Stellen, die man küssen kann, können auch gebissen werden, mit Ausnahme der Oberlippe, des Mundinnern und der Augen"), aller Arten und Abarten des Beischlafs (729 Variationen!) und der girrenden, kehligen, seufzenden oder weinenden Liebeslaute. Das Werk, das zudem raffinierte Rezepte, wie man anziehend wirkt und Begehren erregt, und vieles mehr bietet, ist ein Leitfaden zum Vollgenuß der Geschlechtslust.

Vielleicht haben sie, die westlichen Indienpilger, die Liebestempel in Khajuraho oder Konarak oder sonstwo besichtigt, die „steinernen Lexika der Liebe", die jeden Sittlichkeitsapostel mit Schauder erfüllen und die unter Puritanern als der Gipfel der Schamlosigkeit verschrien sind, weil in „aufreizend" realistischer Weise die Liebesspiele und Liebesakte bis ins kleinste Detail in Stein gebannt sind. Doch der Teufel existiert wohl nur in den Augen der Schockierten. Die glühende Erotik der Skulpturen provoziert nicht, noch verteidigt oder rechtfertigt sie sich. Die in Khajuraho um 1000 nach Christus und in Konarak um 1250 nach Christus gemeißelten rundhüftigen und vollbrüstigen Maiden, die traumhaft schönen, wohlgeformten Frauenkörper, die in unerschöpflichen Variationen innig umschlungenen und verschlungenen Liebespaare, die Liebkosungen und Zärtlichkeiten, die spielenden und tanzenden prallen weiblichen Gestalten fordern nicht nur Zügellosigkeit heraus. Sie haben nichts Wollüstiges oder Schwülstiges an sich. Wer die Skulpturen nicht zu hastig in Bausch und Bogen als Verirrung oder Verworfenheit verdammt, sondern die Paare, die alle nur erdenklichen Liebesgenüsse auskosten, in ihren Gesichtern und Gebärden betrachtet, wird nichts als Schönheit entdecken. Die äußerste Freizügigkeit und Rückhaltlosigkeit entblößen eine Unbefangenheit und unschuldige Natürlichkeit, die die

Sinne als Wunder der Schöpfung verstehen. Die vollendeten Kunstwerke setzen ins Bild, daß Erotik und Sexualität ein Pfad zum Höchsten sein können. Die Liebenden genießen mehr als unbeschwertes Behagen, ihre Zuneigung mündet in Entzücken und Ekstase. Die Sexualität wird ein Weg zur Seligkeit. Die Wonne, eins und nicht zwei zu sein, jeder ist beide, weist über das Menschliche hinaus zum Göttlichen, zur kosmischen Einheit. In den erotischen Skulpturen Indiens leuchtet auf, daß das Sinnliche und Spirituelle nur zwei Aspekte ein und derselben Sache sind und daß die Sexualität als Heilsweg zur Befreiung verstanden werden kann.

Tatsache ist, daß die Indienpilger aus dem Westen im Land ihrer Sehnsucht nicht zuletzt den Sinn der Sexualität suchen.

Erschließt uns Indien, das Land des Kamasutra und der Liebestempel, in seiner Religion oder Philosophie eine neue Dimension der Sexualität?

Was ist der Sinn der Sexualität? Im Westen werden im Grunde zwei Lösungen angeboten: a) Erzeugung von Kindern und b) Ausleben des Geschlechtstriebes in ungezügelter Lust.

Die erste Lösung der Sinnfrage der Sexualität befriedigt die jungen Leute in Europa und Amerika längst nicht mehr – aber die zweite, zu der die sexuelle Revolution den Weg geebnet hat?

In der Regel zeigen sich die westlichen Jugendlichen, die mir in Rishikesh über den Weg laufen, enttäuscht von der sexuellen Revolution im Westen. Sie beklagen, daß Liebesingenieure seelenlose Techniken zur „gegenseitigen Selbstbefriedigung“ lehren und daß Mediziner wie Dr. Masters der Liebe mit Meßinstrumenten auf den Leib rücken und im Labor Geschlechtsakte untersuchen und dabei Blutdruck, Herzschlag, Hirnströme, Rötung der Haut, Drüsentätigkeit und Schweißabsonderung analysieren in dem Wahn, dadurch die Geheimnisse der Liebe wissenschaftlich enträtseln zu können.

Viele westliche Jugendliche suchen einen tieferen Sinn der Sexualität, den Karlfried Graf Dürckheim, der fernöstlich inspirierte deutsche Psychologe und Therapeut, wie folgt andeutet: Der Sinn der Sexualität „ist vielmehr die Erfahrung einer kosmischen Fülle und mehr noch die Erfahrung des göttlichen Einen im personalen Einswerden mit einem Du“.

Die hinduistische Einstellung zur Sexualität, die einem in

Rishikesh ins Auge springt, ist aber die der Entsagung. Der Sivananda Ashram, Rishikeshs einflußreichste Yogasiedlung, hat eine Magna Charta des Heilsweges proklamiert, die klipp und klar von jedermann fordert: „Befolge den Zölibat, soweit es das Alter und die Umstände zulassen. Beschränke den Geschlechtsverkehr auf einmal im Monat, und reduziere ihn nach und nach auf einmal im Jahr. Lege schließlich ein Gelübde der Enthaltsamkeit für das ganze Leben ab."

Die westlichen Sinnsucher scheinen also in Rishikesh hinsichtlich der Sexualität vom Regen der christlichen Religion in die Traufe der hinduistischen Religion zu kommen.

Ein junger Witwer, so wird mir erzählt, kam zu der „lebenderlösten" Anandamayee Ma, um sich zu Füßen der göttlichen Mutter auszuweinen. Er war verzweifelt, daß ihm der Tod seine Frau entrissen hatte. Er hoffte auf ein mitfühlendes Trostwort der Heiligen. Doch Anandamayee Ma, von der es heißt, daß sie als Ehefrau Jungfrau geblieben ist, drückte ihm nicht ihr Beileid, sondern ihre Mitfreude aus: „Ich beglückwünsche dich, daß Gott eine Trennwand mehr zwischen dir und ihm entfernt hat."

Swami Sivananda scheute sich nicht, das männliche Zeugungsorgan ein „Rattenloch" zu nennen, aus dem die Energie entschlüpft.

Er machte sich über die verrückten Männer lustig: „Du weißt, daß der Leib einer Frau aus allen Arten von unreinen Bestandteilen gebildet ist, aus Fleisch, Gebein, Urin und Kot, und dennoch macht es dir Spaß, sie zu umarmen?" Er riet allen Suchern innerhalb und außerhalb Indiens: „Sobald deine Gedanken sich an eine Frau mit lustvoller Phantasie hängen, stelle dir genau ihr Fleisch vor, ihre Knochen, ihre Eingeweide und alles, aus dem eine Frau besteht. Dies wird dich nüchtern machen. Dasselbe können Frauen tun. Sie müssen in gleicher Weise das Bild des männlichen Körpers sich ausmalen."

Auf Einwände, daß die Menschheit ausstürbe, wenn jeder mönchisch lebte, antwortete er: „Überlaßt es Gott, sich um das Weiterbestehen der Welt zu kümmern. Wenn die Welt völlig leer würde, könnte Gott im Augenblick durch seinen Willen Milliarden von Menschen neu erschaffen. Das ist nicht eure Angelegenheit."

Sivananda war wohl der Erzmuffel unter den Sexmuffeln

Rishikeshs. Wenn wir vom Ajapayoga Ashram und der Meditationsakademie des Maharishi Mahesh Yogi absehen, wird in allen spirituellen Zentren der heiligen Stadt die Sexualität angeschwärzt. Von allen Seiten tönt es uns, Vermählten wie Unvermählten, entgegen: Widersagt dem Fleisch!

Der Zölibatsforderung selbst für Weltmenschen liegt die magisch-mythische Vorstellung zugrunde, daß die Bewahrung des Samens Jugend und ewiges Leben und der Verlust des Samens Alter und Tod bedeutet. „Der Verlust des Samens ist eine alles durchdringende alte Angstvorstellung in der indischen Überlieferung und wahrscheinlich der Kern des stärksten Angstsyndroms in der indischen Kultur", sagt Agehananda Bharati, exzellenter Fachmann und Forscher im Bereich der indischen Spiritualität.

Der gelehrte Swami Narayanananda, der in Rishikesh eine Vielzahl von Büchern über Religion, Philosophie und Tiefenpsychologie veröffentlicht hat, die zu klassischen „Reiseführern" der spirituellen Sucher geworden sind (inzwischen ist er als Guru in den Westen nach Dänemark übersiedelt), widmet dem Gebot strikter Enthaltsamkeit seine ganze gewaltige Überredungskunst. Von allen Teufeln in der Welt sei die Fleischeslust der gefährlichste, der Geschlechtsverkehr stoße den Menschen letzten Endes in Stupidität, Degeneration, Verelendung und Agonie. Er warnt mit Engelszungen vor der nicht mehr wiedergutzumachenden exorbitanten Schwächung durch den Samenverlust, der den vorzeitigen Verfall der Gesundheit nach sich ziehe. Er glaubt zu wissen: „Die Energie, die in einem einzigen Koitus vergeudet wird, gleicht jener, die durch eine 24stündige harte geistige Arbeit und durch eine 72stündige harte körperliche Arbeit verbraucht wird." Einen größeren Verlust als den des Samens könne der Mensch nicht erleiden. Die sexuelle Befriedigung töte Millionen und Abermillionen roter Blutkörperchen, vergifte das Zellenleben, greife das Gehirn an und ... und ... und ...

„Enthaltsamkeit ist die Mutter aller Tugenden", sagte der weise Swami Purushottamananda (1879 bis 1961), der in der uralten Höhle des Rishis Vashishta bei Rishikesh meditiert hatte und eine der größten spirituellen Leuchten des Himalaja in der ersten Hälfte unseres Jahrhunderts war.

Ohne Fanatismus, aber unnachgiebig im Kern verficht

Swami Yogeshwarananda, im Rishikesh der Gegenwart der zweite der großen Drei, die Enthaltsamkeit. Er gesteht den Eheleuten zu, zwei bis vier Kinder in die Welt zu setzen, aber danach sollten sie die geschlechtliche Abstinenz befolgen. Er preist den gespeicherten Samen als die Quelle der Gesundheit und erinnert, daß alle heiligen Schriften Indiens demjenigen einen strahlenden und duftenden Körper verheißen, der seinen Samen bewahrt. Bindu, die Samenenergie, ist ein magisches Wort in Indien.

Der Leitstern Rishikeshs ist der Asket, der die Samenkraft beherrscht und in geistige Energie (Ojas) umwandelt, der Asket, der sogar den Samenverlust in erotischen Träumen zu verhindern weiß. Er ißt keine Speisen mit Curry, Pfeffer, Knoblauch, Zwiebel, Paprika, sondern einfache gewürzlose Kost, vorwiegend Obst und Nüsse, und kennt zahlreiche Übungen und Techniken zur Unterdrückung bzw. Sublimierung und Transmutation des Verlangens. Das Weib ist sein Erzfeind, die Verführerin, die ihm seine Lebensenergie zu entziehen trachtet.

Irgendwann, als der 1963 verstorbene Sivananda noch gelebt hat, besuchte aus der Schweiz Prof. Dr. Gebhard Frei, ein katholischer Priester und Dozent für vergleichende Religionskunde, Rishikesh. „An schwer zugänglicher Stelle sahen wir von einer Bootsfahrt auf dem Ganges aus die kleine Hütte eines Einsiedlers auf einem von Schlangenlöchern durchzogenen Hügel", schildert er. „Der dort Wohnende hat, so wurde uns gesagt, vor Jahrzehnten das Gelübde gemacht, nie mehr eine Frau zu sehen. Die Nahrung wird ihm vom Ashram Sivanandas aus gebracht."

Yogaschriftsteller Michael Volin traf einmal einen siebzigjährigen Yogi, der überhaupt nicht wußte, wie eine Frau aussieht. Er war im Alter von zwei Jahren in die Einsiedelei gebracht worden und wurde so in seinem ganzen Leben vor dem Anblick einer Frau bewahrt. In einer so glücklichen Lage sind allerdings die Asketen selten.

Die meisten müssen Versuchungen bestehen, da ergeht es den hinduistischen Eremiten nicht anders als den christlichen oder buddhistischen. Dem heiligen Antonius dem Großen, dem ersten Mönchsvater, der in der ägyptischen Bergwüste wachte, fastete und betete, erschien bekanntlich der böse Feind nachts als Weib, das ihm Sinnenlust vorgaukelte und in ihm Liebesglut entfachte. Ein christlicher Mönch des Mittelalters bangte: „Der Teufel ist klug und gerissen, er kann viele Formen annehmen, schrecklich, wie es nur ein höllisches Gespenst zu sein vermag. Am gefährlichsten ist er aber nicht, wenn er mit Huf und Hörnern kommt, sondern als schöne nackte Frau voll Zärtlichkeit und Verlangen."

Und Buddha erschienen nach härtester Abtötung, als er sinnend in langen Nachtwachen unter dem Feigenbaum bei Uruvela am Ufer der Neranjara saß, holde langwimperige Nymphen, schamlos enthüllt, die ihm mit blitzenden Blicken, wollüstigen Worten und lasziven Gebärden und Stellungen unglaubliche Lüste verhießen.

Im Hinduismus entgingen nicht einmal die großen Rishis den verführerischen Prüfungen durch Rakshasa-Weiber und Paradiesmädchen, die im Auftrag der Götter die Himmelsstürmer an die Erde zu binden suchten. Die alten Mythen Indiens enthalten unzählige Geschichten von betörten Heiligen und Weisen.

Nicht nur in vergangenen Zeiten wurden aber die Asketen auf die Probe gestellt, sie werden es heutigentags noch. Ein Beispiel aus Rishikesh: Als Yogeshwarananda, einer der wenigen wirklich großen Meister von Rishikesh in der Gegenwart, noch jünger war, heute geht er schon langsam auf den Hunderter zu, wettete ein gewisser Dewanchand mit seiner Schwägerin Kanchand, daß der Yogi „außen hui und innen pfui" wäre. Der Zweifler unterzog ihn einem Test und war bereit, 400 Rupien zu bezahlen, wenn Yogeshwarananda (der damals noch Vyas Deva hieß) standhaft bliebe, wohingegen die Schwägerin 200 Rupien zu bezahlen hätte, wenn der Yogi fallen würde. Dewanchand entlohnte zwei charmante junge Liebesdienerinnen, die Yogeshwarananda in seiner Eremitenklause besuchen mußten. Sie entfalteten ihre amourösen Zauberkünste und boten ihm unerhörte Zärtlichkeiten an. Obwohl die Circen ausdauernd waren, konnten sie ihn nicht umgarnen. Der Vorfall sprach sich unter dem Volk herum, so daß Yogeshwarananda in den Ruf der Heiligkeit kam.

Worauf es bei der Abstinenz ankommt, offenbart die Bhagavadgita:

„Die Enthaltsamen rennen fort von dem, was sie wünschen,
Tragen aber ihre Wünsche mit sich.

Wenn ein Mensch in die Wirklichkeit eingeht,
Läßt er auch seine Wünsche hinter sich."

Ein Flüchtiger ist also noch kein Weiser. Am Weisen findet, wie das Epos Mahabharata betont, „die Sinnenliebe keinen Halt, ebensowenig wie Wassertropfen an den Blütenblättern einer Wasserrose."

Unter dem erleuchteten Blick eines der Sinnenliebe abgestorbenen Heiligen welkt, versichern die heiligen Schriften, im Nu die hinreißende und unwiderstehliche Schönheit einer Versucherin.

Das Gemeinsame an der hinduistischen Religion ist, daß sie nichts Gemeinsames hat, sagte einmal ein Indologe.

Neben dem vergeistigten Heilsweg, der die absolute geschlechtliche Enthaltsamkeit und Entsagung fordert, hat Indien früh einen zweiten Heilsweg eröffnet, der in die entgegengesetzte Richtung läuft, am Ziel aber mit dem ersten zusammentrifft: den verfleischlichten Heilsweg des Tantra, der die Sinnlichkeit zu einem Sakrament der Vollendung erhebt. Beide Pfade, obwohl sie unvereinbar sind, sind beglaubigte Wege des Hinduismus und haben ein und dasselbe Ziel: die Selbstverwirklichung bzw. Gottverwirklichung.

Vom 4. nachchristlichen Jahrhundert an setzte sich der Tantrismus gegen das weltverneinende geistige Klima durch, er wurde ab dem 6. Jahrhundert eine Zeitlang sogar die das religiöse, philosophische, mystische und kulturelle Leben Indiens prägende Mode. Der tantristische Strom, antiasketisch und antispekulativ, überflutete und befruchtete ganz Indien.

Die Wirklichkeit ist ein unteilbares Ganzes. Das Individuum ist in den gesamten Kosmos integriert, hat aber bei der Geburt das kosmische Bewußtsein verloren. Die Einheit ist gleichsam entzweigebrochen. Es gilt also, und das ist die Befreiung des Menschen, in die geborstene uranfängliche Einheit zurückzukehren, heimzufinden in das universale Selbst. Die Entfaltung des Individuellen besteht also paradoxerweise in der Einfaltung in das Universelle. Das ist die bekannte indische Alleinheitsphilosophie, das spezifisch Tantrische ist aber der Weg, der zur Verwirklichung des kosmischen Bewußtseins führt. Der Tantrismus lehrt und übt unter anderem „die Vereinigung der Geschlechter als Einswerden im Göttlichen". Das ist eine Sicht der Erotik und Sexualität, die Karlfried Graf Dürckheim ihre „Einheiligung in das überweltliche Ganze" nennt.

Im Tantra ist also der Sex sakramentalisiert. Das gesonderte Ich kann die Spaltung und Fremdheit in der Liebesbegegnung überwinden. Im Vollzug der Einheit löst sich das begrenzte Ichbewußtsein auf, besser gesagt: es dehnt sich zum kosmischen Bewußtsein aus, aller Unterschied wird vernichtet. Beide sind das Eine, das Ungezweite (advaita), wie der Hindu sagt. Der Mensch erreicht also in der fleischlichen Vereinigung die Wurzeln seiner Identität, wenn er den Urzustand der Einheit wahrnimmt.

Freilich: Bei einer Lehre, die alle Werte umzuwerten und alle Schranken niederzureißen scheint, sind dem Mißbrauch Tür und Tor geöffnet.

„Genuß ist das Mittel, um die Höchste Stufe zu erreichen. Deshalb sollte der Weise, der sie erobern will, jedes Vergnügen genießen“ (Kularnava Samhita). Unter Vergnügen versteht der Tantriker in erster Linie die fünf verpönten „M“: Madya (Wein), Mamsa (Fleisch), Matsya (Fisch), Mudra (geröstetes aphrodisierendes Getreide) und Maithuna (sexuelle Vereinigung).

Tantra, das Leidenschaft und Instinkte benutzt, artet daher erfahrungsgemäß leicht in schmutzige Hurerei und berauschende Sauferei aus. Tantra dient vielfach dazu, unter dem Deckmantel der Religion perverse Orgien zu feiern. Die als Tantra frisierten laszivenAusschweifungen und Greuel haben die Bewegung in Verruf gebracht, ein Tantriker gilt im modernen puritanischen Indien nicht selten als teuflischer Wüstling.

Agehananda Bharati, einer der ganz großen Tantrakenner, ist der Meinung, daß „über 90 Prozent der tantrischen Sadhakas (Sadhaka = Übender) früher und jetzt Vergnügungen suchen, die sie sonst nicht finden können.“

Hedonismus, jene Lehre, nach der Glück und Ziel des Menschen im Erleben der Lust besteht, ist keineswegs Ziel und Zweck des Tantra, sondern nur das Mittel. Der echte Tantriker, der den Geschlechtsverkehr als Gottesdienst zelebriert, ist nicht von Selbstsucht getrieben, im Gegenteil, er sucht im Liebeskult der Verschmelzung seinen Egoismus zu überwinden.

Die ehrlichen Tantriker sind überzeugt, daß der Lüstling, der in der sexuellen Betätigung dem Egoismus frönt, sich selbst schädigt, ja zerstört.

Der fortgeschrittene Tantrayogi speichert die Orgasmusenergie auf. Er hält die Ejakulation zurück, doch er verhindert nicht nur die Samenausstoßung, er zieht überdies durch eine bestimmte Technik, Vajroli Mudra genannt, die geschlechtliche Sekretion seiner geweihten Partnerin durch den Kanal seines Gliedes in seinen eigenen Körper ein. Dadurch gewinnt der Yogi der Tantralehre gemäß einen göttlichen Körper.

Auf dem schwierigen und langwierigen Heilsweg der erotischen Mystik wird die Frau das Abbild von Prakriti (Urprinzip, feminin) und der Mann das Abbild von Purusa (Urprinzip, maskulin). Oder der Mann wird Shiva und die Frau wird Shakti (schöpferische Kraft), die zusammengehören. „Shiva ohne Shakti ist eine Leiche", lautet ein Sprichwort. Die verschlungene, ja verschmolzene Einheit des Weiblichen und Männlichen ist die Union der Welt und der Überwelt im reinen Sein, die Integration in das Absolute, die Realisierung des Heils. Die Künstler der Liebe befreien sich im Geschlechtsakt vom Wissen des Unterschiedes. Sobald das Eine triumphiert, sind sie vergöttlicht.

Am Ziel der Selbstverwirklichung bzw. Gottverwirklichung angekommen, ist der Tantriker über den Sex hinausgewachsen wie der Asket. Er bedarf keiner Frau mehr aus Fleisch und Blut. Der durch Sex Vollendete und Verwandelte kann den Sex hinter sich lassen. Er gleicht dem Pilger, der am anderen Ufer angekommen ist und das Boot, das ihn über den Fluß gebracht hat, zurückläßt und nicht mehr als Ballast mitschleppt.

In Rishikesh, dem Bollwerk des asketischen Yoga, ist es kaum wahrscheinlich, daß irgendein dahergelaufener Europäer oder Amerikaner Zugang zum tantrischen Yoga findet. Tantra wird im geschlossenen Kreis Eingeweihter geheim praktiziert, an einsamen Orten. Die Tantriker verbergen sich vor Nichterwählten, Unberufenen.

„Während die anderen heiligen Schriften wie eine öffentliche Frau sind, allen zugänglich, sind die Tantras wie eine geheime Braut, deren Enthüllung Tod bedeutet", erklären die erotischen Mystiker.

Die Tantriker sind in ihrer Verschwiegenheit die Freimaurer unter den Yogis. Die tantrischen Gurus vollziehen ihr Ritual an verborgenen Orten im Dunkeln und benutzen eine verschwommene mehrdeutige Geheimsprache, um die Außenstehenden in die Irre zu führen.

Nach einer alten Mythe wurde die Leiche der Göttin Sati, der Gattin Shivas, zerstückelt und die Teile wurden auf die Erde verstreut. Jene Orte, wo ihre Genitalien, ihre Brustwarzen und ihre Zunge niederfielen, wurden die eigentlichen Wallfahrtsstätten (pitha) und heiligen Kultzentren der Tantriker. Rishikesh ist kein mit der Tantratradition verbundener Gnadenort, Rishikesh heißt mit einem alten Namen Tapobhumi: „Erde der Askese".

Anderswo mag es leichter sein, in den Tantrapfad eingewiesen zu werden, etwa in Poona bei Bhagavan Rajneesh, den unsere Illustrierten den Sexpapst nennen. Er hält den Sex für ein Sprungbrett in den Samadhi. Die Frankfurterin Anne erzählt mir in Rishikesh, daß sie in Pushkar eine – allerdings unerwünschte – Begegnung mit Tantrayogis hatte. Die Tantrikas suchen dort mit Vorliebe unter Westlerinnen ihre Partnerin, die sie verehren und anbeten. Die Yogis des Verlangens sind, wie man weiß, sehr wählerisch, die Genossin muß jung, gesund und hübsch sein, sie muß eine weiche Haut, eine schlanke Taille und anschwellende, üppig gewölbte Hüften sowie große, weit geöffnete Augen haben, um ihre Gnade zu finden.

Die heruntergekommenen Sexyogis an tantrischen Orten sind, sofern sie nicht bloß auf nacktes Vergnügen aus sind, darauf erpicht, im Kult des Koitus die sexuelle Sekretion der Partnerin, das weibliche Fluid (rajas), zu absorbieren, um deren Lebenskraft für eigene spirituelle Zwecke zu nutzen.

Wenn die Tantriker die Mädchen und Frauen umwerben, setzen sie ihre yogischen Zauberkräfte ein. Anne schildert, daß sich der Yogi von Angesicht zu Angesicht der Angebeteten gegenüber im Lotossitz plaziert und ihr wie einer Göttin huldigt. Mit kraftvollen Augen fixiert und hypnotisiert er sie, um sie ihrer Willenskraft zu berauben. Er zieht die fügsame Frau mehr und mehr in sein wonnigliches Himmelreich hinein. Die Gebannte läßt sich in eine lichte, friedliche und fröhliche Welt entführen, in der Zeit und Raum nicht mehr existieren. Eingetaucht in süße Trunkenheit, fühlt sie sich aller Bande ledig. „Man kann sich kaum noch befreien, man ist wie gelähmt", berichtet Anne aus eigener Erfahrung. „Der angenehme tiefe Blick des Yogi sog mich in ein glückseliges Erlöschen. Wohligkeit durchfloß mich. Er ergriff mehrmals meine Hand und führte sie mit magnetischer Kraft an sein Haupt. Ich war schon nicht mehr da. Im normalen Wachzustand hätte ich einem so zudringlichen Menschen eine geklebt. Ich nahm alle Kraft zusammen, die gerade noch reichte, um ihn zurückzuweisen. Er erhob sich lächelnd, ging dreimal um den Tempel und setzte sich aufs neue vor mich hin."

Wie beurteilt ein Experte ersten Ranges, Agehananda Bharati, die Chancen des geheimnisvollsten aller Yogazweige, des Hindu-Tantrismus, im Westen? Er räumt in seinem Buch „Die Tantra-Tradition" ein: „Es ist denkbar, daß der reichere und kritischere Westen, besonders Westeuropa und Nordamerika, sich manche Formen des Tantrismus oder einige Elemente der tantrischen Tradition zu eigen machen könnte, nachdem sie für den westlichen Gebrauch passend übersetzt und modifiziert sind, um sich damit eine mögliche ideologische, geistige oder psycho-therapeutische Alternative zu schaffen. Einige Schritte sind bereits getan, wahrscheinlich aber in die falsche Richtung: Der frustrierte, geheimnislüsterne Nordamerikaner mittleren Alters hat dem Tantrismus Eingang verschafft. Ich glaube jedoch, daß dieser Eingang gefährlich ist, daß dadurch Fehlinterpretationen entstehen und daß der Tantrismus damit verwüstet wird. Es gibt zwei Arten von Publikum in der westlichen Welt, in deren Händen jede esoterische Tradition zugrunde gehen muß: Der erste, zahlenmäßig stärkere, aber weniger gefährliche sind die Wahrheitssuchenden, die von dem, was ihre eigenen Traditionen zu Hause zu bieten haben, enttäuscht sind. Auf die gleiche Weise haben die Theosophische Gesellschaft, die Anthroposophen, die Ramakrishna-Vivekananda-Bewegung, die Divine Life Society, die Liga für Selbstverwirklichung, Zen usw. ihren Weg in das westliche überquellende Gedankengut gefunden, und so könnte auch der Tantrismus – in einer verwässerten, ungeschlachten Form – in diese Länder gelangen. Das zweite Publikum, das klein, aber gefährlich ist, besteht aus denen, die auf der Suche nach einem ‚Schuß' sind, um die einschlägige amerikanische Bezeichnung zu verwenden. Ich bin nicht prinzipiell gegen Drogen oder Esoterik als zusätzliche Mittel, das Leben des einzelnen zu bereichern, aber ich bin ganz entschieden gegen Verallgemeinerungen, gegen unwissenschaftliche Versuche, importierte Systeme zu assimilieren. Ich möchte es so ausdrücken: Der Tantrismus könnte ebenso wie Yoga, Vedanta und Zen in der westlichen Welt zu Ansehen gelangen, vorausgesetzt, daß die Tradition der soliden Gelehrsamkeit, des Lernens und des intellektuellen Bemühens, die in den Ursprungsländern seine Grundlage waren, den Einzug in die westliche Welt begleiten würde. Ohne diese kulturellen Bemühungen halte ich ihn für trügerisch."

Also: Lernt Sanskrit und Indologie auf den orientalischen Universitätsinstituten, bevor ihr die Erfüllung der Sexualität auf dem Tantrapfad sucht!

Ob das allerdings den echten Tantrikern aus dem Herzen gesprochen ist, bleibt mehr als fraglich. Denn Tantra ist seinem Wesen nach Spontaneität, Praxis und Aktion.

Die Hoffnung der westlichen Sucher, im ekstatischen Hindukult des Tantra die wahre Entfaltung ihrer Sexualität und Erotik zu erfahren, erfüllt sich also zumindest in Rishikesh nicht.

Gefährliches Spiel mit der Schlange

Die Erdenschwere hinter sich zu lassen, der Maharishi aus Rishikesh macht's angeblich möglich. Er lehrt die Menschen fliegen und schweben. Ein Levitationskurs kostet allerdings einige tausend DM. Maharishi verblüffte eines Tages, als die Medien ihn aus dem Auge zu verlieren drohten, die Weltöffentlichkeit mit der Veröffentlichung und Verbreitung von Fotos, die im Lotossitz Meditierende zeigen, die sich, die Schwerkraft überwindend, vom Erdboden abzuheben scheinen.

Das Zentrum der spirituellen Erneuerungsbewegung in Rishikesh genießt unter Maharishi-Anhängern im Westen den Ruf einer besonders erfolgreichen Fliegerakademie. Die junge Mailänderin, die unsere Wege in Rishikesh gekreuzt hat, als sie sich vergeblich bemüht hatte, von Sattyanandji, dem kleinen Bruder des Maharishi, unter die Fittiche genommen zu werden, hatte in Italien schon einen Flugkurs besucht. Aber sie hatte es nicht geschafft, sich vom Boden abzuheben, gestand sie mir verschämt. „Waren andere Kursteilnehmer erfolgreicher gewesen?“ fragte ich. – „Ja.“ – „Haben Sie persönlich je TM-Meditierende schweben gesehen?“ – „Ja.“ – „Wie hoch wurden die Beflügelten emporgehoben?“ – „Etwa einen halben Meter.“

Im Yoga ist das Wissen lebendig, daß jeder Mensch ein unermeßliches Reservoir an schlafender kosmischer Energie besitzt, die geweckt werden kann. Das ist die Grundlehre des Kundaliniyoga. Daß in Indien jeder Realist an Wunder glaubt, ist mir vertraut. Es überrascht mich aber, daß nahezu alle westlichen Jugendlichen in Rishikesh den Schlüssel zur Weckung der im Menschen latent schlummernden außergewöhnlichen Kräfte, im Yoga „Siddhis“ genannt, suchen.

Sie vermissen im Westen die Menschen, an denen sich die Verheißung Jesu erfüllt: „In meinem Namen werden sie Dämonen austreiben; sie werden in neuen Sprachen reden; wenn sie Schlangen anfassen oder tödliches Gift trinken, wird es ihnen nicht schaden; und die Kranken, denen sie die Hände auflegen, werden gesund werden“ (Markus 16, 17-18).

Die oberste Autorität im Yoga, Patanjali, hat in seinen berühmten Yogasutren eine Reihe von Siddhis aufgezählt. Und zahlreiche andere Yogaschriften, wie die Yogatattwa Upanishad, erwähnen außergewöhnliche, scheinbar übernatürliche Kräfte, die dem Yogi erwachsen. Früchte des Yoga sind unter anderem: Der Yogi vermag sich unsichtbar oder atomklein zu machen, er kann hellsehen oder hellhören, wahrsagen, Gedanken lesen, sich an frühere Existenzen erinnern, Elefantenkräfte erwerben, sich in die Luft erheben, in andere Körper eintreten, Eisen in Gold verwandeln, an zwei Orten gleichzeitig sein, jede gewünschte Gestalt annehmen, den Körper an jeden beliebigen Ort versetzen, ja sogar Unsterblichkeit gewinnen.

Der klassische Yoga Patanjalis, der in Rishikesh hauptsächlich vertreten wird, besteht aber darauf, daß die Siddhis hinderlich auf dem Weg zur Selbstergründung sind und daher, wenn sie einem in den Schoß fallen, nicht beachtet werden dürfen.

Als Swami Sivananda 1937 einen Fragebogen erstellte, den jeder auszufüllen hatte, der sich um die Zulassung als Student an seiner Walduniversität in Rishikesh bewarb, warnte er auf seinem Formular eindringlich: „Wenn Sie zu mir zu kommen wünschen, um einige Siddhis zu erwerben, dann bleiben Sie zu Hause. Ich kann Ihnen auf diesem falschen Weg nicht helfen. Siddhis haben nichts zu tun mit Selbstverwirklichung."

Der Nachfolger Sivanandas, Swami Chidananda, der seit 1963 die Gesellschaft des Göttlichen Lebens leitet und die höchste spirituelle Autorität im heutigen Rishikesh ist, schreckt wie sein Vorgänger die Westler ab, unvorbereitet die geheimnisvollen Kräfte zu wecken. Er spricht von einem Spiel mit dem Feuer. Die erwachten Kräfte steigen aufwärts, wenn aber die Natur nicht gereinigt ist durch Selbstkontrolle, Begierdelosigkeit, Verzicht usw., dann sind die oberen Kanäle, die nur durch die Reinheit des Charakters geöffnet werden, verstopft, und die entfesselten Energien werden nach unten gedrückt, in die niedrigen Bahnen, wo sie verheerende Zerstörungen anrichten. Das Menetekel Chidanandas lautet: Weckt nicht mit Gewalt durch bestimmte Techniken die schlafende Kundalini, sonst wird euch die Lebensschlange vernichten!

Swami Narayanananda, der bekannte Philosoph und Psychologe aus Rishikesh, alarmiert seine westlichen Yogastudenten noch drastischer: „Mit der Erfindung der Atombombe steht die ganze Welt mit ihren Zivilisationen am Rande der totalen Vernichtung. Siddhis sind sogar noch gefährlicher als Atombomben. Wenn ein Mensch, der seinen Geist und seine Sinne nicht gemeistert hat und Sklave der Lust, Angst, Gier und des Hasses ist, in den Besitz von Siddhis kommt, neigt er dazu, sie unvernünftig zu gebrauchen und dadurch andere und sich zu ruinieren. Die Rishis hüteten Yoga streng als Geheimnis aus keinem anderen Grund als den, die ihm anhaftenden Versuchungen und die sich ergebenden Gefahren zu vermeiden. Die Yogapraktiken wurden daher von einem Guru nur einem würdigen und gereiften Schüler übermittelt, nicht irgend jemandem und jedermann."

Anandamayee Ma, die Heilige der Heiligen Indiens, bezieht, obwohl ihr selber viele Wunder zugeschrieben werden, eindeutig Stellung: „Wenn einem nach Vollkommenheit strebenden Aspiranten außergewöhnliche Kräfte (Siddhis) geschenkt werden, nimmt er sie nicht an."

Exhibitionisten, die mirakulöse Fähigkeiten beifallheischend zur Schau stellen oder nutzen, um sich zu bereichern, „sind keine Yogis, was immer sonst sie sein mögen" (P. Y. Deshpande).

Doch in Indien floriert das Geschäft der sogenannten Yogis, die als große, über okkulte Kräfte gebietende Zauberer auftreten und Wunder wirken.

Auf dem Weg nach Rishikesh übernachtete ich in Delhi in einem Hotel, in dem auf Zimmer Nr. 206 ein Tantrayogi residiert und von 9 bis 13 Uhr sowie von 18 bis 21 Uhr Sprechstunden abhält und gegen gutes Geld jedes akute Problem der Bittsteller zu lösen verspricht – durch Tantras und Mantras. Swami Hari Dayal Mishra, so heißt er, annonciert in Zeitungen und stellt sich als international renommierter Yogi vor, dessen Spezialgebiet es ist, die Streitigkeiten zwischen Hausherrn und Mietern durch ein Wunder aus der Welt zu schaffen.

In einer Zeitung fällt mir die Anzeige eines Wunderyogis auf, der mit Hilfe von Siddhis seine Kunden von folgenden persönlichen Problemen befreit: Schwierigkeiten in der Liebe, in der Ehe, im Dienstverhältnis, bei Gerichtsprozessen, im beruflichen Aufstieg, bei Übersiedlungen, Zwisten mit dem Gatten, den Frauen und in der Familie, Ratlosigkeit in Fragen des Geschäftes, der Gesundheit, des Reichtums, der Auslandsreisen usw. Die Siddhis werden durch ein Geldopfer geschaffen: das „Special"-Opfer beträgt 500 Rupien, das „Extra-Special"-Opfer 700, das „Delux"-Opfer 900, das „Super-Delux"-Opfer

1200, das „High-Power"-Opfer 1400, das „Super-Power"-Opfer 1600, das „Super-Delux-Power"-Opfer 2000 und das „High-Super-Delux-Power"-Opfer 3000 Rupien. Verabredungen mit dem Tantriker, einem Professor, können telefonisch von 8 Uhr früh bis 8 Uhr abends getroffen werden. Dienstag ist Ruhetag. Zur Orientierung: Ein Gymnasialprofessor, ein Ingenieur oder ein Arzt verdienen in Indien im Monat rund 1000 Rupien.

Der Siddhis teilhaftig zu werden, das ist es, was der Durchschnittsinder vom Yoga erwartet.

Die Inder faszinieren diese „Wunder"-Kräfte seit eh und je, wie ihre ganze Mythologie beweist. Der Psychiater Medard Boss weiß zur Wundergläubigkeit aus eigenem Erleben eine Begebenheit unserer Tage zu berichten: In den Himalajavorbergen grassierte die Cholera, die Behörden ließen daher nur geimpfte Personen einreisen. Eine Pilgerin aber sträubte sich mit allen Kräften gegen die Impfung. So wurde sie mit Gewalt festgehalten, bis ihr ein rettender Gedanke kam. Sie erklärte, sie wäre eine Schülerin des heiligen Soundso in Rishikesh, dessen Segen ein besserer Schutz gegen Cholera wäre als jede Impfung. Das überzeugte sofort den Polizisten wie den Arzt, und die Frau durfte die Sperre passieren.

Verwunderlich ist jedoch, daß die meisten westlichen Jugendlichen in Rishikesh höchst selbstverständlich die Siddhis zu den menschlichen Möglichkeiten rechnen, deren Verwirklichung sie reizt. Die Mehrzahl der westlichen Sucher in Rishikesh zweifelt meiner Erfahrung zufolge nicht, daß jeder Mensch okkulte Fähigkeiten wie Levitation, Hellsehen, Durch-die-Wand-Gehen usw. besitzt. Diese blockierten Fähigkeiten zu befreien, ist die Sehnsucht dieser Kinder des Rationalismus. Die klassischen Yogis bedienen sich zwar ihrer freigelegten Siddhis nicht und die Meister von Rishikesh sehen in der Beachtung oder im Gebrauch der Siddhis ein Hindernis auf dem Weg zur Vollkommenheit, ja sie warnen obendrein vor einer Gefährdung der körperlichen, geistigen und seelischen Gesundheit, solange das Oberflächenich noch Regie im Leben eines Menschen führt – trotzdem aber stehen die Westler im Banne des Kundaliniyoga, das die ungenutzten und verborgenen „übernatürlichen" Kräfte im Menschen zu befreien und zu beherrschen lehrt. Gerade die Westler leiden vielfach an geradezu krankhafter Ich-Zentriertheit, so daß die tiefe Beschäftigung mit dem höheren Yoga, speziell dem Kundaliniyoga, manche in geistige Umnachtung führt. Nichtsdestoweniger preist zum Beispiel Maharishi Mahesh Yogi leichtfertig Siddhi-Kurse an.

Die Lehre vom Feinkörper, von den Nadis, Chakras und der Kundalini fasziniert die Westler in Rishikesh wie nichts sonst im Hinduismus, weil sie den Weg zur Höherentwicklung des Menschenwesens weist, der uns im Westen durch den einseitigen Rationalismus und Intellektualismus verbaut ist.

Der Philosoph und Psychologe Swami Narayanananda hat in Rishikesh ein eigenes Buch über Kundalini herausgebracht, „The primal power in Man or The Kundalini Shakti", geschrieben mit dem Blick auf ein westlich gebildetes Publikum, ein Buch, das schon zahlreiche Auflagen erlebte. Ebenfalls widmet sich eines der Bücher Sivanandas, „Kundalini Yoga", ausschließlich dem Geheimnis der Schlangenkraft. Man ist in Rishikesh indessen nicht auf Bücher angewiesen. Jeder bessere Yogi kann einem über die Kundalinitheorie Auskunft geben.

Nach yogischer Erkenntnis hat der Mensch neben seinem grobstofflichen Körper noch einen feinstofflichen Körper. Der Feinkörper ist durchzogen von Abertausenden Energieströmen (Nadis), drei davon sind Hauptkanäle. Die zwei seitlichen Hauptkanäle, in der Yogasprache Sanskrit „Ida" und „Pingala" genannt, transportieren bei den gewöhnlichen Leuten die Energie. Der zentrale Hauptkanal, „Sushumna", im Rückgrat, ist beim Durchschnittsmenschen verschlossen.

Am Mittelstrang Sushumna sind sieben Knotenpunkte aufgereiht, die die verschiedenen Bewußtseinsebenen markieren, der oberste bezeichnet das kosmische Bewußtsein. Die sieben Bewußtseinszentren nennen die Inder „Chakras" (Kreise), und die Künstler bilden sie, wenn sie den Feinkörper für Neulinge und Unwissende sinnbildlich malen, in Form von Lotosblumen (Padmas) ab, wobei jeden der sieben Lotos eine bestimmte Farbe und eine bestimmte Zahl von Blumenblättern charakterisiert.

Bei einem Menschen wie du und ich wird eine Notversorgung mit Energie durch die seitlichen Hauptkanäle Ida und Pingala gewährleistet; die auf Sparflamme gesetzte Energie hält die Lebensvorgänge aufrecht. Das eigentliche Reservoir der kosmischen Energie ist aber beim Normalmenschen unangetastet. Die geballt an der Basis der Wirbelsäule ruhende kosmische Kraft nennt der Hindu Kundalini, das heißt: die Zusammengerollte. Er stellt sie nämlich symbolisch als eine in dreieinhalb Windungen zusammengeringelte schlummernde Schlange dar. Die vielgenannte Schlangenkraft ist also nichts anderes als die kosmische Energie oder Seinsenergie im Menschen.

Der Yogi kennt Methoden, die an der Basis des Rumpfes schlafende Schlange anzustacheln, daß sie sich reckt, entwirrt, aufrollt und erhebt.

Wehe dem, der die Kundalini weckt, ohne vorher durch spirituelle Übungen den Mittelkanal Sushumna gereinigt und geöffnet zu haben. Er gleicht, sagt Narayanananda aus Rishikesh, einem Kleinkind, das mit einer scharfen Rasierklinge spielt. Nur ein „Hrishikesh", ein Meister der Sinne, ein geläuterter und vergeistigter Mensch, ein Mensch mit veredeltem Wesen, wunschlos und von allem gelöst, darf die Kundalini emportreiben. Der Unwürdige, der leichtfertig mit ihr umgeht und sie unsanft aufscheucht, nimmt ernstlich Schaden an Leib und Seele.

Ein Mann, der nicht auf der Hut war, Gopi Krishna, im Himalaja zu Hause, schrieb ein biographisches Buch über das unheimliche Drama, das er nach der Erweckung der Kundalini durchlitt: „Ohne es zu wollen, ohne Vorbereitung, selbst ohne ein angemessenes Wissen, hatte ich die wunderbarste gewaltige Kraft im Menschen zur Tätigkeit erweckt und hatte unwissend den Schlüssel zu dem meistbehüteten Geheimnis der Alten berührt. Von nun an hing mein Dasein an einem Faden, der zwischen Leben und Tod hin- und herschwang, zwischen Gesundheit und Wahnsinn, zwischen Licht und Finsternis, zwischen Himmel und Erde." Er ist den Fängen des Todes und des Wahnsinns, wie er schreibt, nur knapp entronnen.

Wenn die Kundalini nicht im zentralen Hauptkanal Sushumna, der normalerweise verstopft ist, aufsteigen kann, richtet sie ungeheure Verwüstungen an.

Wer aber durch spirituelle Praktiken und durch Meditation den Mittelkanal von allen Unreinheiten befreit und geöffnet hat, kann und soll die Kundalini emporführen. Swami Narayanananda, der Weise aus Rishikesh, zählt folgende Schlüssel zur Erweckung der Kundalini auf: 1. Mantra-Japa (stummes, gesungenes oder rezitiertes Gebet von Gottesnamen oder heiligen Silben), 2. Tapas (Askese), 3. Geisteskonzentration durch tiefes

Studium, 4. Aufgehen in jeder Art von Forschungsarbeit, 5. Kirtans (fromme Hymnen und Tänze), 6. Jnanayoga (intellektuelle Unterscheidung zwischen Wirklichem und Unwirklichem), 7. Karmayoga (Selbstloses Wirken), 8. Mudras und Bandhas (Hathayogapraktiken), 9. Gnade und Segen durch große Heilige, die in Gott leben, 10. tiefer Kummer (jede anhaltende Geisteskonzentration auf einen Punkt, wie sie beispielsweise der Tod eines geliebten Menschen bewirkt, attakkiert die Kundalini) und 11. Pranayama (Atemkontrollen).

Die Tantrayogis beherrschen bestimmte Techniken der sexuellen Vereinigung, die ebenfalls die Kundalini aufzusteigen zwingen. Desgleichen sind im Hathayoga eine Reihe von Körperstellungen (Asanas) geeignet, die Schlangenkraft in Bewegung zu setzen. L. Jayapal, der Hathayoga-Lehrer des Sivananda Ashrams, versäumt nicht, bei seinen Demonstrationen der Asanas warnend hinzuweisen, daß diese oder jene Körperpositur die Kundalini reizt.

Von den einen wird die Seinsenergie Schlangenkraft genannt, von den anderen Feuerkraft. Denn wenn sie freigeworden ist, erzeugt sie eine innere Hitze und durchquert den Körper wie ein Brand oder ein leuchtender Blitz. „Plötzlich fühlte ich einen Strom flüssigen Lichtes, tosend wie ein Wasserfall, durch meine Wirbelsäule in mein Gehirn eindringen", beschreibt Gopi Krishna in unseren Tagen sein Kundalinierlebnis, das ihn bald um den Verstand gebracht hätte.

Trotz allem harrt die Kundalini, die den Normalmenschen unbekannte Seinsenergie, ihrer Erweckung. Der Idealmensch wird erst geboren, wenn sich die durch den Mittelkanal Sushumna aufsteigende Kundalini an ihrer Endstation mit dem Reinen Bewußtsein vermählt. Die Inder nennen die Vereinigung der Seinsenergie mit dem Höchsten Bewußtsein die Hochzeit von Shakti und Shiva.

In der Bildersprache der alten Hathayogapradipika wird über die Kundalini gesagt: „Wer sie zwingt, sich zu bewegen, erreicht sicher Befreiung. Zwischen Ganges und Yamuna sitzt diese junge Witwe und erweckt Mitleid. Der Yogi soll sich ihrer mit Gewalt bemächtigen, denn sie führt den Menschen zum Höchsten Throne Vishnus. Ida ist der heilige Ganges und Pingala der Fluß Yamuna. Zwischen Ida und Pingala sitzt die junge Witwe Kundalini. Du mußt diese schlafende Schlange wecken, indem du sie am Schwanze nimmst. Sobald diese Kraft erweckt ist, fährt sie mit Gewalt hinauf."

Wenn die Kundalini vollerwacht ihre Heimstatt verläßt, in den geöffneten Königsweg Sushumna eindringt und nach oben steigt, muß sie die Chakras durchstoßen. Dabei erweitert sich auf jeder Stufe, wenn sie ein neues Chakra durchmißt, das Bewußtsein des Menschen und erweckt geheimnisvolle Fähigkeiten (Siddhis). Die Chakras gleichen Kraftwerken, die die Energie umsetzen in Strom, der die Geistorgane in Gang setzt.

Die unstabile Kundalini hat aber das Bestreben zurückzufallen, und es bedarf eines eisernen Willens und jahrzehntelanger, bisweilen lebenslanger Anstrengung, die Kundalini bis zur Verschmelzung mit dem kosmischen Bewußtsein im Scheitel des Kopfes zu führen. Der Kundaliniyogi, vergleicht Narayanananda, zwinge sozusagen einen Bergstrom, von der Ebene zurück zur Quelle zu fließen.

Wenn die durch die Götterader, den „Erlösungsweg", emporgeführte kosmische Energie sich am Gipfel, dem sogenannten tausendblättrigen Lotos, mit der Höchsten Seele verbindet, ist das Überbewußtsein erlangt, das den höher entwickelten Menschen kennzeichnet.

Es ist versucht worden, selbst von Wissenschaftlern des Westens, den yogischen Feinkörper anatomisch und physiologisch mit dem naturwissenschaftlichen Körperbild in Verbindung zu bringen; so wurden die Energieleitungen der Nadis und die Chakras verschiedenen Nervengeflechten und Ganglien zugeordnet. Aber damit ist, glaube ich, weder der Anatomie noch der Mystik gedient, denn beide sind auf verschiedenen Ebenen beheimatet. Der Feinkörper ist gewiß kein abstruses Hirngespinst glühender Einbildungskraft, kein unwirkliches Gebilde ausschweifender Phantasie. Er entzieht sich wohl den Instrumenten der Physiologen, aber er kann übersinnlich durch meditative Innenschau wahrgenommen werden und entspricht offenbar der mystischen Struktur des Menschen. Das Modell des Feinkörpers ist die symbolische Beschreibung eines in innerer Erfahrung gespürten ätherischen Gefüges.

Swami Narayanananda wird aber nicht müde zu betonen: „Wenn jemand irgend etwas über die Kundalinikraft wissen möchte, muß er zuerst ein reines Leben führen und dann erst darf er Experimente durchführen."

Außergewöhnliche Kräfte, Siddhis (das Wort bedeutet ursprünglich „Vollkommenheiten"), zu erwerben, steht seit 1977 auf dem Unterrichtsprogramm der Bewegung der Transzendentalen Meditation (TM) des Mahesh Yogi. Der Maharishi aus Rishikesh nimmt die höchste Yogaautorität beim Wort und erprobt die Allgemeingültigkeit der Sutren Patanjalis, die zahlreiche Siddhis in Aussicht stellen. Maharishi und seine Wissenschaftler kamen zu dem Ergebnis: Schwerelosigkeit, Hellsehen, Unsichtbarwerden, Schmerzunempfindlichkeit, Verjüngung, Durchdringung der Materie usw. sind in jedem Menschen grundgelegte Fähigkeiten. Sie können durch die Technik der TM, die die Naturgesetze beeinflußt, entwickelt werden. Seither unterrichten die TM-Gouverneure das Fliegen bzw. Schweben. Voraussetzung ist, das reine Bewußtsein (von Maharishi Einheitsbewußtsein genannt) zu verwirklichen.

B. F. Zeiger, ein Insider der TM-Bewegung, führt in seinem Nachwort zu einer wissenschaftlichen Studie über Transzendentale Meditation und Autogenes Training von Christa Kniffki Berichte über die Flugerfahrungen TM-Vollkommener an:

- „Wir saßen auf Schaumstoff. Ungläubig wandte ich voller Unschuld die gelernte Technik an. Plötzlich war ich mit dem Körper in der Luft! Ich bin sofort wieder heruntergeplumpst. Meine Freunde, die alle Zeugen sind, sagten hinterher, ich wäre etwa einen halben Meter über der Schaumstoffmatte geschwebt."
- „Erst zitterte und wackelte ich, dann richtete sich der Körper auf, ich spürte die Kraft in mir, mein Hinterteil hebt sich leicht ab und dann der ganze Körper."

Dr. Elmar Krumbholz, Chemiker, der TM-Lehrer und Gouverneur war und 15 Jahre in der Bewegung Maharishis stand, sich inzwischen aber von dem „unseriösen" Guru aus Rishikesh abgewandt hat, schreibt im Stern-Buch „Die himmlischen Verführer": „Nach dem Besuch eines Siddhi-Flugkurses behauptete eine Meditierende, sie flöge in jeder Meditation über den Bodensee. Unter ihr schwimme gleichzeitig ein Floß übers Wasser, aber das brauche sie gar nicht, da sie frei durch die Luft fliegen könne. Es soll ja auch bei anderen Meditationsbewegungen vorkommen, daß Leute in dieser Weise durchdrehen. Als skandalös sehe ich aber auf jeden Fall an, daß sich

Die Inderin Vandana und die Engländerin Ishpriya, zwei katholische Ordensfrauen, haben 1979 in der Hinduhochburg Rishikesh einen christlichen Ashram eröffnet, der nicht Gräben aufreißt, sondern Brücken schlägt.

Einer der international bekanntesten Sendboten Rishikeshs: Swami Venkatesananda, ein wacher und witziger Guru, dessen Stammkloster der Sivananda Ashram ist.

Ein Novize des Gita Ashrams tauscht am Gangesufer Gedanken mit einer i Amerika lebenden Japanerin aus.

Jüngerinnen Sivanandas aus Italien spüren den geistigen Schwingunge nach, die ihr toter Meister in seiner Audienzhalle zurückgelassen hat.

er geistliche König der Stadt der Heiligen ist Swami Chidananda, der hei-
ge Franziskus von Indien genannt. Er ist der Nachfolger Sivanandas.

Eine Heilige oder eine Göttin? Anandamayee Ma sagt über sich selbst: „Ich bin das, als was ihr mich betrachtet – nicht mehr und nicht weniger.“

Maharishi um diese bedauernswerten Meditationsopfer so gut wie nie kümmert."

Macht Maharishi einen Menschheitstraum, die Schwerkraft zu überwinden, wahr, oder hält er die Welt zum besten?

B. F. Zeiger behauptet in seinem Bericht über „Erfahrungen mit dem TM-Siddhi-Programm" vorsichtig, daß es durch die TM möglich sei, „Ansätze zu Phänomenen wie Levitation und Unsichtbarwerden des Körpers hervorzubringen."

Wie sieht die Fotokamera die Ansätze zum Fliegen? Der Stern-Fotograf Dieter Heggemann durfte in einem abgedunkelten Raum im Welthauptquartier Maharishis in Seelisberg am Vierwaldstättersee (Schweiz) vier TM-„Astronauten" fotografieren. Sie schwebten nicht, sondern „hopsten wie Hasen" 20 bis 30 Zentimeter hoch.

Ein Test, den das Magzin „Stern" mit Sportstudenten der TU München durchführte, brachte bessere Ergebnisse. Die angehenden Sportlehrer sprangen, ohne TM, im Schneidersitz höher als die Jünger Maharishis.

Es soll hier nicht grundsätzlich die Möglichkeit zur Levitation bestritten werden. Es wird u. a. von der Kirchenlehrerin Theresia von Avila und von dem Theologen der Theologen, Thomas von Aquin, berichtet, daß sie gelegentlich wolkengleich in der Luft schwebten, was ihnen als echten Mystikern allerdings schrecklich peinlich war.

Mir persönlich wurde verwehrt, in Rishikesh einen der Flieger, die in der TM-Akademie zuhauf herumschwirren sollen, zu beobachten. Sie befanden sich auswärts. Ich muß aber der Wahrheit die Ehre geben und dem Leiter des Ashrams, Swami Sattyanand, zugute halten, daß er persönlich mir gegenüber nie von Fliegen oder Schweben sprach, sondern nur von „hopping", was ja nicht mehr als Hüpfen oder Hopsen heißt.

Anderseits erzählte mir Swami Sattyanand mit Begeisterung von den Siddhikursen, die eine geistliche UNO-Truppe heranbilden. Wenn es irgendwo in der Welt brenne, würden die Siddhas (so heißen diejenigen, die Siddhis besitzen) aufgeboten, um durch ihre Gegenwart den Frieden auf der Erde zu retten. Er, Sattyanandji, sei es zum Beispiel gewesen, der mit seinen inspirierten Mannen 1979 den Schah zum Verlassen Persiens bewogen habe.

In den fünfziger Jahren hat ein deutscher Journalist, Erich

Pierschel, Rishikesh besucht. Er verlor dort sein Herz, ließ sich von Sivananda zum Hindumönch weihen und nahm den Namen Swarupananda an. Swami Swarupananda erzählte damals aus Rishikesh folgendes Erlebnis: Er hatte Hunger gehabt, und eine leere Schale füllte sich wie durch Geisterhand mit köstlichem Curryreis. Er hatte Durst gehabt, und es sprudelte aus der Erde süße fette Kuhmilch. „Träume ich, oder sind wir bei einem Zauberer?“ fragte er sich und fügte hinzu: „Nein, es ist keine Täuschung.“ Der ihn begleitende Inder wußte sofort eine Erklärung: Gott Shiva hat sich in einen Eremiten verwandelt und das alles herbeigezaubert.

Mir persönlich ist in Rishikesh keiner jener Magier begegnet, die Kuhmilch und Curryreis herbeizaubern, in einer luftdichten Grube überleben, ihr Herz willkürlich zum Stillstand bringen oder Blumenduft aus dem Nichts schaffen können.

Die einzigen mirakulös anmutenden Erlebnisse, die ich in Rishikesh hatte, waren folgende drei: Erstens behauptete eine Amerikanerin, ein Yogi habe ihr in Rishikesh gesagt, daß ihre Eltern unvermutet aus den Vereinigten Staaten in Hardwar eingetroffen wären, um sie zu suchen. Die Prophezeiung bestätigte sich prompt. Zweitens kam es zu der bereits geschilderten Begebenheit, als mich in Kankhal/Hardwar auf der Straße mitten im Volksauflauf eine unbekannte Dame deutsch ansprach, ob ich der österreichische Journalist sei, der Anandamayee Ma zu interviewen wünschte. Und drittens erlebte ich die Demonstrationen Swami Nada Brahmanandas, die mir allerdings schon bei meinem ersten Rishikeshaufenthalt geboten wurden. Ein anderes Mal erlebte ich Nada Brahmananda bei seinem Auftritt in Wien, denn mittlerweile lebt der 1896 geborene Yogi in Kanada und zeigt seine Künste im Westen. Es fällt mir allerdings schwer, in ihm einen Gottesdiener zu sehen. Ich halte ihn für einen Showmaster. Swami Nada Brahmananda, der noch keinen einzigen Tag in seinem Leben krank gewesen sein soll und der eine halbe Stunde die Atmung zu unterbrechen vermag, kann durch die Beherrschung der inneren Schwingungen aus jedem Teil seines Körpers Musik hervorbringen. Dr. Alfonso Caycedo, ein bedeutender katholischer Psychiater, ein Südamerikaner, der seine medizinische Ausbildung an europäischen Universitäten und Kliniken erworben hat, untersuchte als Arzt die Siddhis Nada Brahmanandas. Er bestätigte: „Er kann seine Stimme in jede Richtung dirigieren, entlang jedes der unzähligen Kanäle, die unser Körper hat. Man könnte sagen, daß sein Körper ein Musikinstrument ist, und er kann auf jedem Körperteil spielen wie ein Musiker." Einmal hat Swami Nada Brahmananda, der in Rishikesh Swami Sivanandas Schüler in Meditation und Lehrer in Musik gewesen ist, 108 Tage unter Aufsicht von Wissenschaftlern nichts gegessen und trotzdem kein Kilo Körpergewicht verloren. Ich war nicht dabei, konnte aber in ein medizinisches Attest Einsicht nehmen.

Doch Fakire sind die nicht voll ausgereiften Früchte auf dem Baum der indischen Spiritualität.

Über dem Wasser zu schweben oder durch das Feuer zu gehen interessiert einen echten Yogi nicht. Er durchbohrt sich die Zunge nicht mit Eisenspitzen, beschwört nicht Schlangen, schläft nicht auf Dornenbetten, kaut kein Glas und trinkt keine giftige Säure, um seine Siddhis unter Beweis zu stellen.

Das Ergebnis des Yoga, selbst des Kundaliniyoga, ist nicht der perfekte Zirkuskünstler, sondern der neue Mensch: der wahre Mensch. Allen Siddhisüchtigen rät der selbstverwirklichte Yogi wie Ramakrishna, der Guru Vivekanandas: „Wenn dich Yoga nach 20 Jahren nicht mehr lehren kann, als über Wasser zu schreiten, so bezahle lieber den Fährmann und spare dir die Zeit."

Das Königreich der Götter

Swami Sivananda, der weltbekannte Heilige Rishikeshs, schrieb einmal: „Die Ganga ist meine göttliche Mutter und der Himalaja mein göttlicher Vater. Sie inspirieren und führen mich." Der Gangesfluß und das Himalajagebirge formten nicht nur Swami Sivananda, sie prägten und prägen Rishikesh.

Rishikesh ist das Basislager für die Wallfahrer nach Badrinath, Kedarnath und Gangotri. Rishikesh ist das Tor zum Königreich der Götter, dem heiligen Himalaja, auf dessen Gipfel sich der Legende nach alle Himmel befinden.

Die westlichen Fachleute, Geodynamiker, haben ergründet, daß vor rund 60 Millionen Jahren die Scholle eines Südkontinents nordwärts trieb und mit dem asiatischen Festland zusammenstieß, so daß sich die Erdmasse nach und nach zu einem Hochland auffaltete. Vor 600 000 Jahren wurde schließlich der Schub so stark, daß sich die Felsmassen zur heutigen Gestalt des Himalaja aufbäumten.

Die frommen Inder wundern sich, daß man sich mit einer so vordergründigen und oberflächlichen Erklärung zufrieden geben kann, ohne nach der Kraft zu fragen, die dahinter steckt. Sie nehmen es ernst, wenn Gott in der Bhagavadgita sagt: „Unter den Bergen bin ich der Himalaja". Die westlichen Bergpioniere, die der Faszination der geheimnisvollen Eisberge und Schneegipfel erlegen sind und ins Weglose vorstießen, um den Abstand zum Unendlichen zu verringern, ahnen vielleicht, daß der Himalaya in seiner überwältigenden Hoheit das Land des Göttlichen ist.

Die indischen Pilger, die von Rishikesh aus in das Königreich der Götter wallen, wissen, daß in Badrinath Gott Vishnu und in Kedarnath Gott Shiva thront. Badrinath und Kedarnath, 3123 bzw. 3581 Meter hoch gelegen, dicht an der tibetanischen Grenze, zählen zu den heiligsten Gnadenorten Indiens.

Startpunkt der Fußwallfahrer ist der Lakshman Jhoola, und in alten Zeiten, als die berühmte Hängebrücke noch nicht aus Drahtseilen sowie Eisen und Stahl bestand, sondern aus Strikken und Bambus, war die Überquerung des Lakshman Jhoola bereits das erste Wagnis. Es passierte des öfteren, daß fromme Wanderer in die Tiefe stürzten und im heiligen Gangesfluß ertranken.

Mit leuchtenden Augen erinnert sich der alte Swami vom Swiss-Cottage in Rishikesh, Jnanananda, an sein heiliges Wanderleben im Himalaja. 26 Jahre seines Lebens verbrachte er auf Wallfahrt in den weltfernen lichten Höhen, in denen das Menschenmaß zum Maß einer Ameise wird angesichts der Himmelsburgen und Kristallpaläste der Unsterblichen, die ein Abglanz des Jenseits sind, hoch erhaben über allem Irdischen. Die ewigen Götterdome und Götterthrone sind das Traumziel jedes frommen Inders. „Wie der Tau vor der Morgensonne zerfließt, so vergeht alles Gemeine beim Anblick dieser ewigen reinen Heimat des Schnees", heißt es in einem Sanskrit-Text.

In der Region von Badrinath, Kedarnath und Gangotri, dem heiligen Land Indiens, ließen in alten Zeiten viele ihr Leben. Auf der Wallfahrt durch unwirtliche Öden begleitete der Tod die Pilger. „Gegenwärtig", schrieb Dr. Ing. Franz Heske 1936, „führen steile Fußpfade durch endlose Forste, entlang schäumender Wildbäche, durch tiefe Schluchten und auf überhängenden Felsen zu diesen entlegenen Stätten. Ab und zu ist Unterkunft in kleinen Gasthöfen und Pilgerheimen, sogenannten ‚Dharmshalas', möglich. Vor Jahren aber existierten auch diese bescheidenen Reiseerleichterungen nicht, und ein Teil der frommen Pilger, die diese Wallfahrt durch weglose Wildnisse wagten, kehrte niemals zurück."

Damals, als Swami Jnanananda aus Rishikesh durch das heilige Land Indiens pilgerte, war der sogenannte „Menschenfresser von Rudraprayag" der Schrecken aller Pilger. Bis Rudraprayag folgen die Pilger nach Badrinath oder Kedarnath denselben Pfad, in Rudraprayag, 140 Kilometer von Rishikesh entfernt, gabelt sich der Weg: nach Badrinath führt der Weg 155 Kilometer weiter durch das Tal der Alaknanda, nach Kedarnath 80 Kilometer weiter durch das Mandakini-Tal. Hier an der Wegscheide lauerte in den zwanziger Jahren eine gefährliche Bestie, die nicht nur Rehe, Ziegen und Hunde anfiel, sondern mit Vorliebe Menschen. Der menschenfressende Leopard lauerte am Pilgersteig den harmlosen Wallfahrern auf. Die Bemühungen, ihn zu vergiften, schlugen fehl. Soldaten schossen ihn einmal an, aber der Menschenjäger kam davon und trieb sein Unwesen wie eh und je. Der Menschenfresser von Rudraprayag, dessen Terrorregime sich seit 1918 über 700 Quadratkilometer erstreckte, löste sogar mehrere Diskussionen im britischen Parlament aus. Kapitän Jim Corbett organisierte schließlich einen regelrechten Überwachungsdienst, der die Angewohnheiten der Bestie in detektivischer Kleinarbeit erforschte, so daß Corbett nach monatelanger Bemühung endlich den Leoparden, als dieser neuerlich auf Beutegang war, am 1. Mai 1926 um 22 Uhr erlegen konnte. Der Leopard hatte mehr als 300 Menschen getötet.

Raubtiere waren nicht die einzige Gefahr der Pilger im heiligen Land. Die unsicheren, von Wind und Wetter beschädigten schmalen Hängebrücken aus Lianen, die heftig schaukelten, konnten nur von Mutigen und Kräftigen überquert werden. Die Pilgerfußsteige führten durch Wildflüsse, in Schluchten und auf Graten über bodenlosen Abgründen. Sie waren schmutzig, glitschig, geröllig.

„Ein bescheiden reisender Europäer braucht 5 Kulis als Träger für sein Zelt, Bettzeug und 2 Koffer, und einen Pferdewärter", schrieb Dr. Ing. Heske 1936. Heske selber hat auf seiner Expedition durch das Heilige Land der Hindus damals mit 5 Dienern und 30 bis 40 Kulis und 4 bis 5 Pferden täglich etwa 15 bis 20 Kilometer zurückgelegt.

Die Pilgrime gingen früher zu Fuß mit keuchenden Lungen, ihr Gepäck auf dem Kopf oder Rücken tragend, oder ritten auf trittsicheren Ponys, andere ließen sich schwankend von Kulis in primitiven Sänften (Dandies) oder Sitzkörben (Kandis) tragen. Wochenlang waren sie demütig unterwegs, Tausende und aber Tausende in den Monaten zwischen Mai und Oktober, in Gruppen zu zehn oder zwanzig, dem Staub und Regen trotzend, höher und höher steigend, von den magischen Bergen umfangen, dem Irdischen entrückt.

Heute ist mehr oder weniger aus der Bußfahrt eine Busfahrt geworden. Badrinath ist mit dem Auto zu erreichen, Kedarnath fast, nur die letzten 19 Kilometer müssen zu Fuß zurückgelegt werden.

Der Großteil der Wallfahrer benutzt heute die von Rishikesh abfahrenden klapprigen Busse. Die erste bedeutende Station ist nach 71 Kilometern Deoprayag, am Zusammenfluß von Bhagirathi und Alaknanda gelegen. Bhagirathi und Alaknanda sind für die Geographen die Eltern des Ganges, also die beiden Quellflüsse. Erst das vereinigte Gewässer von Deoprayag an heißt Ganges.

Wir folgen vorerst der Alaknanda. Der Name, auf deutsch „Tochter der Locken“, deutet auf den Ursprung des Ganges hin, der der Sage nach aus dem Haar Shivas entsprungen ist. Die größte Stadt auf dem Weg nach Badri bzw. Kedar ist Srinagar (107 Kilometer von Rishikesh entfernt), in einem breiten lieblichen Tal gelegen. Es wird angenommen, daß die Stadt von dem größten Hinduphilosophen Shankara (788 bis 820?) gebaut wurde. Der Sage nach wurde sie aber vor Jahrtausenden gegründet, als die Arier die dunkle Urbevölkerung zurückdrängten, die in die unzugänglichen Gebirge floh und sich an der Stelle des heutigen Srinagar verschanzte und den Vormarsch der Arier lange aufhielt. Das alte Srinagar wurde jedenfalls 1894 durch eine Flut hinweggespült. Im Haupttempel Srinagars, Kamaleshwar, der Shiva als Herrn des Lotos geweiht ist, versammeln sich in einer Novembernacht alle Frauen, die Nachkommenschaft wünschen. Sie stellen sich rund um den Tempel mit Öllampen in den Händen auf, betend und wachend. Jenen Frauen, deren Leuchten bei Morgengrauen noch nicht erloschen sind, schenkt Gott seine Gunst.

In Rudraprayag, das Berühmtheit durch den menschenfressenden Leoparden erlangt hat, lassen wir die Abzweigung nach Kedarnath zunächst links liegen und folgen der Pilgerstraße nach Badrinath. In Nandprayag (194 Kilometer von Rishikesh) soll der Weise Kanwa seine Einsiedelei gehabt haben, in der sich einst Shakuntala und König Dushyanta verlobten.

Josimath, 250 Kilometer von Rishikesh entfernt und 1874 Meter hoch gelegen, ist nach drei Seiten von Bergen mit weißen Schneemützen auf ihren Häuptern umgeben. Oberhalb der Stadt liegt das Jyotir-Kloster, dessen Abtthron 1941 von dem 72jährigen Swami Brahmananda Saraswati Maharaj bestiegen worden war, dem 1953 verstorbenen Guru des Maharishi Mahesh Yogi. Vor dem Bild des Jagatguru (Weltenlehrer) Brahmananda Saraswati erhalten die Abertausenden Jünger Maharishis in aller Welt die Einweihung.

Knapp vor Badrinath zweigt der 19 Kilometer lange Fußweg in das berühmte „Tal der Blumen“ ab, in dem mehr als tausend wilde Blumensorten blühen. Das „Tal der Blumen“, im Juli und August eine touristische Sehenswürdigkeit ersten Ranges, wurde erst 1931 entdeckt, von dem Bergsteiger Frank Smithe, der auf der Kamet-Expedition vom Weg abgekommen war.

1939 verunglückte hier Lady Joan Margrette Legge tödlich, sie glitt auf einem Felsen aus, als sie Blumensamen für den Königlichen Botanischen Garten Londons sammelte.

In Pandukeshwar tritt der Pilger durch das „Tor des Himmels“ und in Hanuman Chatti durch das „Tor der Erlösung“ und erreicht das Ziel Badrinath, vom Epos Mahabharata „der allerheiligste der heiligen Plätze der Erde“ genannt. Badrinath, 3123 Meter hoch am westlichen Ufer der Alaknanda gelegen, ist 295 Kilometer von Rishikesh entfernt. In Badrinath soll Manu nach der Sintflut die Menschenrasse geschaffen haben, in Badrinath hat der größte Hinduphilosoph und -reformator Shankara angeblich die Erleuchtung erlangt, und in Badrinath wurde die Asche Mahatma Gandhis 1948 in die Alaknanda gestreut. Badrinath ist ein geheiligter Ort seit Beginn der Hinduzivilisation. Die Mythen preisen ihn als den Himmel auf Erden.

Shankara war es, der laut Überlieferung im 8. Jahrhundert erstmals den Tempel errichtet hat, der das Herz von Badrinath ist und schon unzählige Male zerstört worden ist durch Lawinen, die von den Bergen herniederdonnerten. Narayana und Nar (der im Volksglauben Schätze von Diamanten und Smaragden birgt), die Zwillingsberge, sind die Felsdome Vishnus, die sich „höher als der Flug der Adler“ erheben. Sie werden noch überragt von der dahinter sich auftürmenden Eispyramide Neelkantha, der jungfräulichen Königin des Zentralhimalaja. Nar und Narayana, nach denen die Zwillingsberge benannt sind, waren göttliche Yogis, Verkörperungen Vishnus, die hier Jahrtausende für die Erlösung der Menschen meditierten und büßten.

Badrinath ist Vishnu geweiht in seiner Manifestation als „Badarinatha“ (Herr des Jujubendorns). Das Allerheiligste des malerischen kleinen Steintempels ist eine Statue, die älter ist als der Tempel selbst. Die schwarze Steinfigur im Vollkommenen Sitz, die die Pilger als Vishnu verehren, ist in Wahrheit wohl Buddha und stammt noch aus der Zeit, als in den Himalajas der Buddhismus dominierte, besonders unter dem Regime des tibetanischen Königs Srongtsen Gampo (629 bis 647), unter dem Tibet die Supermacht Zentralasiens war. Bis zur Besetzung Tibets durch die Rotchinesen sandte eine tibetanische Lamaserei regelmäßig Gaben zu Ehren des Idols von Badrinath, das für die Hindus Vishnu und für die Tibeter Buddha darstellt. Die Steinfigur mit gekreuzten Beinen, eine Hand im Schoß, die andere mit nach außen gewandter Handfläche zum Segen erhoben, eine Pose, die man von unzähligen Buddhastatuen kennt, wird im Hindukult von Badri in kostbaren Goldbrokat gekleidet und von einem Stab von Priestern, Zeremoniären und Tempeltänzerinnen (die dem Vernehmen nach gleichzeitig die Beischläferinnen der zölibatären Priester sind) bedient. Die Tempeldiener servieren der auf der Stirn mit einem Juwel geschmückten Götterstatue die Mahlzeiten in goldenen und silbernen Schalen, berühren darf die Figur aber nur der Oberpriester (Raval), ein Nambudiri-Brahmane aus Kerala, der Heimat Shankaras.

Die Tausenden Pilger, die zwischen Mai und November nach Badrinath kommen, beten im Tempel ihre Litanei und baden in der heißen Quelle, die neben dem Tempel aus der Erde sprudelt, kochend selbst in der von Eis und Schnee regierten Saison. Das Wunderwasser der Zisterne wäscht allen Schmutz der Seele fort und belebt den schlappen Körper nach den Strapazen der Reise. Sechs Monate im Jahr (Mai bis Oktober) verehren in Badrinath die Menschen den Herrn, und sechs Monate (November bis April) verehren ihn die Götter. Wenn in der kalten Jahreszeit der Tempel geschlossen ist und die Priester in ihre 1250 Meter tiefer gelegene Winterresidenz übersiedeln, übernimmt der legendäre Weise Narada die Gottesverehrung in Badrinath, und die Götter besuchen den Tempel jeden Tag.

Als Tibet noch nicht von China okkupiert war, setzten viele Pilger ihren Weg über Mana fort zum Berg Kailas (6775 Meter), in dem Hinduisten wie Buddhisten den Weltberg sehen, den Götterthron und Nabel der Erde. Die silberne Himmelsburg des Kailas ist zum architektonischen Vorbild des Hindutempels geworden. Es gibt keinen heiligen Berg auf dem Erdenrund, den der Kailas nicht überstrahlte.

*

Wer von Rishikesh aus zuerst nach Kedarnath, dem Heiligtum Shivas, pilgert, verläßt in Rudraprayag das Tal der Alaknanda und folgt dem Tal des Mandakiniflusses, der in Rudraprayag in den einen Quellfluß des Ganges mündet und bei Kedarnath entspringt. Es ist keine leichte, aber eine lohnende Reise. Sie ist ein faszinierendes Erlebnis. Der Pilger wandert durch eine zerklüftete Landschaft von schauriger Schönheit, in unirdischen Zauber und Frieden gehüllt.

In Agastmuni betete und büßte der ob seiner asketischen Tugenden berühmte und mächtige Weise Agastya, den sogar die Götter um Hilfe anflehten und der Rama, Sita und Lakshman im Exil beschützte. In Nala Chatti zweigt ein Weg nach Badrinath via Ukimath ab. Ab Sonprayag ist der Weg nach Kedarnath für Autos unpassierbar. Insgesamt beträgt die Entfernung von Rishikesh nach Kedarnath 224 Kilometer. In Kedarnath (3581 Meter Seehöhe) sind die Nächte auch sommers extrem kalt, weswegen es viele Pilger vorziehen, in Rambara zu übernachten. Sie brechen in der Früh auf und kehren am Abend mit klappernden Zähnen nach Rambara zurück. Wer aber am Nachtgottesdienst im Tempel des Herrn von Kedar teilnehmen will, ist gezwungen, in Kedarnath zu übernachten. Der Tempel blickt auf zu den schneebedeckten majestätischen Gipfeln, die den Himmel küssen.

Das Mahabharata erzählt uns: Die Pandavas, die Helden des großen Epos, brachen mit ihrer gemeinsamen Frau Draupadi zu ihrer letzten Fahrt, der Pilgerreise ins Jenseits, auf, nachdem sie auf ihr Königreich verzichtet hatten, und ihre Pilgerfahrt führte sie in den Himalaja. Das geschah nach Krishnas Tod, der in der indischen Kosmologie das üble Kali-Weltzeitalter einleitet und, nach einer natürlich zweifelhaften Zeitangabe, in das Jahr 3102 vor Christus fällt. Die Pandavas, erzählt die Legende, hätten, um ihre Sünden zu tilgen, den Tempel von Kedarnath erbaut. Nicht so zweifelhaft ist, daß der Tempel nach der buddhistischen Ära von Shankara renoviert worden ist.

Hinter dem Schrein von Kedarnath, der auf einer baumlosen, mit eisigen Seen gesprenkelten Ebene liegt, führt ein Pfad, entlang dessen die Pandavas laut Volksglauben in den Himmel aufgestiegen sein sollen. Bis ins frühe 19. Jahrhundert gab es Fromme, in bestimmten Perioden jährlich 20 bis 25, die glaubten, sie könnten wie weiland die Pandavas ins Paradies gelangen, wenn sie sich von dem berühmten Felsen „Bhairava Jhamp“ in die Tiefe stürzten und ihr Leben auf dem Altar Shivas opferten.

Einer Legende zufolge schoß in Kedarnath der Mahabharata-Held Arjuna auf einen Büffel, der niemand anderer als Shiva war. Der göttliche Büffel versank im Erdboden, aber das

Hinterteil ragt noch versteinert heraus, der Felsen ist Gegenstand der Verehrung der Pilger.

Kedarnath ist nach einer Tradition der Todesort des schon im Alter von 32 Jahren verstorbenen Shankara. Kedarnath ist eines der zwölf Jyotir-Lingams, wie die heiligsten Shiva geweihten Plätze genannt werden.

„Unter den Bergen bin ich der Himalaja", sagt Gott in der Bhagavadgita, „und unter den Flüssen bin ich der Ganges."

In den Himalajahöhen sammelt sich aus unzähligen Adern und Rinnsalen das Wasser unberührter Gletscher zu einem schäumenden Bergbach, der sich übermütig hinabstürzt und bei Rishikesh die Berge und Hügel verläßt, um in den Ebenen die durstende Erde zu befeuchten und wie eine Lebensspenderin das Land zu speisen und zu tränken. An den Ufern des majestätischen Ganges entfaltet sich die Kultur. Nach 2700 Kilometern ergießt sich der heilige Strom, aufgefächert zum größten Flußdelta der Welt, in den Ozean.

Die Inder sind ein „Volk auf Wallfahrt", und die Krönung der irdischen Pilgerschaft ist die beschwerliche Reise zum Gangesursprung nach Gangotri in 3140 Meter Höhe.

Was die Milchstraße für den Himmel ist, ist der Ganges für die Erde. Die Inder nennen die Milchstraße sogar die „himmlische Ganga". In den Augen eines Geographen ist die Ganga geschmolzenes Gletschereis, in den Augen der gläubigen Hindus ist sie die älteste Tochter des Gottkönigs Himwat und der Nymphe Mena. Den Göttern angetraut, lebte sie im Himmel, bis ein Asket sie auf die Erde holte.

Das Wasser der Ganga ist Indiens Seelenmedizin.

„Wie ein Haufen Baumwolle, der ins Feuer gerät, zunichte wird, so wird eine Todsünde durch das Trinken von Gangeswasser zunichte", lesen wir in den Puranas, den volkstümlichen heiligen Schriften.

Oder: „Die anderen Flüsse reinigen die Menschen nur, wenn sie in ihre Wasser untertauchen; die Ganga aber reinigt durch bloßes Sehen, Berühren, Trinken ihres Wassers, ja durch das bloße Aussprechen ihres Namens die sündigen Menschen hundert-, ja tausendfach."

Früher ließen die Witwen ihren Leib verbrennen in der Überzeugung, „daß dies einem Bad in der Ganga gleichkommt."

Über einen Sünder, der nach dem Tode zur Hölle fuhr, berichtet das Garuda Purana, daß eine Krähe seine Gebeine in den Ganges geworfen hätte. In diesem Augenblick durfte er einen himmlischen Zauberwagen besteigen, der ihn zum Wohnsitz der Götter beförderte.

Das alles muß man wissen, wenn man in Rishikesh das Schauspiel verstehen will, das tagtäglich an den Ufern des Ganges von den verzückten Badenden und Betenden geboten wird. Kein Fluß wird so zärtlich geliebt wie die Ganga. Indiens Volksmassen beherzigen den Rat des Padma Purana: „Warum bringst du kostspielige Opfer oder erschöpfende Bußwerke dar? Verehre die Ganga, bitte sie um Glück und Gedeihen, und sie wird dir den Himmel und das Heil bringen."

Die Wallfahrt zur Gangesquelle nach Gangotri erstreckt sich, wenn sie in Rishikesh gestartet wird, über 250 Kilometer. In Deoprayag ist, wie wir wissen, der Zusammenfluß von Alaknanda (Tochter der Locken) und Bhagirathi, den beiden Hauptquellflüssen des Ganges. Während die Pilger nach Badrinath/Kedarnath der Alaknanda folgen, folgen die Pilger nach Gangotri dem Bhagirathi. Bhagirathi heißt der Quellfluß nach dem heiligen König Bhagiratha, auf dessen Veranlassung die himmlische Ganga auf die Erde kam.

Dem Bhagirathi-Tal folgend, gelangt der Pilger nach Uttarkashi (1158 Meter Seehöhe), das „Benares des Nordens" genannt. Die von Rishikesh 150 Kilometer entfernte heilige und historische Stadt besitzt viele Ashrams, in denen einige hundert Gurus leben, und Tempel, in denen sich das unverfälschte Kultleben erhalten hat.

In Harsil leben die sich zum Buddhismus bekennenden Jats, eine Mischung aus Tibetanern und Indern, die Schafe zur Wollproduktion züchten. Im Walddorf Jangla lag irgendwo am Zusammenfluß von Jahnavi und Bhagirathi der Ashram des Weisen Jahnu. Als vorzeiten die Ganga vom Himmel fiel und sich einen Weg in die niederen Regionen suchte, überflutete sie der Legende nach den Hain des Eremiten Jahnu. Erzürnt über das Sakrileg trank der in seiner Meditation gestörte Heilige den ganzen Fluß aus. Doch der asketische König Bhagiratha konnte den Gekränkten besänftigen, so daß Jahnu den Ganges durch seine Ohren wieder entließ. Dem Jahnavifluß entlang führt ein Pfad zum Berg Kailas, die Pilger nach Gangotri setzen aber durch das Bhagirathi-Tal ihren Weg fort, zur Ganga betend wie der Dichter:

„An deinem Ufer fand ich beglückende Freuden,
Tränen füllen mein Auge, muß ich von dir scheiden.
Faltend die Hände ich deine Wellen verehre;
Säh' ich dich wieder doch, Ganga, heilige, hehre!
Eine Sünde beging ich, vergib sie, ich büße;
Mutter, deine Wasser haben berührt meine Füße.
Soll ich mich dem Gebet und der Andacht ergeben?
All das ist zwecklos, denn du beseligst mein Leben.
So spricht Vidyapati: Mutter, aus Herzensgrunde
Bitt' ich: Verlasse mich nicht in der Todesstunde."

Der Fluß, der Indien segnet und einer Pulsader gleicht, die das Lebensblut des Landes führt, hat selbst den Fernen Westen früh in seinen Bann gezogen. Er war den Abendländern das Sinnbild für das Geheimnis Asiens. Die christlichen Kirchenväter hielten den Ganges für den Phison, den Fluß des Gartens Eden, der (nach dem heiligen Hieronymus) von seiner Quelle im Paradies Smaragde, Karfunkel, Saphire und schimmernde Perlen mit sich führt, „die unsere großen Damen so leidenschaftlich wünschen". Der Glaube, daß der Ganges der Paradiesfluß wäre, wurde im Abendland das ganze Mittelalter hindurch aufrechterhalten. Der „Vater der mittelalterlichen Geographie", der heilige Isidor von Sevilla, lehrte, daß „der Fluß Ganges, den die Bibel Phison nennt, vom Paradies in das Reich Indien fließt".

Für Alexander den Großen war der Ganges schon Jahrhunderte vor Christi Geburt das Ziel seiner Welteroberungspläne. „Wenn euch jemand fragt, was das Ende unserer Kriegsführung sein würde", pflegte er seinen Soldaten zu sagen, „so laßt ihn wissen, wir wollen den Ganges erreichen, das heißt das Ende der Welt." Er hat sein Wunschziel nie erreicht. Doch mittelalterliche Schriftsteller, deren Phantasie der Ganges gefangengenommen hatte, fabulierten, daß Alexander der Große bis an den Ganges vorgestoßen wäre. Nach „Iter ad Paradisum" (Weg zum Paradies), geschrieben im 12. Jahrhundert, befuhr Alexander mit 500 Elitesoldaten auf einem Schiff den Ganges und erreichte nach einmonatiger Flußfahrt die hohen Wälle einer Stadt, die ihm den Weg versperrten. Der Zutritt wurde ihm verwehrt, denn die ummauerte Stadt war nichts anderes als das Paradies, in dem sich die Seelen der Gerechten bis zum Jüngsten Gericht aufhielten.

Der griechische Geograph Strabon, der um die Zeitenwende lebte, berichtet von einem Volk, das an den Quellen des Ganges lebt und sich nur von Düften ernährt, weil die Leute keine Münder, sondern nur Atemöffnungen hätten.

1740 betrat ein Tiroler, der Jesuit Josef Tieffenthaler, als katholischer Missionar indischen Boden. Der österreichische Priestergelehrte wurde der „Vater der modernen Geographie Indiens" und der Pionier unter den Erforschern des Ganges, die mit Meßinstrumenten dessen Mysterien entschleierten.

Über die Gangesquelle schrieb Tieffenthaler: „... erreicht man den Felsen, der nach der irrigen Vorstellung der Heiden einen Kuhkopf darstellt. Nach Angaben glaubwürdiger Männer besteht der Felsen aus zwey Stücken, aus deren Spalte, gleich einer Traufe, das Wasser drey Ellen tief in die unten befindliche Grube rinnt, aus welcher man dasselbe mit gläsernen Flaschen schöpft, und in die entfernten Länder führet. Über diesen Felsen, oder den Wasserfall des Ganges hinaus ist kein Weg, um zur Quelle desselben selbst zu gelangen. Es gibt zwar einige, wiewohl sehr wenige, die auf gewisse Gefahr ihres Lebens, über diesen fürchterlichen Felsen wegklimmen, in der Hoffnung, die Kelaschischen Gebirge, die Wohnung des Mahadeo und hiermit die ewige Glückseligkeit zu erreichen: diese finden aber entweder im tiefen Schnee ihr Grab, oder müssen vor Kälte und Hunger umkommen."

Im sogenannten Kuhmaul, der Höhlung, aus der der Wasserfall stürzt, erblickt der Ganges das Licht der Welt. Jedoch: „Die wahre Quelle des Ganges", notierte Tieffenthaler, „ist unbekannt und möchte wohl nie entdeckt worden, da jenseit dem Maul der Kuh die Wege unbetretbar sind."

Anquetil du Perron in Paris, der Herausgeber und Erläuterer der geographischen Karten Tieffenthalers, widersprach damals: „Der gelehrte Missionarius wird mir erlauben, hier von seiner Meinung abzugehen. Es ist in der Welt kein Weg so ganz unbetretbar." Immerhin ist heute, weit über 200 Jahre später, die Ansicht Tieffenthalers noch nicht widerlegt.

Durch dichte Zauberwälder von Zedern und Kiefern nähern sich die zähen Pilger der Wiege des Ganges, Gangotri, von der Reinheit der Natur ergriffen. Sie zwängen sich durch einen

Engpaß, der Fluß stürzt in ungebändigter Jugendkraft gischtend zu Tal. Jenseits der Schlucht werden die geistlichen Wanderer auf dem Himmelsweg von weißen Gottheiten begrüßt.

Gangotri: eine nur den Göttern würdige, unantastbare Natur. „In hundert Zeitläuften der Götter könnte ich euch die Schönheiten des Himachal nicht schildern", jubelt ein vedischer Poet. In der Umgebung von Gangotri verbringen zahlreiche Mahatmas ihre letzten Tage, an der Ursprungsstätte des sündentilgenden Ganges wollen sie ihren Körper verlassen. In der reinen Welt Gangotris in 3140 Metern Höhe erhebt sich ein im frühen 18. Jahrhundert erbauter schlichter Bergtempel, geweiht dem asketischen König Bhagiratha, dem an jener Stelle Erlösung und Erleuchtung zuteil geworden sein soll. Hier opfern die Pilger der Stromgöttin Ganga Blumen, hier tauchen sie ins Gletscherwasser, um sich von den Sünden zu reinigen, hier beten sie um die Gabe der Prophetie, hier füllen sie das Heilwasser wie Nektar in Gefäße, die der Priester mit einem Ring versiegelt zur Bestätigung, daß es sich um originales Gangesquellwasser handelt.

Nur die härtesten Pilger und Yogis, die Abenteurernaturen, dringen auf beschwerlichem, nur mit Steinen im Geröll markiertem Weg bis zur 23 Kilometer von Gangotri entfernten göttlichen Quelle, Gomukh (Kuhmaul), vor, jener gigantischen Eishöhle, aus der der Gnadenstrom sprudelt, das Wasser der Unsterblichkeit. In dieser Einöde mit schrumpeligen Sträuchern wohnen keine Menschen mehr, nur Yakshas und Gandharvas, himmlische Geister, die sich säuselnd unterhalten.

Frommer Schauder erfaßt die Pilger. Erdentrückt stammeln die Zeugen der Geburt der Göttin, der Alma Mater Indiens: „Ganga Mai ki Jai! Heil, Mutter Ganga!"

Gott ist nur einer, sagen die indischen Weisen, aber er hat unzählige Gesichter und Namen. Hinter aller inbrünstigen Volksfrömmigkeit, die sich um 330 Millionen Götter rankt, steht aber in Indien als Ideal das Gebet des Weisen:

„Höchster Weltenlenker, verzeih mir drei Fehler, die ich aus Schwachheit begangen habe: In meiner Betrachtung habe ich mir dich, den Grenzenlosen, durch Form und Gestalt begrenzt vorgestellt; bei meinem Lobpreis habe ich deine Unaussprechlichkeit vergessen; bei meiner Wallfahrt zu heiligen Stätten vergaß ich deine Allgegenwart."

Rosen gehen auf Reisen

Also sprach Vivekananda um die Jahrhundertwende in Indien: „Mögen Ausländer kommen und unser Land mit ihren Armeen überfluten, was macht es? Auf, Indien, und erobere die Welt mit deiner Spiritualität ... Wo sind die Männer, die bereit sind, hinauszugehen in jedes Land der Welt mit den Botschaften der großen Weisen Indiens?"

Indische Weise wurden oft verglichen mit Rosen, die durch ihren Duft die Verehrer anziehen. Wo der Honig ist, kommen die Bienen von selber hin. Mit anderen Worten: Indische Weise sind von Haus aus keine Missionare, Werbeagenten oder Hausierer. Sie teilen ihre Erkenntnisse nur Suchenden und Fragenden mit. Sie warten ab, bis jemand sie aufsucht, der ernsthaft das Gespräch wünscht.

Im Gefolge Vivekanandas begaben sich aber plötzlich Rosen auf Reisen, die Weisen aus dem Morgenland begannen allmählich den Westen zu überschwemmen. Keine Stadt Indiens war und ist dabei so missionarisch wie Rishikesh.

Das Signal gab Vivekananda, als er 1893 auf dem Weltparlament der Religionen in Chicago (USA) sprach. Am Feuer seines Genies entzündete sich im Westen die moderne Begeisterung für die indische Weisheit. „Seine magnetische Persönlichkeit war beherrschend", würdigte ein Beobachter der Weltkonferenz der Religionen den geistlichen Botschafter des Ostens. Swami Vivekananda stahl auf dem Weltparlament der Religionen allen die Schau. Hochbegabt, redegewandt – „seine Stimme war voll wie eine Bronzeglocke" –, witzig, bescheiden, ruhig, modern gebildet, legte der faszinierende Wandermönch mit flammenden Worten als erster dem Westen die Religion des Hinduismus dar. 1895/1896 bereiste Swami Vivekananda, ein Gigant des Geistes in der Büßerkutte, Europa. In seinem Kielwasser entstanden die ersten Zirkel von Freunden indischer Weisheit. Es war das Verdienst Vivekanandas, daß an der Schwelle des 20. Jahrhunderts der Hinduismus im Westen als eine der Hochreligionen der Menschheit anerkannt wurde.

Vivekananda, der Lieblingsjünger Ramakrishnas, war im Kailas Ashram in Rishikesh von den Yogis des Wissens aufgeladen worden mit dem indischen Selbstbewußtsein, daß der Vedanta der Gipfel der Menschheitsphilosophie wäre.

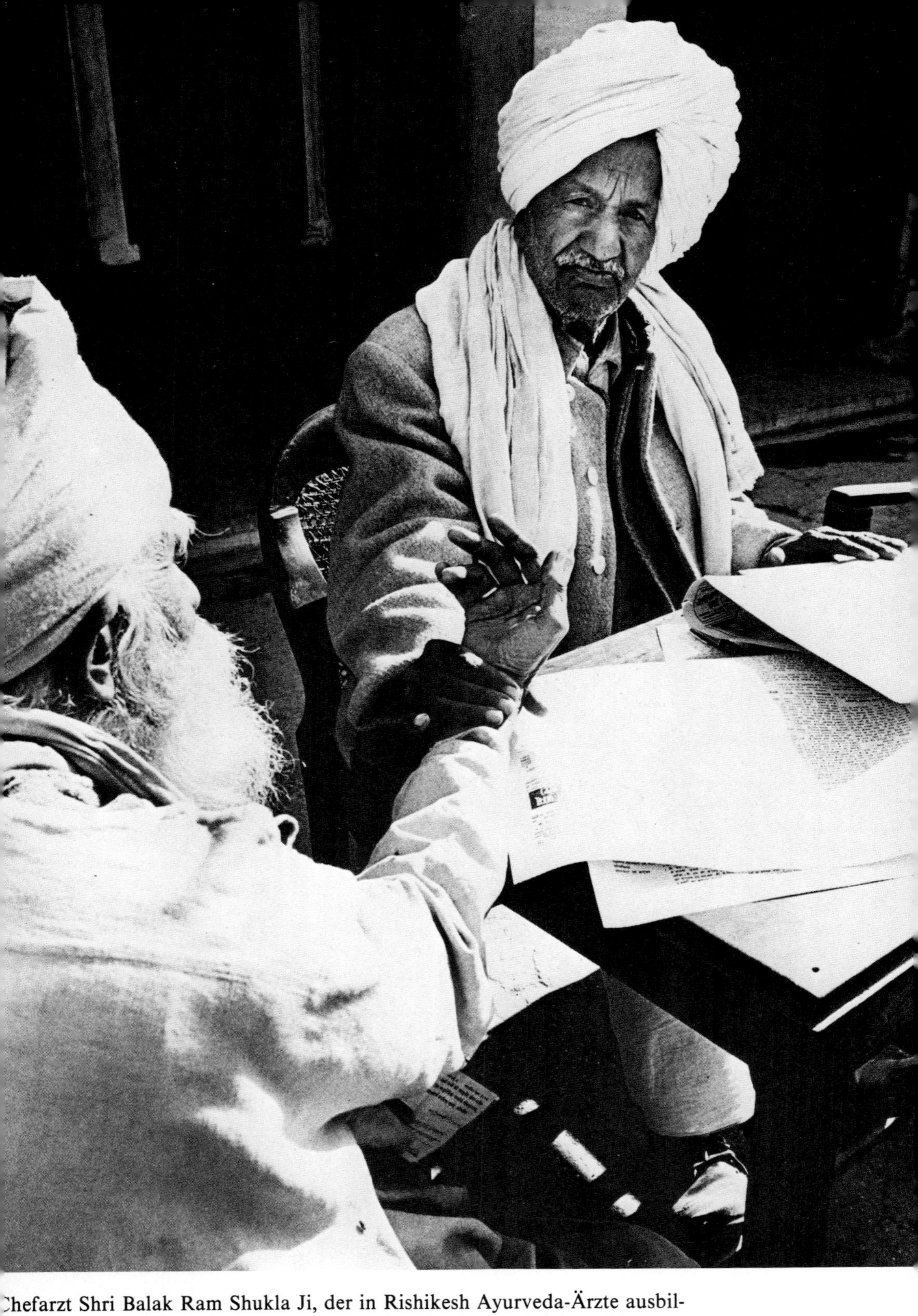

Chefarzt Shri Balak Ram Shukla Ji, der in Rishikesh Ayurveda-Ärzte ausbildet, ist eine Kapazität der altindischen Heilkunde, deren wichtigste Untersuchungsmethode das Pulsfühlen ist.

Urdhva Kukkutasana (= Stellung des sich spreizenden Hahns) heißt die Yogapositur, die Hathayogameister L. Jayapal am Gangesufer demonstriert.

Ardha Padmottanasana: Streckhaltung im halben Lotos.

Das verfallene Gemäuer der Einsiedlerhütte Swami Narayananandas: Symbol des Zusammenbruchs eines sogenannten Gottmenschen?

Nach Rishikesh und vor Hardwar spaltet sich die Ganga in sieben Flußarme auf. Die Legende weiß, warum: Die Ganga wollte jeden der sieben Großen Rishis, die in Saptarishi ihre Hütten hatten, kennenlernen.

*

In den zwanziger und dreißiger Jahren war Paramahansa Yogananda (1893 bis 1952) der prominenteste unter den Pioniermissionaren der Hinduweisheit im Westen. Er gründete in den USA Schulen der richtigen Lebensführung sowie Gemeinschaften der Selbstverwirklichung und scharte an die 25 000 Anhänger um sich.

Einer seiner „eingeweihten" Jünger war Luther Burbank, ein bedeutender amerikanischer Gelehrter und Naturwissenschaftler, der frei heraus bekannte: „Das von Swami Yogananda eingeführte Yogoda-System, das ich an mir selber ausprobiert habe, ist meines Erachtens eine ideale Methode, Körper, Geist und Seele miteinander in Harmonie zu bringen ... Das Yogoda-System besteht aus einfachen, wissenschaftlichen Konzentrations- und Meditationsmethoden, die Körper, Geist und Seele zur vollen Entfaltung bringen; sie ermöglichen es den Menschen, auch mit den schwierigen Problemen des Lebens fertig zu werden und in Frieden und Eintracht miteinander zu leben. Die Erziehungsideale des Swami appellieren an den gesunden Menschenverstand; sie sind praktisch und frei von allem Mystizismus. Andernfalls hätten sie nicht meine Zustimmung."

Nach fünfzehnjährigem Amerikaaufenthalt kehrte Swami Yogananda 1935 über Europa nach Indien zurück. In der Alten Welt – er bereiste England, Deutschland (in Bayern traf er mit der bekannten Stigmatisierten Theresia Neumann von Konnersreuth zusammen), Holland, Frankreich, Schweiz, Italien und Griechenland – hinterließ er im Gegensatz zur Neuen Welt aber keine markanten Spuren.

Yogananda selbst war kein Himalajayogi (wiewohl er in seiner Selbstbiographie schreibt, daß er sich erinnert, in einem früheren Leben ein Yogi im Himalaja gewesen zu sein). Aber sein auf Kriya Yoga fußendes Yogodasystem, das er persönlich im Westen verbreitet hat, geht auf den Guru des Gurus seines Gurus zurück, auf den legendären Babaji, der angeblich als unsterblicher „Yogi-Christus" seit Jahrhunderten oder Jahrtausenden in den Felsbergen von Badrinath residiert, aber nie an die Öffentlichkeit tritt und nur Auserwählten sichtbar ist. Und Lahiri Mahasaya von Benares, der die Lehre von Babaji übernommen haben soll, um sie an den Guru Yoganandas weiterzugeben, wurde in den Himalajas, in Ranikhet, eingeweiht.

Yogananda fühlte sich zeitlebens zum Himalaja hingezogen. Schon als kleiner Junge brannte er von zu Hause durch und flüchtete mit einem Schulfreund in den Himalaja, um Gott zu suchen, und dabei war Rishikesh sein Ziel, das er aber nicht erreichte. Die ausgerissenen Jugendlichen fuhren rund 1700 Kilometer von Kalkutta nach Hardwar. In der Eisenbahn schwärmte der zukünftige Paramahansa seinem Kameraden vor: „Bald werden wir von den Meistern eingeweiht und dürfen die Ekstase des kosmischen Bewußtseins erleben. Dann wird unser Körper von einem so starken Magnetismus erfüllt, daß die wilden Tiere in unserer Gegenwart ganz zahm werden. Die Tiger sind dann unsere Hauskatzen und lassen sich von uns streicheln."

Doch die Reise endete nicht zu Füßen eines Heiligen, sondern zu denen eines Polizisten in der Wachstube. Und das kam so: „Wir hielten es für ratsam, Hardwar sofort zu verlassen", lesen wir in der Autobiographie Yoganandas, „und kauften uns daher Fahrkarten nach dem weiter nördlich gelegenen Rishikesh, das seit jeher durch die Fußspuren vieler Meister geheiligt worden ist. Ich war bereits in den Zug gestiegen, als Amar noch auf dem Bahnsteig einherschlenderte und plötzlich von einem Polizisten angerufen wurde. Gleich darauf führte der unwillkommene Beamte uns beide zum Bungalow der Polizeiwache, wo er uns unser Geld abnahm ... So nahe waren wir nun dem Himalaja und doch – als Gefangene – so weit entfernt! Um so mehr drängte es mich, meine Freiheit wiederzugewinnen. Und so machte ich Amar mit einem ermutigenden Lächeln folgenden Vorschlag: ‚Sobald sich die erste Gelegenheit bietet, versuchen wir uns fortzustehlen und gehen einfach zu Fuß nach Rishikesh.' Doch mein Gefährte war pessimistisch geworden, seit wir unseren finanziellen Rückhalt verloren hatten. ‚Wenn wir zu Fuß durch dieses gefährliche Dschungelgebiet gehen, landen wir wahrscheinlich nicht in der Stadt der Heiligen, sondern im Magen eines Tigers!'"

Nach drei Tagen wurden die Ausreißer von ihren Brüdern abgeholt und heimgebracht. Das ist die Geschichte des mißglückten Versuchs des großen, damals noch kleinen Bengalen, ein Heiliger in Rishikesh zu werden.

*

Einer, der ein Heiliger in Rishikesh geworden ist, Swami Sivananda († 1963), hat von seinem 1934 gegründeten Ashram aus seine Briefe, Bücher und Botschafter zur Verbreitung der indischen Weisheit in alle Winkel der Erde gesandt. Er wurde zum Missionar der Missionare Rishikeshs, obwohl er persönlich nie europäischen oder amerikanischen Boden betreten hat. Eine geplante und vorbereitete Welttournee sagte er in letzter Minute aus Gesundheitsgründen ab.

„Er ist zu beschäftigt, um einen persönlichen Kontakt mit jedem Schüler zu ermöglichen“, klagte in Rishikesh in den fünfziger Jahren Erich Pierschel alias Swami Swarupananda, der deutsche Journalist, der dank Sivananda ein hinduistischer Mönch geworden ist. „Er ist ein Lehrer der Massen, des Volkes und der Völker ... Er ist mehr ein Papst als ein vertrauter Freund.“

Der hinduistische Völkerapostel aus Rishikesh setzte sich zum Ziel, den Westen und Osten, den Norden und Süden der Welt aus den reinen Himalajaquellen der indischen Weisheit trinken zu lassen.

Er trat in den dreißiger Jahren in Briefwechsel mit einem hochgebildeten Herrn aus Lettland, Dr. Harry Dickman, der der Kopf einer yogainteressierten Gruppe in Riga war. Sivananda schickte ihm sein Buch „Kundalini Yoga“, das den osteuropäischen Yogafan von der ersten bis zur letzten Zeile fesselte. Er hielt das Werk für so grundlegend, daß er sich hinsetzte und es in unermüdlichem Fleiß getreu aus dem Englischen in die Landessprache übersetzte. Die Kirche lief Sturm gegen die beabsichtigte Drucklegung des „heidnischen“ Werkes, so daß sich Harry Dickman gezwungen sah, den Text sorgfältig auf der Schreibmaschine zu tippen und selbst alle Diagramme, Tabellen und Illustrationen zu reproduzieren. Die mit der Schreibmaschine vervielfältigten Bände gingen zerlesen von Hand zu Hand, zwei Kopien seiner Übersetzung schickte Dickman nach Rishikesh. Sie stehen als stummes wie beredtes Zeugnis des Einflusses, den Rishikesh im Westen ausübte, in den Regalen der Bibliothek des Sivananda Ashrams. Chidananda nennt die beiden maschingeschriebenen Kopien „einen Gruß des Westens an die Sonne des Ostens“. Später übersetzte

Dickman, der die Yogatechniken der Asanas, Mudras, Bandhas, Kriyas und des Pranayama zu meistern lernte, noch Sivanandas Werk „Zehn Upanishaden“.

Um Harry Dickman formierte sich eine lettische Yogagesellschaft, die der erste europäische Zweig der Gesellschaft des Göttlichen Lebens von Swami Sivananda wurde. Unter den Lesern der übersetzten Sivanandabücher fühlte sich eine prominente Frau in Riga, Anna Plaudis, von der Botschaft aus Rishikesh so betroffen, daß sie eine Frauensektion gründete, die besonders Japa- bzw. Mantrayoga pflegte. Swami Chidananda, Sivanandas Nachfolger, bemerkt dazu: „Wenn Sie ein Wunder suchen, hier haben Sie eines. Die eifrigen lettischen Sucherinnen haben niemals Swami Sivananda zu Gesicht bekommen, der wie angewurzelt in Rishikesh lebte, aber jene Damen, absolute Fremde, beheimatet in einer ganz andersartigen Kultur und Sprache, verehrten ihn als ihren Meister und Satguru.“

Von Lettland griff das Feuer der Yogabegeisterung auf das Nachbarland Estland über. In Narva verteilte ein Herr A. Kramer die Yogaliteratur Sivanandas und gründete mit den Begeisterten einen Zweig der Gesellschaft des Göttlichen Lebens.

Das Reich des geistlichen Königs von Rishikesh dehnte sich schließlich auf Dänemark aus, und von dort auf Norwegen und Schweden. Der „weiße Fakir“ Louis Brinkfort übersetzte Artikel aus der Feder Sivanandas und lancierte sie in Zeitschriften Kopenhagens. Er bereiste Städte und Dörfer in Dänemark, Norwegen und Schweden, hielt Vorträge und zeigte Filme im Dienst der Yogaverbreitung. In Norwegen war die Universitätsaula von Oslo bis auf den letzten Platz gefüllt und in Schweden die dreitausendsitzige Konzerthalle in Göteborg, als Brinkfort seine Yogavorlesungen im Geiste Sivanandas hielt und Mrs. Edith Enna Yogastellungen vorführte. In der norddänischen Universität Aarhus warb Esther Mikkelson für die Ideen Sivanandas, sie gewann Medizinstudenten und Chirurgen für die indische Hathayogalehre, derzufolge durch Körperstellungen und Atemkontrollen Krankheiten erfolgreich bekämpft werden können.

In Belgien war Dr. Heinz Baumblett aus Antwerpen der Apostel des Gurus aus Rishikesh. Er reiste als wandernde Leihbibliothek durch die Lande, seine Koffer waren gefüllt mit den Werken Sivanandas, aus denen er in öffentlichen Versammlungen Kernstücke vorlas. Gemäß den Anleitungen Sivanandas rundete er die Zusammenkünfte mit OM-Singen und Kirtans ab.

Auf dem Balkan war es ein christlicher Geistlicher, der zum Sprachrohr Sivanandas wurde, V. M. Seplevenko aus Bulgarien, der, selbst ein fortgeschrittener Yogi, mit seinen Freunden die Literatur Sivanandas ins Bulgarische übersetzte und gratis verteilte und außerdem in Kursen Interessenten in den Yogapraktiken im Geiste Sivanandas schulte.

Einer der Freunde Seplevenkos, der Russe Boris Sacharow, wurde der Altmeister des deutschen Yoga, der in Bayreuth und Nürnberg unterrichtete. Boris Sacharow, später von Sivananda ermächtigt, den Titel „Yogiraj" (Fürstyogi) zu führen, konnte die Nationalsozialisten hinters Licht führen, indem er Yoga als „Indische Körperertüchtigung" tarnte, so daß er in der Hitlerära Sivanandas Gedankengut ungeschoren an den Mann bringen konnte. Yogiraj Boris Sacharow lehrte Yoga bis zu seinem Unfalltod im Jahre 1960. 1954 hat er das klassische indische Hathayogawerk „Gheranda Samhita" aus dem Sanskrit übersetzt, erläutert und unter dem Titel „Das große Geheimnis" veröffentlicht. Sacharow hatte sich allerdings zuletzt von Sivananda distanziert.

In England gründete Mr. Atkinson, in Mexiko (Mittelamerika) Aldo Lawagnini, in Ostafrika (Nairobi) G. M. Sharma, in Persien V. Olshansky, in Ägypten Otakar Pechachak jeweils einen Stützpunkt des geistlichen Imperiums Sivanandas, das sich noch vor dem Zweiten Weltkrieg bis nach Rangun (Birma), Schanghai (China) und Bahrain am Persischen Golf ausbreitete.

Der Zweite Weltkrieg zertrümmerte das Werk Sivanandas außerhalb Indiens mehr oder weniger, zerriß aber durchaus nicht alle Fäden. Im Baltenland löschten die Sowjets die Spuren Sivanandas aus, und Belgiens Yogapionier Dr. Heinz Baumblett starb 1944 in einem deutschen KZ. Nur Boris Sacharow durfte, wie gesagt, Yoga unter dem Decknamen „Indische Körperertüchtigung" nach wie vor propagieren.

*

1954 landete der Ex-Rechtsanwalt Swami Kailashanand alias Yogi Gupta als Sendbote Sivanandas in der Neuen Welt, um im Schatten der New Yorker Freiheitsstatue den Nutzen des Yoga und den Ruhm seines Meisters aus Rishikesh zu verkünden. Wie wir aus dem 1. Kapitel wissen, machte sich Kailashanand bald selbständig und wurde eine Sklave des Dollars, der ihn zum Herrn machte: Kailashanand ist in unseren Tagen der reichste Guru in Rishikesh, der seine regelmäßigen Amerikaaufenthalte vornehmlich zum Geldscheffeln benützt.

*

Im Frühjahr 1958 landete der nächste Sivanandajünger aus Rishikesh in den USA: Swami Vishnudevananda, ein damals erst 30jähriger Mönch, gesandt, in New York sein Hauptquartier aufzuschlagen. Aber: Hier saß schon ein anderer Apostel Sivanandas, ein abtrünniger allerdings: Swami Kailashanand. Er, der sich ein phantastisches Yogastudio in New York eingerichtet hatte, erblickte in Vishnudevananda einen lästigen Konkurrenten, der ihm das Geschäft zu verderben drohte. Daher erstattete er anonym Anzeige bei der Einwanderungsbehörde, daß Vishnudevananda sich illegal in den Staaten aufhielte. Die Behörde spürte Vishnudevananda auf und stellte fest, daß er nur ein Touristenvisum besäße, das ihn nicht berechtigte, ein Yoga-Centre zu eröffnen. So kam es, daß Vishnudevananda schließlich Kanada zu seiner neuen Heimat kürte und von dort aus die Neue Welt und später das Abendland mit Stützpunkten Sivanandas durchsetzte.

Das Missionswerk Vishnudevanandas steckte noch in den Kinderschuhen, als der Großmeister Sivananda aus Rishikesh seinen Lieblingsschüler Chidananda 1959 mit einer persönlichen Botschaft an das amerikanische Volk in die Neue Welt sandte. Chidananda rüttelte die amerikanischen Zuhörer auf: „Ihr Amerikaner seid vorgedrungen bis zu den Eingeweiden der Erde; ihr seid in die Tiefe der See getaucht; ihr habt den Weltraum abgetastet. Aber: seid ihr glücklich? Glück, ungetrübtes Glück ist allein der Maßstab, mit dem ein spiritueller Mensch jede menschliche Tat mißt. Wenn eine Handlung nicht zu reiner Glückseligkeit führt, ist sie es nicht wert, verrichtet zu werden. Und das größte Glück gewinnt der Mensch nicht durch die Eroberung der äußeren Natur, sondern durch die Eroberung der inneren Natur. Amerikaner, besinnt euch! Forscht einwärts! Taucht hinab in die Tiefe des Selbst!"

Der hagere Swami Chidananda kehrte nach Rishikesh zurück, wenngleich erst 1962, der bullige Swami Vishnudevananda blieb aber in der künstlichen Wolkenkratzerwelt.

Vishnudevananda fühlte sich gleich heimisch, denn von Kindesbeinen an hatte ihn die moderne Technik fasziniert. Der am letzten Tag des Jahres 1927 geborene Keralese mit dem Namen Thankaswamy – dem der Astrologe bei der Geburt in dem traditionsgemäß erstellten Horoskop übrigens voraussagte, daß er eines Tages auf den Meeren und in den Lüften reisen würde – wollte als Knabe Elektrotechniker werden und trat mit 16 Jahren schon (er gab ein höheres Alter an) in Militärdienste, um eine technische Ausbildung zu genießen. Mit 17, als Soldat der britischen Armee, durchstöberte er in der Kaserne den Papierkorb, weil er einen verlorenen Brief suchte. Er fand ein weggeworfenes Flugblatt über den Heilsweg aus der Feder des Himalajaheiligen Sivananda. Die Worte des Meisters aus Rishikesh erweckten ihn.

1947 trat der junge Keralese in den Sivananda Ashram ein, 1948 wurde er als Swami Vishnudevananda zum Mönch geweiht und zum ersten Hathayogaprofessor der im selben Jahr eröffneten Yoga-Vedanta-Walduniversität in Rishikesh berufen. Er hatte einen so gelenkigen Körper, daß Sivananda zu sagen pflegte: „Vishnu Swami ist ein Mann ohne Knochen."

Der junge Mönch, 21 Jahre alt, erkrankte, wie er heute selber freimütig bekennt, an Ich-Fieber: Seine Professorenrolle stieg ihm zu Kopf, er legte sich einen üppigen Bart und lange Haare zu, als Zeichen seiner neuen Meisterwürde.

Eines Tages stach Swami Sivananda mit einer Nadel in das aufgeblähte Ich Vishnudevanandas: „Jaja, Vishnu Swami, wir müssen alles tun, um den Leuten zu imponieren, nicht wahr?"

Swami Vishnudevananda ging in sich und bezog glattrasiert und kahlgeschoren eine Einsiedlerhütte in Uttarkashi auf dem Weg nach Gangotri, tat Buße, ernährte sich von Linsen und Reis und übte viermal vier Stunden täglich Yoga. Erst nach drei Monaten strenger Askese kehrte er, tagelang auf bloßen Sohlen marschierend, in den Sivananda Ashram nach Rishikesh zurück.

1950 verließ er abermals den Sivananda Ashram und verbrachte ein Jahr als wandernder Bettelmönch, der bis nach Badrinath pilgerte.

„Ich sehe", sagte Meister Sivananda eines Tages zu dem gereift zurückgekehrten Mönch, „deine Kundalini steigt auf."

1957 ernannte Sivananda den 30jährigen Vishnudevananda zu seinem Legaten in der Neuen Welt.

Nachdem die Festsetzung in New York mißglückt war, gründete er in Kanada das Hauptzentrum seiner „Sivananda-Yoga-Vedanta"-Organisation, die im Lauf der Jahre in den meisten Schlüsselstädten Kanadas und der USA eine Niederlassung errichtete.

Seine erste Schülerin, als er 1959 nach Montreal kam, war eine Wienerin, Dora Herrnritt, eine damals 50jährige gelehrte Dame, Doktorin der Geschichte, die über das Ende Österreich-Ungarns und die Gründung der Tschechoslowakei dissertiert hatte. Sie wurde als Swami Ramananda – nach Vishnudevanandas eigenen Worten – „eine der stärksten Säulen" seiner Mission. Die 1961 zur Hindunonne geweihte Österreicherin gründete unter anderem 1972 die Zweigstelle in Wien. In Europa besitzt Vishnudevananda außer in Wien noch in München, Genf, London, Paris und Madrid „Sivananda-Yoga-Vedanta"-Zentren. Seine Schüler nennen Vishnu Swami einen spirituellen Hurrikan, der um die Welt braust.

Der Technikfan Vishnudevananda erwarb den Pilotenschein und kaufte sich ein kleines Flugzeug, das ihn befähigt, überall zu sein.

Vishnudevananda leidet darunter, im Schatten eines größeren Organisators und Public-Relations-Spezialisten aus Rishikesh zu stehen, im Schatten des Maharishi Mahesh Yogi, den er unerbittlich bekämpft. Nicht daß Swami Vishnudevananda ein Waisenknäblein in Dingen der Reklame wäre: Er läßt sich mit Boxchampion Muhammad Ali alias Cassius Clay fotografieren, wie er dem einstigen König des Rings spaßhalber eins verpaßt, er lehrt den König von Spanien, Juan Carlos, den Kopfstand, singt mit dem Filmschauspieler Peter Sellers Friedenshymnen in Nordirland und überfliegt als Friedensengel mit seinem privaten Göttervogel Garuda die Krisenherde Israel und Ägypten, Blumen und Flugblätter mit Versöhnungsappellen abwerfend. Das ist nicht gerade die unauffällige Art eines abgeklärten Rishis. Doch der bessere Virtuose auf dem Klavier der Massenbeeinflussung ist unbestreitbar Maharishi Mahesh Yogi, der Gegenspieler Vishnudevanandas. Seriöser ist hingegen Vishnudevananda, der eine solide Lehre predigt. Beide sind Sendboten Rishikeshs, Mahesh Yogi kommt vom linken, Vishnu Swami vom rechten Gangesufer.

Vishnudevananda wirft dem Maharishi, der Mantren verkauft, skrupellose Geschäftemacherei vor und nennt die transzendentale Meditation einen himalajagroßen Humbug.

*

Mahesh Yogi, der Maharishi aus Rishikesh, startete seinen Welteroberungsfeldzug 1959. Doch die Zeit war für Massenbekehrungen damals noch nicht reif. Im Mekka des Okkultismus, der Sekten und Kulte, in Los Angeles (USA), konnte Maharishi 1965 nicht mehr als 40 Studenten für seine transzendentale Meditation gewinnen. Erst als der hochpolitische Aktivismus der Neuen Linken mit ihrem Aufruf zur Kulturrevolution nach und nach abflaute, erst als viele aufständische Jugendliche enttäuscht waren und sich kaum mehr etwas vom anarchistischen Radikalismus versprachen, fanden die Gurus Gehör bei der jungen Generation, die neue Werte und ein neues Bewußtsein suchte. Plötzlich hatte Maharishi 1971 in Los Angeles, San Franzisko und Kalifornien Zehntausende Studierende hinter sich.

In die Schlagzeilen der Weltpresse war er aber schon 1967 gekommen, als er in Rishikesh die Beatles zu Gast hatte. Seine Bewegung breitete sich wie eine Lawine aus.

Der durchschlagende Erfolg bewog ihn, seinen weltfernen Ashram in Rishikesh zu verlassen und sich vorübergehend auf der Mittelmeerinsel Mallorca und endgültig in der Schweiz niederzulassen.

Unter allen Balsamen des Ostens ist das Heilmittel TM („transzendentale Meditation") in unseren Tagen der größte Verkaufshit. Die treueste Kundschaft Maharishis sind die Studenten und Jungakademiker, bei dem wissenschaftlichen Image der TM kein Wunder. Zu seinen Klienten zählen aber Menschen aller Schichten, Backfische wie Urgroßmütter, Kutscher, Generäle, Priester, Börsenmakler, Piloten, Ärzte, Hausfrauen, Musiker, Ingenieure, Juristen, Sekretärinnen, Politiker, Pädagogen. Die „typischen" Maharishijünger sind jugendliche oder stark eingespannte Menschen.

Daß Maharishi ein genialer Organisations-, Reklame- und Verkaufsstratege ist, wer wollte das bestreiten. „Der Mann hat den Westen mit dessen eigenen Waffen geschlagen", meint Prof. Dr. Dietrich Langen, Direktor der Klinik für Psychotherapie an der Universität Mainz.

Zur Propagierung seiner Ideen bedient sich Maharishi aufdringlicher Reklame durch Fernsehen (seine Bewegung ist mit den teuersten Farbfernsehkameras ausgerüstet), außerdem wirbt er im Rundfunk, in Zeitschriften, in Broschüren, auf Plakaten und mit Fotos. Er stützt sich auf Unterschriftenaktionen und auf Gutachten von Professoren und Politikern. Sein Management ist computergesteuert. Sein durchgegliederter Apparat arbeitet perfektionistisch. In seiner Hand laufen alle Fäden zusammen. Er regiert sein weltumspannendes Imperium wie ein Gottkönig in schrankenloser Autorität. Seine 15 000 TM-Lehrer sind nur die Stimme ihres Herrn, Lautsprecher Maharishis. Ihre Antworten auf die Fragen der Schüler sind standardisiert und vorgeprägt wie auf einer Schallplatte.

1975 eröffnete Maharishi das Zeitalter der Erleuchtung für unseren Planeten. Sein Weltplan soll die transzendentale Meditation der ganzen Menschheit vermitteln, das heißt konkret nicht weniger als 3,6 Milliarden Erdbewohnern. Nach seinen Berechnungen soll auf 1000 Menschen ein Lehrer kommen, es sind also 3,6 Millionen TM-Lehrer erforderlich, die 3600 Weltplan-Centres unterstehen werden. Jedes Weltplan-Centre ist demnach für 1 Million Menschen verantwortlich. Die 3600 Weltplan-Centres werden von 36 Internationalen Koordinationszentren beaufsichtigt. Die 36 Koordinationszentren des multinationalen Konzerns werden ihrerseits unter der vergoldeten Kuppel des Seelisberger Hauptquartiers vom Friedensfürsten persönlich koordiniert.

Im Jahre der Eröffnung des Zeitalters der Erleuchtung, 1975, nannten die New York Times die TM „den größten kulturellen Wirbelwind des Jahres". Maharishi hat schon zwei nach ihm benannte Universitäten gegründet, die MERU (Maharishi European Research University) und die MIU (Maharishi International University), die mit hochmodernen medizinischen Geräten ausgestattet sind und die die sogenannte Wissenschaft der Kreativen Intelligenz pflegen.

400 DM kostet ein Einführungskurs, 4000 DM ein Siddhi-

kurs zur Erlernung des Fliegens, Hellsehens, Durch-die-Wand-Gehens usw., und 40 000 DM kosten die beiden Lehrer- und Gouverneurskurse, wie Insider angeben. Allein in Europa werden die Einnahmen Maharishis auf 80 Millionen DM im Jahr geschätzt. Er schwimmt im Geld.

Maharishis Bewegung hat rund 2 Millionen Bekenner (in der BRD annähernd 100 000) und ist in über 100 Ländern am Werk, selbst hinter dem Eisernen Vorhang.

Der bekannteste Hinduguru der Welt predigt, und das ist sein Trumpf, keine Weltflucht und keinen Rückzug ins Innenleben. Er verspricht nicht den Himmel im Jenseits, sondern auf Erden. Er schließt ruck, zuck das Glück auf. Er ermuntert zur Entfaltung der Werte des materiellen Lebens. „Wir wollen eine innere Heiterkeit entwickeln, keinen Abscheu vor dem Materiellen.“ Maharishis Methode verspricht alles aus dem Leben herauszuholen, sie zeitigt bessere Schulnoten und eine Produktionssteigerung, eine kürzere Einschlafzeit und ein glücklicheres Liebesleben. Und das alles schnell und bequem. TM sei leicht wie essen und schlafen. Man brauche, wie ein Bestsellertaschenbuch über TM in den USA lockt, keine Glasscherben zu schlucken und nicht auf Nägeln zu sitzen wie ein Fakir, brauche sich nicht vegetarisch mit Hafergrütze zu ernähren, brauche keine spaßigen Klamotten und keine Sandalen zu tragen, brauche nicht kopfzustehen wie ein Gesundheitsyogi oder konzentriert seinen Nabel zu beschauen wie ein Geistesyogi. Man könne, argumentiert die TM-Werbung, von Frankfurt nach Paris zu Fuß gehen, mit dem Fahrrad, mit dem Auto oder mit dem Zug reisen, und das täten die verschiedenen Yogamethoden. Die TM lege jedoch den Weg in der ersten Klasse eines Düsenjets zurück.

*

Ich hatte das Glück, in Rishikesh Swami Venkatesananda anzutreffen. Seit ihn sein Meister Sivananda 1961 als Apostel nach Afrika und Australien geschickt hat, ist er mehr oder weniger auf Tour um die Welt, mit kürzerem oder längerem Zwischenstopp in seinem Stammkloster in Rishikesh. Mit Ausnahme von Südamerika hat er in allen Erdteilen Vorträge, Meditationskurse und Yogaseminare gehalten. Swami Venkatesananda gibt monatlich ein Yogabulletin heraus, dessen deutsche Ausgabe „Licht“ heißt und in Hannover erscheint.

Swami Venkatesanandas Geist prickelt und sprüht. Er hat eine gewandte Feder, sein spritziges schriftstellerisches Werk kann sich sehen lassen, er hat an die 40 Bücher geschrieben. Venkatesananda hat keine Organisation geschaffen, er ist verfügbar für alle, die ihm eine Einladung mit beiliegendem Flugticket senden.

Parthasarathy, so hieß Swami Venkatesananda mit seinem früheren Namen, wurde 1920 in Tanjore (Südindien) geboren. Er wurde nach seiner Schulzeit Beamter im Staatsdienst, sein tägliches Brot waren Stenographie und Maschinschreiben. Er brachte es bis zum Sekretär eines Ministers in Neu-Delhi. 1945 begegnete der Staatsdiener Swami Sivananda, dem fesselnden Heiligen von Rishikesh, und kehrte der Welt den Rücken.

Sivananda, dessen persönlicher Sekretär Swami Venkatesananda 16 Jahre lang war, dürfte ihn über alle Maßen geschätzt haben, es sind überschwengliche Lobesworte des Meisters überliefert:

● „Zehn junge Männer mit akademischer Ausbildung und von außergewöhnlichen Fähigkeiten würden nicht imstande sein, Venkatesananda zu ersetzen.“

● „Wenn ich eine Arbeit dringend erledigt haben möchte, ist sie am nächsten Tag fertig. Er führt sie aus, indem er die ganze Nacht aufbleibt.“

● „Er ist ein Turm der Kraft für mich und mein Werk.“

● „Christ-Juwel meines Werkes, Glanz meiner Arbeit – werde ich jemals einen heller leuchten sehen als ihn, Swami Venkatesanandaji? Gewiß habe ich bisher keinen gesehen.“

Meine erste Begegnung mit Swami Venkatesananda habe ich, als ich eines Tages in Rishikesh mit einer Pferdekutsche in mein Quartier zurückfahre. Auf der Straße stoße ich auf eine in Staub gehüllte zwanzig- bis dreißigköpfige Prozession von Westlern, angeführt von einem Swami in blitzsauberem, leuchtendem Orange: Es ist Swami Venkatesananda, der wie der Herr des Weltalls vor seinen Anhängern einherschreitet.

Swami Venkatesananda, den ich am nächsten Tag bei einem längeren Interview näher kennenlerne, macht auf mich den Eindruck eines brillanten Intellektuellen, der Humor und Höflichkeit besitzt. Er besticht durch ein geschliffenes, sicheres, weltläufiges Auftreten. Seine spirituelle Tiefe kann ich natürlich in der Plauderei nicht ermessen. Sr. Vandana aber, die katholische Ashramgründerin von Rishikesh, der ich ein Gespür für die Unterscheidung der Geister zutraue, zählt ihn zu den gediegenen Gurus.

Er gibt mir für meinen spirituellen Fortschritt den Rat, das Beurteilen im Leben aufzuhören. Wer das Bewerten fallenläßt, versichert er mir, ist auf der Stelle erleuchtet.

„Ich muß leider die Beherzigung Ihres Ratschlages aufschieben, bis ich das Buch über Rishikesh geschrieben habe“, erwidere ich, und er quittiert meinen Einwand mit schallendem Lachen.

*

In den sechziger Jahren begegnete in Rishikesh eine reiche Schweizerin dem damals 35jährigen Swami Omkarananda, einem gelehrten Mönch, der im Alter von 17 Jahren der Welt entsagt hatte und in ein angesehenes Hindukloster, den Sivananda Ashram, eingetreten war. Er hatte in emsiger Tätigkeit bereits ein beachtliches literarisches und forscherisches Werk vollbracht.

Die begüterte Winterthurerin lud 1965 den jungen Weisen und Schüler Sivanandas in ihre Heimatstadt in der Schweiz zu Vorträgen über moralische und geistige Wissenschaften ein. Omkarananda predigte Güte, Toleranz, Liebe. 1966 ließ sich der seriöse Hindumönch, von Ratsuchenden umdrängt, fest in Winterthur nieder und gründete ein Zentrum für Erbauung: das DLZ (Divine-Light-Zentrum). Er fand viele Bewunderer, die ihn als „Verkörperung des vollkommenen Christen“ anpriesen. Seine indische Spiritualität, die nicht, um mit dem Swami selbst zu sprechen, wie die westliche Psychologie und Psychoanalyse den Menschen zum Bewohner des Tierreiches reduziert, fand großen Anklang.

Seine Sekte wuchs rasch. Prominente und reiche Gönner und Mäzene aus Politik, Verwaltung und Großindustrie arbeiteten ihm großzügig in die Hände, so daß er im Winterthurer Villenviertel Brühlberg bald 15 Häuser erwerben konnte, was den Neid und die Mißgunst der Nachbarn erregte. Er baute nach dem Muster seines Heimatklosters einen Ashram auf, mit einer

Druckerei und einem Verlag sowie – wohl zur Stillung seines Heimwehs – einen Tempel, der zur Zelebration von umfänglichen Feueropfern diente.

Die Reibereien mit den Anwohnern verstärkten sich, als der Swami alle seine Häuser himmelblau anmalen ließ. Noch andere Eigenheiten des Swamis und seiner Tempelkinder erregten den Anstoß der achtbaren Schweizer Bürger und Kleinbürger vom Brühlberg-Quartier. Eines ergab das andere. In der vergifteten Atmosphäre gediehen Verleumdungen und Schmähungen, die gerichtliche Prozesse nach sich zogen.

Der indische Apostel der Gewaltlosigkeit und des Friedens entpuppte sich dabei mehr und mehr als ein Mann des Hasses und der Vergeltung, der sich unbarmherziger Gewalt bediente. Er schwor seinen Gegnern den Tod.

Wir kennen Swami Omkarananda schon als den Guru, der, wie in der Einführung des Buches geschildert ist, in der Schweiz wegen Mordversuchs und Anstiftung zum Mord zu 14 Jahren Kerker verurteilt wurde.

Die erste Phase der Bekämpfung seiner Widersacher war geprägt von Magie. Der Swami ließ aus England eine Hexe und aus Indien einen Zauberer einfliegen, die durch Geisterbeschwörungen, schwarze Messen und makabre Rituale mit Totenschädeln die Sektengegner außer Gefecht setzen sollten. Es wurden Hühner über nackten Mädchen geschlachtet, die Kinder des göttlichen Lichts bespritzten die Häuser ihrer Feinde mit Tierblut und vergruben verwunschene Dinge in deren Gärten.

Als die Magie versagte, griffen die Tempelkinder in der zweiten Phase des Kampfes, der sogenannten Giftphase, zu heimtückischen Waffen, zu Impfstoffen, ätzenden Chemikalien, Säuren und Giften. Um ihre erklärten Gegner unschädlich zu machen, bestrichen sie Türklinken mit Fluoressigsäure, schütteten Gift in Milchkannen, sprühten Cholera- und Pockenimpfstoffe in offenstehende Fenster, füllten Bonbons und andere Süßigkeiten mit Zyankali und legten dieselben auf Gartenwegen aus oder stopften sie Gegnern in den Mund, injizierten Ameisen- und Salzsäure in Tomaten, die zum Ausreifen auf einem Fenstersims lagen und vertrieben eine mit Essigsäure verfälschte kosmetische Handmilch.

Höhepunkt der Terrorkampagne war die dritte Phase, in der Swami Omkarananda Sprengstoff einsetzte. Die Bombenanschläge auf die Häuser eines Regierungsrates und eines Rechtsanwaltes ebenso wie die Missetaten der Giftphase wertete das Gericht, gestützt auf eine solide Beweisgrundlage, als Mordversuche. Es war einzig und allein der unsachgemäßen, dilettantischen Vorbereitung der Sprengkörper zu danken, daß lediglich Sachschaden zu beklagen war.

Glücklicherweise wurde den Lichtkindern 1976 rechtzeitig das Handwerk gelegt, bevor sie das bestellte und erwartete hochgiftige Kampfgas Phosgen, das hundertmal giftiger als Kohlenmonoxyd ist, einsetzen konnten; es hätte ausgereicht, halb Winterthur zu töten.

Aus der Gefängniszelle heraus tröstete der Guru aus Rishikesh 1979 nach dreijähriger Untersuchungshaft ungebrochen seine Jünger: „. . . Und physisch ist Swami", Omkarananda spricht von sich in der dritten Person, „so sehr erfrischt, so neu geboren, so kraftvoll, daß Swami während ganzer hundert Jahre fähig sein wird, den physischen Körper unermüdlich zu gebrauchen."

Was allen mitangeklagten Anhängern gemeinsam war, ist die völlige Selbstpreisgabe an ein anderes Ich oder Wir. Sie waren nichts anderes mehr als willenlose Marionetten, dem Oberhaupt des DLZ blindlings ergeben. Die Psychiater beurteilten vom psychologischen Standpunkt die Verbrechen der Gefolgschaft des Gurus als „Auswüchse des Gruppenwahns". Der Gruppenwahn ist die Steigerung der Gruppensuggestion bzw. der Gruppenabhängigkeit, die bei Sekten gang und gäbe ist. Der Gruppenwahn setzt keineswegs krankhafte Störungen des Einzelmenschen voraus und besteht im wesentlichen darin, daß sich die Gruppe von der Mitwelt abkapselt und alles für gut und richtig hält, was der Gruppe nützt. Selbst kriminelle Handlungen sind also im Interesse der Gruppe erlaubt.

Besonders kraß kommt im Fall Omkarananda zum Vorschein, daß es den sogenannten Gurus allzu oft nicht um die Selbstverwirklichung des Schülers, sondern um die Selbstverherrlichung des Meisters geht. Die Pseudogurus sind auf Ego-Trip.

*

Ein Mitbruder Omkaranandas aus dem Sivananda Ashram in Rishikesh ließ sich 1966 in den Vereinigten Staaten von

Amerika nieder: der 1915 geborene Swami Satchidananda, der in aller Welt zu Hause ist, denn er reist gern und viel. In Nordamerika hat er 30 Institute und Zentren für integralen Yoga gegründet, außerdem hat er eine Gesundheitsklinik auf Yogabasis eröffnet. Unter integralem Yoga versteht er eine Verflechtung von Hatha-, Raja-, Karma-, Bhakti- und Jnanayoga. In Europa hat er seinen integralen Yoga in Belgien, in Frankreich und in der Schweiz verwurzelt. Er gibt eine aufwendige Zweimonatsrevue heraus, deren Titelbild jeweils Swami Satchidananda aus einem anderen Blickwinkel zeigt. Seine Sommerresidenz hat er in Connecticut und seine Winterresidenz in Kalifornien (Santa Barbara) errichtet.

*

1968 unternahm Swami Chidananda, das Haupt und Herz des Sivananda Ashrams in Rishikesh, seine zweite Welttour, just zu jenem Zeitpunkt, als der Westen am anfälligsten für die Hinduweisheit war. Die sechziger Jahre hatten in der westlichen Jugendbewegung dem progressiven Engagement für die außerparlamentarische Weltveränderung gehört. Nach dem Frust des politischen Aktivismus – ein Wendepunkt war das Scheitern des Aufstandes der Jungen im Pariser Mai 1968 – brach jedoch das Jahrzehnt der Innerlichkeit an. Die siebziger Jahre standen in der jungen Generation im Zeichen der Meditation und der Transzendenz sowie der Hinwendung zu Hinduismus und Buddhismus. Die Goldene Zeit der Gurus setzte ein.

*

Vor 1970 war Ajapayoga im Westen unbekannt, bis Janardan Paramahansa, Direktor eines Institutes für psychologische und spirituelle Forschung, in jenem Jahr auf Einladung der Akademie der Wissenschaft in Prag eine Vorlesung hielt. Die erste Reise in den Westen zur Propagierung des Ajapayoga führte den Gründer des Purnananda Ashrams in Rishikesh in die Tschechoslowakei, nach Deutschland und nach Kanada. 1972 kehrte er nach Indien zurück.

1973 gründeten amerikanische Schüler, die Janardan Paramashans in Indien besucht hatten, in New York den ersten Ajapayoga Ashram in Übersee, und sie schickten ihrem Meister das Geld für eine neue Reise, die ihn 1974 kreuz und quer durch die Vereinigten Staaten führte.

Schwerpunkte der dritten Überseereise 1975 waren Deutschland (Hamburg), Kanada und USA. 1976 unternahm er zum vierten Mal eine Tour in den Westen, um in den USA und in Kanada mehrere Ajapayoga-Zentren zu gründen und zahlreiche Schüler in seine Yogatechnik einzuweihen.

„Ich kann nicht lesen und schreiben, ich kenne keine Schriften", verkündet Guru Janardan Paramahans allerorten, wenn er sein Wissen über die Wirklichkeit verbreitet. „Ich glaube nicht an Bücher, ich glaube allein an meine praktische Erfahrung."

Er hat bisher Zweige seiner Ajapa-Organisation in der Tschechoslowakei, in der Bundesrepublik Deutschland, in England, in Kanada und in den USA errichtet.

Der 92jährige Guru beteuert 1980: „Ich bin noch jung und dynamisch und kann noch mehr Arbeit leisten als jeder junge Mann in den Zwanzigern." Er sagt es und bricht zur fünften Weltreise auf, begleitet von Dr. Indradeo Upadhyaya.

*

Der zweite Superstern am westlichen Guruhimmel – der erste ist der Maharishi aus Rishikesh – ist nicht in Rishikesh, aber bei Rishikesh aufgegangen: Guru Maharaj Ji, geboren 1957 im Prem Nagar Ashram in Hardwar.

Sein Konterfei lächelt in allen größeren Städten des Westens von Plakatständern und Litfaßsäulen, wenn seine Jünger zu Vorträgen mit dem Slogan ködern: „Guru Maharaj Ji gibt die Lösung". Dem asiatischen Götzen aus Fleisch und Blut liegen angeblich 6 Millionen (!) Amerikaner und Europäer zu Füßen. Der Jungmessias mit dem Babygesicht, ein pummeliger, affektierter Knirps, gibt sich als der Jesus, Buddha, Mohammed und Moses unserer Zeit aus.

Blumenkinder aus dem Westen, die Ende der sechziger Jahre in Indien den Sinn des Lebens zu ergründen trachteten, wurden auf den jungen Gott aufmerksam und machten in Amerika und Europa für ihn Propaganda. 1970 nahm eine größere Gruppe westlicher Anhänger in Indien an einem Festival seiner Sekte teil. 1971 wandte sich der dreizehnjährige Knabe dem Westen zu, um die Weltfriedensbombe zu zünden, wie er sich ausdrückte.

Rennie Davis zum Beispiel, in den sechziger Jahren einer der führenden Revolutionäre in der amerikanischen Studentenbewegung, schloß sich ihm an und nannte sein Erscheinen „das strahlendste Ereignis in der Geschichte des Planeten Erde".

1972 übersiedelte der „Gottessohn" in die USA. Die frustrierten Hippies und Yippies sowie die Partisanen der Jugendrevolte, die vergeblich gegen die Herz- und Hirnverfettung der Gesellschaft Sturm gelaufen waren, liefen jetzt dem Rattenfänger von Hardwar nach.

In Deutschland schloß sich ihm etwa Claudia Littmann, Tochter des früheren Frankfurter Polizeipräsidenten, an, die 1968 noch bei den Studentenunruhen als APO-Persönlichkeit marschiert war und demonstriert hatte. Sie lebt heute in der engsten Umgebung des Gurus und betet ihn an: „Für Außenstehende mag er nur ein fetter Inder sein. Für uns Wissende aber ist sein rundes, güldenes Gesicht die Sonne, die das ganze Universum erhellt. Eine Sekunde in seiner Nähe ist mehr als eine Million Jahre Meditation. Und nichts ist köstlicher, als das Wasser zu trinken, das seine Lotosfüße berührt haben."

1973 erreichte sein Ruhm den Zenit, als er auf dem Festival in Houston enthusiastisch als der Erlöser der Welt gefeiert wurde. Ein sehr zurückhaltender Kenner der Guruszene, Vishal Mangalwadi, urteilt: „Es wäre keine Übertreibung, wenn man behauptete, daß zu jener Zeit seine Popularität diejenige aller Gurus und religiösen Führer der Welt überschattete."

1974 begann die Krise, als der 16jährige Guru die 24jährige kalifornische Stewardeß Marolyn Johnson ehelichte und sich in ein liederliches und luxuriöses, mit Nightclubs, Freundinnen, harten Getränken und Steaks gewürztes Leben stürzte, so daß seine Mutter ihn wegen des ungeistigen Wandels mit dem Bannfluch belegte. Doch die westlichen Anhänger verlachten die „Heilige Mutter", die ihren Sohn an indische Tabus binden wollte. Sie nahmen die Entthronung nicht zur Kenntnis, aber die indische Anhängerschaft verlor Guru Maharaj Ji größtenteils. Davon kann ich mich selbst überzeugen. Ich besuche das Geburtshaus Guru Maharaj Jis, den Prem Nagar Ashram in Hardwar, der in einem traumhaften Park mit Springbrunnen und 300 Rosenarten liegt und eine Auffahrtsallee besitzt, der sich der Sonnenkönig in Versailles nicht hätte schämen müssen. Der im Westen populäre Guru Maharaj Ji wird hier totgeschwiegen. In Indien regiert ein anderer Guru Maharaj Ji: sein älterer Bruder Shri Satpal Ji, zu dem die rund 10 Millionen indischen Anhänger übergelaufen sind.

Guru Maharaj Ji – jener, der im Westen fest im Sattel sitzt – gilt als geborener Heiliger. Sein Titel Balyogeshwar bedeutet: „Geborener Herr aller Yogis." Zweieinhalbjährig babbelte er schon über Gottverwirklichung. Sein in Badrinath zur Welt gekommener Vater war ein erleuchteter Meister, der, bevor er starb, seine spirituelle Macht und die Führerschaft über Millionen indischer Anhänger seinem damals achteinhalb Jahre alten Sprößling Prem Pal Singh Rawat übertrug. Der göttliche Knabe besuchte kurioserweise eine katholische Schule, und zwar in Dehra Dun unweit von Rishikesh. Der Vater, eine magnetische Persönlichkeit, starb 1966.

Wiewohl der propagandistische Schwung der Modebewegung des Guru Maharaj Ji, Mission des Göttlichen Lichtes genannt, derzeit erlahmt zu sein scheint, ist er nach wie vor der Guru mit den meisten Anhängern. Seine Verehrer stört es offenbar nicht, daß er in einem feudalen Anwesen mit Hubschrauberlandeplatz, Tennisfeld und Swimmingpool wohnt, ein Privatflugzeug und einen umfangreichen Wagenpark, darunter einen silberfarbenen Rolls-Royce mit Stereoanlage und einen sechstürigen Mercedes, sein eigen nennt, eine Bank besitzt, das Leben eines Playboys führt und an einem Zwölffingerdarmgeschwür leidet, das ihn eher als Manager denn als Mystiker ausweist.

Die Anhänger, die sogenannten Premies (Gottliebenden), verzeihen ihm alles, denn er gibt ihnen „das Wissen".

Das vielgenannte „Wissen" (Knowledge), das sie von Guru Maharaj Ji bzw. dessen Bevollmächtigten empfangen, besteht aus vier streng geheimgehaltenen Techniken, die die Meditierenden befähigen, erstens das göttliche Licht zu sehen, zweitens den göttlichen Ton zu hören, drittens den göttlichen Nektar zu schmecken und viertens das göttliche Bewußtsein aufzunehmen. Ich habe in Wien mehrere Veranstaltungen von Premies besucht und muß, obwohl ich den „Vollkommenen Meister" für einen falschen Guru und echten Schwindler halte und von dem sentimentalen Personenkult angewidert bin, zugeben, daß seine Methode trotz allem Menschen offenkundig positiv zu verwandeln und lebenstüchtiger zu machen vermag.

*

Obwohl Yogeshwarananda, der Guru des Yog Niketan in Rishikesh, kein Wort Englisch spricht, sondern nur Hindi beherrscht, hat er, von Dolmetschern begleitet, schon dreimal, 1971, 1973 und 1976, Überseereisen in Sachen Yoga unternommen, die ihn durch zahlreiche Länder Europas (Griechenland, Italien, Schweiz, Österreich, Deutschland, Berlin, Luxemburg, Belgien, Niederlande, Dänemark, Norwegen, Schweden, Polen, Frankreich, England, Jugoslawien), Amerikas (USA, Kanada, Trinidad, Kleine Antillen, Surinam, Guayana), Ozeaniens (Hawaii) und Asiens (Japan, Hongkong, Taiwan, Singapur, Malaysia, Thailand, Birma, Libanon, Iran) führten.

Dem Guru vom Yog Niketan laufen keine Millionen nach, sondern nur Hunderte und Tausende, denn er bietet keinen „Instant-Yoga“, der im Handumdrehen den Seelenfrieden herstellt. Yogeshwarananda läßt nie das letzte Ziel des Yoga aus den Augen: die Union mit Gott. Das ist kein Yoga für die Massen. 14 Yogainstitute außerhalb Indiens sind aber mit seinem Yog Niketan in Rishikesh verbunden, darunter fünf in Belgien und je eines in Österreich und Holland.

*

„Auch der als Gelehrter und als Heiliger verehrte Swami Narayanananda lebt in Rishikesh. Seine in viele Sprachen übersetzten Bücher befassen sich nicht nur mit religiösen Problemen, sondern auch mit Tiefenpsychologie.“ So lese ich noch in der neuesten Auflage des Großen Polyglott-Reiseführers „Indien“. Doch niemand in Rishikesh kann oder will mir etwas über Narayanananda sagen, außer daß er vor rund zehn Jahren in den Westen gezogen sei.

Wohl kann ich ein paar Bücher aus seiner Feder auftreiben, die nicht nur wohltuend klar geschrieben sind, sondern zudem höchste spirituelle Reife verraten. Der Eckstein seines Lehrgebäudes ist die geschlechtliche Enthaltsamkeit. Gewiß spielt diese in den meisten Yogasystemen eine große Rolle, aber mir ist noch kein Yogameister untergekommen, der so versessen ist auf die strenge, kompromißlose Einhaltung des Zölibates wie Narayanananda, der die Sublimierung des Sex zur Basis des Vollkommenheitsstrebens macht.

Den biographischen Notizen in seinen Büchern kann ich entnehmen, daß Swami Narayanananda, 1902 unter dem Namen Nanjunda in Südindien geboren, schon als Knabe täglich je eine halbe Stunde am Morgen und am Abend zu meditieren pflegte. Nach Vollendung seiner Studien drängte ihn seine Familie, sich zu verheiraten, doch eine innere Stimme befahl ihm, Mönch zu werden. Der 27 Jahre alte Nanjunda verschenkte daraufhin sein Vermögen bis auf den letzten Kreuzer, legte das Gelübde ab, lebenslang keine Frau und kein Geld zu berühren, und machte sich 1929 auf die Suche nach einem Guru. Er fand seinen Meister in Belur Math in Kalkutta, es war der 84jährige Shivananda Mahapurushaji Maharaj, ein direkter Schüler Ramakrishnas. Der Guru, der damals Präsident der Ramakrishna-Mission war, sandte Swami Narayanananda nach drei Jahren in die Einsamkeit des Himalaja zur Askese. So kam der dreißigjährige Mönch 1932 nach Rishikesh, hingerissen von der himmlischen Schönheit des Platzes, an dem seit Jahrtausenden zahllose Rishis und Yogis die Befreiung erlangt haben. Narayanananda bezog eine Einsiedlerhütte am linken Gangesufer und vergaß bald die pittoreske Szenerie seiner Umwelt, denn er versenkte sich in seine Innenwelt und ging in Konzentration und Meditation auf, so daß er als Frucht seiner Bemühungen eines Nachts im Jahre 1933 den Samadhi oder das Nirwana erreichte, jene höchste Bewußtseinsstufe, die das Überbewußtsein genannt wird. Der Pfadfinder des Weges nach innen schrieb seine Erfahrungen in den dreißiger und vierziger Jahren in einer Reihe von Büchern nieder, die aber erst ab 1950 nach und nach gedruckt werden konnten, als er Wohltäter fand.

In der Kurzbiographie finden sich seltsame Andeutungen, daß Swami Narayanananda in Rishikesh harten Zerreißproben unterzogen wurde durch eine Bande von teuflisch gesinnten Personen, die ihn skrupellos verleumdeten und seinen Ruf und sein Prestige ruinierten. Über den Inhalt des Klatsches und der Skandalgeschichten erfahre ich in den biographischen Notizen aber nichts.

Seine Bücher sind zu Reiseführern für die Entdecker der Innenwelt geworden. Ein westlicher Rezensent urteilte: „Am östlichen Horizont ist in der heiligen Stadt der Rishis und Yogis ein heller Stern aufgegangen, dessen Licht geistreich die dunklen, schwerverständlichen und tiefgründigen Fragen der Yogapraxis ausleuchtet."

Ein New Yorker schrieb nach Rishikesh: „In den vergangenen fünf Jahren habe ich jedes in New York greifbare Buch über die Lehren der Hinduspiritualität gelesen, aber die Bücher Swami Narayananandas sind allen anderen weit überlegen."

Ich hatte die Suche nach Spuren Narayananandas in Rishikesh als mehr oder weniger erfolglos eingestellt, und sitze in der Mittagshitze beschaulich im Schatten am Gangesufer. Während ich den fleuchenden und kreuchenden Tieren zuschaue, geht eine junge Europäerin, in hinduistische Nonnenkleidung gehüllt, um mich herum wie die Katze um den heißen Brei. Ich spreche sie an, sie sucht ihren Rosenkranz, den sie gestern an dem Platz, auf dem ich sitze, verloren hat. Wir suchen gemeinsam die Mala. Tatsächlich finden wir die Gebetskette bald zwischen den Steinen.

Die junge Dame ist Norwegerin, heißt M. Sørvig, nennt sich Swami Nirvedananda und will bis an ihr Lebensende in Rishikesh bleiben. Sie sucht einen Guru. In Europa, rückt sie heraus, habe sie schon einen Guru aus Rishikesh gehabt, Narayanananda mit Namen . . .

Swami Narayanananda!

Die norwegische Hindunonne war ein Hippiemädchen gewesen, als sie ihn 1971 in Europa traf und von seiner strahlenden Reinheit gebannt war. Sie wurde im Westen eine Jüngerin der ersten Stunde. Ende der sechziger Jahre, erzählt sie, streunten in Indien unzählige westliche Hippies herum, viele waren am Ende. Um Swami Narayanananda in Rishikesh sammelte sich unter anderem eine Gruppe verdreckter Vagabunden und Rauschgiftsüchtiger aus Dänemark, die der Guru in langwieriger geistiger Schulung auf die richtige Bahn brachte. In ihre Heimat Dänemark zurückgekehrt, erwarben die jugendlichen Anhänger Narayananandas in Gylling an der Ostseeküste einen alten Bauernhof, wo sie ein einfaches und reines Leben führten, der Meditation und der bäuerlichen oder handwerklichen Arbeit geweiht.

Im Jahre 1971 kam Swami Narayanananda selber nach Dänemark und machte den Ashram in Gylling zum Welthauptquartier seiner Organisation, die heute in Dänemark allein 15 Ashrams und Zentren umfaßt. Narayanananda-Yogazentren gibt es außerhalb Indiens ferner in Schweden, Norwegen, Deutschland (Blansingen), in der Schweiz, in den USA, in Australien und in Neuseeland.

Alles in allem hat Narayanananda im Westen zirka 400 Männer und Frauen zu Mönchen bzw. Nonnen geweiht, die das Gelübde abgelegt haben, geschlechtlich enthaltsam zu leben in Gedanken, Worten und Taten, selbst wenn sie verheiratet sind. Ehepaare leben wie Bruder und Schwester.

Die westlichen Narayanananda Ashrams sind Landkommunen, die sich vorwiegend dem Ackerbau, der Milchwirtschaft, der Imkerei und der Gärtnerei widmen. Die Ashrambewohner sind nicht nur auf Seelenhygiene bedacht, sondern ebenso auf gründliche Säuberung des Körpers. Sie ernähren sich von biologischer Kost. Sie meditieren zur inneren Sammlung viermal am Tag je eine Stunde, doch selbst während der Hausarbeit sind sie konzentriert auf ihren Mantra.

Swami Nirvedananda alias M. Sørvig lebte in einem der klinisch sauberen Ashrams, deren Reglement strenger und härter ist als jenes der besten Ashrams in Rishikesh. „Ich weihte Narayanananda mein Leben, ich gab alles auf, was ich hatte und was ich war, selbst meine Persönlichkeit", erzählt sie mir am Gangesufer in Rishikesh. „Sieben Jahre tat und ließ ich alles, was Swami Narayanananda befahl."

Die junge Norwegerin mit dem Madonnengesicht wirkt auf mich wie ein Engel, wie eine Lichtgestalt. Ihr heller und klarer Geist zeugt von einer spirituellen Größe, die in Rishikesh heutzutage nicht mehr alltäglich ist. Sie sucht einen Guru, einen reinen Guru, einen keuschen Guru, denn Swami Narayanananda, der Sittlichkeitsapostel, sei drauf und dran, ein Lustgreis zu werden. 1974 wurde in Dänemark aufgedeckt, daß der damals 72jährige Narayanananda ein Doppelleben führte und sexuelle Beziehungen zu Jüngerinnen hatte. Der Skandal wurde in der Presse ausgiebig erörtert. Etwa 30 Anhänger trennten sich damals von ihm. M. Sørvig aber verließ Narayanananda 1974 noch nicht, obwohl sie alles wußte. „Sein Geist war zu der Zeit noch o. k.", rechtfertigt sie sich. „Doch zusehends verdüsterte sich seine Seele, sein Blick wurde friedlos. Sexbesessenheit verzehrte ihn. So trennte ich mich schließlich 1978 von dem, der mein ein und mein alles gewesen ist, auf den ich mein neues Leben aufgebaut hatte. Er hat alles in mir zerbrochen."

Sie zeigt mir, drei Minuten von dem Platz, an dem wir einander begegnet sind, entfernt, in einem Hain eine von Schlingpflanzen überwucherte Ruine, das verfallene Gemäuer der Einsiedlerhütte, in der einst Narayanananda gelebt hatte. Hier hatte er die Erleuchtung erlangt, hier hatte er seine wegweisenden Werke geschrieben.

Wir stehen aufgewühlt vor den Ruinen, dem Symbol des Zusammenbruchs eines als Gottmenschen verehrten Gurus.

Narayanananda hat zwar ein strenges, herrisches, unduldsames und stures Gehaben, aber sympathisch an ihm ist, daß er keine Show abzieht, keinen Pomp entfaltet und kein Geld für seinen Unterricht kassiert.

Seine Schüler haben wohl das höchste Niveau unter allen Anhängern eines Gurus aus Rishikesh, außerdem sind sie im allgemeinen freundlich, gelöst, selbstlos und objektiv. Die Bücher Narayananandas sind eine zeitgemäße Darstellung der echten Weisheit Indiens. Seine Exschülerin M. Sørvig wirft ihm allerdings vor, daß er größenwahnsinnig behaupte, der Inhalt seiner Bücher entspringe einzig und allein seiner eigenen Erfahrung, obwohl sie nichts anderes seien als eine Zusammenfassung Tausende Jahre alter indischer Philosophie und Psychologie, übersetzt für die Bedürfnisse der modernen Epoche. In der Tat ist es sonderbar, daß in den Ashrams Narayananandas keine der klassischen heiligen Schriften Indiens gelesen wird, nicht einmal die Bhagavadgita. Die einzige für Studium und Meditation zugelassene Lektüre sind die Werke Narayananandas, als ob er nicht aus den Quellen der Weisen geschöpft, sondern alles, was in seinen 25 Bänden geschrieben steht, selbst geschaffen hätte.

Außerhalb seiner Jüngerschar wird Narayanananda in westlichen Yogakreisen häufig als „unsympathisch" benotet, wohl wegen seiner unerbittlichen Strenge, seiner Scheuklappen und seiner fanatischen Sexfeindschaft. Hartmut Noeller, der Narayanananda in seinem dänischen Hauptquartier besucht hat, schreibt in „esotera" (Dezember 1978): „... mutet es an, als würde hier ein Konzentrat sämtlicher Negativthesen, die zur

Sexualität in den letzten 200 Jahren verfaßt wurden, verabreicht."

Um so peinlicher ist es, wenn ein Mann wie Narayanananda der „Sünde aller Sünden", dem Sex, selbst zum Opfer fällt.

Drehten sich die Skandalgeschichten, die seinerzeit in Rishikesh über Narayanananda kursierten, am Ende ebenfalls um Sex? Ich frage in Gylling (Dänemark) an und erhalte prompt und bereitwillig Auskunft auf alle meine Fragen. Die Verleumdungskampagne in Rishikesh stellt Narayanananda folgendermaßen dar: Unter seinen Anhängern befanden sich zwei aus Pakistan geflüchtete hinduistische Jungfrauen, Schwestern und Waisen, die ihren Goldschmuck geopfert hatten, damit ihr Guru seine unveröffentlichten Manuskripte drucken lassen konnte. Die beiden ergebenen Fräulein suchten oft spirituelle Unterweisung in der Hütte Narayananandas. Daher bildete sich eine von dem Arzt des Swarg Ashrams angeführte Bande, die Narayanananda als verkommenen Verführer, der ein liederliches, ausschweifendes Leben führte, anprangerten. Sie zeigten die angeblichen Verfehlungen des Swamis selbst beim Distriktchef der Polizei und beim Bezirkshauptmann an. Der Rädelsführer der Kampagne, der Arzt, behauptete sogar, daß er eine der „Jungfrauen", die den Swami zu besuchen pflegte, zu behandeln hatte, weil sie eine Fehlgeburt gehabt hätte.

Die Kampagne führte dazu, daß erstens die Mönche des Swarg Ashrams, dem er lose angehörte, gegen ihn rebellierten, daß zweitens seine langjährigen Jünger ihn verließen und daß drittens seine Ehre in den Kot gezerrt wurde. Das Volk von Rishikesh blickte auf ihn und auf die beiden unschuldigen und unberührten Schwestern wie auf den Auswurf der Gesellschaft herab. „Ein gewöhnlicher Mann hätte unter den gegebenen Umständen Selbstmord begangen", schreibt Narayanananda. „. . . Aber ich stand fest in der Wahrheit wie die hohen Himalajagipfel . . ." Er behandelte die dämonischen Übeltäter und Verleumder wie Fliegen, Moskitos und Skorpione. So sieht Narayanananda die Affäre, die sich um 1950 in Rishikesh zugetragen hat. Wie sein Gegenspieler, der Arzt des Swarg Ashrams, Narayanananda nennt ihn einen Pseudoarzt, die Sache sah, kann ich nicht mehr erfahren: Er ist längst tot.

Ich möchte auf keinen Fall den Lesern suggerieren, daß Narayanananda ein „alter Sünder“ sei. Bemerkenswert finde ich aber, daß ein Mann, der voll und ganz auf sexuelle Enthaltsamkeit fixiert ist, sich permanent der Anschuldigungen erwehren muß, ein gefallener Unschuldsengel zu sein.

*

1979 ist zum ersten Mal ein Mönch des Pramarth-Niketan, nämlich Swami Dharmananda Saraswati, in den Westen gereist, und zwar nach Amerika, um Hinduphilosophie und -religion zu exportieren.

*

Balyogi Premvarni, einer der strahlendsten Sterne Rishikeshs zur Zeit, missionierte erstmals 1979 in Belgien und 1979/80 ein halbes Jahr in Japan und in den USA.

*

Und Vishwa Guru will später Schüler der Yogauniversität, die im Rahmen seines Ved-Niketan entsteht, als Botschafter der Hinduweisheit in den Westen senden.

*

Das im Himalaja versteckte Kleinstädtchen Rishikesh ist also genaugenommen eine Weltstadt, führend in der Entsendung von Gurus.

Alle Wege führen nach Rishikesh

Die Kommerzyogis des Exporthinduismus sowie die Prahler, Schwätzer und Bluffer im Gewand der Frommen drängen sich in den Vordergrund. Gleichwohl sind die echten Heiligen und Weisen noch nicht ausgestorben, über die der bedeutende Psychiater Medard Boss aufgrund eigener tiefer Indienerlebnisse schreibt, sie seien jeder für sich „ein lebendiger Beweis für die Möglichkeit menschlicher Gesundung und Reifung bis zu einem unstörbaren inneren Frieden, einer glückhaften Freiheit von Angst und Schuld und einer abgeklärten selbstlosen Güte und Gelassenheit".

Wer einem der selbstverwirklichten Meister begegnet, weiß ein für allemal, was der Mensch sein könnte und sollte. Gewöhnt an die Kümmerformen menschlicher Existenz in Welt und Kirche, fällt es uns schwer, der biblischen Botschaft Glauben zu schenken, daß der Mensch Gottes Ebenbild sei. In der Umgebung eines von unendlichem Seligkeitsbewußtsein durchströmten Vollendeten erlangen wir aber die unumstößliche Gewißheit, daß der Mensch zu Höherem geboren ist.

In Rishikesh hat die Wissenschaft der Selbstverwirklichung eine ruhmreiche Tradition von Jahrtausenden.

„Eigentlich", so schreibt der aus der brodelnden Großstadt Kalkutta stammende indische Dichter Prabodh Kumar Sanyal, „bin ich immer nach Rishikesh auf der Suche nach meinem eigenen Selbst gekommen. Inmitten der städtischen Zerstreuungen, in dem Gewühl und Getriebe der Millionencity, in der Fülle beruflicher Verpflichtung und sozialer Konvention funktionierte ich nur noch wie ein automatisches Rad in einer Maschine. In der modernen Großstadt verliert der Mensch seine Identität."

Seit eh und je hütet Rishikesh das Geheimnis der Selbstfindung.

Wie können also wir Menschen des Westens, wir Büromenschen, wir Geschäftsmenschen, wir Fabriksmenschen, im Taumel und Tumult des Alltags zu uns selbst finden? Wie können wir im Wirrsal der Welt Harmonie erlangen, das heißt in Einklang leben mit uns selbst, mit den Mitmenschen, mit Gott, mit der Natur, mit dem Augenblick?

Was antworten die hochgelehrten und scharfsinnigen Geistesmänner? Was antworten die Einsiedler, die Asketen und die Büßer, die ihren Leib am Gangesstrom hinwelken lassen? Was antworten die von Gesundheit strotzenden Heilsportler?

Sie antworten darauf im Kern alle dasselbe, sie haben nur eine einzige Offenbarung, und die lautet: Jeder Weg der Selbstverwirklichung führt über Rishikesh!

Das Rishikesh auf der Reise zum Absoluten liegt allerdings nicht auf dem Globus 78 Grad 20 Minuten östlicher Länge und 30 Grad 12 Minuten nördlicher Breite. Es ist nicht die vom Ganges umspülte Stadt der Heiligen am Fuß des Himalaja. Das Rishikesh, über das alle Wege der Befreiung und Heilung führen, liegt in uns. Es ist das Hrishikesh in der originalen Bedeutung von „Meister der Sinne".

Es ist in Rishikesh nicht eine Sache des Glaubens, sondern der Erfahrung, daß die Ich-Preisgabe nicht die Selbstverstümmelung, sondern die Selbstentfaltung bewirkt. Zu seinem Wesen, dem Selbst, bricht nur jener Mensch durch, der sein Ich hinter sich läßt. Das können wir in Rishikesh erleben.

Der Ichbezwinger allein findet auf dem Grunde seines Herzens, auf dem Grunde seiner Seele, auf dem Grunde seines Wesens, auf dem Grunde seiner Natur das unentdeckte Paradies Hrishikesh, die Gottesstadt, wo das Glück ihm blüht.

„Redet mir nicht mehr über die Meister im Himalaja", sagte Swami Sivananda. „Der Meister der Meister weilt in deinem Herzen. Wende deinen Blick von außen nach innen und suche seine Hilfe." Besser kann die Botschaft der Weisen und Heiligen von Rishikesh nicht zusammengefaßt werden: In deiner Mitte ist das Selbst der Selbste anwesend, Gott, der wahre Lehrer, den du allerdings nur in dem Maße gewahr wirst, in dem dein Ich zurücktritt.

Jedem ist es aufgetragen, der Kolumbus des eigenen Selbst zu werden. Der Mensch ist so angelegt, daß er sich findet, wenn er sich verliert, daß er sich gewinnt, wenn er sich aufgibt, daß er geboren wird, wenn er abstirbt. Das ist der Zauberschlüssel, der den Tresor des inneren Reichtums öffnet. Wer an seinem Ego festhält, bleibt ein Sklave, unterjocht von Angst und Ärger, von Sorge und Sucht, von Unruhe, Trauer und Zweifel. Wer aber sein Ego losläßt, ist ein ungebundener Meister, ein Hrishikesh, den nichts irremacht, frei, friedvoll und froh, licht, leicht und locker, gesund unter Siechen, sorglos unter Verhärmten, unverwundbar unter Verletzlichen, erhaben über die Kaiser auf Erden und die Götter im Himmel.

Nichts anderes ist das Geheimnis der Rishis, das in Rishikesh schon immer und noch immer gelebt und gelehrt wird, ein Geheimnis, das freilich über den Horizont aller Staubverhafteten hinausgeht. Wenn sich die Raupe in einen Schmetterling verwandelt, sagt der Dichter, beklagen die Erdenwürmer ihren Tod.